工程项目管理与成本核算系列丛书

公路工程项目管理与成本核算

主 编 白会人

哈尔滨工业大学出版社

内 容 提 要

本书紧密结合新版《建设工程项目管理规范》(GB/T 50326—2006),根据公路工程项目管理的特点进行编写,以公路工程项目管理为主线,对公路工程项目管理方法和项目成本核算进行了系统而全面的阐述。全书共分为四章,内容包括:公路工程项目管理概论、公路工程项目管理、公路工程项目成本管理、公路工程施工安全管理。

本书内容丰富,通俗易懂,可供广大公路工程项目管理人员使用,也可供大、中专院校相关专业的师生学习和参考。

图书在版编目(CIP)数据

公路工程项目管理与成本核算/白会人主编. —哈尔滨:哈尔滨工业大学出版社,2015.1
ISBN 978-7-5603-5077-6

Ⅰ.①公… Ⅱ.①白… Ⅲ.①道路施工-项目管理-高等学校-教材 ②道路施工-成本计算-高等学校-教材 Ⅳ.① U415

中国版本图书馆 CIP 数据核字(2014)第 296679 号

策划编辑	郝庆多　段余男
责任编辑	王桂芝　段余男
封面设计	刘长友
出版发行	哈尔滨工业大学出版社
社　　址	哈尔滨市南岗区复华四道街10号　邮编150006
传　　真	0451-86414749
网　　址	http://hitpress.hit.edu.cn
印　　刷	黑龙江省委党校印刷厂
开　　本	787mm×1092mm　1/16　印张17.5　字数450千字
版　　次	2015年1月第1版　2015年1月第1次印刷
书　　号	ISBN 978-7-5603-5077-6
定　　价	41.00元

(如因印装质量问题影响阅读,我社负责调换)

编委会

主　编　白会人

参　编　王淑艳　王克勤　李占杰　刘丽萍
　　　　张　颖　陈晓茉　修士会　柴新雷
　　　　高秀宏　裴向娟　夏　欣　张黎黎
　　　　白雅君

前　言

工程项目管理在我国工程建设领域的应用已相当广泛，随着我国工程建设体制的不断完善，国家建设方针、政策、法规的不断健全，工程项目建设各方能否对项目建设全过程实现现代化的管理越来越重要，其具体体现在工程项目管理理论、管理方法和管理手段的科学化，管理人员的社会化与专业化，并呈国际化的趋势。作为对我国多年工程项目管理经验的总结，新版《建设工程项目管理规范》（GB/T 50326—2006）的实施与应用，对提高我国的工程项目管理水平起到了很好的推动作用。

本书以新版《建设工程项目管理规范》（GB/T 50326—2006）为依据，以公路工程项目为对象，以工程项目管理为主线，对公路工程项目管理的基本理论与管理方法进行了系统而全面的论述，并对公路工程项目的成本核算进行了详细的说明与分析，突出其应用性。

考虑到公路工程项目管理国际化、信息化、专业化水平的不断提高与发展，本书在编写过程中，尽量吸纳公路工程项目管理理论与实践的新经验和新成果，采用项目化，以实践为中心，以能力为本位。本书注重实用性、新颖性和可操作性，力求做到内容全面、科学规范、富有特色。

由于编者的经验与学识有限，加之当今我国建设工程处于不断改革和发展之中，尽管编者尽心尽力，但内容难免有疏漏或未尽之处，敬请专家和广大读者批评指正。

编　者
2014 年 8 月

目 录

1 公路工程项目管理概论 1
   1.1 公路工程项目管理基础知识 1
   1.2 公路工程基本建设及其程序 6
   1.3 公路工程项目管理的应用与发展趋势 17
2 公路工程项目管理 20
   2.1 公路工程项目合同管理 20
   2.2 公路工程项目采购管理 46
   2.3 公路工程项目进度管理 62
   2.4 公路工程项目质量管理 86
   2.5 公路工程项目环境管理 104
   2.6 公路工程项目风险管理 112
3 公路工程项目成本管理 122
   3.1 公路工程项目成本管理概述 122
   3.2 公路工程项目成本会计基础 131
   3.3 公路工程项目成本预算 154
   3.4 公路工程施工项目成本管理 159
   3.5 公路工程项目责任成本管理 202
   3.6 公路工程项目质量成本管理 214
   3.7 公路工程项目人力资源成本管理 226
4 公路工程施工安全管理 235
   4.1 公路工程施工安全管理概述 235
   4.2 公路工程施工安全基本要求 238
   4.3 公路工程施工安全技术措施 255
   4.4 公路工程安全隐患控制与事故处理 265
参考文献 270

1 公路工程项目管理概论

1.1 公路工程项目管理基础知识

1.1.1 工程项目管理的基本概念

1. 项目及项目管理

简单来讲,项目就是在既定的资源和要求的约束下,为实现某种目的而相互联系的一次性工作任务。项目包括的范围十分广泛,社会上所有领域都有项目,在相同的领域中又包括不同类型的项目,例如在建筑工程中,有水利工程建设项目、工业工程建设项目、港口工程建设项目、民用工程建设项目、公路工程建设项目、国防工程建设项目等。

所谓项目管理,即项目的管理者,在一定的资源约束条件下,运用系统的观点、理论及方法,对项目涉及的全部工作进行有效的管理。从项目的投资决策开始到项目结束的全过程进行计划、组织、指挥、协调、控制和评价的系统管理活动,以实现项目的目标。

一定的资源约束条件是制订项目管理目标的依据,也是对项目管理过程控制的依据。项目管理的目的是保证项目目标的实现。项目管理的对象是项目,因为项目具有单件性和一次性的特点,所以要求项目管理一定要具有针对性、系统性、程序性和科学性。只有用系统工程的观点、理论和方法对项目进行管理,才能够保证项目目标的顺利实现。

2. 项目管理的内容

不同时期的项目管理工作,其包括的内容也是不同的。根据现代系统工程的观点、理论及方法,项目管理的内容见表1.1。

表1.1 项目管理的内容

序号	管理内容	说明
1	项目范围管理	项目范围管理是为了实现项目的既定目标,对项目的工作内容进行控制的管理过程。它包括范围的界定、范围的规划、范围的调整等
2	项目时间管理	项目时间管理是为了确保项目最终能按时完成的一系列管理过程。它包括具体活动界定、活动排序、时间估计、进度安排及时间控制等
3	项目质量管理	项目质量管理是为了确保项目达到客户所规定的质量要求而实施的一系列管理过程。它包括质量规划、质量控制和质量保证等
4	项目成本管理	项目成本管理是为了保证完成项目的实际成本、费用不超过预算成本、费用的管理过程。它包括资源的配置、成本和费用的预算以及费用的控制等
5	人力资源管理	人力资源管理是为了保证所有项目关系人的能力和积极性都得到最有效的发挥和利用所实施的一系列管理措施。它包括组织的规划、团队的建设、人员的选聘和项目(的)班子建设等

续表 1.1

序号	管理内容	说　明
6	项目沟通管理	项目沟通管理是为了确保项目信息的合理收集和传输所需要实施的一系列措施,它包括沟通规划、信息传输和进度报告等
7	项目风险管理	项目风险管理是指涉及项目可能遇到各种不确定因素的管理。它包括风险识别、风险量化、制定对策和风险控制等
8	项目采购管理	项目采购管理是为了从项目实施组织之外获得所需资源或服务而采取的一系列管理措施。采购管理主要包括采购计划、采购与征购、资源的选择以及合同的管理等
9	项目集成管理	项目集成管理是指为确保项目各项工作能够有机地协调和配合所展开的综合性和全局性的项目管理工作和过程。它包括项目集成计划的制订与实施、项目变动的总体控制等
10	项目收尾管理	项目收尾管理是指对项目的收尾、试运行、竣工验收、竣工结算、竣工决算、考核评价、回访保修等进行的计划、组织、协调和控制等
11	项目合同管理	项目合同管理是指对项目合同的签订、履行、变更和解除进行监督检查,对合同履行过程中发生的争议或纠纷进行处理,以确保合同依法订立和全面履行

3. 工程项目管理

工程项目是指建设领域中的项目,一般是指为某种特定目的而进行投资建设,并包含一定建筑或建筑安装工程的建设项目。工程项目的规模和范围是不同的,例如建设一定规模的住宅小区、建设一定长度和等级的公路、建设一座特大桥梁等。工程项目管理属于项目管理的一大类,它主要包括建设项目管理、设计项目管理、施工项目管理及咨询项目管理等。

公路工程项目管理是工程项目管理的重要组成部分,它是以工程项目的质量控制、进度控制和投资控制为核心的管理活动,以达到缩短施工工期、保证工程质量、提高投资效益的目的。公路工程项目管理在工程建设过程中具有十分重要的意义,其基本任务主要包括以下内容。

(1)合同管理。合同是当事人设立、变更及终止相互权利和义务关系的协议。经济合同是合同中的一种,它是法人之间为实现一定的经济目的、明确相互间权利和义务关系的协议。公路工程承包合同属于经济合同,它是指在业主和参与公路工程项目实施各主体之间明确双方责任、权利和义务的具有法律效力的协议文件。

合同的主体、客体和内容是构成合同的三大要素:
①合同的主体是指签约的当事人,是合同的权利和义务的承担者。
②合同的客体是签约人权利和义务所共指的对象。
③合同的内容是指签约人之间相互的权利和义务,例如工程的合同质量、工期、价格等。

公路工程合同管理,主要是指对各类合同的依法订立过程和履行过程的管理,其内容主要包括合同文本的选择,合同条件的协商与谈判,合同书的签署,合同的履行、检查、变更和违约、纠纷的处理,合同管理的总结评价等。

(2)组织协调。组织协调是实现项目目标不可缺少的方法和手段。公路工程的组织协调是指在公路工程项目的实施过程中,各个项目的参与单位需要处理和调整的协作关系,使相互间加强合作,减少矛盾,避免纠纷,共同完成项目目标。

工程项目的控制目标包括质量、进度和投资。在实施的过程中,施工企业的首要任务就是组织协调各有关单位,围绕控制目标采取有效措施。为实现控制目标,需要创造内、外部的条件和环境,例如地质部门的配合协作,设计部门按时无误提供图纸,施工队伍具有较高施工水平和管理能力,设备、材料及时保质保量的供应,供电、供水单位的不间断供应,有关单位的密切配合,兄弟单位对建设项目的支持和帮助,均为完成既定目标的控制条件。

(3)动态控制。动态控制是指在完成工程项目的过程中,通过对过程、目标及活动的跟踪,全面、及时、准确地掌握工程建设信息,将实际目标值及工程建设状况与计划目标和状况进行对比,若偏离了计划和标准的要求,就采取措施加以纠正,以便达到计划总目标的实现。这种控制是一个动态的过程。

工程在不同的空间内展开,控制就要针对不同的空间实施。工程项目的实施分不同的阶段,控制也就分成不同阶段的控制。工程项目的实现总要受到外部环境和内部因素的各种干扰,因此必须采取应变性的控制措施。计划的不变是相对的,计划总是在调整中运行,控制就要不断地适应计划的变化,从而达到有效的控制。监理工程师只有把握住工程项目动态的脉搏才能够做好目标控制工作。

动态控制是在目标规划的基础上针对各级分目标实施的控制,以期达到计划总目标的实现。在整个动态控制过程中,都是按事先安排的计划来进行的。一项好的计划应当首先是可行、合理的,它要经过可行性分析来保证计划在技术上先进、资源上允许、财务上可行、经济上合理。同时要通过必要的反复完善过程,力求达到优化的程度。

(4)风险管理。近二十年来,我国的基础设施建设得到了快速发展,使许多长期困扰经济发展的问题得到明显缓解,拉动了相关产业的快速增长,对国民经济起到了重要的推动作用。如今在实施全过程的质量管理中,有一个环节往往被忽视或不重视,这就是工程的风险管理。

现在公路工程项目风险管理还只侧重于项目后期,在项目前期之所以没有进行风险管理,一方面是因国家项目管理程序中没有风险分析这一部分,另一方面就是建设单位(业主)不重视,没有意识到进行风险分析和管理可以克服项目的片面性,从而有利于项目的科学决策。

工程实践证明:公路工程项目从立项到运营都存在着风险,对项目全过程实行风险管理,可以减少项目决策的不确定性,从而创造平静、稳定的工作环境,确保目标控制的顺利进行,更好地实现项目质量、进度和投资目标。

(5)信息管理。所谓信息是指可以用语言、文字、数据、图表、音像或其他可以让使用者识别的信号来表示,并可以进行传递、处理与应用,能够帮助人们做出正确决策的知识。公路工程实施控制的基础是信息,能及时、准确、完整地掌握信息,可以使施工人员耳聪目明,卓有成效地完成施工任务。因此信息管理工作的好坏,将会直接影响工程施工的成败,重视信息管理工作、掌握信息管理的方法,则是施工企业工程管理中的一项重要任务。

公路工程项目的信息管理,主要是指对有关项目的各类信息的搜集、储存、加工、整理、传递与使用等一系列工作的总称。信息管理的主要任务包括及时、准确地向项目管理各级领导、各参加单位及有关人员等,提供所需的综合程度不同的信息,以便在项目进展的全过程中,动态地进行项目规划及管理,迅速正确地进行各种决策,及时检查决策执行结果,反映工程实施中所暴露出来的各类问题,为实现工程项目的总目标服务。

(6)环境保护。随着公路的高速发展,公路污染、公路对周边环境的影响等问题也大量出现。如何解决公路建设带来的环境问题,如何按照现阶段我国实际情况,分析和评价公路建设各阶段对环境的作用、影响,采取何种措施减少或杜绝公路环境污染、恢复路域生态,是一个值得我们深度研究的重要课题。

目前,在我国公路工程建设中造成的环境问题很多。诸如选线不当会破坏沿线生态环境;公路带状延伸会破坏路域的自然风貌,造成环境破坏;防护不当会造成水土流失;公路施工造成环境污染;公路通车营运期间产生的噪声、排放的尾气及扬尘对沿线造成环境污染等。

在公路工程项目实施阶段,要做到主体工程与环境保护措施工程同步设计、同步施工、同步投入运行。在公路工程施工承发包中,必须依法做好环境保护工作,要列为重要的合同条件加以落实,并在施工方案的审查和施工过程中,始终将落实环境保护措施、克服建设公害作为重要内容。

(7)目标控制。合理的目标控制是实现目标的手段,组织的设置、人员的配备和有效的领导是实现目标控制的基础。在工程项目计划执行过程中,必须进行目标控制。当在实施的过程中发现偏离目标时,应及时分析偏离的原因,确定应采取的纠正措施,直至工程项目目标实现为止。

目标控制是公路工程项目管理的重要职能,它是指项目管理人员在不断变化的动态环境中,为确保既定计划目标的实现而进行的一系列检查和调整活动。公路工程项目目标控制的主要任务,就是在项目前期策划、勘察设计、施工、竣工验收、交付使用等各个阶段采用规划、组织、协调等手段,从组织、技术、经济、合同等方面采取措施,保证工程项目总目标的顺利实现。

1.1.2 公路工程项目管理的内容

总结我国公路快速发展二十年的实践,在工程项目管理方面取得了许多经验。工程项目管理主要包括以下内容。

1. 建立精干的项目管理组织

选聘称职的项目经理,组建高效的项目管理机构,制定行之有效的项目管理制度,这是现代公路工程项目管理中的一项重要内容,也是保证公路工程实现总目标的组织基础。

2. 编制项目管理规划

项目管理规划是对项目管理的各项工作进行的综合(性)的、完整的、全面的总体计划。项目管理规划主要内容包括:

(1)项目管理目标的研究与目标的细化。
(2)项目的范围管理和项目的结构分解。
(3)项目管理实施组织策略的制订。
(4)项目管理工作程序。
(5)项目管理组织和任务的分配。
(6)项目管理所采用的步骤、方法。
(7)项目管理所需资源的安排和其他问题的确定等。

实际上,项目管理规划是对工程项目管理目标、组织、内容、方法、步骤、重点进行预测和决策,并做出具体安排的文件。工程项目管理规划是对工程项目的大体构思、工程项目目标更加详细的论证。在工程项目的总目标确定后,通过工程项目管理规划可分析研究工程总目标能否实现,总目标确定的费用、工期、功能要求是否能够得到保证,是否能够达到综合平衡。

3. 进行项目的目标控制

公路工程项目的目标分为阶段性目标和最终目标,实现各阶段性的目标,是实现项目最终目标的基础;实现项目的最终目标,是工程项目管理的目的所在。在整个公路工程的实施过程当中,应坚持以控制论为指导,进行全过程的科学管理与控制。公路工程项目的控制目标主要包括质量控制目标、进度控制目标、成本控制目标和安全控制目标等。

在公路工程项目目标的控制过程中,会不断受到各种客观因素的干扰,各种风险因素均有随时发生的可能性,应通过组织协调和风险管理,对公路工程施工项目的目标控制进行动态控制。

4. 对项目施工现场的生产要素进行优化配置和动态管理

生产要素是指维系国民经济运行及市场主体生产经营过程中所必须具备的基本因素。生产要素,是经济学中的一个基本范畴。工程项目的生产要素是公路工程项目目标得以实现的保证,主要包括人力资源、建筑材料、机械设备、施工技术和工程投资。

根据我国公路建设的经验,公路工程项目生产要素管理的要点包括:

(1)分析各项生产要素的基本特点。
(2)对工程施工项目生产要素进行优化配置,并对配置状况进行评价。
(3)对各项生产要素进行动态管理。

5. 项目的合同管理

工程实践经验证明,在社会主义市场经济条件下,建设项目中推行"项目法人责任制、招标投标制、建设监理制"改革,必须坚持按国际通用条款管理项目,坚持从中国国情出发管理项目,以强化合同管理作为突破口。以法治理念为基础的合同管理是项目管理的灵魂。

公路工程项目管理是在市场经济条件下进行的特殊交易活动,这种交易活动从工程的招标投标开始,并持续于工程项目管理的全过程,所以公路工程建设必须依法签订合同,进行履约经营。

6. 项目的信息管理

信息管理是项目管理的重要部分,尤其是公路工程中大型的建设工程项目的启动、规划、实施等项目生命周期的展开,与项目有关的合同、图纸、文件、报告、照片、音像、模型等各类纸介质和非纸介质信息会层出不穷地产生,它包括:

(1)项目的组织类信息。
(2)管理类信息。
(3)经济类信息。
(4)技术类信息和法规类信息。

现代化公路工程管理要依靠信息。公路工程项目管理是一项复杂的现代化管理活动,需要依靠大量信息及对大量信息进行管理。施工项目的目标控制、动态管理,必须依靠信息管理,并应用计算机进行辅助。

7. 项目的组织协调

工程项目组织协调是项目管理的一项重要工作。一个项目的实施要取得成功,组织协调具有重要作用。协调作为一种管理方法已贯穿于整个项目和项目管理的全过程。良好的组织协调能够营造高效、精干、和谐的项目团队,可提高项目的经济效益及企业的市场竞争力。

工程项目组织协调是指以一定的组织形式、手段和方法,对工程项目中所产生的关系不畅进行疏通,对所产生的干扰和障碍予以排除的活动。在各种协调中,组织协调具有独特的地位和作用,如果想使其他协调获得有效性的保证,只有通过积极的组织协调才能够实现整个系统全面协调的目的。

1.2 公路工程基本建设及其程序

1.2.1 公路工程基本建设

公路是国民经济建设的重要基础设施,是我国进行四个现代化建设的"先行官"。与其他运输相比,公路运输不仅具有一定的优越性,而且还具有很大的灵活性,是其他运输方式不可替代的。公路建设的迅速发展,对于促进国民经济的发展,拉动其他相关产业发展起着重要的作用。

公路工程基本建设是指利用国家预算内基建资金、自筹资金、国内外基建贷款以及其他专项资金进行的,以扩大生产能力(或新增工程效益)为主要目的的新建、改建及扩建工程及有关工作。

简而言之,凡是固定资产扩大再生产的新建、改建、扩建、恢复工程及与相关的工作统称为基本建设。

公路工程是基本建设的重要组成部分,公路基本建设是指与公路运输业有关的固定资产的建筑、购置、安装等活动,以及与其相关的(例如勘察设计、征用土地等)工作。

1. 公路工程基本建设的内容

公路工程基本建设所包括的内容,与其他工程基本建设大体相同,但根据公路工程的特点,也有不同之处。根据我国公路工程的建设实践,其内容主要包括:

(1)建筑安装工程。建筑安装工程是指公路建设的主要施工活动,也是公路工程实施的主体,它包括建筑工程和设备安装活动。

①建筑工程。建筑工程是公路工程的主体部分,具有工程量大、施工期长、难度较高、影响因素多等特点。主要包括路基、桥梁、路面、隧道、防护工程、沿线设施、临时工程等建筑施工。

②设备安装工程。设备安装工程是公路工程中不可缺少的组成部分,例如高速公路、大型桥梁所需各种生产运输及动力等设备和仪器的安装、测试等。

(2)设备、工具、器具的购置。设备、工具、器具的购置,是指为满足公路营运、服务、管理、养护所需要购置的设备、工具、器具及为保证新建、改建公路初期正常生产、使用、管理所需办公和生活用家具的采购或自制。设备可以分为需要安装的设备和不需要安装的设备。

(3)其他基本建设工作。公路工程的其他基本建设工作,主要指不属于上述各项,但不可缺少的基本建设工作,例如勘察、设计及有关的调查和技术研究工作,公路筹建阶段和建设阶段的管理工作,征用土地、青苗补偿和安置补助工作,施工机构的迁移工作等。

2. 公路工程基本建设项目的划分

(1)基本建设工程项目的划分。为加强对基本建设工作的管理,使工程建设有序、快速进行,必须对基本建设工程项目进行科学的分解和合理的划分。基本建设工程项目可划分为:建设项目、单项工程、单位工程、分部工程和分项工程。

①建设项目。建设项目又称为基本建设项目,是指在一个总体设计或初步设计范围内,按照同一总体设计进行建设的全部工程。建设项目由一个或几个单项工程组成,经济上实行统一核算,行政上实行统一管理,一般以一个企业(或联合企业)、事业单位或独立工程作为一个建设项目。

a. 凡属于一个总体设计中的主体工程和相应的附属配套工程、综合利用工程、环境保护工程、供水供电工程以及水库的干渠配套工程等,均统作为一个建设项目。

b. 凡是不属于一个总体设计,经济上分别进行核算,工艺流程上没有直接联系的几个独立工程,应当分别列为几个建设项目。公路工程基本建设以单独设计的公路路线、独立桥梁作为建设项目。

②单项工程。单项工程是指具有单独设计文件的,建成之后可以独立发挥生产能力或效益的一组配套齐全的工程项目。单项工程从施工的角度看是一个独立的系统,在工程项目总体施工部署和管理目标的指导下,形成自身的项目管理方案和目标,依照其投资和质量要求,如期建成并交付使用。

单项工程是建设项目的组成部分,又称工程项目。例如工厂中的生产车间、办公楼、住宅;学校中的教学楼、食堂、宿舍等,它是基建项目的组成部分。公路工程中独立合同段的路线、大型桥梁、隧道等均属于单项工程。

③单位工程。单位工程是指具备独立施工条件并能形成独立使用功能的建筑物及构筑物。从施工的角度看,单位工程就是一个独立的交工系统,有自身的项目管理方案和目标,按照业主的投资及质量要求,如期建成交付生产和使用,竣工后不能独立发挥生产能力或使用效益的工程。

单位工程具有独立的设计文件,竣工之后不能独立发挥生产能力或工程效益,它是构成单项工程的组成部分。在公路工程当中,完整的道路和桥梁通常是一个设施,即称为单项工程。如果道路或桥梁划分标段,每个标段就是单位工程。单位工程与单项工程不同的是,单位工程竣工后不能独立发挥其生产能力或价值。

④分部工程。分部工程是单位工程的组成部分,分部工程是按照工程结构、材料或施工方法不同进行分类的。例如建筑工程中可划分为土方工程、地基与基础工程、砌体工程、地面工程、装饰工程、管道工程等分部工程;公路工程可划分为路基、路面、桥梁上部构造、桥梁下部构造等分部工程。

⑤分项工程。分项工程是指分部工程的组成部分,是施工图预算中最基本的计算单位。它是按照不同的施工方法、不同材料的不同规格等,将分部工程进一步划分。例如砌筑工程可分为浆砌片石和浆砌块石;公路路面工程可分为沥青路面、水泥混凝土路面、级配砾石路面;桥梁基础工程可分为桩基础、扩大基础、沉井基础、组合式基础等。

(2)土建部分工程项目的划分。根据《公路工程质量检验评定标准》(JTG F80/1—2004)中的规定,按照建设任务、施工管理和质量检验评定的要求,应在施工准备阶段,按表1.2中所示内容,将建设项目划分为单位工程、分部工程和分项工程。参与公路工程的施工单位、工程监理单位和建设单位,应按照相同的工程项目划分进行工程质量的监控和管理。

表1.2 一般建设项目的工程项目划分

单位工程	分部工程	分项工程
路基工程（每10 km或每标段）	公路路基的土石方工程*（1~3 km路段）	土方路基*、石方路基*、软土地基*、土工合成材料处治层*等
	排水工程（1~3 km路段）	管节预制、管道基础及管节安装*、检查（雨水）井砌筑*、沟、浆砌排水沟*、盲沟、跌水、急流槽*、水簸箕、排水泵站等
	小桥及符合小桥标准的通道*、人行天桥、渡槽（每座）	基础及下部构件*、上部构造预制、安装或浇筑*、桥面*、栏杆、人行道等
	涵洞、通道（1~3 km路段）	基础及下部构件*、主要构造预制、安装或浇筑*、填土、总体等
	砌筑防护工程（1~3 km路段）	挡土墙*、墙背填土、抗滑桩*、锚喷防护*、锥、护坡、导流工程、石笼防护等
	大型挡土墙*组合式挡土墙*（每处）	基础*、墙身*、墙背填土、构件预制*、构件安装*、筋带、锚杆、拉杆、总体*等
路面工程（每10 km或每标段）	路面工程（1~3 km路段）*	底基层、基层、面层*、垫层、联结层、路缘石、人行道、路肩、路面边缘排水系统等
桥梁工程（特大、大、中桥）	基础及下部构造*（每桥或每墩、台）	扩大基础、柱基*、地下连续墙*、承台、沉井*、桩的制作*、钢筋加工及安装、墩台身（砌体）浇筑*、墩台身安装、墩台帽*、组合桥台*、台背填土、支座垫石和挡块等
	上部构造预制和安装*	主要混凝土构件预制*、其他混凝土构件预制、钢筋加工及安装、预应力筋的加工和张拉*、梁板安装、悬臂拼装*、顶推施工梁*、拱圈节段预制、拱的安装、转体h工拱*、劲性骨架拱肋安装*、钢管拱肋制作*、钢管拱肋安装*、吊杆制作和安装*、钢梁制作*、钢梁安装*、钢梁防护*等
	上部构造现场浇筑*	钢筋加工及安装、预应力筋的加工和张拉*、主要混凝土构件的浇筑*、其他混凝土构件浇筑、悬臂混凝土构件浇筑*、劲性骨架混凝土拱*、钢管混凝土拱*等
	总体、桥面系和附属工程	桥梁工程的总体*、钢筋的加工及安装、桥面防水层的施工、桥面铺装、钢桥面铺装*、支座安装、搭板安装、伸缩缝施工、大型伸缩缝安装*、栏杆的安装、混凝土护栏、人行道的铺设、路灯灯柱的安装等
	防护工程	护坡、护岸*、导流工程*、石笼防护、砌石工程等
	引道工程	路基*、路面*、挡土墙*、小桥*、涵洞*、护栏等
互通立交工程	桥梁工程*（每座）	桥梁总体、基础及下部构造*上部构造预制、安装或浇筑*、支座安装、支座垫石、桥面铺装*、护栏、人行道等
	主线路基路面工程*（1~3 km路段）	见"路基、路面等分项工程"
	匝道工程（每条）	路基*、路面*、通道*、护坡、挡土墙*、护栏等

续表1.2

单位工程	分部工程	分项工程
隧道工程	总体	隧道总体等
	明洞	明洞浇筑、明洞防水层、明洞回填*等
	洞口工程	洞口开挖、洞口边仰坡防护、洞门和翼墙的砌(浇)筑、截水沟、洞口排水沟等
	洞身开挖*	洞身开挖*(分段)等
	洞身衬砌*	(钢纤维)喷射混凝土支护、锚杆支护、钢筋网支护、仰拱、混凝土衬砌*、钢支撑、衬砌钢筋等
	防排水	防水层、止水带、排水沟等
	隧道路面	基层*,面层*等
	装饰	装卸工程
	辅助施工措施	超前锚杆、超前钢管等
环保工程	声屏障	声屏障
	绿化工程(1~3 km路段或每处)	中央分隔带绿化、路侧绿化、互通立交绿化、服务区绿化、取、弃土场绿化等
交通安全设施(每20 km或每标段)	标志*(5~10 km路段)	标志*
	护栏*、轮廓标(5~10 km路段)	标线*、突起路标等
	防眩设施(5~10 km路段)	防眩板、网等
	隔离栅、防落网(5~10 km路段)	隔离栅、防落网等
监控设施	监控设施	车辆检测器、气象检测器、闭路电视监视系统、可变标志、光电缆线路、监控(分)中心设备安装及软件调测、大屏幕投影系统、地图板、计算机监控软件与网络等
	通信设施	通信管道与光电缆线路、光纤数字传输系统、数字程控交换系统、紧急电话系统、无线移动通信系统、通信电源等
	收费设施	入口车道设备、出口车道设备、收费站设备及软件、收费中心设备及软件、IC卡及发卡编码系统、闭路电视监视系统、内部有线对讲及紧急报警系统、收费站内光、电缆及塑料管道、收费系统计算机网络等
	低压配电设施	中心(站)内低压配电设备、外场设备电力电缆线路等
	照明设施	照明设施
	隧道机电设施	车辆检测器、气象检测器、闭路电视监视系统、紧急电话系统、环境检测设备、报警与诱导设施、可变标志、通风设施、照明设施、消防设施、本地控制器、隧道监控中心计算机控制系统、隧道监控中心计算机网络、低压供配电等

注:(1)表内标注*号者为主要工程,评分时给予2的权值;不带*号者为一般工程,权值为1。
(2)按路段长度划分的分部工程,高速公路和一级公路取低值,三级及以二级以下公路取高值。
(3)斜拉桥和悬索桥可参考表1.3所示内容进行划分。
(4)护岸可参照挡土墙进行划分。

表1.3 特大斜拉桥和悬索桥为主体建设项目的工程划分

单位工程	分部工程	分项工程
塔及辅助、过渡墩(每座)	塔基层*	钢筋加工及安装、扩大基础、桩基、地下连续墙*、沉井*等
	塔承台*	钢筋加工及安装、双壁钢围堰、封底、承台混凝土浇筑*等
	索塔*	索塔
	辅助墩*	钢筋加工、基础、墩台身砌(浇)筑、墩台身安装、墩台帽、盖梁等
	过渡墩*	
锚碇	锚碇基础*	钢筋加工及安装、扩大基础、桩基*、地下连续墙*、沉井*、大体积混凝土构件*等
	锚体*	锚固体系的制作*、锚固体系的安装*、锚碇块体、预应力锚索的张拉与压浆*等
上部构造制作与防护(钢结构)	斜拉索*	斜拉索制作与防护*
	主缆(索股)*	索股和锚头的制作与防护*
	索鞍*	主索鞍和散索鞍制作与防护*
	索夹	索夹制作与防护
	吊索	吊索和锚头制作与防护*等
	加劲梁*	加劲梁段制作、加劲梁防护*等
上部构造浇筑与安装	悬浇*	梁段浇筑*
	安装*	加劲梁安装*、索鞍安装*、主缆架设*、索夹和吊索安装*等
	工地防护*	工地防护
	桥面系及附属工程	桥面防水层的施工、桥面铺装、钢桥面板上防水黏结层的洒布、钢桥面板上沥青混凝土铺装*、支座安装*、抗风支座安装、伸缩缝安装、人行道铺设、栏杆安装、防掩护栏等
	桥梁总体	桥梁总体*
引桥	参见"桥梁工程"	
引道	参见"路基工程"和路面工程*	
互通立变工程	参见"互通立交工程"	
交通安全设施	参见"交通安全设施"	

注：表内标注*号者为主要工程，评分时给予2的权值；不带*号者为一般工程，权值为1。

(3)机电部分工程项目的划分。机电工程是整个公路工程重要的组成部分，其技术要求、施工工艺、试验检评方法等，与公路工程的土建部分存在较大的区别，因此应当将机电工程作为一个独立的专业单位工程设置。公路工程中的机电工程，应本着不同的专业应由不同的承包单位组织施工，以减少施工交叉矛盾、便于进行质量监控和管理的原则，划分分部工程。表1.4给出了机电工程的层次结构和抽样单位，检评时可根据此表对整个工程进行统计并抽样。

表1.4 机电工程分项工程的划分

单位工程	分部工程	分项工群	抽样单位	基本要求	实测项目	外观鉴定
机电工程	监控设施	车辆检测器	1个控制机箱			
		气象检测器	1个控制机箱			
		闭路电视监控系统	外场设备以1部摄像机为单位,室内设备以中心(分中心)为单位			
		可变标志	1个外场设备			
		光、电缆线路	以条为单位			
		监控中心设备安装及软件调测	中心为单位测点			
		地图板	以完整块为单位测点			
		大屏幕投影系统	1个完整屏幕为测点			
		计算机监控软件与网络	中心为单位测点			
	通信设施	通信管道与光电缆线路	以条为单位			
		光纤数字传输系统	站为单位测点			
		数字程控变换系统	站为单位测点			
		紧急电话系统	分机为单位测点,控制台的检测项目单列			
		光纤移动通信系统	中心为单位测点			
		通信电源	站为单位测点			
	收费设施	入口车道设备	车道为单位测点			
		出口车道设备	车道为单位测点			
		收费站设备及软件	站为单位测点			
		收费中心设备及软件	中心为单位测点			
		IC卡及发卡编码系统	套为单位测点			
		闭路电视监视系统	外场设备以1部摄像机为单位,室内设备以站为单位			
		内部有线对讲及紧急报警系统	分机、报警为多测点			
		收费站内光、电缆线路	以条为单位			
		收费系统计算机网络	中心为单位测点			
	低压配电设施	中心(站)内低压配电设备	站为单位测点			
		外场设备电力电缆线路	以条为单位			
	照明设施	照明设施	中心为单位测点			
	隧道机电设施	车辆检测器	1个控制机箱			
		气象检测器	1个控制机箱			
		闭路电视监视系统	外场设备以1部摄像机为单位,室内设备以中心(分中心)为单位			
		紧急电话系统	分机为单位测点			
		环境检测设备	控制箱为1个,探头分记			
		报警与诱导设施	控制箱为1个,按钮分记			
		可变标志	1个外场设备			
		通风设施	1个风机为1个测点			

续表 1.4

单位工程	分部工程	分项工群	抽样单位	基本要求	实测项目	外观鉴定
机电工程	隧道机电设施	照明设施	控制箱为 1 个测点,灯具按个分记			
		消防设施	系统为 1 个测点,设备按点分记			
		本地控制器	以台为 1 个单位测点			
		隧道监控中心计算机控制系统	系统为 1 个点,设备按个分记			
		隧道监控中心计算机网络	系统为 1 个点,设备按个分记			
		低压供配电	以 1 个配电箱为测点			

1.2.2 公路工程基本建设程序

建设程序是指建设项目从设想、选择、评估、决策、设计、施工到竣工验收,甚至在投入生产或使用的整个建设过程中,各项工作必须遵循的先后次序,是建设项目科学决策和顺利进行的重要保证。此顺序是由基本建设的客观规律所决定的。

工程建设是一项较为复杂的工作,它有其特殊性。正是由于建设项目的复杂性和特殊性,要求我们必须按照建设项目发展的内在规律和过程,将建设程序分成若干阶段,这些阶段有严格的先后次序,不得任意颠倒,必须共同遵守,这个先后次序就是我们通常说的建设程序。科学的基本建设程序能指导基本建设工作有计划、按步骤地进行,它是基本建设管理中的核心内容。

基本建设涉及面非常广泛,既有地质、气候、水文等自然条件的严格控制,又有资源供应、施工技术和管理水平的影响,同时还需要内外各个环节的协作配合。所以完成一项基本建设工程,必须按照一定的程序,依次进行各个方面的工作,才能够达到预期的目标,否则就会造成严重的经济损失,或者给工程带来无法弥补的缺陷。

公路工程基本建设程序应当是:根据国民经济长远规划及公路网建设规划,进行预可行性研究,提出项目建议书→进行可行性研究,编制可行性研究报告→对公路工程项目进行评估,下发设计任务书→进行公路工程项目初步设计→经批准后列入国家年度基本建设计划,并进行技术设计和施工图设计→设计文件经审批后组织施工→工程施工完成后,进行竣工验收,然后交付使用。公路工程的这一基本建设程序必须依次进行,任何程序和环节不得超越或拖后。

公路工程基本建设程序如图 1.1 所示,具体内容分述如下。

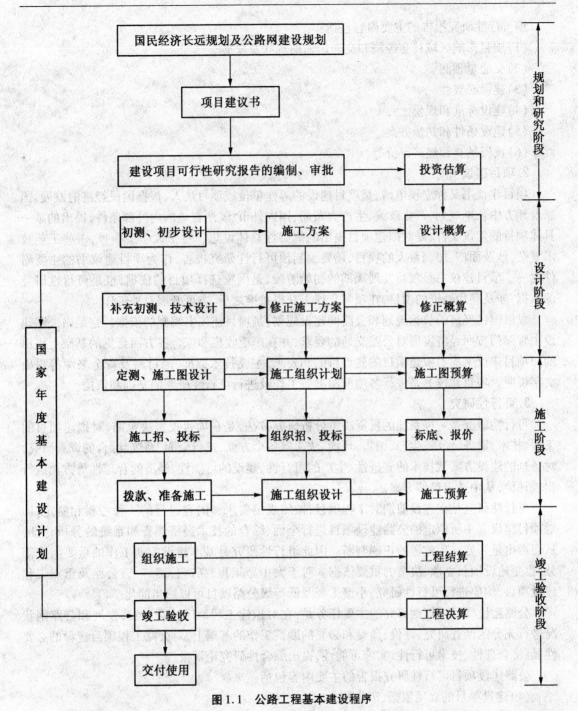

图1.1 公路工程基本建设程序

1. 预可行性研究

预可行性研究又称初步可行性研究，是在投资机会研究的基础上，对项目方案进行的进一步技术经济论证，对项目是否可行进行初步判断。预可行性研究应当通过对项目实地勘察和调查，重点研究项目建设的必要性，并对项目的建设规模、技术标准、建设资金、经济效益等进行必要的分析论证，根据勘察和调查的实际情况，编制预可行性研究报告，作为项目建议书的依据。

预可行性研究报告的主要内容包括：
(1)项目影响区域社会经济和交通运输的现状及发展。
(2)交通量预测。
(3)建设必要性。
(4)建设标准和规模。
(5)建设条件和初步方案。
(6)投资估算和经济评价等。

2. 项目建议书

项目建议书又称立项申请，是项目建设的筹建单位或项目法人，根据国民经济的发展、国家及地方中长期规划、产业政策、生产力布局、国内外市场、所在地的内外部条件，提出的某一具体项目的建议文件，是对拟建项目提出的框架性总体设想。对于大中型项目，一些工艺技术复杂、涉及面广、协调量大的项目，还要编制预可行性研究报告，作为项目建议书的主要附件之一。项目建议书是项目发展周期的初始阶段，是国家选择项目的依据，也是可行性研究的依据，涉及利用外资的项目，在项目建议书获得批准之后，方可开展对外工作。

发展国民经济的长远规划和公路网建设规划，是项目建议书编制的依据。它是由公路建设主管部门按照经济发展对公路交通的要求，并在广泛收集和综合各方面意见的基础上提出的。项目建议书应对拟建项目的建设目的和要求、主要技术标准、原材料及资金来源等提出文字说明。项目建议书是进行各项前期准备工作及进行可行性研究的基础和依据。

3. 可行性研究

可行性研究是一种系统的投资决策分析研究方法，是在项目投资决策前，对拟建项目的工程、技术、财务、经济、生产、销售、环境、法律等各个方面，进行全面、系统、综合的调查研究，对备选的建设方案从技术的先进性、生产的可行性、建设的可能性、经济的合理性等方面进行比较评价，从中选出最佳方案。

可行性研究是在建设前期对工程项目，按照规定要求和内容进行的一种考察和鉴定，即对项目建议书中所拟定的公路建设项目进行全面、综合的技术经济调查和系统的分析论证，从而做出是否要立项建设的正确判断。因此可行性研究是基本建设前期工作的重要组成部分，也是建设项目立项、决策的重要依据。对于大中型工程、高速公路、一级公路及重点工程建设项目，均应进行可行性研究，小型工程及低等级公路项目可以适当简化。

公路建设项目可行性研究的主要任务是：在对拟建工程地区社会、经济发展和公路网状况进行充分的调查研究、评价、预测和必要的勘察工作的基础上，对公路工程项目建设的必要性、经济合理性、技术可行性、实施可能性，提出综合性研究论证报告。

公路建设项目可行性研究报告的主要内容包括：
(1)建设项目的立项依据、历史背景。
(2)建设地区综合交通网的交通运输状况。
(3)建设项目在交通网中的地位和作用。
(4)原有公路的技术状况及适应程度。
(5)记述建设项目所在地区的经济特征，研究建设项目与经济发展的内在联系，预测交通量、运输量的发展水平。
(6)建设项目的地理位置、地形、地质、地震、气候、水文等自然特征。

(7)筑路材料的来源及运输条件。

(8)论证不同建设方案的路线起讫点、重点控制点、建设规模、建设标准,提出建设方案的推荐性意见。

(9)评价建设项目对环境的影响。

(10)测算主要工程量、征地拆迁数量、估算工程投资、提出资金筹措方式。

(11)提出勘测设计、施工计划安排。

(12)确定运输成本及有关经济参数、敏感性分析,对收费公路、桥梁和隧道还应进行财务分析。

(13)评价推荐项目建设方案,提出存在的问题和有关建议。

编制可行性研究报告,应严格执行国家现行的各项政策、规定和交通部颁发的技术标准、规范等。可行性研究报告的文件,应符合《公路建设项目可行性研究报告编制办法》的规定。

4. 设计任务书

设计任务书又称计划任务书,是确定基本建设项目,进行现场勘测和编制设计文件的重要依据。公路建设项目要根据工程可行性研究报告和现场踏勘,编制公路建设项目的设计任务书。设计任务书是大中型基本建设项目和大型技术改造项目进行投资决策和转入实施阶段的法定文件,也是进行工程设计的依据和工程建设的大纲。大中型基本建设项目和大型技术改造项目,要在可行性研究报告完成后编写设计任务书。

5. 工程初步设计

公路工程基本建设项目一般采用两阶段设计,即初步设计和施工图设计。对于方案明确、技术简单的小型建设项目,也可只采用施工图设计。对于基础资料缺乏、试验性项目、技术比较复杂,例如高速公路、一级公路和特大桥等,在必要时,可采用三阶段设计,即在初步设计之后增加技术设计。在高速公路和一级公路的各设计阶段还应进行总体设计。

工程初步设计应当根据批复的可行性研究报告、测设合同及勘测资料进行编制。工程初步设计的目的是确定设计方案,因此必须充分进行设计方案的比较,以便确定科学合理的设计方案。

在选定设计方案时,应对公路工程的路线走向、控制点和方案进行现场核查,征求沿线地方政府及建设单位的意见,基本落实路线布置方案。对于难以取舍、投资影响较大或地形特殊的复杂地段的路线、特大桥、隧道、立体交叉枢纽的位置等,一般应选择两个以上的方案进行同深度、同精度的测设工作和方案比较,从中选出最佳方案作为推荐方案。

当设计方案选定后,应立即拟定修建原则、计算工程量和主要材料用量,提出建设方案的意见,编制工程设计概算,提供文字说明和相关的图表资料。初步方案经过审查批复后,则可作为订购材料、机具、设备,安排重大科学研究试验项目,联系征地、搬迁,进行准备工作,以及编制施工图文件和控制建设项目投资等的依据。

6. 列入年度基本建设计划

当建设项目的初步设计和概算报上级部门审查批准后,可以将此项目列入年度基本建设计划,这是国家对基本建设实行统一管理的措施。年度基本建设计划是年度建设工作的指令性文件,一经确定,一般不允许再变动,如果需要增加投资额或调整项目,必须上报原审批机关批准。

当项目被列入国家年度基本建设计划后,建设单位根据国家计划发展委员会颁发的年度基本建设计划控制数字,根据初步设计文件编制本单位的年度基本建设计划。建设单位年度计划报经上级批准后,再编制物资、劳动力、财务计划。这些计划分别经过主管部门审查平衡后,作为国家安排生产、分配物资、调配劳动力和财政拨款(或贷款)的依据。在计划落实后,即可组建工程管理单位,并通过招标的方式或其他方式落实施工单位。

7. 技术设计和施工图设计

按照三阶段设计的项目,需要进行技术设计。技术设计应根据初步设计批复的意见、勘察设计合同的要求,对重大、复杂的技术问题通过试验、专题研究,深入勘探调查及分析比较,解决初步设计中尚未解决的技术难题,落实技术方案,计算工程量,提出修正的施工方案,编制修正设计概算,在批准后,作为编制施工图设计的依据。

两阶段(或三阶段)施工图设计,应当根据初步设计(或技术设计)的批复意见、勘测设计合同,进一步对所审定的修建原则、设计方案、技术决策加以具体化和深化,通过现场定线勘测,确定路线及结构物的具体位置和设计尺寸,最终确定各项工程数量,提出文字说明和适应施工需要的图表资料及施工组织设计,并编制施工图预算。对于一阶段施工图设计的项目,应当根据批复的可行性研究报告,勘测合同和定测、详勘资料进行编制。

根据公路工程建设项目的经验,施工图设计文件一般由总说明书、总体设计、路线、路基、路面及排水、桥梁、涵洞、隧道、路线交叉、交通工程及沿线设施、环境保护、渡口码头及其他工程、筑路材料、施工组织计划、施工图预算、附件等几部分组成。其中总体设计只用于高速公路和一级公路,附件内容为补充地质勘探、水文调查及计算等基础资料。一阶段施工图设计的总说明及分篇说明,应参照初步设计说明书的内容进行编写,并补充必要的比较方案图表资料。

8. 施工准备工作

公路工程施工涉及面广,为确保施工的顺利进行,建设主管部门、勘测设计单位、施工单位等,均应在施工准备阶段充分做好各自的准备工作,尽到各自应尽的责任和义务。

建设主管部门,应按照计划要求的建设进度组建专门的管理机构,办理登记及征地拆迁,做好施工沿线各有关单位和部门的协调工作,抓紧配套工程项目的落实,组织分工范围内的技术资料、建筑材料、机具设备的供应。

工程勘察是工程建设的先行工作,是确保工程项目安全、顺利、成功实施、追求最大效益(含经济效益和社会效益)的前提条件。勘测设计单位,应当按照技术资料供应协议,按时提供各种图纸资料,做好施工图纸的会审及移交工作。

工程施工单位,应组织人员、机具进场,进行施工测量、修筑便道及生产、生活临时设施,组织材料及技术物资的采购、加工、运输、供应、储备,做好施工图纸的接收工作,熟悉图纸并进行现场核对,编制实施性施工组织设计和施工预算,提出开工报告,按照投资隶属关系上报有关主管部门核准。

9. 工程施工

施工准备工作完成并经检查合格之后,施工单位必须按照上级下达的开工日期或工程承包合同规定的日期准时施工。在建设项目的整个施工过程中,应当严格执行现行的有关施工技术规程和规范,按照设计要求确保工程质量和安全施工。

施工单位在施工的过程中,要坚持正常的施工秩序,加强施工管理,大力推广应用新技术、新工艺,努力缩短工期,降低工程造价,做好施工记录,建立技术档案。

10. 工程竣工验收

公路工程施工全部完成之后,应当由施工单位按要求进行竣工测量、绘制工程竣工图和工程决算。竣工验收工作由建设单位主持,按照《关于基本建设项目竣工验收暂行规定》和《公路工程竣工验收办法》中的要求,认真负责地对工程进行全面的验收,对于不符合要求的部位应提出整改意见。

11. 后评价阶段

建设项目的后评价阶段,是我国建设程序中新增的一项内容。建设项目竣工投产或使用后,经过1~2年的生产运营,对其目标、执行过程、效益及影响进行系统的、客观的分析,并以此确定目标是否达到,检验项目是否合理和有效。总之,后评价是指建设项目已实施完成并且发挥一定效益时所进行的评价。

建设项目后评价的主要内容见表1.5。

表1.5 建设项目后评价的主要内容

序号	项目	具体内容
1	目标评价	目标评价是通过项目实际产生的经济技术指标与项目审批决策时所确定的目标进行比较,检查建设项目是否达到了预期的目标,从而判断项目是否成功
2	效益评价	效益评价是对项目投资、社会经济效益、技术进步、可行性研究深度等进行评价
3	影响评价	影响评价是对项目周边地区在经济、环境和社会三个方面所产生的作用和影响进行评价
4	项目过程评价	项目过程评价是根据项目的结果和作用,对项目周期的各个环节进行回顾和检查,即对项目的立项、勘测设计、施工管理、竣工投产、生产运营等全过程进行评价

1.3 公路工程项目管理的应用与发展趋势

1.3.1 项目管理在我国的应用

我国从引进项目管理理论、开始项目管理实践活动至今,仅有二十多年的历史。在这二十多年中,不仅发展非常迅速,并且在很多方面有创新。这些都充分证明,项目管理适应我国国情,是可以应用成功并能得到发展的。项目管理在我国的应用具有以下特点。

(1)项目管理被引进的时候,正是改革开放开始向纵深发展的时候。改革的内容是多方面的,这集中体现于1984年全国人民代表大会的政府工作报告中,其中包括建筑施工企业的体制改革,基本建设投资包干、成立综合开发公司、供料体制的改革、工程招投标的开展等。这些改革与建设项目、施工项目有关,均为项目管理被引进到我国后遇到的新问题。探索项目管理与改革相结合的问题,在改革中发展我国的项目管理科学,这是当时形势的需要。

(2)由于我国实行开放政策,国外投资者在我国进行项目管理的同时,也给我们带来了项目管理的经验,给我们做出了项目管理的典范,使我国的工程项目管理少走弯路。相应的,我国的施工队伍走出了国门,迈进世界建筑市场,进行各方面综合输出,在国外进行施工管理的过程中,也学习了很多项目管理方面的经验。

(3)我国推行项目管理制度与其他国家不同,是在政府的领导和推动下进行的,是有规划、有步骤、有法规、有制度、有号召地推进。这与国外进行项目管理的自发性和民间性是有原则区别的,具有强制性和可靠性,使项目管理在我国推行具有很强的生命力和广泛性。

(4)由于实行项目管理具有明显的效果,因此在我国,项目管理学术活动非常活跃。我国在1992年就成立了项目管理研究组织,与土木建筑工程有关的大学均开设了项目管理课程,在大中型工程中全部实行了项目管理,国内的、国际的项目管理学术交流活动十分频繁,一些很有价值的项目管理研究成果已用于工程。

(5)在各种建设项目中产生了一大批项目管理先进典型,为我国迅速推进项目管理奠定了基础。

(6)根据我国建设项目管理的实践,自1988年以来,项目管理又分成建设监理和施工项目管理两个分支,在每个项目的实施过程中,两者能够同时进行,形成互相促进、互相兼顾的局面,不仅使项目管理和监理均获得成功,而且推进了项目管理学科的发展。

(7)在实行项目管理的过程中,我国有一整套十分严格的管理程序,特别注重不断总结经验教训,并以典型经验推动项目管理的全面发展。

(8)我国的工程项目管理大力推进计算机化。随着信息化大潮的到来及我国向市场经济的迅速推进,计算机在项目管理中的应用迅速普及,集约化的精细管理已成为每个企业追求的目标。用计算机进行工程项目全过程管理的研究和实践,必将使项目管理水平跃上一个新台阶。

1.3.2 项目管理的发展趋势

自项目管理问世以来,在各国专家的努力下,迅速健康发展。目前,项目管理的发展主要呈现出四大趋势。

1. 工程项目管理的国际化趋势

随着我国改革开放脚步的加快,中国经济日益深刻地融入全球市场,在我国的跨国公司及跨国项目越来越多。改革开放以来,我国的许多项目要通过国际招标、咨询或BOT方式运作。我国企业走出国门在海外投资和经营的项目也日趋增加。与此同时,项目管理的国际化正形成趋势和潮流。

特别是在我国加入WTO后,我国的行业壁垒下降,国内市场国际化,国内外市场全面融合,外国企业必定利用其在资本、技术、管理、人才、服务等方面的优势,挤占我国国内市场,尤其是工程总承包市场。面对日益激烈的市场竞争,我国的企业必须以市场作为导向,转换经营模式,增强应变能力,自强不息,勇于进取,在竞争中学会生存,在拼搏中寻求发展。

从项目管理理论研究的角度来看,各国专家均在探讨项目管理的通用体系,国际项目管理协会的各成员国之间每年都要举办很多行业性和学术性的研讨会,交流和研究项目管理的发展问题。对于项目管理活动,目前国际上已经形成了一套比较完整的国际法规、标准和惯例,制定了严格的管理制度,形成了通用性较强的国际惯例,各国专家正在探讨完整的通用体系。

2. 工程项目管理的信息化趋势

随着计算机技术、网络技术及信息技术的飞速发展,项目管理的信息化已成必然趋势。作为当今更新最快的电脑技术和网络技术在企业经营管理中普及应用的速度令人吃惊,而且呈现加速发展的态势。这给项目管理工作带来很多新的特点,在信息高速膨胀的今天,项目管理也越来越依赖于电脑手段,其竞争从某种意义上讲已成为信息战。另一方面,作为21世纪的主导经济——知识经济已经来临,与之相应的项目管理也将成为一个热门前沿领域。

知识经济时代的项目管理是通过知识共享、运用集体智慧提高应变能力和创新能力。知识经济可以理解为将知识转化为效益的经济。知识经济利用较少的自然资源和人力资源,而更重视利用智力资源。知识产生新的创意,形成新的成果,带来新的财富。

目前,西方发达国家的项目管理公司,已经运用项目管理软件进行项目管理的运作,利用网络技术进行信息传递,实现了项目管理的自动化、网络化及虚拟化。我国的一些项目管理公司也开始使用项目管理软件进行项目管理,积极组织人员开发研究更高级的项目管理软件,力争以较少的自然资源和人力资源,实现经济效益的最大化。

3. 逐渐关注"客户化"的趋势

现代项目管理与传统的项目管理相比,其管理观念越来越关注以客户为中心。2008年版的 ISO 9000 质量标准中,其八项管理原则的第一条就是"以顾客为关注焦点:组织依存于其顾客。因此组织应理解顾客当前和未来的需求,满足顾客并争取超越顾客期望。"

在这个竞争激烈的时代,任何经济组织生存和发展的关键不仅是生产产品,还要赢得需要这些产品的客户。在一个项目的实施与管理过程中,应当充分贯彻"以客户满意为关注焦点"的质量标准,充分满足客户明确的需求、挖掘客户隐含的需求,实现并超越客户的期望。只有让客户满意,项目组织才有可能更快结束项目;只有尽量地减少项目实施过程中的修改和调整,真正地实现节约成本、缩短工期,才能够增加同客户再次合作的可能性。

4. 新方法应用普及的趋势

纵观项目管理这些年的发展历程,其中一个最为显著的变化是项目管理的内容知识大幅度增加,如项目管理知识体系中的范围管理、质量管理、风险管理及环境管理等内容。项目管理概念大大拓宽,提出了基于项目的管理、客户驱动型项目管理等不同类别的项目管理;项目管理的应用层已不单纯是工程建设部门,而拓宽普及到各行业的各个领域。目前,在项目管理中新方法的应用,更加体现出其重要性。

(1) 风险评估小组的出现。在传统的项目管理中,项目中出现的问题一般归咎于项目实施管理不利。随着市场经济的不断深入发展,在项目管理中的风险管理变得越来越重要,可通过成立风险评估小组来减少和解决项目风险管理方面问题。

(2) 设立项目办公室。在工程项目未正式实施之前,设立项目办公室是进行项目管理的重要组织措施之一。项目办公室的作用包括:

①行政支持。
②项目咨询。
③建立项目管理标准。
④开发、更新工作方法和工作流程。
⑤指导、培训项目管理人员等。

2 公路工程项目管理

2.1 公路工程项目合同管理

2.1.1 公路工程项目合同策划

1. 项目合同策划程序

我国公路工程建设项目的实施过程证明,项目合同策划必须按照一定的程序进行,这样才能够得到较好的效果,如图2.1所示。

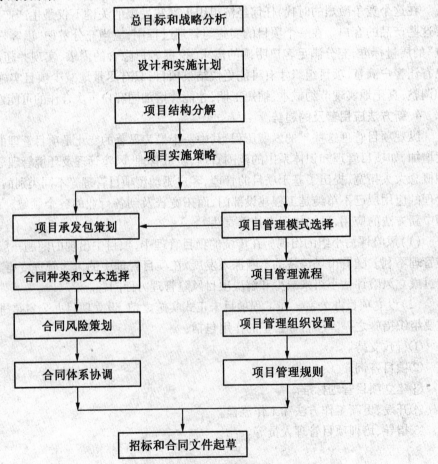

图 2.1 公路工程项目合同策划程序

(1)进行工程项目总目标和战略分析,确定企业和项目对合同的总体要求。由于工程合同是实现项目目标和企业目标的手段,因此合同策划必须体现和服从企业及项目的目标。

(2)进行完成相应阶段项目技术设计和总体实现计划的制订。根据我国公路建设的实践,公路工程项目在早期就要进行合同策划工作。例如,对公路工程实行"设计—施工—验收"的总承包项目,在设计任务书完成之后就要进行合同策划,并进行工程招标工作。

(3)进行工程项目的结构分解工作。工程项目的分解结构图是工程项目承发包策划最主要的依据,以此可对工程分别进行签订承包合同。

(4)确定工程项目的实施策略。这项工作内容主要包括:

①对工作的具体分配。

②准备采用的承发包模式。

③对工程风险分配的策划。

④发包商准备对工程项目实施的控制程度。

⑤对工程所用材料和设备而采取的供应方式。

(5)发包商对工程项目管理模式的选择。将工程项目管理工作分阶段委托,如分别委托设计监理、施工监理、造价咨询等,或采用工程项目管理承包方式等。工程项目管理模式与工程的承发包模式互相制约,对工程项目的组织形式、风险分配、合同类型和合同内容都有很大的影响。

(6)进行工程项目承发包策划。即按照工程承包模式和管理模式,对工程项目结构分解得到的项目工作进行具体的分类、打包和发包,形成一个个独立的,同时又是互相影响的合同,作为工程具体承包的依据。

(7)进行与具体合同相关的策划工作。主要包括:

①合同种类的选择。

②合同风险分配策划。

③与项目相关的各个合同之间的协调等。

(8)进行工程项目工作过程的策划。主要包括:项目管理工作的流程、项目管理组织设置及项目管理制度的制定等。通过项目管理组织策划,把整个项目管理工作在发包商、监理工程师和承包商之间进行分配,划分各自的管理工作范围、职责、权利并进行协调。这些策划应当通过合同定义和描述。

(9)进行招标文件和合同文件的起草工作。以上所述各项工作成果都必须具体体现在招标文件和合同文件当中,这是一项综合性较强、要求很高的工作,是在具体合同的招标过程中完成的。

2. 项目合同分包策划

工程项目的所有工作都必须由具体的组织来完成,业主应当将工程项目委托给具体的单位或人员。公路工程项目的分包策划,即决定将整个工程项目的任务分为多少个包(或标段),以及如何划分这些标段。工程项目的分包方式,对承包商来说就是承包方式。根据我国公路建设的实践,工程项目承包的分包策划包括以下几种方式。

(1)分阶段分专业工程平行承包。这种分包方式是指业主将设计、设备供应、电器安装、机械安装等工程的施工分别委托给不同的相应承包商。各承包商分别与业主签订承包合同,并向业主负责。这种分包方式的特点包括:

①在具体的操作过程中,业主有大量的管理工作,需要进行多次招标,做比较精细的计划及控制,因此,在项目前期需要用较充足的时间进行准备。

②在工程项目的实施过程当中,业主必须负责各承包商之间的协调,对各承包商之间互

相干扰造成的问题承担责任。因此在这种承包工程中组织争执较大,工程索赔较多,施工工期较长,业主需要花费很大的精力。

③这种工程承包方式业主管理和控制得较细,需要对实施中出现的各种问题进行中间决策,业主必须具有较强的项目管理能力。

④在大中型公路工程项目中,业主将面对很多承包商(例如设计单位、供应单位、施工单位等),因为直接管理的承包商数量太多,管理范围和跨度太大,容易造成项目协调比较困难,造成工程中的混乱和项目失控现象。

⑤业主不仅可以分阶段进行招标,也可以通过协调和项目管理加强对工程项目的干预。这种承包方式使承包商之间存在着相互制约的作用,例如各专业设计、材料设备供应、专业工程施工之间存在着相互制约的关系。

⑥采用这种承包方式,工程项目的计划和设计必须周全、准确、细致,否则很容易造成工程项目在实施过程中出现混乱状态。若业主不是工程项目管理专家,或未聘请得力的咨询(监理)工程师进行全过程的项目管理,则不能将工程项目分标太多。

(2)"设计—施工—验收"总承包。这种承包方式又称全包工程或统包工程,即由一个承包商承包工程项目的全部工作,包括工程设计、物资供应、工程施工和管理工作,甚至包括工程项目的前期筹划、方案选择、可行性研究等,由承包商向业主承担全部的工程责任。这种承包方式与平行承包方式不同,具有如下特点:

①这种承包方式可大大减少业主面对承包商的数量,给业主的招标和管理工作减少很大工作量。在工程项目实施的过程中,业主所承担的责任较小,主要是提出工程的总体要求(例如工程功能要求、设计标准、材料设备标准等),进行宏观控制,最后进行工程验收,通常不干涉承包商的工程实施过程和具体的项目管理工作。

②这种承包方式可使得承包商能够将整个项目管理形成一个统一系统,非常方便地协调和控制,减少大量的重复管理工作和矛盾,利于施工现场的管理,减少工程中间检查、交接环节和手续,可避免由此而引起的工程拖延,从而使建设工期大大缩短。

③这种承包方式无论是设计与施工、施工与供应的互相干扰,还是不同施工专业之间的互相干扰,均由总承包商负责解决,业主不承担任何责任,业主与承包商之间的矛盾很少,所以出现的争执和索赔自然也较少。

④这种承包方式要求业主必须加强对总承包商的宏观控制,特别要注意选择资信好、实力强、适应全方位工作的承包商。

3. 项目合同风险策划

广义的风险是指各种非正常的损失,既包括可归责于合同一方或双方当事人的事由所导致的损失,又包括不可归责于合同双方当事人的事由所导致的损失;狭义的风险仅指因不可归责于合同双方当事人的事由所带来的非正常损失。

公路工程合同风险是工程承包合同中的不确定因素,它是工程风险、业主资信风险、外界环境风险的集中反映和体现。工程合同风险是客观存在的,受工程复杂程度的影响,是合同双方必须共同决定和共同承担的。

项目合同风险策划在一定程度上可以降低工程施工中潜在的风险,加快工程的施工进度。根据公路工程建设的实践经验,项目合同风险策划主要包括以下内容。

(1)项目合同风险的分析。对项目合同风险的分析见表2.1。

表2.1 项目合同风险的分析

序号	风险分析	说 明
1	工程项目环境方面的风险分析	如工程实施期间工资和物价上涨,有关工程项目的法律发生变化,复杂恶劣的气候条件和现场条件,如发生洪水、地震、台风和自然灾害,工程所在地区治安不良,工程水文和地质条件存在不确定性等
2	工程技术和实施方法等方面的风险分析	公路工程由于采用新技术、新材料、新工艺和新结构,如果施工企业对其不够熟悉和熟练,在工程技术上就存在很大困难和风险
3	项目组织成员的资信和能力风险分析	如业主(包括投资者)、承包商(分包商、供应商)的资信和能力风险;项目管理者(如监理工程师)的资信和能力风险;可能存在的其他方面(如政府机关工作人员、城市公共供应部门等)对项目的干扰;项目涉及的居民或单位的干预、抗议或苛刻的要求等
4	项目在实施和管理过程中的风险分析	项目在实施和管理的过程中,可能出现的预测、决策、计划和实施控制中出现的各种问题

(2)项目合同风险的分配。如何对项目合同风险进行合理的分配,这是合同风险策划中的一个重要内容,不仅关系到工程项目进展是否顺利,而且关系到各方的利益分配是否合理。在项目合同风险分配方面应注意以下几方面:

①工程项目风险的分配,首先取决于所签订合同的类型。

a.若签订的是固定总价合同,则承包商需要承担全部物价及工作量变化的风险。

b.若签订的是成本加酬金合同,则承包商不需要承担任何风险。

c.对于常见的单价合同,承包商则要承担报价风险,发包方则要承担工作量风险。

②通常承包商承担的风险主要有:

a.对招标文件理解和环境调查的风险。

b.报价的完备性和正确性的风险。

c.施工方案的安全性、正确性、完备性和效率方面的风险。

d.工程所用材料和设备采购的风险。

e.自己的分包商、供应商、招聘工作人员的风险。

f.工程施工进度和施工质量的风险等。

③通常发包方承担的风险主要有:

a.招标文件及所提供资料是否正确的风险。

b.工程量变动、合同缺陷(例如设计错误、图纸修改、合同条款矛盾、歧义性等)的风险。

c.国家法律发生变更的风险。

d.一个有经验的承包商不能预测情况的风险。

e.不可抗拒因素作用的风险。

f.业主聘用的咨询(监理)工程师和其他承包商的风险等。

④在工程项目实施过程中,对于物价风险的分担比较灵活,共同协商好以后,可以由一方承担,也可以划定范围由双方共同承担。

2.1.2 公路工程项目合同评审

2.1.2.1 公路工程项目招标文件分析

1. 招标文件的基本组成

工程招标文件是整个公路工程项目招标过程所遵循的基础性文件,是工程投标和评标的基础,也是工程合同的重要组成部分。在通常情况下,为确保工程招投标的严肃性和公正性,招标人与投标人之间不进行或进行有限的面对面交流,投标人只能根据招标文件的要求编写招标文件。因此招标文件是联系、沟通招标人与投标人的桥梁和纽带。能否编制出完整、严谨的招标文件,不仅直接影响着招标的质量,也影响着招投标双方的切身利益,这是工程招标成败的关键。

根据我国公路建设的有关规定,公路工程项目招标文件的内容,大体分为如下三类。

(1)编写和提交投标文件的规定。载入这些内容的目的是尽量减少承包商或供应商因不明确编写投标文件而处于不利地位或其投标遭到拒绝的可能。

(2)对投标人资格审查的标准及投标文件的评审标准和方法。载入这些内容的目的是为提高招标过程的透明度和公平性,这是招标文件必不可少的内容。

(3)合同的主要条款。文件中主要是商务性条款,利于投标人了解中标后签订合同的主要内容,明确双方的权利和义务。其中技术要求、投标报价要求和主要合同条款等内容是工程招标文件的关键内容,统称为实质性要求。

交通部在《交公路发[2003]94 文〈公路工程国内招标文件范本〉(2003 年版)》中规定,公路工程招标文件范本由以下四个部分组成。

①第一篇:投标邀请书格式。
②第二篇:投标人须知。
③第三篇:合同通用条款。
④第四篇:合同专用条款。

2. 招标文件分析的内容

承包商在公路工程项目投标过程中,在得到招标文件之后,首先进行总体检查,重点是检查招标文件的完备性。一般是对照招标文件目录检查文件是否齐全,是否存在缺页现象;对照图纸目录检查图纸是否齐全,是否有残缺问题。在检查完以上各项后,再按照表2.2进行全面分析。

表2.2 招标文件分析的内容

序号	招标文件分析	说 明
1	进行招标条件分析	进行招标条件分析的对象是投标人须知,通过对"投标人须知"的分析,不仅掌握招标过程、评标的规则和各项要求,对招标报价工作作出具体安排,而且要了解投标的风险,以确定投标的策略
2	工程技术文件分析	工程技术文件分析主要是进行图纸会审、工程量复核、图纸和规范中的问题分析,从中了解发(承)包商具体的工程范围、技术要求、质量标准。在此基础上进行施工组织,确定劳动力的安排,进行材料、设备的分析,制订具体的实施方案,并对承包工程进行报价

续表2.2

序号	招标文件分析	说明
3	进行合同文本分析	工程合同文本分析是一项综合性的、复杂的、技术性很强的工作,分析的对象主要是合同协议书和合同条件。对合同文本分析要求合同管理者必须熟悉与合同相关的法律、法规,精通工程合同条款,对工程环境有全面的了解,有合同管理的实际工作经验。根据我国公路工程的实际,对合同文本分析主要包括以下5个方面的内容: (1)承包合同的合法性分析 (2)承包合同的完备性分析 (3)承包合同双方责任和权益及其关系分析 (4)承包合同条件之间的联系分析 (5)承包合同实施的后果分析

2.1.2.2 公路工程项目合同合法性审查

合同合法性是指合同依法成立所具有的约束力。对于公路工程项目合同合法性的审查,基本上从合同主体、客体、内容三方面加以考虑。结合实际情况,在公路工程项目建设市场上,有以下几种合同无效的情况。

1. 没有经营资格而签订的合同

主要是审查公路工程施工合同的签订双方是否有专门从事公路工程业务的资格,这是合同有效、无效的重要条件之一。

2. 缺少相应资质而签订的合同

公路工程是一种投资巨大、建造困难、要求较高的建筑产品,而非一般产品,因此工程施工合同的主体除了具备可支配的财产、固定的经营场所和组织机构之外,还必须具备与公路工程项目相适应的资质条件,而且也只能在资质证书核定的范围内承接相应的公路工程任务,不得擅自越级或超越规定的范围。

3. 违反法定程序而订立的合同

在公路工程施工合同的签订中,尤其是总承包合同和施工总承包合同的订立中,一般通过招标投标的程序,招标为要约邀请,投标为要约,中标通知书的发出意味着承诺。对通过这一程序缔结的合同,《中华人民共和国招标投标法》有着严格的规定。

首先,《中华人民共和国招标投标法》对必须进行招投标的项目做了限定。其次,招投标遵循公平、公正的原则,违反这一原则,也可能会导致合同无效。

4. 违反关于分包和转包的规定所签订的合同

我国《建筑法》允许公路工程总承包单位将承包公路工程中的部分发包给具有相应资质条件的分包单位,但是除总承包合同中约定的分包外,其他分包必须经建设单位认可。也就是说,未经建设单位认可的分包和施工总承包单位将公路工程主体结构分包出去所订立的分包合同,均无效。此外,将公路工程分包给不具备相应资质条件的单位或分包后将公路工程再进行分包,都是法律禁止的。

5. 其他违反法律和行政法规所订立的合同

如合同内容违反法律和行政法规,也可能导致整个合同的无效或合同的部分无效。例如发包方指定承包单位购入的用于工程的建筑材料、构配件,或者指定生产厂、供应商等,此类条款均为无效。合同中某一条款的无效,并不必然影响整个合同的有效性。

在实践中,构成合同无效的情况众多,需要有一定的法律知识方能判别。因此建议承发包双方将合同审查落实到合同管理机构和专门人员,每一项目的合同文本均须经过经办人员、部门负责人、法律顾问及总经理的审查,批注具体意见,在必要时,还应听取财务人员的意见,以期尽可能完善合同,确保在谈判时确定己方利益能够得到最大保护。

2.1.2.3 公路工程项目合同完备性审查

合同条款的内容直接关系到合同双方的权利、义务,在公路工程项目合同签订之前,应当严格审查各项合同条款内容的完备性,尤其应注意如下内容。

1. 确定合理的施工工期

公路工程施工应当有一个适宜的工期。工期过长,不利于发包方及时收回投资;工期过短,则不利于承包方对工程质量以及施工过程中建筑半成品的养护。因此对承包方而言,应合理计算自己能否在发包方要求的工期内完成承包任务,否则应当按照合同约定承担逾期竣工的违约责任。

2. 明确双方代表的权限

在公路工程施工承包的合同中一般都明确甲方代表和乙方代表的姓名和职务,但对其作为代表的权限则往往规定不明。由于代表的行为代表了合同双方的行为,因此有必要对其权利范围以及权利限制作一定约定。

3. 明确工程造价或工程造价的计算方法

工程造价条款是工程施工合同的必备和关键条款,但一般会发生约定不明的情况,往往为日后争议和纠纷的发生埋下隐患。而处理这类纠纷,法院或仲裁机构通常委托有权审价单位鉴定造价,这势必使当事人陷入持久的诉讼,更何况经审价得出的造价也因缺少可靠的计算依据而缺乏准确性,对维护当事人的合法权益极为不利。

4. 明确材料和设备的供应

由于材料、设备的采购和供应所引发的纠纷非常多,因此必须在合同中明确约定相关条款,包括发包方或承包商所供应或采购的材料、设备的名称、规格、型号、数量、单价、质量要求、运送到达工地的时间、验收标准、运输费用的承担、保管责任、违约责任等。

5. 明确工程竣工交付的标准

公路工程竣工进行验收,也是工程合同中的重要条款,为使公路工程能够顺利进行验收,在合同条款中应当明确约定工程竣工交付的标准。如发包方需要提前竣工,而承包商表示同意的,则应约定由发包方另行支付赶工费用或奖励。因为赶工意味着承包商将投入更多的人力、物力、财力,劳动强度增大,损耗增加。

6. 明确双方违约的责任

违约责任条款订立的目的在于促使合同双方严格履行合同义务,防止违约行为的发生。发包方拖欠工程款、承包方无法保证施工质量或不按期竣工,均会给对方以及第三方带来不可估量的损失。审查违约责任条款时,要注意以下两点内容:

(1)对违约责任的约定不应笼统化,而应区分情况作相应约定。有的合同不论违约的具体情况,笼统地约定一笔违约金,这没有与因违约造成的真正损失额挂钩,从而会导致违约金过高或是过低的情形,是不妥当的。应当针对不同的情形作不同的约定,如质量不符合合同约定标准所应承担的责任、因工程返修造成工期延长的责任、逾期支付工程款所应承担的责任等,衡量标准均不同。

(2)对双方违约责任的约定是否全面。在公路工程的施工合同中,双方的义务繁多,有的合同仅对主要的违约情况作了违约责任的约定,而忽视了违反其他非主要义务所应承担的违约责任。但实际上,违反这些义务极可能影响整个合同的履行。

2.1.3 公路工程项目合同的履行

合同的履行,指签订合同的双方按照合同规定的标的、数量、质量、价款或酬金、履行期限、履行地点和履行方式等,全面完成各自承担的义务。

1. 合同履行基本原则

《中华人民共和国合同法》第60条规定:"当事人应当按照约定全面履行自己的义务。当事人应当遵循诚实信用原则,根据合同的性质、目的和交易习惯履行通知、协助、保密等义务。"虽然不同类型的合同特点不同,但该条规定了合同履行的一般原则。

(1)全面履行的原则。按照约定全面履行原则,即全面履行原则,又称适当履行原则或正确履行原则,它是指合同的当事人在适当的时间、适当的地点,以适当的方式,按照合同中约定的数量和质量,履行合同中约定的义务。此项原则的意义在于指导和监督当事人保质、保量地按时全面完成合同的义务,防止违约情况的发生,借以保护当事人的合法权益。按约全面履行原则是决定合同是否履行和是否违约的法律标准,是衡量合同履行程度和违约责任的尺度。

一般而言,按约定全面履行原则包括三个方面:

①履行主体适当。即当事人一般应当亲自履行合同,不能由第三人代为履行,但是当事人另有约定的除外。

②标的适当,即当事人交付的标的物、提供的工作成果、提供的劳动符合合同的约定或者交易惯例。

③履行方式和履行地点适当。应按合同所约定的数量、质量、品种等全面履行,不得部分履行,部分不履行,否则,即构成违约。

合同签订生效后,当事人就质量、价款(或报酬)、履行地点等内容没有约定或者约定不明的,可以协议进行补充。无法达成补充协议的,一般按照合同有关条款或者交易习惯确定,这只能适用于部分常见条款欠缺或者不明确的情况,因为只有这些内容才能形成一定的交易习惯。

(2)实际履行的原则。实际履行的原则是指合同当事人必须严格按照合同规定的标的履行自己的义务,未经权利人同意,不得以其他标的代替履行或以支付违约金和赔偿金来免除合同规定的义务。

实际履行的基本含义有两个方面:

①当事人应自觉按约定的标的履行,不得任意以其他标的代替约定标的,尤其不能简单地用货币代替合同规定的实物或行为。

②当事人一方不履行或不完全履行时,首先应承担按约履行的责任,不得以偿付违约金或赔偿损失来代替合同标的的履行,对方当事人有权要求其实际履行。

合同中所确定的标的,是为了满足当事人在生产、经营或管理等活动中一定的物资、技术、劳务等需要,用其他的标的进行代替,或当一方违约时用违约金、赔偿金来补偿对方经济、技术等方面的损失。因此实际履行原则的贯彻,能够促进合同当事人按合同规定的标的认真地履行自己的义务。

在贯彻这一原则时,还必须从实际出发。在某种情况之下,若过于强调实际履行,不仅在客观上不可能,还会给需方造成损失。在这种情况下,应允许用支付违约金和赔偿损失的方法代替合同的履行。如果有关货物运输法规中规定,当货物在运输途中发生损坏、丢失时,承运方只按损坏、丢失货物的实际损失赔偿,而不负再交付实物的义务。

(3)诚实信用的原则。诚实信用原则是指民事主体进行民事活动时,必须意图诚实、善意、行使权利不侵害他人与社会的利益,履行义务、信守承诺和法律规定,最终达到所有获取民事利益的活动,不仅应使当事人之间的利益得到平衡,且必须使当事人与社会之间的利益得到平衡的基本原则。

我国《民法通则》第4条规定:"民事活动应当遵循自愿、公平、等价有偿、诚实信用的原则"。诚实信用原则是市场伦理道德准则在民法上的反映。我国《民法通则》将诚实信用原则规定为民法的一项基本原则,不难看出,诚实信用原则在我国法律上有适用于全部民法领域的效力。

诚实信用原则在公路工程的合同中,要求合同双方在签订工程合同的同时,必须做到讲究信用、恪守诺言、诚实无欺,在不损害他人经济利益的前提下,追求自己的经济利益。这一原则对于一切合同及合同履行的所有方面均适用。

2. 合同履行的方式

合同履行方式是指债务人履行债务的方法。合同采取何种方式履行,与当事人有着直接的利害关系。在法律法规规定或者双方有约定的情况下,应当严格按照法定或约定的方式履行;在没有法定或约定,或约定不明确的情况下,应当根据合同的性质和内容,按有利于实现合同目的的方式履行。合同履行的方式主要包括以下几种。

(1)合同分期履行。合同分期履行是指当事人一方或双方不在同一时间和地点,以整体的方式履行完毕全部约定义务的行为,这是相对于一次性履行而言的。若一方不按约定履行某一期次的义务,双方有权请求违约方承担该期次的违约责任;若对方也是分期履行的,但没有履行的先后次序,一方不履行某一期次义务,对方可作为抗辩的理由。在一般情况下,不履行某一期次义务,对方不能因此解除合同;但不履行的期次具备法定解除条件时,允许解除合同。

(2)合同部分履行。合同部分履行是根据合同义务在履行期届满后的履行范围及满足程度而言的。履行期届满,全部义务得以履行且达到合同约定为全部履行,其中一部分义务得以履行或未达到合同约定的为部分履行。履行的期限表明义务履行的时间界限,是适当履行的基本标志,债权人在履行期届满后有权要求其权利得到全部的满足。《合同法》第72条规定:"债权人可以拒绝债务人部分履行债务,但部分履行不损害债权人利益的除外。"

(3)合同提前履行。合同提前履行是指在合同约定的履行期限届满之前履行合同义务的情况。在多数的情况下,提前履行债务对债务人是有利的,但在特定的情况下,提前履行债务也可能对债务人是不利的,有可能增加债权人的风险。《合同法》第71条规定:"债权人可以拒绝债务人提前履行债务,但提前履行不损害债权人利益的除外。"

(4)合同中止履行。合同中止履行是指在合同义务履行之前或履行的过程中,因某种客观情况的出现,使得当事人不能履行合同义务而只能暂时停止的情况。《合同法》第68条规定:应当先履行债务的当事人,有确切证据证明对方有下列情形之一的,可中止履行:

①经营状况严重恶化。
②转移财产、抽逃资金,以逃避债务。
③丧失商业信誉。
④有丧失或者可能丧失履行债务能力的其他情形。当事人没有确切证据中止履行的,应承担违约责任。

《合同法》第70条规定:"债权人分立、合并或者变更住所没有通知债务人,致使履行债务发生困难的,债务人可以中止履行或者将标的物提存。"

3. 合同履行中的抗辩权

按照我国《担保法》的规定,抗辩权是指债权人行使债权时,债务人根据法定事由对抗债权人行使请求权的权利。抗辩权以法律规定的抗辩事由为依据,以对方当事人请求权的存在和有效为前提,这一权利的行使可造成对方请求权的消灭或者使其效力延期发生。

抗辩权根据作用不同,可分为永久性的抗辩权和延期性的抗辩权。所谓永久性的抗辩权是指权利人有永久阻止他人行使请求权的权利。所谓延期性抗辩权是指权利人在一定时间一定条件下可以提出抗辩,而不是永久可以抗辩。延期性抗辩权包括:同时履行抗辩权、先履行抗辩权、先诉抗辩权等。

(1)合同履行顺序的一般规则。合同履行的顺序,表面上看是一个谁先谁后的时间顺序排列问题,因市场经济中各种机会的存在,实质上是一种风险的分担与化解机制,履行时间的设定,履行行为的启动,往往是通过双方协商、精心设计的。作为合同履行的一般规则,合同履行的顺序概括如下:

①在通常情况下,合同的履行顺序是由双方自行约定的,无特殊情况应当严格根据约定进行,不允许随意改变。
②合同双方的义务有先后履行顺序的,应按照先后顺序履行,先履行一方在未履行之前,后履行一方有权拒绝其履行请求;先履行一方履行债务不符合约定的,后履行一方有权拒绝其相应的履行。
③合同双方的义务无约定先后履行顺序的,往往要运用法律的补缺条款或惯例。

(2)同时履行抗辩权。在合同订立之后,合同双方互负债务,没有先后履行顺序的,应同时履行。同时履行抗辩权包括:一方在对方履行之前有权拒绝其履行要求;一方在对方履行债务不符合约定时,有权拒绝其相应的履行要求。如施工合同中期付款时,对承包人施工质量不合格部分,发包人有权拒绝付该部分的工程款;如发包人拖欠应付的工程款,承包人可以放慢施工进度,甚至停止施工。产生的后果,由违约方承担。

同时履行抗辩权的构成条件主要包括:

①双方因同一双务合同互负对价义务,即双方的债务需系同一双务合同产生,且债务具有对价性。两项给付互为条件或互为原因,两项给付的交换即为合同的履行。若双方非因同一合同产生的债务,或债务虽系同一合同产生但不具有对价性,都不能成立同时履行抗辩权。
②双方给付没有规定履行先后顺序。即双方没有约定,法律也没有规定合同哪一方负有先履行给付的义务。在此种情况下,双方才可行使同时履行抗辩权。

③双方未履行给付或未提出履行给付。同时履行的提出是为了催促另一方当事人及时给付,在一方当事人履行给付之后,同时履行抗辩自然消失。对于当事人提出履行给付的,通常对方当事人不产生同时履行抗辩权。

④同时履行抗辩权的行使,以对方给付尚属可能为限。同时履行抗辩权的行驶是期待对方当事人与自己同时履行给付。若对方当事人已丧失履行能力,则合同归于解除,同时履行抗辩权就丧失了存在的价值和基础。

(3)后履行抗辩权。后履行抗辩权也包括两种情况:若当事人互负债务,且有先后履行顺序时,一是应当先履行的一方而未履行时,后履行的一方有权拒绝其对本方的履行要求;二是应当先履行的一方履行债务不符合规定的,后履行的一方也有权拒绝其相应的履行要求。若材料供应供货方交付的材料质量不符合要求时,采购材料的一方有权拒付货款。

后履行抗辩权的构成条件主要包括:

①由同一双务合同产生互负的对价给付债务。

②在签订的合同中约定了履行的顺序。

③应当先履行的合同当事人没有履行债务或者履行债务不符合规定。

④应当先履行的对价给付是可能履行的义务。

(4)先履行抗辩权。先履行抗辩权是指依照合同约定或法律规定负有先履行义务的一方当事人,届期未履行义务或履行义务严重不符合约定条件时,对方为了保护自己的期限利益或为了保证自己履行合同的条件而中止履行合同的权利。先履行抗辩权本质上是对违约的抗辩,在这个意义上,先履行抗辩权可以称为违约救济权,先履行抗辩权的构成要件包括:

①须双方当事人互负债务。

②双方债务须有先后履行顺序。

③先履行一方未履行债务或其履行不符合约定。

4. 合同保全

合同保全是指法律为防止债务人财产的不正当减少或不增加而给债权人的债权带来危害,允许债权人为保全其债权的实现而采取的法律措施。设立合同保全的基本思路为:"以债务人的全部财产作为实现债务的保证"。

(1)合同保全的法律特征。

①合同保全制度突破了合同相对性原理,体现了债务的对外效力。传统民法理论认为,合同(或债)具有强烈的相对性特点,合同关系仅发生在特定的当事人之间,无论债权人还是债务人都必须是特定具体的,任何一方不特定均无法构成合同关系。由此,合同的法律约束力也只能给予特定的双方当事人之间,在履行合同或发生纠纷时,只能由合同的一方当事人向另一方当事人提出请求或诉讼,合同之外的第三人非依法律规定或合同约定,不得享受债权,也无需承担义务。

直到今天,合同相对性原理依然是合同法理论的基石。新《合同法》也充分肯定了这一原理,如《合同法》第 64 条关于"向第三人履行债务合同"的规定,第 65 条关于"由第三人履行债务合同"的规定都体现了这一原则。

②债权人可通过采取合同保全措施优先实现债权。债务人用于清偿债务和对外承担责任的财产一般情况下可分为两种:

a. 针对特定的债权人已经设定担保物权的财产。

b. 尚未设定任何担保物权的财产。

对于前一种情况,特定的债权人可通过采取直接针对担保物的法律行动,优先于其他债权人受偿,因此这一类债权人的债权实现在法律上是有充分保障的。在后一种情况下,债务人的一般担保财产或责任财产不仅要为某个债权人的一般债权的实现提供担保,而且应当成为所有一般债权人的共同担保,所以责任财产的增减与一般债权能否实现息息相关。

因债权人无法掌握支配债务人的财产,一旦债务人消极地怠于行使对第三人的到期债权或积极地减少责任财产而害及债权时,债权人将束手无策,陷于被动。传统民商法理论认为:合同保全制度的立法宗旨在于为全体债权人的一般债权提供一种共同担保的制度,其目的在于保全债务人的责任财产,充实债务人的一般担保实力,其着眼点在于全体债权人债权的实现,而非某个债权人债权的实现。依传统的合同保全制度法理,债权人行使代位权取得的财产或行使撤销权获返还的财产首先应当加入债务人的责任财产的范畴,然后再依照债的清偿规则清偿债权人的债权,采取合同保全措施的债权人不得直接从所保全的财产中优先受偿。

③对合同的保全是债权人依据民法所享有的实体权利,有别于其他类似权利。首先,与合同的担保相比较,合同保全是债权人所享有的一项法定权利。合同的担保主要是由当事人的约定而产生,尤其是设立保证、抵押、质押等担保形式,都需要由合同当事人订立相应的保证、抵押、质押合同才能成立。而合同的保全则完全是由法律的规定而产生的,只要法律上有相应的规定,无论当事人是否有约定,债权人均有权行使。产生这种差别的原因在于两者的对外效力不同。

合同的担保无论以何种形式,其效力范围均未超出合同对内效力的范畴。在合同担保中,担保人对债权人所负的担保责任是依据担保合同所产生的义务,体现的是合同的对内效力,即使担保人是第三人,其向债权人承担担保责任,同样体现的是合同的对内效力,因为作为担保人的第三人并不是合同关系以外的第三人,而是合同的当事人,其所承担的担保责任同样是依据合同的约定所应该承担的义务,而合同的保全则有所不同。

(2)合同保全的主要措施。根据我国在合同实施过程中的实际,常用的法律措施包括:

①代位权。代位权是指因债务人怠于行使其到期债权,对债权人造成损害,债权人可向人民法院请求以自己的名义代位行使债务人的债权。但该债权专属债务人时不能行使代位权。代位权的行使范围以债权人的债权为限,其发生的费用由债务人承担。

我国在新的《合同法》中对债权代位权保全法律制度的确定,对债权人债权的实现无疑产生了深远而又现实的意义。这种制度集积极保障和消极保障于一体,克服当事人需通过设定某种担保,在债权效力产生时,来积极保护自己的债权之安全,降低其回收的风险;同时也在一定程度上避免了债权人当其债权有不可实现的较大风险时,必须诉请于法院强制执行债务人财产的漫长诉讼,加强了债权人满足债权的力度,同时也拓宽了债务人责任财产的可操作范围。

《合同法》第 73 条规定的代位权是基于法律规定产生的权利,而且该法律为实体法而非程序法。这种权利的设定实际上是对债权的权能增加了一项内容,使得在债权请求权之外,有了债的保全功能,这种权能因法定而变为债权之固有权能。在债的效力确定之后,债权人代位权作为一项法定的权利,包括以下特点:

a. 代位权针对的是债务人的消极不行使权利的行为。代位权的行使是为了防止债务人的财产不正当减少,即为了保持债务人的财产,其目的旨在对责任财产采取法律手段予以保护。
b.代位权的行使,债权人必须以自己的名义代位向人民法院主张之。代位权是债权人向债务人的债务人,即次债务人提出请求,而并非向债务人提出。其有别于债务人向次债务人以及债权人向次债务人提出请求。

c.代位权的行使需由债权人向人民法院提出请求,方为行使。这是法律强行性规定。我国《合同法》第 73 条严格规定了此项制度,也即法律禁止不通过诉讼方式去行使代位权,防止当事人以保全债权之名,采用不正当的手段,抢夺债务人的财产,危及社会秩序的安宁。

d.债权人的代位权是一项法定的权利,而非义务。债权人可行使,也可以不行使。若不行使,债权人仍然可以向债务人请求清偿。无论任何时候均不能认为,因债权人没有行使代位权而认为其具有过错。

②撤销权。撤销权又称废罢诉权,是指债权人在债务人与他人实施处分其财产或权利的行为危害债权的实现时,需要请求人民法院予以撤销债务人的行为。撤销权既为实体法上的撤销权又为附属于债权的权利,因此撤销权兼有形成权与请求权的性质。

撤销权的法律根据是我国《合同法》第 74 条规定:"因债务人放弃其到期债权或者无偿转让财产,对债权人造成损害的,债权人可以请求人民法院撤销债务人的行为。债务人以明显不合理的低价转让财产,对债权人造成损害,并且受让人知道该情形的,债权人也可以请求人民法院撤销债务人的行为。撤销权的行使范围以债权人的债权为限。债权人行使撤销权的必要费用,由债务人负担。"

2.1.4 公路工程项目合同的担保

合同的担保是合同当事人为了确保合同的切实履行,按照法律的有关规定,经过协商一致而采取的一种促使一方履行合同义务,满足他方权利实现的法律办法。担保所产生的法律关系,与原合同关系是一种依存关系,合同一旦变更或解除时,担保也应随即发生变化。合同义务由当事人全面履行时,担保也随之终止;当合同确认无效时,担保也随之无效。因此担保合同并不一定要实际履行,只有当被担保者不履行或不完全履行时,担保合同才发生法律效力。

担保合同必须由合同的当事人双方协商一致,自愿订立才为有效。若由第三方承担担保义务,必须由第三方(即保证人)亲自订立担保合同。合同担保的方式:我国《担保法》规定的担保形式有五种,即保证、抵押、质押、留置和定金。

1. 保证

我国《担保法》第 6 条和第 7 条指出:"保证是指保证人和债权人约定,当债务人不履行债务时,保证人按照约定履行债务或者承担责任的行为。具有代为清偿债务能力的法人、其他组织或者公民,可以作保证人。"

保证人和债权人应当以书面形式订立保证合同,保证合同中应当包括以下内容:
(1)被保证的主债权种类、数额。
(2)债务人履行债务的期限。
(3)保证人的保证方式。
(4)保证担保的范围。
(5)保证的期限。

(6)双方认为需要约定的其他事项等。

同一债务有两个以上保证人的,保证人应按照保证合同约定的保证份额,承担保证责任。没有约定保证份额的,保证人承担连带责任,债权人可以要求任何一个保证人承担全部保证责任,保证人都负有承担全部债权实现的义务。

保证的方式有一般保证和连带责任保证两种,见表2.3。

表2.3 保证方式

序号	项目	保证内容
1	一般保证	当事人在保证合同中约定,债务人不能履行债务时,由保证人承担保证责任的,为一般保证。一般保证的保证人在主合同纠纷未经审判或者仲裁,并就债务人财产依法强制执行仍不能履行债务前,对债权人可以拒绝承担保证责任
2	连带责任保证	当事人在保证合同中约定保证人与债务人对债务承担连带责任的,为连带责任保证。连带责任保证的债务人在主合同规定的债务履行期届满没有履行债务的,债权人可以要求债务人履行债务,也可以要求保证人在其保证范围内承担保证责任。当事人对保证方式没有约定或者约定不明确的,按照连带责任保证承担保证责任

2. 抵押

抵押是指合同当事人一方或第三人不转移对财产的占有,将该财产作为向对方履行经济合同义务的一种担保方式。提供财产的一方称为抵押人,接受抵押财产的一方称为抵押权人。当抵押人不履行债务时,抵押权人有权依照法律规定以该财产折价或者以拍卖、变卖该财产的价款优先受偿。

所谓优先受偿,即抵押人有两个以上债权人时,抵押权人将抵押财产变卖后,可优先于其他债权人受偿。若变卖抵押物的价款,不足给付应当清偿的数额时,抵押权人有权向负有清偿义务的一方请求给付不足部分,如有剩余应退还抵押人。

(1)抵押财产。在合同担保的过程中,抵押人可以将某些财产进行抵押,但必须是法律允许流通和允许强制执行的财产。我国《担保法》中列出了通常可以抵押的财产包括:

①抵押人所有的房屋和其他地上定着物。

②抵押人所有的机器、交通运输工具和其他财产。

③抵押人依法有权处分的国有土地使用权、房屋和其他地上定着物。

④抵押人依法有权处分的国有机器、交通运输工具和其他财产。

⑤抵押人依法承包并经发包方同意抵押的荒山、荒沟、荒丘、荒滩等荒地的土地使用权。

⑥依法可以抵押的其他财产。

(2)抵押合同。抵押合同是抵押权人(债权人)与抵押人(债务人或第三人)以书面形式签订的担保性质的合同。抵押人以一定的财物(不动产或动产)向抵押权人设定抵押担保,当债务人不能履行债务时,抵押权人可依法以处分抵押物所得价款优先受偿。抵押合同应当包括以下内容:被保证的主债权种类、数额;履行债务的期限;抵押物的名称、数量;所有权权属;抵押担保证人的范围等。

当订立担保合同时,抵押权人和抵押人在合同中不得约定:债务履行期届满抵押权人未受清偿时,抵押物的所有权则转移为债权人所有。

我国《担保法》中明确指出:当抵押人以土地使用权、城市房地产权、林木、车辆、设备等财产作为抵押物时,当事人必须到有关主管部门办理抵押物登记手续。当事人以其他财产抵押的,可自愿办理抵押物登记,抵押合同自签订之日起生效。

当事人未办理抵押物登记的,不得对抗第三人。当事人办理抵押物登记的,登记部门为抵押人所在地的公证部门。

(3)抵押权的实现。我国《担保法》中明确指出:债务履行期届满抵押权人未受清偿的,可以与抵押人协议以抵押物折价或者以拍卖、变卖该抵押物所得的价款受偿;协议不成的,抵押权人可以向人民法院提起诉讼。

抵押物折价或者拍卖、变卖后,其价款超过债权数额的部分归抵押人所有,不足部分由债务人清偿。同一财产向两个以上债权人抵押的,拍卖、变卖抵押物所得的价款根据以下规定清偿。

①抵押物已登记生效的,按照抵押物登记的先后顺序清偿。
②顺序相同的,按照债权比例清偿。
③抵押合同自签订之日起生效的,该抵押物已登记的,按照上条规定清偿。
④未登记的,按照合同生效时间的先后顺序清偿,顺序相同的,按照债权比例清偿。
⑤抵押物已登记的先于未登记的受偿。

3. 质押

我国《担保法》中明确指出:质押是指债务人或者第三人将其动产移交债权人占有,将该动产作为债权的担保。债务人不履行债务时,债权人有权依照法律规定以该动产折价或者以拍卖、变卖该动产的价款优先受偿。在动产质押合同中,债务人或者第三人为出质人,债权人为质权人,移交的动产为质物。

质押分为动产质押和利用质押两类。出质人和质权人应以书面形式订立质押合同。质押合同自质物移交于质权人占有时生效。质押合同应当包括下列内容:

(1)被担保的主债权种类、数额。
(2)债务人履行债务的期限。
(3)质物的名称、数量、质量、状况。
(4)质押担保的范围;质物移交的时间。
(5)当事人认为需要约定的其他事项。

在质押合同中可以质押的权利主要包括:

(1)汇票、支票、本票、债券、存款单、仓单、提单。
(2)依法可以转计的股份、股票。
(3)依法可以转让的商标专用权,专利权、著作权中的财产权。
(4)依法可以质押的其他权利。

我国《担保法》中还明确指出:债务履行期届满债务人履行债务的,或者出质人提前清偿所担保的债权的,质权人应当返还质物。债务履行期届满质权人未受清偿的,可以与出质人协议以质物折价,也可以依法拍卖、变卖质物。质物折价或者拍卖、变卖后,其价款超过债权数额的部分归出质人所有,不足部分由债务人清偿。

4. 留置

我国《担保法》中明确指出：留置是指债权人按照合同约定占有债务人的动产，债务人不按照合同约定的期限履行债务的，债权人有权依照法律规定留置该财产，以该财产折价或者以拍卖、变卖该财产的价款优先受偿。留置担保的范围包括主债权及利息、违约金、损害赔偿金，留置物保管费用和实现留置权的费用。

因为留置是一种比较强烈的担保方式，所以必须有法律明确规定方可实施。因保管合同、运输合同、加工承揽合同发生的债权，债务人不履行债务的，债权人有留置权。当事人可在合同中约定不得留置的财产。

留置物的价值应当相当于债务的金额。留置权人负有妥善保管留置物的义务。因保管不善致使留置物灭失或者毁损的，留置权人应承担民事责任。

债权人与债务人应当在合同中约定，债权人留置财产后，债务人应在不少于两个月的期限内履行债务。债权人与债务人在合同中未约定的，债权人留置债务人财产后，应确定两个月以上的期限，通知债务人在该期限内履行债务。

债务人逾期仍不履行的，债权人可与债务人协议以留置物折价，也可依法拍卖、变卖留置物。留置物折价或者拍卖、变卖后，其价款超过债权数额的部分归债务人所有，不足部分由债务人清偿。

留置权与抵押权虽然都是经济合同的担保，但它们均有各自的特点，其主要区别包括：

(1) 抵押行为是抵押人的一种自愿行为，而留置行为则是留置人被强制的行为。

(2) 抵押物的所有人可能是合同的当事人，也可能是第三人；留置物的所有人是合同当事人。

(3) 抵押物并非债权人和债务人权利义务关系的客体，而是主债关系客体之外的财物；而留置物则正是引起主债关系的财物。

5. 定金

定金，即在债权债务的关系中，当事人一方在债务未履行之前，交付给另一方一定数额的货币担保。债务人在履行债务之后，定金应当作价款或者收回。给付定金的一方不履行约定债务的，无权要求返还定金；收受定金的一方不履行约定债务的，应当双倍返还定金。

定金应以书面形式约定。当事人在定金合同中应约定交付定金的期限，定金合同从实际交付定金之日起生效。定金的数额由当事人约定，但不得超过主合同标的额的20%。

定金是在合同订立或在履行之前支付的一定数额的现金作为担保方式。根据民法的有关理论，定金具有如下法律特征：定金是一种金钱担保方式；定金是通过给付行为设定的；定金必须以明确的意思表示约定。

定金既不同于预付款，也不同于违约金，还不同于押金，其区别见表2.4。

表 2.4 定金与预付款、违约金及押金的区别

序号	区别	具体内容
1	定金与预付款的区别	(1)定金的主要作用在于担保合同的履行,交付定金促使债务人按约定履行债务,本身并不是履行债务的行为;而预付款的交付属于履行义务的行为,主要作用是为对方履行合同提供资助,具有一定的支援性质,而不起担保作用 (2)当事人不履行合同时,对于定金则适用定金罚则,它主要起到制裁违约方并补偿受害方损失的作用;对于预付款则不适用定金罚则,在违反合同时,无论是哪一方出现违约,均应将预付款返还对方或抵作价款 (3)交付定金的协议是从属于主合同的协议,而交付预付款则是合同内容的一部分。定金只有交付后才能成立,是一种实践合同;而预付款只要双方的意思表示一致即可成立,是一种诺成合同 (4)合同履行过程中的结算方式不同。定金只有当合同完成后进行最终结算时,才能用定金充抵部分价金或返还给付方。预付款则是从合同预订的扣付日开始,按约定的比例或金额在每次期中结算中扣回,在合同工作完成前全部扣还,即将预付款转化为合同价金 (5)定金在经济合同中应用比较广泛,是合同签订中常用的一种,而预付款的适用性,国家有比较严格的限制
2	定金与违约金的区别	时间上的不同:定金是在合同履行之前交付的,而违约金是在履行合同中发生违约行为后给付的
		依据上的不同:定金要遵守定金罚则的有关规定,而违约金只是依照法律规定和合同约定支付
		保证上的不同:定金和违约金都是一种合同担保方式,但定金担保比违约金更具有优先保证性
		规定上的不同:定金一般是约定的,而违约金可以是约定,也可以是法定,最常用的是法定
3	定金与押金的区别	(1)定金是在合同履行之前交付的,可适用于多种合同;押金是在履行中交付,而且只适用于租赁合同,如材料供应企业向购货单位收取的包装押金等 (2)当事人不履行合同时,对于定金则适用定金罚则,而押金在租赁关系结束后可退回承租人或抵偿欠费

2.1.5 公路工程项目合同实施控制

2.1.5.1 公路工程项目合同交底工作

在公路工程的实施过程中,承包商的各职能部门不可能人手一份合同,各职能人员所涉及的活动和问题,不一定全是合同文件中的内容,有时仅涉及合同中的部分条款,有的也可能超出合同界定的职责。因此公路工程项目合同管理人员,首先自己认真了解合同,对合同进行全面分解和理解,然后再向各相关人员进行合同交底工作。

公路工程项目合同交底工作,实际上是合同管理人员将各种合同事件的责任分解,并落实到各施工班组或分包商。在通常情况下,主要分解落实如下合同和合同分析文件:合同事

件表、结构施工图纸、设备安装图纸、详细的施工说明等。

根据公路工程的实际,其合同交底的内容主要包括:

(1)工程质量和技术要求。

(2)工程的施工工期要求。

(3)工程各种消耗标准。

(4)相关事件之间的搭接关系。

(5)各施工单位的责任界限划分。

(6)完不成责任的影响和法律后果等。

2.1.5.2 公路工程项目合同跟踪与诊断

1. 合同实施中的跟踪

在公路工程实施过程中,由于影响因素很多,情况千变万化,所以会导致合同实施与预定目标产生一定的偏差。如果不及时采取一系列措施,这种偏差就会由小到大、逐渐积累。为了根本解决这个问题,就需要对公路工程项目合同实施情况进行跟踪,以便及时发现问题,使出现的偏差得到缩小或纠正。

(1)项目合同跟踪的依据。公路工程项目合同实施情况进行跟踪时,主要有以下几个方面的依据:

①工程合同和合同分析的结果。工程合同和合同分析的结果,如各种计划、方案、合同变更文件等,它们是比较的基础,是合同实施的目标和方向。

②各种实际的工程文件。各种实际的工程文件,如原始记录、各种工程报表、报告、验收结果、量方结果等。

③对现场情况的直观了解。工程管理人员每天对现场情况的直观了解,如通过施工现场的巡视、与各种人谈话、召集小组会议、检查工程质量、通过工程报表编写工程报告等。

(2)项目合同实施跟踪的对象。根据我国公路工程的实践经验,公路工程项目合同实施跟踪的对象主要包括:

①具体的合同事件。对照合同事件表的具体内容,分析该事件的实际完成情况。

②工程小组或分包商的工程和工作。一个工程小组或分包商可能承担许多专业相同、工艺相近的分项工程或许多合同事件,因此必须对其实施的总情况进行检查分析。在实际工程中,常常因为某一工程小组或分包商的工作质量不高或进度拖延而影响到整个工程施工。合同管理人员在这方面应给他们提供帮助,例如协调他们之间的工作,对工程缺陷提出意见、建议或警告,责成他们在一定时间内提高质量、加快工程进度等。

③业主和监理工程师的工作。业主和监理工程师是承包商的主要工作伙伴,对他们的工作进行监督和跟踪是非常重要的。

④工程总的实施状况中所存在的问题。对工程总的实施状况的跟踪可以就以下几方面进行:

a. 工程整体施工秩序状况。若出现以下情况,合同实施必然存在如下问题:

· 现场混乱、拥挤不堪。

· 承包商与业主的其他承包商、供应商之间协调困难。

· 合同事件之间和工程小组之间协调困难。

・出现事先未考虑到的情况和局面。

・发生较为严重的工程事故等。

b. 已完工程未通过验收，出现大的工程质量问题，工程试生产不成功或达不到预定的生产能力等。

c. 施工进度未达到预定的计划，主要的工程活动出现拖期，在工程周报和月报上的计划与实际进度出现大的偏差。

d. 计划和实际的成本曲线出现大的偏离。在公路工程项目管理中，工程累计成本曲线对合同实施的跟踪分析起很大作用。计划成本累计曲线一般在网络分析、各工程活动成本计划确定后得到。在国外，它又被称为工程项目的成本模型。而实际成本曲线由实际施工进度安排和实际成本累计得到，两者对比即可分析出实际和计划的差异。

2. 合同实施诊断

公路工程合同实施诊断是在合同实施跟踪的基础上进行的，是指对合同实施偏差情况进行的分析。

（1）合同实施诊断的内容。

①合同执行差异的原因分析。通过对不同监督和跟踪对象的计划和实际的对比分析，不仅可以得到差异，而且可以探索引起这个差异的原因。原因分析可采用鱼刺图，因果关系分析图（表），成本量差、价差分析等方法定性地或定量地进行。

②合同差异责任分析。即这些原因是由谁引起的，该由谁承担责任，这常常是索赔的理由。通常只要原因分析详细，有根有据，则责任自然清楚。责任分析必须以合同作为依据，按合同规定落实双方的责任。

③合同实施趋向预测。分别考虑不采取调控措施和采取调控措施以及采取不同的调控措施情况下，合同的最终执行结果：

a. 最终的工程状况，包括总工期的延误、总成本的超支、质量标准、所能达到的生产能力（或是功能要求）等。

b. 承包商将承担什么样的后果，例如被罚款、被清算，甚至被起诉，对承包商资信、企业形象、经营战略造成的影响等。

c. 最终工程经济效益（利润）水平。

（2）合同实施偏差的处理措施。经合同诊断之后，根据合同实施偏差分析的结果，承包商应采取相应的调整措施。调整措施有以下四类：

①组织措施，如增加人员的投入，重新计划或调整计划，派遣得力的管理人员。

②技术措施，如变更技术方案，采用新的更高效率的施工方案。

③经济措施，如增加投入，对工作人员进行经济激励等。

④合同措施，如进行合同变更，签订新的附加协议、备忘录，通过索赔解决费用的超支问题等。

2.1.5.3 公路工程项目合同变更管理

1. 合同变更的原则

合同变更主要是指合同内容的变更，即在合同成立后尚未履行完毕前，合同当事人就合同中的有关内容进行修改和补充的行为。公路工程项目合同变更应当遵循的原则包括以下几点。

(1)合同变更是原签订合同双方的事情,需要变更必须经双方协调一致,并在原合同的基础上达成新的协议,任何一方不得单独进行合同变更。

(2)合同变更必须在原合同履行完毕之前实施,原合同履行结束后一般不能再出现合同变更。

(3)合同变更只是在原合同存在的前提下,对合同中的部分内容进行修改、补充,而并非将原合同推翻重新编制合同。

(4)合同变更要根据原合同履行的实际情况,对确实需要变更的才予以变更,将合同变更限制到最少的程度。

(5)对于重要的合同变更,要采取尽量提前的原则。但合同的变更不得影响当事人要求赔偿损失的权利。

(6)合同变更不是消灭既有合同的效力,对于已履行的债权债务,除非法律有规定或是当事人特别约定,不得主张变更。

2. 合同变更的范围

合同变更的范围很广,通常在合同签订之后所有工程范围、进度、工程质量要求、合同条款内容、合同双方责权利关系的变化等都可以被看做合同变更。公路工程最常见的变更包括以下内容。

(1)涉及合同条款的变更。合同条件和合同协议书所定义的双方责权利关系或一些重大问题的变更。这是狭义的合同变更,从前人们定义合同变更即为这一类。

(2)工程方面的变更。即工程的质量、数量、性质、功能、施工次序及实施方案的变化。

(3)合同主体的变更。如由于某些原因造成合同责任与权益的转让,或合同主体的变化,这种合同变更一般不多见。

3. 合同变更处理要求

(1)合同变更应尽量快速做出。在实际工程实施中证明,合同变更决策的时间过长和变更程序过慢会造成很大的损失。如承包商等待变更指令或变更会谈决议,造成工程施工停止;变更指令不能迅速做出,而施工仍在继续进行,会造成更大的返工损失。以上这些情况不仅要求提前发现变更需求,并且要求变更程序要简单、快捷。

(2)迅速、全面、系统地落实变更指令。当合同变更指令做出之后,承包商应迅速、全面、系统地落实变更指令;全面修改与变更相关的各种文件,例如施工图纸、施工规范、施工计划、施工方法、采购计划等,使上述各项都适应合同变更的要求。在相关的施工班组和分包商的工作中要落实变更指令,并提出相应的措施,对新出现的问题作解释和对策,同时协调好各方面的工作。

(3)妥善处理好技术资料。这是合同变更处理工作非常重要的一个方面,要根据有关规定保存原始设计图纸、设计变更资料、业主书面指令、变更之后发生的采购合同、货物发票及实物、工程现场照片和录像等。

(4)对合同变更影响进行分析,进行合同索赔处理。合同变更是索赔的机会,应当在合同规定的索赔有效期内完成对索赔的处理。在合同变更过程中,应认真记录、收集、整理有关文件,例如图纸、各种计划、技术说明、规范和业主变更指令,作为进行索赔的证据。在实际的工作中,合同变更必须与提出索赔同步进行,甚至对重大的合同变更,应当先进行索赔谈判,达成一致后,再实施合同变更。

(5)合同变更的评审。在对合同变更的相关因素和条件进行分析之后,应及时进行对合同变更内容的评审,评审包括合理性、合法性、可能出现的问题及采取的措施等。

若合同变更对公路工程施工过程影响过大,必然很容易造成工程拖延工期和增加费用,也会引起合同双方的争执。合同双方都应当慎重对待合同变更问题,将合同变更降低到最少的程度。

4. 工程变更程序

为保证工程按原工期完成,并尽快进行必要的工程变更,我国《建设工程施工合同示范文本》中对工程变更程序作出了明确规定,在一般情况下,应当按照如下程序进行。

(1)发包人对原设计进行变更。施工中发包人如果需要对原工程设计进行变更,应不迟于14天以书面形式向承包人发出变更通知。承包人对发包人的变更通知没有拒绝的权利,但当变更超过原设计标准或批准的建设规模时,需经原规划管理部门或其他有关部门审查批准,并由原设计单位提供变更相应的图纸和说明。

(2)因承包人原因对原设计进行变更。在施工过程中,承包人提出的合理化建议,对设计图纸或施工组织设计进行变更,及对原材料、设备进行更换,必须经过监理工程师的同意,需经原规划管理部门和其他有关部门审查批准,并由原设计单位提供相应的变更图纸和说明。

(3)其他变更的程序。除工程设计变更外,其他能够导致合同内容变更的都属于其他变更。这些变更的程序,首先应由一方提出,并与对方协商一致签署补充协议后,方可进行变更。

5. 工程变更申请

在公路工程项目管理中,工程变更一般是由业主通过监理工程师下达书面或口头指令。但工程变更一般要经过一定的手续,如申请、审查、批准、通知等。工程变更申请表的格式和内容可以按具体工程进行设计。表2.5为某公路工程项目的工程变更申请表。

表2.5 某公路工程变更申请表

申请人:		申请表编号:		合同号:	
相关的分项工程和该工程的技术资料说明					
工程号		图号			
施工段号					
变更根据			变更说明		
变更根据的标准					
变更所涉及资料					
变更的影响					
技术要求		工期	材料	劳动力	
对其他工程影响		成本	机械		
变更类型			变更优先次序		
意见					
计划变更实施日期					
变更申请人(签字)					
变更批准人(签字)					
变更实施决策/变更会议					
备注					

工程变更申请的内容包括很多,在公路工程项目管理中常见的包括以下几种情况。

(1)需要变更的相关分项工程尚未开始,只需要对工程设计进行修改或补充,双方的争议比较小,比较容易进行变更。若发现施工图中有错误,业主对工程有新的要求,已设计工程有新的设计标准和施工规范等。

以上这几种情况,因工程尚未开始,工程变更时间比较充裕,价格谈判和变更的落实可有条不紊地进行。

(2)工程变更所涉及的工程如果正在进行施工,如果在施工中发现设计存有错误或业主突然有新的要求。这种工程变更通常是在实施中发现,时间非常紧迫,甚至有停止施工的可能,等待变更指令。

(3)对业主已经验收的工程进行变更,此时必须对一些已完工程做返工处理。由于工程已经完成并验收,所以这种变更的时间也比较充裕。

2.1.5.4 公路工程项目合同索赔管理

1.索赔的基本依据

为达到索赔的目的,承包商要进行大量的索赔论证工作,来证明自己拥有索赔的权利,且所提出的索赔款额是准确的,即论证索赔权和索赔款额。对于所有的施工索赔而言,其基本依据、资料是不可缺少的,见表2.6。

表2.6 索赔的基本依据

序号	基本依据	说明
1	招标文件	它是工程项目合同文件的基础,包括通用条件、专用条件、施工技术规范、工程量表、工程范围说明、现场水文地质资料等文本,都是工程成本的基础资料。它们不仅是承包商投标报价的依据,也是索赔时计算附加成本的依据
2	投标报价文件	在投标报价文件中,承包商对各主要工种的施工单价进行了分析计算,对各主要工程量的施工效率和进度进行了分析,对施工所需的设备和材料列出了数量和价值,对施工过程中各阶段所需的资金数额提出了要求等。所有这些文件,在中标及签订施工协议书以后,都成为正式合同文件的组成部分,也成为施工索赔的基本依据
3	施工协议书及其附属文件	在签订施工协议书以前合同双方对于中标价格、施工计划及合同条件等问题的讨论纪要文件中,如果对招标文件中的某个合同条款作了修改或解释,则这个纪要就是将来索赔计价的依据
4	来往信件	如监理工程师(或业主)的工程变更指令、口头变更确认函、加速施工指令、施工单价变更通知、对承包商问题的书面回答等,这些信函(包括电传、传真资料)都具有与合同文件同等的效力,是结算和索赔的资料依据
5	会议记录	如标前会议纪要、施工协调会议纪要、施工进度变更会议纪要、施工技术讨论会议纪要、索赔会议纪要等。对于重要的会议纪要,要建立审阅制度,即由做纪要的一方写好纪要稿后,送交对方传阅核签,如有不同意见,可在纪要稿上修改,也可规定一个核签期限(如7天),如纪要稿送出后7天内不返回核签意见,即认为同意。这对会议纪要稿的合法性是很必要的

续表2.6

序号	基本依据	说明
6	施工现场记录	要包括施工日志、施工检查记录、工时记录、质量检查记录、设备或材料使用记录、施工进度记录,或者工程照片、录像等。对于重要记录,如质量检查、验收记录,还应有监理工程师派遣的监理员的签名
7	工程财务记录	如工程进度款每月支付申请表,工人劳动计时卡和工资单,设备、材料和零配件采购单、付款收据、工程开支月报等。在索赔计价工作中,工程财务的单据十分重要
8	工程图纸	监理工程师和发包人签发的各种图纸,包括设计图、施工图、竣工图及其相应的修改图,承包商应注意对照检查和妥善保存。对于设计变更索赔,原设计图和修改图的差异是进行索赔的最有力证据
9	现场气象记录	许多的工期拖延索赔与气象条件有关。施工现场应注意记录和收集气象资料,如每月降水量、风力、气温、河水位、河水流量、洪水位、基坑地下水状况等
10	市场信息资料	对于大中型土建工程,一般工期长达数年,对物价变动等报道资料,应系统地收集整理,这对于工程款的调价计算是必不可少的,对索赔亦同等重要。如官方的物价指数、工资指数等
11	国家的政策法令文件	如调整工资的决定、税收变更指令、工程仲裁规则等。对于重大的索赔事项,如遇到复杂的法律问题,承包商还需要聘请律师,专门处理这方面的问题

2. 项目索赔的程序

我国《合同法》第113条规定:"当事人一方不履行合同义务或者履行合同义务不符合约定,给对方造成损失的,损失赔偿额应相当于因违约所造成的损失,包括合同履行后可获得的利益,但不得超过违反合同一方订立合同时预见到或者应当预见到的因违反合同可能造成的损失。"该条款为承包人索赔可得利益提供了坚实的法律依据。承包人的索赔程序,通常可分为以下步骤,如图2.2所示。

(1)发出索赔意向通知。当索赔事件发生后,承包商应当在合同规定的时间内,及时向发包人或监理工程师书面提出索赔意向通知,即向发包人或监理工程师就索赔事件表示索赔的愿望、要求,或声明保留索赔的权利。索赔意向的提出是索赔工作程序的第一步,其关键是抓住索赔机会,及时提出索赔意向。

我国在《建设工程施工合同条件》中规定:承包商应在索赔事件发生后的28天内,将其索赔意向通知监理工程师。如果超过这个期限,发包人和监理工程师有权拒绝承包商的索赔要求,这是索赔成立的有效和必备条件之一。

通常索赔意向通知仅是表明意向,是对发包人或监理工程师的索赔提醒和要求,通常主要包括:索赔事件发生的时间和情况简述;索赔的合同依据的条款和理由;有关后续资料的提供;对成本和工期产生影响的程度等。

(2)索赔资料的准备。当接到承包商的索赔意向通知后,监理工程师和发包人对索赔肯定会提出质疑,要求承包商作出解释或出具有力的证据。因此承包商在提交正式索赔报告之前,必须尽力准备好与索赔有关的资料,以便在索赔报告中使用,或在监理工程师要求时出示。

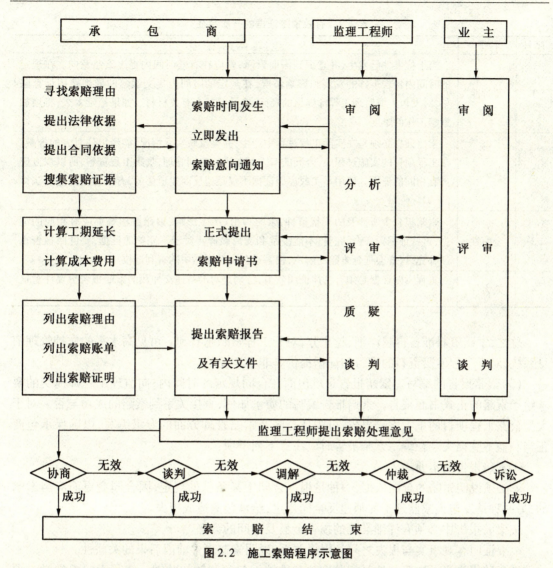

图 2.2 施工索赔程序示意图

工程项目的性质和内容不同,索赔时应准备的证据资料也不同。根据众多工程的索赔实践,承包商应准备的索赔资料主要包括:施工日志、来往信件、气象资料、备忘录、会议纪要、工程照片和录像资料、工程进度计划、工程核算资料、工程报告、工程图纸、招投标阶段的有关资料等。

在合同实施的过程中,各种资料很多,范围也很广,在收集索赔证据时,应分析哪些证据最能说明问题、最有说服力,必须是有效的索赔证据。工程实践证明,有效的索赔证据是顺利成功解决索赔争端的有利条件。有效索赔证据的一般特征,见表2.7。

表2.7 有效索赔证据的一般特征

序号	特征	具 体 内 容
1	及时性	当干扰事件已发生,并意识到需要索赔,就应在有效时间内提出索赔意向。在规定的时间内报告事件的发展和影响情况,在规定的时间内提交索赔的详细费用计算账单,对发包人或监理工程师提出的疑问,应及时补充有关材料。如果拖延太久,将增加索赔工作的难度
2	真实性	索赔证据必须是在实际工程过程中产生,完全反映实际情况,能经得住对方的推敲。在工程项目的实施过程中,合同的双方都在进行合同管理,收集工程资料,所以双方应当有相同的证据。使用不实或虚假证据不仅是违反商业道德的,有的甚至是违反法律的
3	全面性	索赔报告中所涉及的干扰事件、索赔理由、产生影响、索赔数额等都应有相应的证据,这些证据要齐全、完整,不能凌乱和支离破碎。对于不完整的证据,要退回报告重新补充,这样会拖延索赔的解决,损害承包商在索赔中的有利地位
4	效力性	工程索赔证据必须有法律证明效力,特别是对准备递交仲裁的索赔报告更要注意这一点

总之,索赔资料准备得越详细、越充分,对于工程索赔越有利。可见高水平的文档管理信息系统,对于工程索赔资料的准备和证据提供是非常重要的。

(3)索赔报告的编写。索赔报告是承包商在合同规定的时间内,向监理工程师提交的要求给予索赔的正式书面报告。索赔报告编写的质量如何,直接关系到索赔的成功与否。对于大型公路工程项目的重大索赔报告,可聘请合同及索赔管理方面的专家编写,以确保承包商正当利益不受损失。在编写索赔报告时应注意下列事项:

①索赔报告基本要求。

a. 必须说明索赔的合同依据,一种是根据合同中某条款的规定,因合同变更而应当索赔的;另一种是发包人或监理工程师违反合同规定,给承包商造成损失。

b. 索赔报告中必须有详细准确的损失金额及时间的计算。

c. 要证明客观事实与损失之间的因果关系,说明索赔事件前因后果的关联性。

②索赔报告必须准确。这是索赔成功和维护承包商利益的关键。编写索赔报告是一项较复杂的工作,必须设置专门小组去完成。编写人员应当掌握合同、法律、工程技术、施工组织设计、成本核算、财务管理和写作等各方面的知识,通过深入的调查研究、请教咨询、讨论修改,写出不仅有理有据,而且准确可靠的索赔报告。

③索赔报告主要内容。在实际承包工程中,索赔报告通常包括工程索赔信函、索赔报告正文、索赔报告附件三个部分。

a. 工程索赔信函。指承包商或授权人致发包人或监理工程师的信。信中简要介绍索赔的事项、理由及要求,说明随信函所附的索赔报告正文和证明材料等情况。

b. 索赔报告正文。针对不同格式的索赔报告,索赔报告正文的形式可能不同,但实质性的内容基本相同,一般主要包括以下内容:

· 索赔报告题目。简单地说明针对什么情况提出索赔。

· 索赔事件陈述。叙述索赔事件的起因,事件的经过,事件过程中双方的活动,事件产生的结果。重点要叙述己方按照合同所采取的行为,对方不符合合同的行为,这是进行工程索赔的关键。

·索赔主要理由。总结上述事件,同时引用合同条文或合同变更和补充协议条文,说明对方的行为确实违反合同规定,从而才造成该项事件,对方有责任对造成的损失进行赔偿。

·事件产生影响。简要说明事件对承包商施工过程的影响,而这些影响与上述事件有直接的因果关系。重点围绕因上述事件的原因,造成工程成本增加和施工工期延长。

·索赔报告结论。对以上所述事件的索赔问题做出最后总结,并提出具体的索赔要求,主要包括费用索赔和工期索赔。

c. 索赔报告附件。索赔报告附件是索赔报告当中不可缺少的组成部分,即报告中所列举事实、理由、影响的证明文件,也包括各种计算基础、计算依据的证明文件。附件必须齐全、真实、有力。

④递交工程索赔报告。索赔意向通知提交后的 28 天内,或在监理工程师同意的其他合理时间,承包商应递送正式的书面索赔报告。

若索赔事件的影响持续存在,28 天内不能算出索赔数额和工期延误天数时,承包人应当按监理工程师合理要求的时间间隔(一般为 28 天),定期陆续报出每个时间段的索赔证据资料和索赔要求。在该项索赔事件的影响结束后的 28 天内,报出最终详细报告,提出索赔论证资料和累计索赔额。

若承包人未能按规定时间提出索赔意向和索赔报告,就可能失去该项事件请求补偿的索赔权利。监理工程师在收到索赔意向和索赔报告后,可根据施工现场的实际情况进行处理。

⑤进行索赔报告审查。施工索赔的提出与审查过程,是合同当事人双方在承包合同基础上,逐步分清在某些索赔事件中的权利和责任,并使其数量化的过程。作为发包人或监理工程师,应当明确审查的目的和作用,掌握审查的内容和方法,处理好索赔审查中的特殊问题,促进工程项目的顺利进行。

当承包商将索赔报告正式呈交监理工程师之后,监理工程师首先应予以审查和评价,然后与发包人、承包商在一起,按照有关规定和依据协商处理。在具体索赔审查操作当中,应当首先进行索赔资格条件的审查,通过审查后再进行索赔具体款项和数据的审查。监理工程师对索赔报告审查的方法步骤及注意事项如下:

a. 监理工程师审核承包人的索赔申请。在接到承包人的索赔意向通知之后,监理工程师应建立相应的索赔档案,密切关注索赔事件的动态和影响,检查承包人同期施工记录时,随时就记录内容提出不同的意见,或提出希望予以增加的记录项目。

在接到承包人的正式索赔报告之后,监理工程师要认真研究承包人报送的索赔资料。首先在不确认责任归属的情况下,客观分析事件发生的原因,重温合同中的有关条款,研究和核实承包人的索赔证据,检查自己的同期记录;其次通过对该事件的分析,监理工程师再根据合同条款划清责任界限,在必要时,还可以要求承包人进一步提供补充资料。尤其是对承包人与发包人或监理工程师均负有一定责任的事件,更应划清各方应承担合同责任的比例。最后再审查承包人提出的补偿要求,剔除其中不合理的部分,拟定自己计算的合理索赔数据。

b. 判定索赔是否成立的原则。承包人提出正式索赔之后,监理工程师应当根据有关规定和具体情况,首先判定索赔是否能够成立。索赔成立的条件如下。

·与签订的工程合同相对照,发生的事件已造成承包人施工成本的额外支出,或对总工期出现延误。

·事件造成费用增加或工期延误的原因,按照合同约定不属于承包人应承担的责任,包括行为责任或风险责任。

·承包人按照合同规定的程序,向发包人或监理工程师提交了索赔意向通知和索赔报告。

以上三个条件没有先后主次之分,应当同时具备。只有监理工程师认定索赔成立后,才可以处理应给予承包人的补偿额。

c. 对索赔报告的审查。在接到承包人的索赔报告之后,监理工程师要对索赔报告进行审查,审查的内容和程序如下。

·进行事态调查。监理工程师通过对合同实施的跟踪,分析和了解事件的经过、前因后果,掌握事件的详细情况。

·损害事件原因分析。即分析索赔事件是何种原因而引起的,责任应由哪一方承担。在实际工作中,损害事件的责任有时是多方面原因造成的,各有责任。

2.2 公路工程项目采购管理

2.2.1 公路工程项目采购管理制度

公路工程项目采购管理制度是指为了规范项目采购行为,由采购部门根据工程状况,综合考虑采购活动中可能用到的各种资源要素,为方便处理采购活动中可能遇到的各种问题而提出的书面的规章制度。

1. 分散制采购制度

分散制采购是将采购工作分散给各需求部门自行办理。此种采购制度通常适用于规模比较大、分布比较广的企业。若采用集中制,容易产生迟延,不易应付紧急需要,且采购部门的联系相当困难,采购作业与单据流程显得漫长而复杂。公路工程散布广、地域大,在生产设备、贮藏设施、工程的经济责任等方面,具有独特的差异性,采用分散制较为适宜。如图2.3所示,为某公路工程事业部的采购工作是采用分散制,故分设A区和B区采购处,各自办理所需物品的采购事宜。

2. 集中制采购制度

集中制采购是指将采购工作集中于一个部门办理,通常情况下,总工程各部门、分部工程及分部分项工程均无采购权责。下面分别介绍集中制采购制度的适用范围及步骤要求。

(1)适用范围。集中采购广泛应用于以下几个方面:

①工程规模大,采购量大,迫切需要一个采购单位来办理,充分满足各部门对物料的需求。

②工程相对集中于一个地理区域,采购工作并无因地制宜的必要,或采购部门与需求部门虽非同处一地,但由于距离亦非遥远,通信工具相对便捷,采购工作由一个单位办理也不会影响需求时效。

③工程虽有数个生产机构,但产品种类大同小异,集中采购可达到"以量制价"的效果。

④采购物品的共性要求。

⑤专业技能的要求。采购需要具有专业知识与技能,应当集中起来由专业人员统一采

购。

⑥价格浮动的影响。有些原材料如金属、油品等对政治、经济环境十分敏感,宜于集中采购。

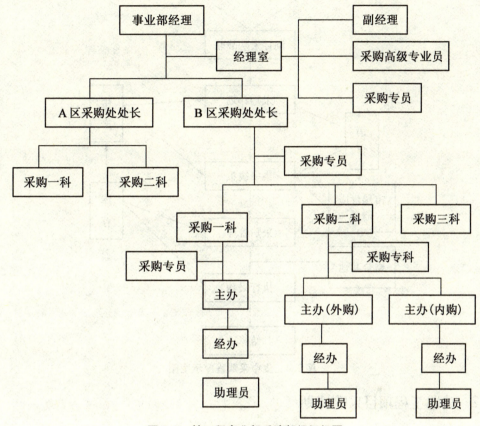

图 2.3　某工程事业部采购部门组织图

(2)步骤要求。

①根据工程所处的社会经济状况,制订采购战略。

②对于大宗货物进行集中采购时,考虑市场的反应,同时要结合生产工艺和产品质量要求。

③在实施集中采购的过程中要进行市场信息分析,进行市场调查并询价。

④采购部门根据资源或采购量的大小和采购实施进度安排等,采用最为有利的方式实施采购。

⑤对于符合适量、适时、适价、适地的货品,经检验合格后要及时办理资金转账手续。集中采购的程序,如图 2.4 所示。

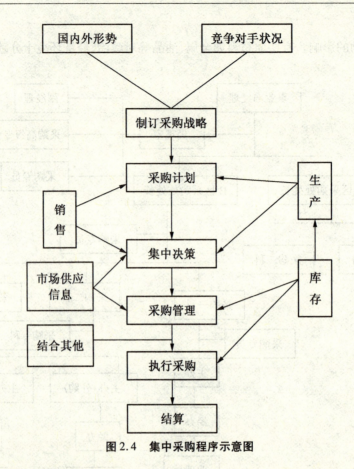

图 2.4 集中采购程序示意图

2.2.2 公路工程项目采购计划

2.2.2.1 公路工程项目采购计划的内容

公路工程项目产品的采购应按照计划内容实施,在品种、规格、数量、交货时间、地点等方面应与项目计划相一致,以满足项目需要。公路工程项目采购计划应包括下列内容:

(1)项目采购工作范围、内容及管理要求。
(2)项目采购信息,包括产品或服务的数量、技术标准和质量要求。
(3)检验方式和标准。
(4)供应方资质审查要求。
(5)项目采购控制目标及措施。

2.2.2.2 公路工程项目采购计划的编制程序

在编制公路工程项目采购计划前,首先要做自制或外购分析,决定是否要采购。在自制或外购分析中,主要对公路工程项目采购可能发生的直接成本、间接成本、自行制造能力、采购评标能力等进行分析比较,并决定是否从单一的供应商或从多个供应商采购所需的全部或部分物料,或者不从外部采购而自行制造。

在自制或外购分析确定所采用的合同类型后,公路工程项目采购部门就可以着手编制采购计划了。采购计划编制主要包括两部分内容:即采购认证计划的制订和采购订单计划的制订。具体又可以分为八个环节,即准备认证计划、评估认证需求、计算认证容量、制订认证计划、准备订单计划、评估订单需求、计算订单容量、制订订单计划,如图2.5所示。

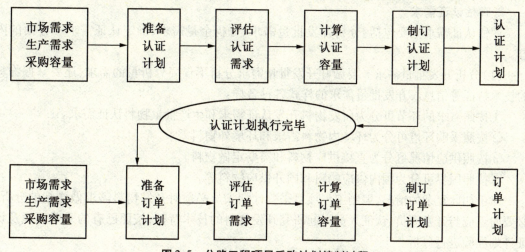

图2.5　公路工程项目采购计划编制过程

1. 准备认证计划

准备认证计划是编制公路工程项目采购计划的第一步,也是非常重要的一步。准备认证计划可以从以下四个方面进行详细阐述。

(1)接收开发批量需求。开发批量需求是能够启动整个供应程序流动的牵引项,要想制订比较准确的认证计划,首先要做的就是熟悉开发需求计划。目前开发批量物料需求一般包括两种情形:

a. 在以前或者是目前的采购环境中就能够发掘到的物料供应,例如从前接触的供应商供应范围比较大,我们就可以从这些供应商的供应范围中找到企业需要的批量物料需求。

b. 企业需要采购的是新物料,在原来形成的采购环境中不能提供,需要企业的工程项目采购部门寻找新物料的供应商。

(2)接收余量需求。公路工程项目采购人员在进行采购操作时,可能会遇到以下两种情况:

a. 随着企业规模的扩大,市场需求也会变得越来越大,现有的采购环境容量不足以支持企业的物料需求。

b. 由于采购环境呈下降趋势,使物料的采购环境容量逐渐缩小,无法满足采购的需求。

在这两种情况下,就会产生余量需求,要求对采购环境进行扩容。采购环境容量的信息通常由认证人员和订单人员提供。

(3)准备认证环境资料。一般采购环境的内容包括认证环境和订单环境两个部分。认证容量和订单容量是两个完全不同的概念,有些供应商的认证容量比较大,但是其订单容量较小,有些供应商的情况则恰恰相反。其原因在于认证过程本身是对供应商样件的小批量试制过程,需要强有力的技术力量支持,有时甚至需要与供应商一起开发;而订单过程是供应商的规模化的生产过程。订单容量的技术支持难度比起认证容量的技术支持难度要小得多。因此企业对认证环境进行分析时一定要分清认证环境和订单环境。

(4)制订认证计划说明书。制订认证计划说明书也就是把认证计划所需要的材料准备好,主要内容包括认证计划说明书,例如物料项目名称、需求数量、认证周期等,同时附有开发需求计划、余量需求计划、认证环境资料等。

2. 评估认证需求

评估认证需求主要包括:分析开发批量需求、分析余量需求、确定认证需求三方面的内容。

(1)分析开发批量需求。要做好开发批量需求分析不仅要分析量的需求,还要掌握物料的技术特征等信息。开发批量需求的样式各种各样:

①按照需求的环节可分为研发物料开发认证需求和生产批量物料认证需求。

②按照采购环境可分为环境内物料需求和环境外物料需求。

③按照供应情况可分为直接供应物料和需要定做物料。

④按照国界可分为国内供应物料和国外供应物料等。

对于如此复杂的情况,编制工程项目采购计划人员必须对开发物料需求做详细的分析,必要时还应与开发人员、认证人员一起研究开发物料的技术特征,按照已有的采购环境及认证计划经验进行分析。

(2)分析余量需求。分析余量需求首先要求对余量需求进行分类。余量认证的产生来源包括两种:一种是市场销售需求的扩大,另一种是采购环境订单容量的萎缩。这两种情况都导致了目前采购环境的订单容量难以满足建设单位的需求的现象,因此需要增加采购环境容量。对于因市场需求原因造成的,可通过市场及生产需求计划得到建筑物料的需求量及时间;对于因供应商萎缩造成的,可以通过分析现实采购环境的总体订单容量与原定容量之间的差别得到。这两种情况的余量相加即可得到总的需求容量。

(3)确定认证需求。认证需求是指通过认证手段,获得具有一定订单容量的采购环境,它可以根据开发批量需求及余量需求的分析结果进行确定。

3. 计算认证容量

计算认证容量主要包括:分析项目认证资料、计算总体认证容量、计算承接认证容量、确定剩余认证容量四个方面的内容。

(1)分析项目认证资料。这是编制工程项目采购计划人员的一项重要事务,不同的认证项目及周期也是不同的。作为建筑行业的实体来说,需要认证的物料项目可能是上千种物料中的某几种,熟练分析几种物料的认证资料是可能的。但对于规模比较大的建筑企业,分析上千种甚至上万种物料其难度则要大得多。

(2)计算总体认证容量。通常在认证供应商时,工程项目采购部门会要求供应商提供一定的资源用于支持认证操作,或者一些供应商只做认证项目。在供应商认证合同中,应说明认证容量与订单容量的比例,防止供应商只做批量订单,不愿意做样件认证。计算采购环境的总体认证容量的方法是将采购环境中的所有供应商的认证容量叠加即可。采购人员对有些供应商的认证容量需要加以适当系数。

(3)计算承接认证容量。供应商的承接认证容量等于当前供应商正在履行认证的合同量。通常认为认证容量的计算是一个相当复杂的过程,各种各样的物料项目的认证周期是不同的,通常是计算要求的某一时间段的承接认证量。最恰当、最及时的处理方法是借助电子信息系统,模拟显示供应商已承接认证量,以便认证计划决策使用。

(4)确定剩余认证容量。某一物料所有供应商群体的剩余认证容量的总和,称之为该物料的"认证容量",可以用下面的公式简单地进行说明:

$$物料认证容量 = 物料供应商群体总体认证容量 - 承接认证量 \quad (2.1)$$

需要工程项目采购人员注意的是,认证容量是一近似值,仅作为参考,认证计划人员对此不可过高估计,但它能指导认证过程的操作。

工程项目采购环境中的认证容量不仅是采购环境的指标,而且是企业不断创新、持续发展的动力源。源源不断的新产品问世是认证容量价值的体现。

4. 制订认证计划

采购计划的第四步是制订认证计划,主要包括:对比需求与容量、综合平衡、确定余量认证计划、制订认证计划四方面内容。

(1)对比需求与容量。认证需求与供应商对应的认证容量之间通常都会存在差异,若认证需求小于认证容量,则没有必要进行综合平衡,直接按照认证需求制订认证计划。若认证需求量大大超出供应商容量,就要进行认证综合平衡,对于剩余认证需求要制订采购环境之外的认证计划。

(2)综合平衡。综合平衡就是指从全局出发,综合考虑生产、认证容量、物料生命周期等要素,判断认证需求的可行性。工程项目采购通过调节认证计划来尽量地满足认证需求,并计算认证容量无法满足的剩余认证需求,这部分剩余认证需求需要到企业采购环境之外的社会供应群体之中寻找容量。

(3)确定余量认证计划。确定余量认证计划是指对于采购环境无法满足的剩余认证需求,应当提交工程项目采购认证人员分析并提出对策,与之一起确认采购环境之外的供应商认证计划。采购环境之外的社会供应群体如未与企业签订合同,工程项目采购部门在制订认证计划时要特别小心,并由具有丰富经验的认证计划人员和认证人员联合操作。

(4)制订认证计划。制订认证计划是确定认证物料数量及开始认证时间,其确定方法可用如下计算公式表示:

$$认证物料数量 = 开发样件需求数量 + 检验测试需求数量 + 样品数量 + 机动数量 \quad (2.2)$$
$$开始认证时间 = 要求认证结束时间 - 认证周期 - 缓冲时间 \quad (2.3)$$

5. 准备订单计划

准备订单计划包括:接收市场需求、接收生产需求、准备订单环境资料、编制订单计划说明书。

(1)接收市场需求。市场需求是启动生产供应程序的流动牵引项,建设单位要想制订较为准确的订单计划,首先必须熟知市场需求计划,或者市场销售计划。随着市场需求的进一步分解可以得到生产需求计划。企业的年度销售计划通常在上一年的年末制订,并报送至各个相关部门,同时下发到工程项目采购部门,便于指导全年的供应链运转;根据年度计划制订季度、月度的市场销售需求计划。

(2)接收生产需求。生产需求对采购来说可以称为生产物料需求。生产物料需求的时间是根据生产计划而产生的,一般生产物料需求计划是订单计划的主要来源。为了利用生产物料需求,采购计划人员需要深入熟知生产计划以及工艺常识。在 MRP 系统之中,物料需求计划是主生产计划的细化,主要来源于主生产计划、独立需求的预测、物料清单文件、库存文件。

(3)准备订单环境资料。准备订单环境资料是准备订单计划中的一个非常重要的内容。订单环境的资料主要包括：

①订单物料的供应商消息。

②最小包装信息。

③订单周期。订单周期是指从下单到交货的时间间隔，一般是以天为单位的。订单环境一般使用信息系统管理，订单人员根据生产需求的物料项目，从信息系统中查询、了解物料的采购环境参数及描述。

④订单比例信息。对多家供应商的物料来说，每一个供应商分摊的下单比例称之为订单比例，该比例由工程项目采购认证人员提出并给予维护。

(4)编制定单计划说明书。主要内容包括订单计划说明书，如物料名称、需求数量、到货日期等，并附有市场需求计划、生产需求计划、订单环境资料等。

6. 评估订单需求

评估订单需求主要包括：分析市场需求、分析生产需求、确定订单需求三个方面内容。

(1)分析市场需求。项目采购人员必须仔细分析市场签订合同的数量、还未签订合同的数量（包括没有及时交货的合同）的一系列数据，同时研究其变化趋势，全面考虑要货计划的规范性和严谨性，还要参照相关的历史要货数据，找出问题所在。

(2)分析生产需求。要分析生产需求，首先要研究生产需求的产生过程，其次分析生产需求量和要货时间。

(3)确定订单需求。根据对市场需求和对生产需求的分析结果，采购部门可确定订单需求。一般来讲，订单需求的内容是指通过订单操作手段，在未来指定的时间内，将指定数量的合格物料采购入库。

7. 计算订单容量

计算订单容量主要包括：分析项目供应资料、计算总体订单容量、计算承接订单容量、确定剩余订单容量四个方面的内容。

(1)分析项目供应资料。对于工程项目采购工作来说，在实际采购环境中，所要采购物料的供应商的信息是非常重要的一项信息资料。若没有供应商供应物料，无论是生产需求，还是紧急的市场需求，都会出现"巧妇难为无米之炊"的现象。可见有供应商的物料供应是满足生产需求和满足紧急市场需求的必要条件。

(2)计算总体订单容量。总体订单容量是多方面内容的组合，通常包括：可供给的物料数量和可供给物料的交货时间两方面内容。

(3)计算承接订单容量。承接订单容量是指某供应商在指定的时间内已经签下的订单量。但是承接订单容量的计算过程较为复杂，有时在各种物料容量之间进行借用，并且存在多个供应商的情况下，其计算比较稳定。

(4)确定剩余订单容量。剩余订单容量是指某物料所有供应商群体的剩余订单容量的总和。

8. 制订订单计划

制订订单计划主要包括：对比需求与容量、综合平衡、确定余量认证计划、制订订单计划四个方面的内容。

(1)对比需求与容量。对比需求与容量是制订订单计划的首要环节，只有比较出需求与容量的关系才能有的放矢地制订订单计划。若经过对比发现需求小于容量,即无论需求多大,容量总能满足需求,则企业要根据物料需求来制订订单计划。若供应商的容量小于企业的物料需求,则要求企业根据容量制订合适的物料需求计划,这样就产生了剩余物料需求,需要对剩余物料需求重新制订认证计划。

(2)综合平衡。计划人员要综合考虑市场、生产、订单容量等要素,分析物料订单需求的可行性,在必要时,调整订单计划,计算容量无法满足的剩余订单需求。

(3)确定余量认证计划。在对比需求与容量的时候,若容量小于需求就会产生剩余需求,对于剩余需求,要提交认证计划制订者处理,并确定能否按照物料需求规定的时间及数量交货。为了保证物料及时供应,此时可简化认证程序,并由具有丰富经验的认证计划人员进行操作。

(4)制订订单计划。制订订单计划是采购计划的最后一个环节,订单计划作好之后就可按照计划进行采购工作了。

2.2.2.3 公路工程项目采购计划的编制方法

由于市场的瞬息万变、采购过程的繁杂,采购部门要制订一份合理、完善,有效指导采购管理工作的采购计划并不容易。因此采购部门应对采购计划工作给予高度的重视。

1. 广开言路,群策群力

许多采购单位在制订采购计划时,常常仅由采购经理来制订,没有相关部门和基层采购人员的智慧支持,而且缺乏采购人员的普遍共识,导致采购计划因不够完善而影响采购运作的顺利进行。在编制采购计划时,不应把采购计划作为一家的事情,而是应当广泛听取各部门的意见,吸收采纳其合理、正确的意见和建议。在计划草拟成文之后,还需要反复征询各方意见,以使采购计划真正切入企业的实际,适应市场变化的脉搏。

2. 认真分析企业自身实际情况

在作采购计划之前,必须要充分分析企业自身实际情况,如企业在行业中的地位、现有供应商的情况、生产能力等,尤其要把握企业长远发展计划和发展战略。企业发展战略反映着企业的发展方向和宏观目标,采购计划若没有贯彻、落实企业的发展战略,就可能导致采购管理与企业的发展战略不相协调甚至发生冲突,造成企业发展中的"南辕北辙"。而且脱离企业发展战略的采购计划,就如同无根浮萍,既缺乏根据,又可能使采购部门丧失方向感。因此,只有充分了解了企业自身的情况,制订出的采购计划才是切实可行的。

3. 进行市场调查与收集信息

在制订采购计划时,应对企业所面临的市场进行认真的调研,调研的内容应包括:经济发展形势、行业发展状况、与采购有关的政策法规、竞争对手的采购策略以及供应商的情况等。否则,制订的计划不管理论上多合理,也可能经不起市场的考验,要么过于保守造成市场机会的丧失和企业可利用资源的巨大浪费,要么过于激进导致计划不切实际,无法实现而成为一纸空文。

2.2.3 公路工程项目采购控制

2.2.3.1 公路工程项目采购认证

公路工程项目采购认证,是指企业采购人员对采购环境进行考察并建立采购环境的过程。公路工程项目采购认证根据采购项目的大小、期限的长短等,采取不同的认证方法。其中,对于采购期限较长,又分批量采购的物料认证过程比较严格。

1. 工程项目采购认证准备

认证准备是整个采购认证工作的起点,是在与供应商接触之前必须做好的工作。这也是经验丰富的认证人员一般采用的工作方法。在本书中物料认证和项目认证属于同一采购名词,可相互交换使用。其认证准备流程如图2.6所示。认证准备工作主要包括以下四个方面:熟悉物料项目、价格预算、了解项目的需求量和认证说明。

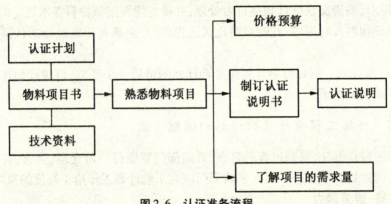

图2.6 认证准备流程

2. 样件试制认证

样件试制认证的主要内容包括:签订试制合同、向供应商提供认证项目试制资料、供应商准备样件、认证人员对过程进行协调监控、供应商提供样件、样件评估、确定物料项目样件供应商等几个步骤。

3. 中试认证

中试认证的内容通常包括以下七个方面:签订中试认证合同、向供应商提供认证项目中试资料、供应商准备小批件、认证人员对过程进行协调监控、供应商提供小批件、中试评估、确定物料项目中试供应商。

4. 批量认证

工程项目批量认证的内容主要包括以下六个方面:签订批量合同、供应商准备批量件、认证人员对过程进行协调监控、供应商提供批量件、批量评估、确定项目批量供应商。

5. 认证供应评估

在工程项目实际采购过程中,供应商能否严格按照供货合同进行供货,以及绩效如何,是否要调整等问题在认证过程无法得知,只有在实际的供货过程中定期对物料的供应状况进行评估才能得出适当的结论。定期评估的目的就是为了建立优化的采购环境。

定期评估包括五个步骤:制订供应评估计划、部门绩效评估、采购角色绩效评估、供应商绩效评估、建立和调整采购环境,如图2.7所示。

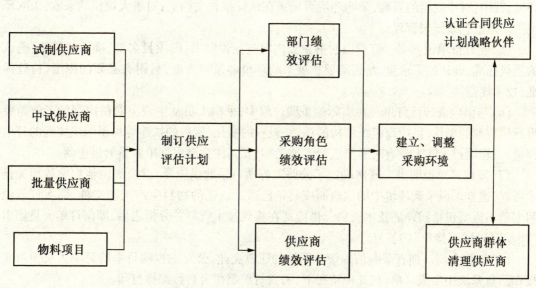

图 2.7　工程项目采购认证供应评估过程

2.2.3.2　公路工程项目采购订单

1. 实施项目采购订单计划

发出采购订单是为了实施订单计划,从采购环境中购买物料项目,为生产市场输送合格的原材料和配件,同时对供应商群体绩效表现进行评价和反馈。订单的主要环节包括:订单准备、选择供应商、签订合同、合同执行跟踪、物料检验、物料接收、付款操作、供应评估。

2. 项目采购订单操作规范

公路工程项目采购订单的具体操作规范如下:

(1)确认项目质量需求标准。订单人员日常与供应商的接触一般大大多于认证人员,当供应商实力发生变化,决定前一订单的质量标准是否需要调整时,订单操作作为认证环节的一个监督部门应发挥应有的作用,即实行工程项目采购质量需求标准确认。

(2)确认项目的需求量。订单计划的需求量应等于或小于采购环境的订单容量。若大于则提醒认证人员扩展采购环境容量;此外,对计划人员的错误操作,订单人员应及时提出自己的整改意见,以确保订单计划的需求量与采购环境订单容量相匹配。

(3)价格确认。公路工程项目采购人员在提出"查订单"及"估价单"时,为了决定价格,应汇总出"决定价格的资料"。同时,为了了解订购经过,采购人员也应制作单行簿。在决定价格之后,应填列订购单、订购单兼收据、入货单、验收单及接受检查单、货单等。这些单据应记载事项包括:交货期限、订购号码、交易对象号码(用电脑处理的号码)、交易对象名称、数量、单位、单价、合计金额、资材号码(资材的区分号码)、品名、图面及设计书号码、交货日期、发行日期、需要来源(要写采购部门的名称)、制造号码、交货地点、摘要(图面、设计书简要的补充说明)。

此外,在交货日期的右栏,应填入交货记录,并保管订购单,以及将订购单交给订购对象。

(4)查询采购环境信息。订单人员在完成订单准备之后,要查询采购环境信息系统,以寻找适应本次工程项目采购的供应商群体。认证环节结束之后会形成公司物料项目的采购环境,其中,对小规模的采购,采购环境可记录在认证报告文档上;对于大规模的采购,采购环境则使用信息系统来管理。

(5)制订订单说明书。订单说明书主要内容包括说明书,即项目名称、确认的价格、确认的质量标准、确认的需求量、是否需要扩展采购环境容量等方面,另附有必要的图纸、检验标准、技术规范等。

(6)与供应商确认订单。在实际的采购过程中,采购人员从主观上对供应商的了解需要得到供应商的确认,供应商组织结构的调整、设备的变化、厂房的扩建等均影响供应商的订单容量;工程项目采购人员有时需要进行实地考察,尤其注意谎报订单容量的供应商。

(7)发放订单说明书。既然确定了公路工程项目采购供应商,就应该向他们发放相关技术资料,通常来说采购环境中的供应商应具备已通过认证的物料生产工艺文件,那么订单说明书就不需要包括额外的技术资料。供应商在接到技术资料并分析之后,即向订单人员作出"接单"还是"不接单"的答复。

(8)制作合同。拥有采购信息管理系统的建筑企业,公路工程项目采购订单人员便可直接在信息系统中生成订单,在其他情况下,需要订单制作者自行编排打印。

2.2.3.3 公路工程项目采购报表

公路工程项目采购报表的种类很多,主要包括:

(1)公路工程项目采购物资盘点表,见表2.8。

表2.8 公路工程项目采购物资盘点表

____年度____季度____份　　　　　　　　　　　盘字第　　号
填报单位:　　　　盘点时间:__月__日——__月__日　　　共__页第__页

序号	物资名称	规格型号	计量单位	数量				金额/元				盘点结果				盈亏发生原因	处理意见
				账存		清点		新品		旧品		盈		亏			
				新品	旧品	新品	旧品	计划单价	金额	计划单价	金额	数量	金额/元	数量	金额/元		

单位主管:　　　　财务主管:　　　　材料主管:　　　　保管员:　　　　盘点人:

(2)公路工程项目采购总需用量计划表,见表2.9。

表 2.9　公路工程项目采购总需用量计划表

项目名称：　　　　　　　　编制日期：　　年　　月　　日　　编制依据：　　　　共　　页第　　页

序号	物资名称	规格型号	计量单位	需用量							单价/元	总价/万元	备注
				合计	年度		年度		年度				
					1~6月份	7~12月份	1~6月份	7~12月份	1~6月份	7~12月份			

注：(1) 表上数字均保留两位小数。
　　(2) 单价与总价仅作参考用

项目经理：　　　　财务负责人：　　　　物资负责人：　　　　制表：

(3) 公路工程项目采购计划表，见表 2.10。

表 2.10　公路工程项目采购计划表

填报单位：
计划编号：　　　　　　　　　　　年　　月　　日　　　　　　共　　页第　　页

序号	物资名称	等级	品牌、规格型号、质量要求	计量单位	数量	预计金额		交货(数量)时间	备注
						单价	总价		

项目负责人：　　　　物资负责人：　　　　　　　　制表：

(4) 公路工程项目采购主要物资收、发、存统计报表，见表 2.11。

表 2.11　公路工程项目采购主要物资收、发、存统计报表

填报单位：　　　　　　　　　　　年度　　月份　　　　　　　　　　　共　　页第　　页

序号	物资名称	计量单位	年初库存量	年初至本月累计收入量					累计消耗量	累计拨出量		盈(+)亏(-)	期末库存量
				合计		其中				合计	其中拨交承包队		
				数量	金额/万元	自购	厂家直供	建设单位来料					
1	铁制品	t											
2	钢材	t											
3	其中:铁道用钢材	t											
4	普通大型型钢	t											
5	普通中型型钢	t											
6	普通小型型钢	t											
7	钢带	t											
8	线材	t											
9	特厚钢板	t											
10	中厚钢板	t											
11	薄钢板	t											
12	硅钢板	t											
13	优质型材	t											
14	无缝钢管	t											
15	焊接钢管	t											
16	铜	kg											
17	铝	kg											
18	铅	kg											
19	锌	kg											
20	锡	kg											
21	铜材	kg											
22	铝材	kg											
23	水泥	t											
24	平板玻璃	质量/箱											
25	原木	m³											
26	其中:原木直接消费	m³											
27	锯材	m³											
28	润滑油	t											
29	煤炭	t											
30	焦炭	t											
31	汽油	t											
32	煤油	t											
33	柴油	t											
34	燃料油(重油)	t											
35	电力	万 kW·h											
36	沥青	t											
37	沥青混凝土	t											

续表 2.11

序号	物资名称	计量单位	年初库存量	年初至本月累计收入量				累计消耗量	累计拨出量		盈(+)亏(-)	期末库存量
				合计		其中			合计	其中拨交承包队		
				数量	金额/万元	自购	厂家直供	建设单位来料					
38	水泥混凝土	t											
39	砾石、碎石	t											
40	砂砾石	t											
41	片石、块石	t											
42	砂	t											
43	石灰	t											
44	粉煤灰、土及其他	t											
45	无缝钢管	t											

单位负责人：　　　　材料主管：　　　　制表人：　　　　填报日期：＿＿＿年＿＿＿月＿＿＿日

（5）公路工程项目采购周转材料统计报表，见表 2.12。

表 2.12　公路工程项目采购周转材料统计报表

填报单位：　　　　　　　年　季度　　　　　　共　页第　页　　　　货币单位：万元

序号	物资名称	物资规格	计量单位	物资单价	年初库存			收入		摊销金额		调出			报废			盈(+)亏(-)	期末库存			
					数量	金额		数量	金额	本期	累计	数量	金额		数量	金额			金额		数量	
						原值	净值						原值	净值		原值	净值		原值	净值	合计	在库

单位负责人：　　　　填报人：　　　　报出时间：　年　月　日

（6）公路工程项目采购报价综合评价表，见表 2.13。

表2.13 公路工程项目采购报价综合评价表

编号：　　　　　　　　　　　　　　　　年　月　日

采购计划编号：			物资名称	
规格、型号或质量要求			采购数量	
			预算价格	
			要求交货时间	
报价比较		一	二	三
供方名称				
供方地址				
联系人				
联系电话				
单价				
降价或其他优惠				
运费				
总价				
运输方式				
付款方式	货款			
	运费			
交货时间				
对供方评价				
对产品质量评价				
对供方信誉评价				

采购经办人意见：

　　　　　　　　　　　　　　　　　　　　　　　　　　　　签字：

物资部门负责人意见：

　　　　　　　　　　　　　　　　　　　　　　　　　　　　签字：

单位主管领导意见：

　　　　　　　　　　　　　　　　　　　　　　　　　　　　签字：

2.2.4 公路工程项目货物采购

1. 货物采购的概念与分类

（1）货物采购的概念。货物采购又称为材料设备采购，是指采购人为获得工程项目实施所需的材料和设备等货物，而采用招标、询价等采购方式选择合格供货商的全过程。

（2）货物采购的分类。货物采购可分为单纯采购和综合采购。

a. 单纯采购是指小额材料设备的采购，一般由采购人根据项目实施所需的品种、规格、型号和数量等采用比价方式进行选定供货商。

b. 综合采购是指对大宗材料设备或比较复杂的设备的采购，一般包括购买、运输、安装、调试和服务。

2. 货物采购计划的编制

公路工程项目的货物采购是一项非常复杂的工作。编制一份完整的货物采购计划是采购工作能否做好的基础。

货物采购计划的编制一般要考虑以下几点因素：

(1) 要明确采购货物的种类、数量、具体的技术规格及性能要求。

(2) 要从贷款成本、集中采购与分批采购的利弊等方面全面分析，确定采购货物投入使用的时间。

(3) 要分析市场现状、供货商的供货能力，以便确定采购货物的批量安排，并合理分标。

(4) 要利于采购工作的协调一致。

3. 货物采购方式

公路工程项目采购一般包括公开招标、邀请招标、竞争性谈判、单一来源采购、询价采购、直接采购等方式，但在货物招标，一般只采用招标采购、询价采购及直接采购三种方式，见表2.14。

表2.14 货物采购方式

序号	采购方式	说明	
1	招标采购	招标采购一般适用于大批量货物、永久设备、标的金额较大、市场竞争激烈的货物采购。招标采购既包括公开招标也包括邀请招标	(1) 公开招标。公开招标有利于降低工程造价，提高供货质量。但在以下情况下，可不进行公开招标： ①国家和地方政府规定的不适宜公开招标的项目 ②涉及国家机密和安全的采购活动 ③发生突发事件时的情况 ④所需采购的货物只有唯一的供货商 ⑤所需采购的货物数量低于要求公开招标的下限额 ⑥公开招标没有响应的 (2) 邀请招标。邀请招标可以保证参加投标的供货商有相应的供货经验、信誉可靠，邀请招标适用于以下情况： ①经有关部门批准不适宜公开招标的项目 ②货物采购数量低于公开招标下限的项目 ③只有少数投标人具备投标资格的项目
2	询价采购	询价采购一般适用于采购价值较小的材料设备或涉及制造高度专门化设备、不宜公开招标的项目	
3	直接采购	直接采购一般适用于采购材料或设备的质量和价格等无法进行比较的情况	

4. 货物采购招标文件

(1) 投标邀请书。投标邀请书是采购人向投标者发出的投标邀请，明确回答投标者标书送交地点、截止日期和时刻、开标时间和地点等。

(2) 投标者须知。投标者须知向投标人提供必要的信息，有助于投标人了解项目背景和投标规则。在公路工程中，投标者须知主要包括以下几方面的内容。

①前言。前言中要明确指明项目资金来源和合格投标者、合格货物及服务的范围。

②招标文件。招标文件应当规定所需货物、招标程序及合同条件。

③投标文件的递交。投标文件应当按照招标文件中规定的时间和地点递交，并且在递交投标文件的同时应当按照招标文件的规定提交投标保证金，一旦投标人在投标截止日期之后撤销或修改投标文件，则投标保证金将被没收。

④开标与评标。开标应当按照投标资料表中规定的时间和地点公开进行，采购人应当众

宣布投标商名称、投标价格、有无撤标、有无提交合格的投标保证金以及其他采购人认为需要宣布的内容。

评标从总体上要力求使评标结果与招标、投标文件保持一致。

⑤合同授予。采购人在评标结束之后，要向中标人发出中标通知，中标人在收到合同格式30天内签署合同寄回给采购人，并按照合同条件提交履约保证金。

采购人在授予合同时有权在投标资料表中事先规定的一定幅度内增减"货物需求量表"中规定的货物数量或服务。

合同授予应基本符合招标文件规定的最低投标价原则，但同时也应考虑采购人意见，选择采购人认为能圆满履行合同的投标人。

（3）招标资料表。

①总则。明确列出借款人名称、贷款金额、项目名称、合同名称、采购人名称等内容。

②投标报价与货币。投标报价与货币明确规定了报价的贸易术语。

③投标文件的准备与递交。主要规定了投标人的资格及投标文件递交的时间、地点等。

④评标。针对投标者须知的内容规定了投标人投标折算货币、汇率标准与基准时间以及评价标准。

⑤授予合同。规定了采购人在授予合同时变更采购货物数量的变动幅度。

5. 货物采购的运输与保管

（1）采购、运输的进口产品，其性能必须不低于国家强制执行的技术标准。应当按照国家规定和国际惯例办理报关、商检及保险等手续，并按照国家建设项目进口材料检验大纲相关规定编制检验细则，做好运输、保管和检验工作。

（2）应当加强产品采购过程的安全环境管理。优先选择已获得质量、安全、环境管理体系认证的合格供货商。采购产品验证、运输、移交、保管的过程中，应当按照职业健康要求和环境管理要求，避免和消除产品对安全、环境造成影响。

（3）产品应当按照规定安全、及时、准确地运至仓库或项目现场。危险品按照国家有关规定办理运输手续，并有可靠的安全防范措施。精密仪器运输应按产品说明做好防压防振措施。大件产品运输应对预定通过的路线和可能出现的问题进行实地调查，选定安全经济的运输方式和运输路线。

（4）应控制有毒、有害产品的一次进货数量，防止有毒、有害产品的散落。

（5）保管产品的仓库应当设在安全、干燥、通风、易排水、便于车辆通行的地方，并配有足够的消防设施。产品的保管应有明确的标识，并按照其特性妥善保管，贮存化学、易燃、易爆、有毒有害等特殊产品应采取必要的安全防护措施。

2.3 公路工程项目进度管理

2.3.1 公路工程项目进度管理的目标与措施

2.3.1.1 公路工程项目进度管理的目标

管理目标是指一定时期内管理活动与其达到的成果或效果。按照计划的时间性分为带有战略性的长期目标、中期目标、短期目标和执行目标。目标既为计划工作的主要内容,也是制订计划的基本依据,科学的计划工作主要是正确地预测未来的发展,选择好目标方向,有效地利用现有的资源,获得更好的经济效益、社会效益。

在确定公路工程项目进度管理目标时,必须全面分析与公路工程进度有关的各种因素,这样才能够制订出一个科学合理的进度管理目标。确定公路工程项目进度管理目标的主要依据包括工程总进度对施工工期的要求,工期定额、类似工程项目的实际进度,工程施工的难易程度和工程条件的落实情况等。

公路工程项目管理总目标是根据公路工程项目总进度计划而确定的。对项目进度管理总目标进行层层分解,以便于形成实施进度管理、相互制约的目标体系。

工程项目进度管理目标是从总的方面对项目建设提出的时间要求,但在实际的施工活动当中,是通过对工程项目最基础的分部分项工程的进度管理,来确保各单位工程或阶段工程进度管理目标的完成,进而实现公路工程项目进度管理总目标。因此需将总进度目标进行分解,将工程总进度目标进行一系列的从总体到细部、从高层次到基础层次的层层分解,一直分解到在施工现场可以直接调度控制的分部分项工程或作业过程的施工为止。

在分解的过程当中,每一层次的进度管理目标都限定了下一层次的进度管理目标,而较低层次的进度管理目标又是较高层次进度管理目标得以实现的保证,于是便形成了一个自上而下层层约束、由下而上级级保证、上下一致的多层次进度管理目标体系。

根据公路工程的特点,在确定项目进度分解目标时,还应考虑以下几个方面。

(1)对于大型公路工程项目,应根据尽早提供可动用单元的原则,集中力量分期分批进行建设,以便公路工程尽早投入使用,发挥其投资效益。此时,为确保每一动用单元能形成完整的生产能力,就要考虑这些动用单元交付使用时所必需的全部配套项目。因此要处理好前期动用和后期建设的关系、每期工程中主体工程与辅助及附属工程之间的关系等。

(2)结合拟建公路工程的特点和施工企业的水平,参考同类公路工程的经验,对施工进度目标进行确定,避免只按"长官意志"和主观愿望盲目确定进度目标,从而在实施过程中造成进度管理的失控现象。

(3)合理安排土建与设备的综合施工。要按照土建工程与设备工程各自的特点,合理安排土建施工与设备基础、设备安装的先后顺序,科学确定搭接、交叉或平行作业方法,明确设备工程对土建工程的要求、土建工程为设备工程提供施工条件的内容及时间。

(4)公路工程施工具有投资额巨大、施工期限长、质量要求高、建筑材料多等特点,因此要切实做好资金供应能力、施工力量配备、物资材料供应和施工进度平衡等工作,保证工程进度目标能按计划实现。

(5)公路工程施工战线很长、涉及面广,必须考虑外部协作条件的密切配合。如施工过程中以及工程项目竣工动用所需的水、电、气、通信及其他社会服务项目的满足程度和满足时间,这些外部协作条件必须与有关项目的进度目标相协调。

2.3.1.2 公路工程项目进度管理的措施

对公路工程施工项目进行进度管理采取的主要措施包括:组织措施、技术措施、合同措施、经济措施和信息措施。

1. 组织措施

组织措施主要是指落实各层次的施工进度管理人员、具体任务和工作责任,建立进度管理的组织体系;按照施工项目的结构层次、进展阶段、专业工种或合同结构等进行项目分解,确定其进度目标,建立进度控制目标体系;确定进度管理工作制度,例如检查时间、方法、协调会议时间、参加人员等;对影响施工进度的因素进行全面分析和预测。

2. 技术措施

技术措施主要是指采用有利于加快施工进度的技术与方法,以保证在进度调整后,工程能够提前或如期竣工。技术措施主要包含两个方面的内容。

(1)能保证质量、安全、经济、快速的施工技术与方法,主要包括操作技能、机械设备、施工工艺等。

(2)施工进度管理技术与方法,主要包括流水作业方法、网络计划技术等。

在公路工程进度管理技术措施方面,尽量采用先进施工技术、方法和新材料、新工艺,保证工程进度目标的实现;同时落实施工方案,在发生问题时,能适时调整工作之间的逻辑关系,以便加快工程的施工进度。

3. 合同措施

合同措施是指以合同的形式确保工程工期进度的实现,即保持总进度控制目标与合同总工期一致;分包合同的工期与总包合同的工期一致;供货、供电、供水、运输、构件加工等合同,对施工项目提供服务配合的时间与有关的进度管理目标一致。

在一些公路工程的施工中,为了确保工程总进度控制目标的实现,加强所有施工人员的责任感和紧迫感,在企业内部也以合同的形式进行层层落实,合同中的主要内容应当包括:工程质量、工程进度、材料用量、施工安全、环境保护、奖罚制度等方面。

4. 经济措施

经济措施是指实现工程进度计划的资金保证措施和有关进度管理的经济核算方法。公路工程进度管理经济措施主要包括:

(1)落实公路工程进度目标的保证资金,确保资金按期如数到位。

(2)与有关部门或个人签订并实施关于工期和进度的经济承包责任制。

(3)建立并实施关于工期和进度的奖惩制度。

(4)各级经济财务管理部门要切实加强工程成本核算。

5. 信息措施

信息措施是指建立监测、分析、调整、反馈进度实施过程中的信息流动程序和信息管理工作制度,使工程施工进度的信息及时、准确地反馈,针对出现的问题采取必要的措施,再使工程进度恢复正常,以便实现连续的、及时的、动态的全过程进度目标控制。

通过以上分析可以得知,公路工程项目进度管理的主要任务包括:

(1)编制公路工程施工总进度计划,并控制其执行。

(2)编制公路工程单位工程施工进度计划,并控制其执行,按期完成单位工程的施工任务。

(3)编制分部分项工程施工进度计划,并控制其执行,按期完成分部分项工程的施工任务。

(4)编制季度、月(旬)作业计划,并控制其执行,按期完成规定的目标。

2.3.2 影响公路工程项目进度的因素

公路工程项目的施工是在露天条件下进行的,在实施过程中将受到多种因素的影响,其中大多将对施工进度产生许多不利影响。为了有效地控制公路工程进度,必须充分认识和估计这些影响因素,以便事先采取一定措施,消除不利的影响,使工程施工尽可能按进度计划进行。根据我国公路工程施工的实践,影响施工进度的主要因素见表2.15。

表 2.15 影响施工进度的主要因素

序号	主要因素	说明	
1	施工企业内部因素	(1)技术方面失误:施工单位采用的技术措施不当;施工方法选择或施工顺序安排有误;施工过程中发生技术事故;应用新技术、新工艺、新材料和新构造缺乏经验;具体操作人员技术不熟练等	施工企业内部因素是影响公路工程施工进度的主要因素,主要表现在技术方面失误和施工组织不利等 从技术方面失误和施工组织管理不利的影响因素可看出,提高施工企业的管理水平和技术水平、提高施工第一线作业人员的素质是极为重要的
		(2)施工组织管理不利:对拟建公路工程项目的特点和实现的条件判断失误;编制的工程施工进度计划不科学;在实施过程中贯彻进度计划不得力;采用的流水施工组织不合理;劳动力和施工机具调配不当;施工平面布置及现场管理不严密;对施工中出现的问题解决不及时等,都将影响施工进度计划的执行	
2	施工企业外部因素	公路工程施工实践证明,影响工程项目施工进度计划实施的主要是施工单位,但是建设单位、监理单位、设计单位、总承包单位、资金贷款单位、材料设备供应部门、交通运输部门、水电供应部门、质量监督及政府有关部门等,都可能给公路施工的某些方面造成困难,这样就必然会影响工程的施工进度。例如,设计单位图纸供应不及时或有误;业主要求设计方案变更较大;材料和设备不能按期供应;贷款单位不能按期拨付工程款;交通运输能力不能满足要求;政府及有关部门不能及时解决纠纷;供水供电不能满足施工要求等	
3	不可预见的因素	在公路工程施工过程中,还会遇到一些意外的事件,有时也严重影响工程施工进度计划的实现。如局部发生战争、严重自然灾害、重大工程事故、沿线群众阻挠、工人发生罢工、社会出现动乱、紧急命令停工等	

2.3.3 公路工程项目进度计划的编制

2.3.3.1 公路工程项目进度计划的编制依据

进度计划是表达工程项目中各项工作工序的开展顺序、开始及完成时间及相互衔接关系的一类计划,它是控制和管理工程项目的依据。通过进度计划的编制,可使项目实施过程中的各种要素形成一个有机整体。

根据我国公路工程建设经验,公路工程项目进度计划的编制依据包括以下几点：

(1)经过规划、计划、设计等有关部门和有关市政配套审批、协调的文件,是公路工程进行进度计划编制的基本依据,无此类依据,工程不能列入基本建设计划。

(2)有关拟建公路工程的设计文件和设计图纸,是进度计划编制的主要依据,工程进度计划编制质量与其关系密切。

(3)有关公路工程方面的概算文件、概算定额、工程量计算原则和方法、劳动定额等,是进行公路工程进度计划编制的可靠依据。

(4)有关拟建公路工程的施工组织设计和主要分项、分部工程的施工方案等,也是编制公路工程进度计划的重要依据之一。

(5)有关拟建公路工程施工现场的条件,是影响工程施工进度的主要因素,例如地质、水文、地形、气候、环境资料、交通运输条件、能源供应情况、辅助生产能力等。

(6)有关拟建公路工程所用建筑材料、半成品的加工和供应能力,是公路工程施工速度快慢的物质基础,如果不能满足要求,必然会影响进度。

(7)有关拟建公路工程所用施工机械设备的性能、数量和运输能力,是生产率高低的主要影响因素,如果机械设备的性能、数量和运转状况不符合要求,也会严重影响施工进度。

(8)公路工程施工合同中规定的开工日期和竣工日期,这是公路工程进度计划编制的控制标准,所编制的工程进度计划必须符合合同中的期限规定。

(9)参与拟建公路工程施工管理人员和施工工人的数量与水平等,是影响工程施工进度的关键因素,较高的管理水平和技术水平,势必会加快工程的施工速度。

(10)已建成的同类或相似公路工程项目的实际正常施工进度,是编制拟建公路工程进度计划的重要参考资料。

2.3.3.2 公路工程项目进度计划的编制内容

公路工程建设是一个系统工程,要完成一项公路建设工程,必须协调和布置好人、财、物、时、空,才能保证工程按预定的目标完成。在人、财、物一定的条件下,合理地制定施工方案,根据工程所需要的内容,科学地编制施工进度计划,并统揽其他各要素的安排,是公路工程建设的核心。根据我国公路工程建设的实践经验,公路工程项目进度计划包括控制性进度计划和作业性进度计划两类。

1. 控制性进度计划

控制性进度计划包括整个项目的总进度计划、分阶段进度计划、子项目进度计划或单体工程进度计划、年(季)度计划。上述各项计划依次细化且被上层计划所控制。其作用是对进度目标进行论证、分解,确定里程碑事件进度目标,作为编制实施性进度计划和其他各种计划以及动态控制的依据。

2. 作业性进度计划

作业性进度计划包括分部分项工程进度计划、月度作业计划和旬度作业计划。作业性进度计划是项目作业的依据,确定具体的作用安排和相应对象或时段的资源需求。作业性进度计划应由项目经理部编制。项目经理部必须按计划实施作业,完成每一道工序和每一项分项工程。

各类进度计划的内容都应包括:编制说明、进度计划表、资源需要量及供应平衡表。编制说明主要包括进度计划关键目标的说明,实施中的关键点和难点,保证条件的重点,要采取的主要措施等。进度计划表是最主要的内容,包括分解的计划子项名称(如作业计划的分项工程或工序),进度目标或进度图等。资源需要量及供应平衡表是实现进度表的进度安排所需要的资源保证计划。

2.3.3.3 公路工程项目进度计划的编制方法

公路工程项目进度计划编制前,应对编制的依据和应考虑的因素进行综合研究。项目进度计划的编制可使用文字说明、里程碑表、工作量表、横道计划、网络计划等方法。其编制方法如下:

1. 划分施工过程

在编制公路工程施工进度计划时,应当按照设计图纸、文件和施工顺序把拟建工程的各个施工过程列出,并结合具体的施工方法、施工条件、劳动组织等因素,加以适当整理。

2. 确定施工顺序

在确定公路工程项目施工顺序时,应考虑:

(1)各种施工工艺的要求。
(2)各种施工方法和施工机械的要求。
(3)项目施工组织合理的要求。
(4)确保工程项目质量的要求。
(5)工程项目所在地区的气候特点和条件。
(6)确保安全生产的要求。

3. 计算工程量

工程量计算应当根据施工图纸和工程量计算规则进行。

4. 确定劳动力用量和机械台班数量

应根据各分项工程、分部工程的工程量、施工方法及相应的定额,并参考施工单位的实际情况和水平,计算各分项工程、分部工程所需的劳动力用量和机械台班数量。

5. 确定各分项工程、分部工程的施工天数,安排工程进度

当存在特殊要求时,可根据工期要求,倒排进度;同时在施工技术和施工组织上采取相应的措施,如在可能的情况下,组织立体交叉施工、水平流水施工,增加工作班次,提高混凝土早期强度等。

6. 施工进度图表

施工进度图表是施工项目在时间及空间上组织形式。目前表达施工进度计划的常用方法有网络图和流水施工水平图(又称横道图)。

7. 进度计划的优化

进度计划初稿编制之后,需再次检查各分部(子分部)工程、分项工程的施工时间和施工顺序安排是否合理,总工期是否满足合同规定的要求,劳动力、材料、施工机械设备所需用量是否有不均衡的现象出现,主要施工机械设备是否充分利用。经检查,对不符合要求的部分予以改正和优化。

2.3.4 公路工程项目流水施工进度计划

流水施工是将拟建工程项目的整个建造过程分解成若干个施工过程,也就是划分为若干个工作性质相同的分部、分项工程或工序;同时将拟建工程项目在平面上划分为若干个劳动量大致相等的施工段;在竖向上划分为若干个施工层,按照施工过程分别建立相应的专业工作队;各专业工作队按照一定的施工顺序投入施工,在完成第一个施工段上的施工任务之后,在专业工作队的人数、使用的机具和材料不变的情况下,依次地、连续地投入到第二、第三……直到最后一个施工段的施工,在规定的时间内,完成同样的施工任务;不同的专业工作队在工作时间上最大限度地、合理地搭接起来;当第一施工层各个施工段上的相应施工任务全部完成之后,专业工作队依次地、连续地投入到第二施工层、第三施工层……保证拟建工程项目的施工全过程在时间上、空间上,有节奏、连续、均衡地进行下去,直到完成全部施工任务。

2.3.4.1 流水施工的特点

将劳动对象的施工过程划分为若干工序或操作过程,每个工序或操作过程分别由按工艺原则建立的专业班组来完成。将一个劳动对象尽量划分为劳动量大致相等的若干施工段。各个作业班组按照一定的施工顺序,携带必要的机具,依次由一个施工段转移到另一个施工段,反复完成同类工作。不同工种或同种作业班组完成工作的时间尽可能相互衔接起来。

流水施工法的特点是生产的连续性和均衡性,因此可使各种物质资源均衡地使用,使建筑机构及其附属企业的生产能力充分地发挥,劳动力得到合理的安排和使用,从而带来了较好的经济效果。

2.3.4.2 流水施工参数

1. 工艺参数

工艺参数主要指的是,在组织流水施工时,用以表达流水施工在施工工艺方面进展状态的参数,通常包括施工过程和流水强度两个参数。

(1)施工过程。组织建设工程流水施工时,按照施工组织及计划安排需要而将计划任务划分成的子项称为施工过程。施工过程划分的粗细程度由实际需要而定,当编制控制性施工进度计划时,组织流水施工的施工过程可以划分得粗一些,施工过程可以是单位工程,也可以是分部工程。在编制实施性施工进度计划时,施工过程可划分得细一些,施工过程可以是分项工程,也可以是将分项工程按照专业工种不同分解而成的施工工序。

(2)流水强度。流水强度是指流水施工的某施工过程(专业工作队)在单位时间内所完成的工程量,也称为流水能力或生产能力。例如浇筑混凝土施工过程的流水强度是指每工作班浇筑的混凝土立方数。

流水强度可用下式计算:

$$V_j = R_j S_j \tag{2.4}$$

式中 V_j——某施工过程(j)流水强度;

R_j——某施工过程的工人数或机械台数;

S_j——某施工过程的计划产量定额。

2. 空间参数

空间参数指的是,单体工程划分的施工段或群体工程划分的施工区的个数,施工区、段可称为流水段。施工段的数目不能太多,太多则易使工作面太小,工人工作效率受影响;太少则形成不了流水作业,容易使工程窝工。

在划分施工段时,应考虑到以下几点:

(1)施工段的大小应确保工人有足够的工作面,由主要施工过程的工作需要确定。

(2)在同一组流水中,各个施工过程原则上应采用相同的分段界线和相同的施工段数。

(3)某些以施工机械负责主导施工过程施工的工程,施工段的划分必须满足施工机械(通常指大型施工机械)操作区间和操作能力的限制,以利于提高机械的使用效率和确保机械施工作业的安全。

(4)划分施工段应确保结构不受施工缝的影响,应尽量利用结构的自然分界(温度缝、沉降缝和单元尺寸等)作为流水段的分界。

3. 时间参数

(1)流水节拍。流水节拍是指某个专业队(或作业班组)在一个施工段上的施工作业持续时间,以 t 表示。它的大小关系着投入的劳动力、机械和材料量的多少,决定着施工的速度和施工的节奏性。一般有两种确定方法:

①是根据工期要求来确定;

②是根据现有能投入的资源(劳动力、机械台班数和材料量)来确定。

流水节拍按下式计算:

$$t = Q/(C \cdot R) = P/R \tag{2.5}$$

式中　Q——某施工段的工作量($i = 1,2,3,\cdots,k$);

　　　C——每一工日(或台班)的计划产量(产量定额);

　　　R——施工人数(或机械台数);

　　　P——某施工段所需要的劳动量(或机械台班量)。

(2)流水步距。流水步距是指两个相邻的施工队(组)先后进入流水作业的最小时间间隔,以符号 K 表示。流水步距的长度,要根据需要及流水方式的类型经过计算确定。在计算时,应考虑到以下几点因素:

①每个专业队连续施工的需要。流水步距的最小长度,必须使专业队进场以后不发生停工、窝工现象。

②技术间歇的需要。一些施工过程完成后,后续施工过程不能立即投入作业,必须有足够的时间间歇,这个间歇时间应尽量安排在专业队进场之前,不然无法保证专业队工作的连续性。

③流水步距的长度应确保每个施工段的施工作业程序不乱,不发生前一施工过程尚未全部完成,而后一施工过程便开始施工的现象。有时为了缩短时间,某些次要的专业队可以提前插入,但必须在技术上可行,而且不影响前一个专业队的正常工作。提前插入的现象越少越好,多了会打乱节奏,影响均衡施工。

(3)工期。工期是指从第一个专业队投入流水作业开始,到最后一个专业队完成最后一个施工过程的最后一段工作退出流水作业为止的整个延续时间。因为一项工程往往由许多流水组组成,所以这里说的是流水组的工期,而非整个工程的总工期。

在安排流水施工之前,应有一个基本的工期目标,以便在总体上约束具体的流水作业组织。在进行流水作业安排之后,可通过计算确定工期,并与目标工期比较,两者应相等或使计算工期小于目标工期。若绘制流水图表,在图表上可观察到工期长度。可用计算工期检验图表绘制的正确性。

2.3.4.3 流水施工组织形式

1. 全等节拍流水

全等节拍流水施工是指在组织流水施工时,若所有的施工过程在各个施工段上的流水节拍彼此相等,这种流水施工组织方式称为全等节拍流水施工,也称之为固定节拍流水施工或同步距流水施工。

(1)全等节拍流水施工特点。

①所有施工过程在各个施工段上的流水节拍都相等。

②相邻施工过程的流水步距相等,且等于流水节拍。

③专业工作队数等于施工过程数,即每一个施工过程成立一个专业工作队,由该队完成相应施工过程全部施工段上的任务。

④各个专业工作队在各施工段上能够连续作业,施工段之间没有空闲时间。

(2)全等节拍流水施工工期计算。

全等节拍流水作业工期计算采用以下公式:

$$T_p = (m + n - 1)t - \sum C + \sum Z \tag{2.6}$$

式中 T_p——工期;

m——流水段数;

n——施工队数;

$\sum C$——插入时间之和;

$\sum Z$——间歇时间之和。

(3)全等节拍流水施工组织步骤。

①确定施工的起点及流向,分解施工过程。

②确定施工的顺序,划分施工段。

③确定流水节拍,此时 $t_i^j = t$。

④确定流水步距,此时 $K_{i,j+1} = T = t$。

⑤计算流水施工工期。

2. 成倍节拍流水施工

在组织流水施工时,若同一施工过程在各个施工段上的流水节拍彼此相等,而不同施工过程在同一施工段上的流水节拍之间存在一个最大公约数,为加快流水施工速度,可按照最大公约数的倍数确定每个施工过程的专业工作队,这样便构成了一个工期最短的成倍节拍流水施工方案。

(1)成倍节拍流水施工特点。

a. 同一施工过程在其各个施工段上的流水节拍均相等。

b. 不同施工过程的流水节拍不等,但其值为倍数关系。

c. 相邻施工过程的流水步距相等,且等于流水节拍的最大公约数(K)。

d. 专业工作队数大于施工过程数,即有的施工过程只成立一个专业工作队,而对于流水节拍大的施工过程,可按照其倍数增加相应专业工作队数目。

e. 各个专业工作队在施工段上能够连续作业,施工段之间没有空闲时间。

(2)成倍节拍流水施工编制原理。成倍节拍流水施工计划的编制原理为:将各施工过程的流水节拍都被最大公约数(常数)相除,除得的商数便是该施工过程投入的工作队数,由各队分工承担不同流水段的任务,并按照该常数作为流水步距进行专业队的流水施工。于是便将成倍节拍流水施工变成了等节奏流水施工,可按照等节奏流水施工的公式计算工期。

(3)成倍节拍流水施工建立步骤。

①确定施工起点流向,划分施工段。

②分解施工过程,确定施工顺序。

③按以上要求确定每个施工过程的流水节拍。

④按下式确定流水步距:

$$K_b = 最大公约数\{各过程流水节拍\} \quad (2.7)$$

式中 K_b——成倍节拍流水的流水步距。

⑤按下式确定专业工作队数目:

$$\left.\begin{array}{c} b_j = t_i^j / K_b \\ n_1 = \sum_{j=1}^{n} b_j \end{array}\right\} \quad (2.8)$$

式中 b_j——施工过程($歹$)的专业工作队数目,$n \geq j \geq 1$;

n_1——成倍节拍流水的专业工作队总和。

其他符号同前。

⑥按下式确定计算总工期:

$$T = (m + n_1 - 1)K_b + \sum Z_{j,j+1} + \sum G_{j,j+1} - \sum C_{j,j+1} \quad (2.9)$$

⑦绘制流水施工指示图表。

3. 无节奏流水

对于道路工程施工,沿线工程量的分布都是不均匀的,而大、中型桥梁或路基土石方的高填深挖,又为集中型工程,因此实际上各专业施工队在机具和劳动力固定的条件下,流水作业速度不可能保持一致,即各施工段上同一施工过程的流水节拍无法相等。也就是说,在组织流水施工时,t 不等于常数,B 不等于常数,t 不等于 B,也非整数倍,如图2.8所示。

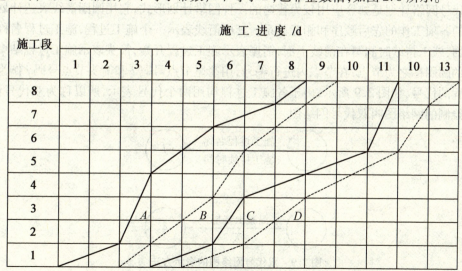

图2.8 无节奏流水

对于以上情况,只能按照流水组织进行施工。基本的组织方法为:统一控制整个工程的总平均速度,再按分别流水的原则处理各施工过程的搭接关系。流水的各个参数以及总工期的确定,都必须通过对专业施工队逐个落实,反复调整,才能得到满意的结果。

2.3.5 公路工程项目网络计划

2.3.5.1 网络计划的概念与原理

1. 网络计划的概念

网络图是由箭头和节点组成的,用以表示工作流程的有向、有序的网状图形。在网络图上加注工作的时间参数而编成的进度计划,称为网络计划。

在公路工程项目管理中,应用网络计划将一个工程项目的各个工序(工作、活动)用箭线或节点表示,依照其先后顺序和相互关系绘成网络图;再通过各种计算找出网络图中的关键工序、关键线路和工期,求出最优计划方案,并在计划执行过程中进行有效的控制和监督,以确保最合理地使用人力、物力、财力,充分利用时间和空间,多快好省地完成任务。这种方法称为工程网络计划技术。

网络计划技术主要有关键线路法(CPM)和计划评审法(PERT)两种。两者分别适用于工序间的逻辑关系和工序需用时间肯定的情况和不能肯定的情况。

2. 网络计划的原理

(1)将一项工程的全部建造过程分解为若干项工作,并按照其开展顺序和相互制约、相互依赖的关系,绘制出网络图。

(2)进行时间参数计算,找出关键工作和关键线路。

(3)利用最优化原理,改进初始方案,寻求最优网络计划方案。

(4)在网络计划执行过程中,进行有效监督与控制,以最少的消耗,获以最佳的经济效果。

2.3.5.2 双代号网络计划

双代号网络计划是如今应用较为普遍的一种网络计划形式,它用圆圈箭线表达计划内所要完成的各项工作的先后顺序和相互关系。其中箭线表示一个施工过程,施工过程名称写在箭线上面,施工持续时间写在箭线下面,箭尾表示施工过程开始,箭头表示施工过程结束。矢箭两端的圆圈称之为节点,在节点内进行编号,用箭尾节点号码 i 和箭头节点号码 j 作为这个施工过程的代号,如图 2.9 所示,由于各施工过程均用两个代号表示,所以称为双代号法,用此办法绘制的网络图叫双代号网络图。

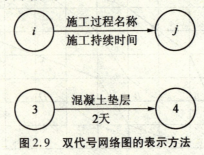

图 2.9 双代号网络图的表示方法

1. 双代号网络图的组成

双代号网络图是由工作、节点和线路三个基本要素组成的。

（1）工作。工作是指能够独立存在的实施性活动。例如工序、施工过程或施工项目等实施性活动。

工作可以分为需要消耗时间和资源的工作、只消耗时间而不消耗资源的工作和不消耗时间及资源的工作三种。前两种为实工作，最后一种为虚工作；工作表示方法，如图 2.10 所示。

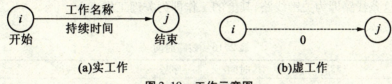

图 2.10　工作示意图

（2）节点。在网络图中箭线的出发和交汇处通常画上圆圈，用以标志该圆圈前面一项或若干项工作的结束和允许后面一项或若干项工作的开始的时间点称为节点（也称之为结点、事件）。

在网络图中，节点不同于工作，它只标志着工作的结束和开始的瞬间，具有承上启下的衔接作用，而不需要消耗时间或资源。

网络图的第一个节点称之为起节点，表示一项计划的开始；网络图的最后一个节点称之为终节点，它表示一项计划的结束；其余节点均称之为中间节点，任何一个中间节点既是其紧前各施工过程的结束节点，又是其紧后各施工过程的开始节点。

网络图中的每一个节点都要编号，编号的顺序是：每一个箭线的箭尾节点代号 i 必须小于箭头节点代号 j，且所有节点代号不能重复出现，如图 2.11 所示。

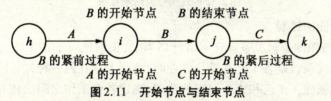

图 2.11　开始节点与结束节点

（3）线路。网络图中从起点节点开始，沿箭线方向连续通过一系列箭线与节点，最后到达终点节点所经过的通路，称之为线路。

每一条线路均有自己确定的完成时间，它等于该线路上各项工作持续时间的总和，称之为线路时间。根据每条线路的线路时间长短，可以将网络图的线路区分为关键线路和非关键线路两种。

关键线路是指网络图中线路时间最长的线路，其线路时间代表整个网络图的计算总工期。关键线路至少有一条，并以粗箭线或双箭线表示。关键线路上的工作，均为关键工作，关键工作都没有时间储备。

在网络图中关键线路有时不止一条，可能同时存在几条关键线路，即这几条线路上的持续时间相同且是线路持续时间的最大值。但从管理的角度出发，为了实行重点管理，通常不希望出现太多的关键线路。

关键线路并非一成不变的。在一定的条件下，关键线路和非关键线路可以相互转化。例如当采用了一定的技术组织措施，缩短了关键线路上各工作的持续时间就有可能使关键线路发生转移,使原来的关键线路变成非关键线路,而原来的非关键线路却变成关键线路。

位于非关键线路的工作除关键工作外,其余的均称之为非关键工作,它具有机动时间(即时差)。非关键工作也不是一成不变的,它可以转化为关键工作;利用非关键工作的机动时间可以科学地、合理地调配资源和对网络计划进行优化。

以图 2.13 为例,列表计算线路时间,见表 2.16。

如表 2.16,如图 2.12 所示,共有 5 条线路,其中第三条线路即①→③→④→⑥的时间最长,为 16 天,这条线路即为关键线路,其上的工作即为关键工作。

表 2.16 线路时间

序号	线路	时间/天	序号	线路	时间/天
1	①→②→④→⑥	8	4	①→③→④→⑤→⑥	14
2	①→②→④→⑤→⑥	6	5	①→③→⑤→⑥	13
3	①→③→④→⑥	16			

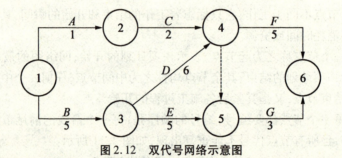

图 2.12 双代号网络示意图

2. 双代号网络图的绘制

(1)双代号网络图的逻辑关系。在网络计划当中,正确地表示各工作间的逻辑关系是一个核心问题。逻辑关系就是各工作在进行作业时,客观上存在的一种先后顺序关系。工作的逻辑关系分析是根据施工工艺和施工组织的要求,确定各道工作之间的相互依赖和相互制约的关系,以便绘制网络图。

双代号网络图逻辑关系的表达可参照表 2.17 进行。

表 2.17 双代号网络图中各工作逻辑关系表示方法

序号	工作之间的逻辑关系	网络图中表示方法	说明
1	有 A、B 两项工作,按照依次施工方式进行	○—A—○—B—○	B 工作依赖着 A 工作,A 工作约束着 B 工作的开始
2	有 A、B、C 三项工作同时开始	(图示 A、B、C 三条平行箭线)	A、B、C 三项工作称为平行工作

续表 2.17

序号	工作之间的逻辑关系	网络图中表示方法	说明
3	有 A、B、C 三项工作同时结束		A、B、C 三项工作称为平行工作
4	有 A、B、C 三项工作,只有在 A 完成后,B、C 才能开始		A 工作制约着 B、C 工作的开始,B、C 为平等工作
5	有 A、B、C 三项工作,C 工作只有在 A、B 完成后才能开始		C 工作依赖着 A、B 工作,A、B 为平等工作
6	有 A、B、C、D 四项工作,只有当 A、B 完成后,C、D 才能开始		通过中间事件 j 正确地表达了 A、B、C、D 之间的关系
7	有 A、B、C、D 四项工作,A 完成后 C 才能开始,A、B 完成后 D 才能开始		D 与 A 之间引入了逻辑连接(虚工作),只有这样才能正确表达它们之间的约束关系
8	有 A、B、C、D、E 五项工作,A、B 完成后 C 开始,B、D 完成后 E 开始		虚工作 $i-j$ 反映出 C 工作受到 B 工作的约束;虚工作 $i-k$ 反映出 E 工作受到 B 工作的约束
9	有 A、B、C、D、E 五项工作,A、B、C 完成后 D 才能开始,B、C 完成后 E 才能开始		这是前面序号 1、5 情况通过虚工作连接起来,虚工作表示 D 工作受到 B、C 工作制约
10	A、B 两项工作各分三个施工段,平行施工		每个工种工程建立专业工作队,在每个施工段上进行流水作业,不同工种之间用逻辑搭接关系表示

（2）双代号网络图绘制的基本规则。在绘制双代号网络图时，一般应遵循以下规则：

①网络图必须按照已定的逻辑关系绘制。因为网络图是有向、有序网状图形，所以其必须严格按照工作之间的逻辑关系绘制，这同时也是为确保工程质量和资源优化配置及合理使用所必需的。例如，已知工作之间的逻辑关系见表2.18，若绘出网络图，如图2.13(a)所示，则是错误的，因为工作 A 不是工作 D 的紧前工作。此时，可用虚箭线将工作 A 和工作 D 的联系断开，如图2.13(b)所示。

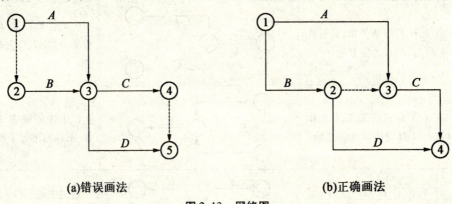

(a)错误画法　　　　　　　　　　　(b)正确画法

图2.13　网络图

表2.18　逻辑关系表

工作	A	B	C	D
紧前工作	—	—	A、B	B

②网络图中严禁出现双向箭头和无箭头的连线。如图2.14所示即为错误的工作箭线画法，由于工作进行的方向不明确，因而不能达到网络图有向的要求。

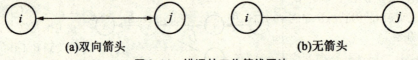

(a)双向箭头　　　　　　　　　　　(b)无箭头

图2.14　错误的工作箭线画法

③网络图中严禁出现没有箭尾节点的箭线和没有箭头节点的箭线。如图2.15所示，即为错误的画法。

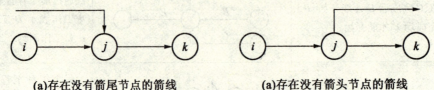

(a)存在没有箭尾节点的箭线　　　　　　(a)存在没有箭头节点的箭线

图2.15　错误的画法

④当双代号网络图的某些节点有多条外向箭线或多条内向箭线时，在确保一项工作有唯一的一条箭线和对应的一对节点编号前提下，允许使用母线法绘图。箭线线型不同，可以在从母线上引出的支线上标出，如图2.16所示。

⑤双代号网络图是由许多条线路组成的、环环相套的封闭图形，只允许有一个起点节点

和一个终点节点,而其他所有节点均为中间节点(既有指向它的箭线,又有背离它的箭线)。如图 2.17 所示网络图中有两个起点节点①和②,两个终点节点⑦和⑧。该网络图的正确画法,如图 2.18 所示,即将节点①和②合并为一个起点节点,将节点⑦和⑧合并为一个终点节点。

(a)有多条外向箭线时母线法绘图　　(b)有多条内向箭线时母线法绘图
图 2.16　母线法绘图

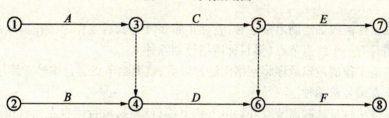

图 2.17　存在多个起点节点和多个终点节点的错误网络图

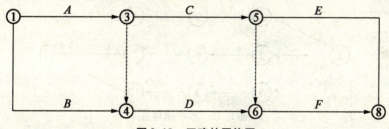

图 2.18　正确的网络图

⑥在网络图中不允许出现循环回路。在网络图中,从一个节点出发沿着某一条线路移动,又回到原出发节点,即在网络图中出现了闭合的循环路线,称为循环回路。如图 2.19(a)所示,②→③→⑤→②,就是循环回路。它表示的网络图在逻辑关系上是错误的,在工艺关系上是矛盾的。

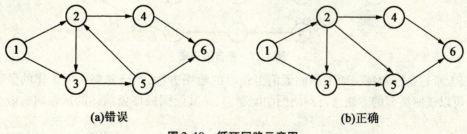

(a)错误　　(b)正确
图 2.19　循环回路示意图

⑦绘制网络图时,箭线不宜交叉,当交叉不可避免时,可用过桥法或指向法,如图 2.20 所示。

(3)双代号网络图的绘制方法。当已知每一项工作的紧前工作时,可按照下述步骤绘制双代号网络图:

①绘制没有紧前工作的工作箭线,使它们具有相同的开始节点,以确保网络图只有一个起点节点。

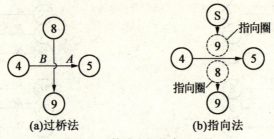

(a)过桥法　　　　(b)指向法

图 2.20　箭线交叉的表示方法

②依次绘制其他工作箭线。这些工作箭线的绘制条件是其所有紧前工作箭线都已经绘制出来。

③当各项工作箭线都绘制出来之后,应合并那些没有紧后工作之工作箭线的箭头节点,以确保网络图只有一个终点节点(多目标网络计划除外)。

④按照各道工作的逻辑顺序将网络图绘好以后,就要给节点进行编号。编号的方法有水平编号法和垂直编号法两种。

a. 水平编号法就是从起点节点开始由上到下逐行编号,每行则自左向右按顺序编排,如图 2.21 所示。

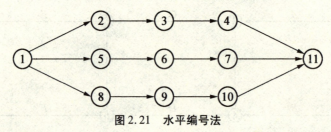

图 2.21　水平编号法

b. 垂直编号法就是从起点节点开始自左向右逐列编号,每列则根据编号规则的要求或自上而下,或自下而上,或先上下后中间,或先中间后上下进行编排,如图 2.22 所示。

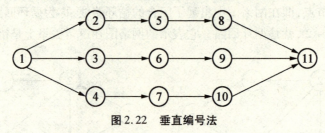

图 2.22　垂直编号法

以上所述是已知每一项工作的紧前工作时的绘图方法,当已知每一项工作的紧后工作时,也可以按照类似的方法进行网络图的绘制,只是其绘图顺序由前述的从左向右改为从右向左。

(4)绘制双代号网络图时应注意:

①在保证网络逻辑关系正确的前提下,图面布局要合理、层次要清晰、重点要突出。

②密切相关的工作尽量相邻布置,减少箭线交叉;当无法避免箭线交叉时,可采用过桥法表示。

③尽量采用水平箭线或折线箭线;关键工作及关键线路,要以粗箭线或双箭线表示。

④正确使用网络图断路方法,将没有逻辑关系的有关工作用虚工作加以隔断。

⑤为了使图面清晰,要尽可能地减少不必要的虚工作。

2.3.5.3 单代号网络计划

单代号网络计划是在工作流程图的基础上演绎而成的网络计划形式。由于它具有绘图简便、逻辑关系明确、易于修改等优点,因此,在公路工程项目计划中受到普遍应用。

单代号网络图与双代号网络图一样,均由节点和箭线两种基本符号组成。不同的是,单代号网络图用节点表示工序,用箭线表达工序之间的逻辑关系。在单代号网络图中,每一个节点表示一道工序,且有唯一的编号,因此可以用一个节点编号表示唯一的工序。单代号网络图的一般表示方法如图 2.23 所示。

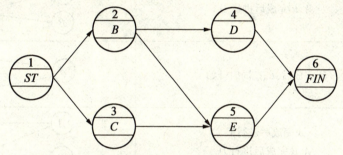

图 2.23 单代号网络图的表示方法

ST—开始节点;*FIN*—完成节点

1. 单代号网络图的组成

常见的单代号网络图是由工作和线路两个基本要素组成的。

(1)工作。在单代号网络图中,工作由结点及其关联箭线组成。一般将结点画成一个大圆圈或方框形式,其内标注工作编号、名称和持续时间。关联箭线表示该工作开始前和结束后的环境关系,如图 2.24 所示。

(2)线路。线路是由起点节点出发,顺着箭线方向到达终点节点的,中间经由一系列节点和箭线所组成的通道,这些通道均称之为线路。在单代号网络图中,线路也分为关键线路和非关键线路两种,它们的性质与双代号网络图相应线路性质一致。

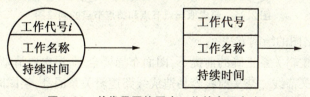

图 2.24 单代号网络图中工作的表示方法

2. 单代号网络图的绘制

(1)单代号网络图的逻辑关系。在单代号网络图中,工作之间逻辑关系的表示方法比较简单,见表 2.19。

(2)单代号网络图绘制的基本规则。在绘制单代号网络图时,应遵循如下规则:
①正确表达工作之间相互制约和相互依赖的关系。
②网络图中不允许出现循环回路。
③网络图中不允许出现有重复编号的工作,一个编号只可以代表一项工作。
④网络图中不允许出现双箭线或无箭头的线段。
⑤在单目标网络图中只允许有一个终点节点和一个起点节点。

表 2.19 单代号网络图逻辑关系表示方法

序号	工作间的逻辑关系	单代号网络图的表示方法
1	A、B、C 三项工作依次完成	$A \rightarrow B \rightarrow C$
2	A、B 完成后进行 D	$A, B \rightarrow D$
3	A 完成后,B、C 同时开始	$A \rightarrow B, C$
4	A 完成后进行 C A、B 完成后进行 D	$A \rightarrow C$; $A, B \rightarrow D$

当网络图中有多项开始工作和多项结束工作时,应当在网络图的两端分别设置一项虚工作,作为网络图的起点节点和终点节点,如图 2.25 所示。其他再无任何虚工作。

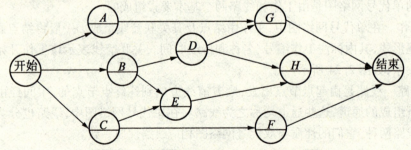

图 2.25 带虚拟起点节点和终点节点的网络图

(3)单代号网络图的绘制方法。
①在确保网络逻辑关系正确的前提下,图面布局要合理,层次要清晰,重点要突出。
②尽量避免交叉箭线。交叉箭线容易造成线路逻辑关系混乱,绘图时应尽量避免。当无法避免时,对于较简单的相交箭线,可采用过桥法处理。如图 2.26(a)所示,C、D 是 A、B 的紧后工序,不可避免地出现了交叉,用过桥法处理后网络图如图 2.26(b)所示。对于较复杂的相交线路可采用增加中间虚拟节点的办法进行处理,以简化图面。如图 2.27(a)所示,D、

F、G 是 A、B、C 的紧后工序,出现了较复杂的交叉箭线,此时可增加一个中间虚拟节点(一个空圈),化解交叉箭线,如图 2.27(b)所示。

③单代号网络图的分解方法和排列方法,与双代号网络图相应部分类似。

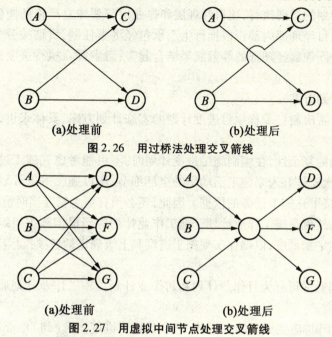

(a)处理前　　　　　　　　　(b)处理后
图 2.26　用过桥法处理交叉箭线

(a)处理前　　　　　　　　　(b)处理后
图 2.27　用虚拟中间节点处理交叉箭线

2.3.6　公路工程项目进度计划实施

2.3.6.1　公路工程项目进度计划实施要求

公路工程项目进度计划实施要求主要有:
(1)经批准的进度计划,应向执行者交底并落实责任。
(2)进度计划执行者应制订实施计划方案。
(3)在实施进度计划的过程中应进行下列工作。
1)跟踪检查,收集实际进度数据。
2)将实际数据和进度计划进行对比。
3)分析计划执行的情况。
4)对产生的进度变化,采取相应措施进行纠正或调整计划。
5)检查措施的落实情况。
6)进度计划的变更必须与有关单位和部门及时沟通。

2.3.6.2　公路工程项目进度计划实施步骤

为了保证施工项目进度计划的实施,并且尽可能按照编制的计划时间逐步实现,公路工程项目进度计划的实施应按以下步骤进行。

1. 向执行者进行交底并落实责任

要将计划贯彻到项目经理部的每一个岗位、每一个职工,要保证进度的顺利实施,就必须做好思想发动工作和计划交底工作。项目经理部要将进度计划讲解给广大职工,让他们心中有数,并且要提出贯彻措施,针对贯彻进度计划中的困难和问题,同时提出克服这些困难和解决这些问题的方法和步骤。

为确保进度计划的贯彻执行,项目管理层和作业层都要建立严格的岗位责任制,要严肃纪律、奖罚分明,项目经理部内部积极推行生产承包经济责任制,贯彻按劳分配的原则,使职工群众的物质利益同项目经理部的经营成果结合起来,激发群众执行进度计划的自觉性、主动性。

2. 制订实施计划方案

进度计划执行者应制订工程项目进度计划的实施计划方案,具体来讲,就是编制详细的施工作业计划。

由于施工活动的复杂性,在编制施工进度计划时,不可能考虑到施工过程中的一切变化情况,也不可能一次安排好未来施工活动中的全部细节,所以施工进度计划还只能是比较概括的,很难作为直接下达施工任务的依据。因此,还必须有更为符合当时情况、更为细致具体的、短时间的计划,这就是施工作业计划。施工作业计划应当根据施工组织设计和现场的具体情况,灵活安排、平衡调度,以确保实现施工进度和上级规定的各项指标任务的具体的执行计划。

施工作业计划通常可分为月作业计划和旬作业计划。施工作业计划通常应包括以下三方面内容:

(1)明确本月(旬)应完成的施工任务,确定其施工进度。月(旬)作业计划应确保年、季度计划指标的完成,通常要按照一定的规定填写作业计划表,见表2.20。

表2.20 月(旬)作业计划表

编号	工程地点及名称	计量单位	月计划				上旬		中旬		下旬		形象进度要求									
			数量	单价	合价	定额	工日	数量	工日	数量	工日	数量	工日	26	27	28	29	30	31	1	2	…	23	24	25

(2)根据本月(旬)施工任务及其施工进度,编制相应的资源需要量计划。

(3)结合月(旬)作业计划的具体实施情况,落实相应的提高劳动生产率和降低成本的措施。

在编制作业计划时,计划人员应深入施工现场,检查项目实施的实际进度情况,并且要深入施工队组,了解其实际施工能力,同时了解设计要求,将主观和客观因素结合起来,征询各有关施工队组的意见,进行综合平衡,修正不合时宜的计划安排,提出作业计划指标。最后,召开计划会议,通过施工任务书将作业计划落实并下达到施工队组。

3. 跟踪记录,收集实际进度数据

在计划任务完成的过程中,各级施工进度计划的执行者均要跟踪做好施工记录,记载计划中的每项工作开始日期、工作进度和完成日期,为施工项目进度检查分析提供信息,因此要求实事求是的记载,并填好有关图表。

收集数据的方式包括报表的方式和进行现场实地检查的方式两种。收集的数据质量要高,不完整或不正确的进度数据将导致不全面或不正确的决策。

收集到的施工项目实际进度数据,要进行必要的整理,按照计划控制的工作项目进行统计,形成与计划进度具有可比性的数据、相同的量纲和形象进度。通常可以按实物工程量、工作量和劳动消耗量以及累计百分比整理和统计实际检查的数据,以便与相应的计划完成量相对比。

4. 将实际数据与计划进度对比

主要是将实际的数据与计划的数据进行比较,例如将实际的完成量、实际完成的百分比与计划的完成量、计划完成的百分比进行比较。一般可利用表格形成各种进度比较报表或直接绘制比较图形来直观地反映实际与计划的差距。通过比较了解实际进度比计划进度拖后、超前还是与计划进度一致。

5. 做好施工中的调度工作

施工调度是指在施工过程中不断组织新的平衡,建立和维护正常的施工条件及施工程序所做的工作。主要任务包括督促、检查工程项目计划和工程合同执行情况,调度物资、设备、劳力,解决施工现场出现的矛盾,协调内、外部的配合关系,促进和确保各项计划指标的落实。

为确保完成作业计划和实现进度目标,有关施工调度应涉及多方面的工作,包括:

(1)执行施工合同中对进度、开工及延期开工、暂停施工、工期延误、工程竣工的承诺。

(2)落实控制进度措施应当具体到执行人、目标、任务、检查方法和考核办法。

(3)监督检查施工准备工作、作业计划的实施,协调各方面的进度关系。

(4)督促资料供应单位按照计划供应劳动力、施工机具、材料构配件、运输车辆等,并对临时出现问题采取相应措施。

(5)由于工程变更引起资源需求的数量变更和品种变化时,应当及时调整供应计划。

(6)按照施工平面图管理施工现场,遇到问题作必要的调整,保证文明施工。

(7)及时了解气候和水、电供应情况,采取相应的防范及调整保证措施。

(8)及时发现并处理工程施工中各种事故与意外事件。

(9)协助分包人解决项目进度控制中的相关问题。

(10)定期、及时召开现场调度会议,贯彻项目主管人的决策,发布调度令。

(11)当发包人提供的资源供应进度发生变化无法满足施工进度要求时,应督促发包人执行原计划,并对造成的工期延误及经济损失进行索赔。

2.3.7 公路工程项目进度计划的检查与调整

2.3.7.1 公路工程项目进度计划的检查

在公路工程项目施工进度计划的实施过程中,因为各种因素的影响,原始计划的安排常常会被打乱而出现进度偏差。所以在进度计划执行一段时间后,必须对执行情况进行动态检查,并分析进度偏差产生的原因,以便为施工进度计划的调整提供必要的信息。

1. 项目进度计划检查的内容

公路工程项目进度计划的检查应包括以下内容:
(1)工作量的完成情况。
(2)工作时间的执行情况。
(3)资源使用及与进度的互配情况。
(4)上次检查提出问题的处理情况。

2. 项目进度检查的方式

在公路工程项目施工过程中,可以通过以下方式获得项目施工实际进展情况。

(1)定期地、经常地收集由承包单位提交的有关进度报表资料。项目施工进度报表资料不仅是对工程项目实施进度控制的依据,同时也是核对工程进度的依据。在通常情况下,进度报表格式由监理单位提供给施工承包单位,施工承包单位按时填写完后提交给监理工程师核查。报表的内容根据施工对象及承包方式的不同而有所区别,但通常应包括:工作的开始时间、完成时间、持续时间、逻辑关系、实物工程量和工作量,以及工作时差的利用情况等。承包单位如果能准确地填报进度报表,监理工程师就能从中了解到建设工程的实际进展情况。

(2)现场管理人员跟踪检查建设工程的实际进展情况。为避免施工承包单位超报已完工程量,驻地监理人员有必要进行现场实地检查和监督。至于每隔多长时间检查一次,应视建设工程的类型、规模、监理范围及施工现场的条件等多方面的因素而定。可每月或每半月检查一次,也可每旬或每周检查一次。若在某一施工阶段出现不利情况时,则需每天检查。

除以上两种方式外,由监理工程师定期组织现场施工负责人召开现场会议,也是获得工程项目实际进展情况的一种方式。通过这种面对面的交谈,监理工程师可以从中了解到施工过程中的潜在问题,以便及时采取相应的措施加以预防。

3. 项目进度检查的方法

公路工程项目施工进度检查的主要方法是比较法。常用的检查比较方法包括横道图、S形曲线、香蕉形曲线、前锋线和列表比较法。

(1)横道图比较法。横道图比较法是指将公路工程项目实施过程中检查、收集到的实际进度数据,经加工整理后直接用横道线平行绘于原计划的横道线处,进行实际进度与计划进度的比较法。采用横道图比较法,可以形象、直观地反映实际进度与计划进度的比较情况。

(2)S形曲线比较法。S形曲线比较法与横道图比较法不同,它不是在编制的横道图进度计划上进行实际进度与计划进度比较。它是以横坐标来表示进度时间,纵坐标表示累计完成任务量,而绘制出一条按照计划时间累计完成任务量的S形曲线,将施工项目的各检查时间实际完成的任务量与S形曲线进行实际进度与计划进度相比较的一种方法。

(3)香蕉形曲线比较法。香蕉形曲线是两条S形曲线组合成的闭合图形。如前所述,公路工程项目的计划时间及累计完成任务量之间的关系均可用一条S形曲线表示。在工程项目的网络计划中，各项工作通常可分为最早和最迟开始时间，于是根据各项工作的计划最早开始时间安排进度，就可绘制出一条S形曲线，称之为ES曲线，而根据各项工作的计划最迟开始时间安排进度，绘制出的S形曲线，称之为LS曲线。这两条曲线都是起始于计划开始时刻，终止于计划完成之时，因而图形是闭合的；通常情况下，在其余时刻，ES曲线上各点均应在LS曲线的左侧，其图形如图2.28所示，形似香蕉，因此得名。

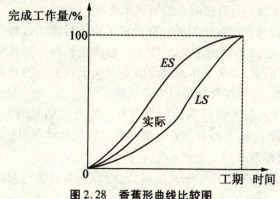

图2.28 香蕉形曲线比较图

（4）前锋线比较法。前锋线比较法也是一种简单地进行工程实际进度与计划进度的比较方法，主要适用于时标网络计划。其主要方法是从检查时刻的时标点出发，首先连接与其相邻的工作箭线的实际进度点，由此再去连接该箭线相邻工作箭线的实际进度点，以此类推，将检查时刻正在进行工作的点都依次连接起来，组成一条通常为折线的前锋线。按照前锋线与箭线交点的位置判定工程实际进度与计划进度的偏差。简而言之，前锋线法就是通过工程项目实际进度前锋线，比较工程实际进度与计划进度偏差的方法。

（5）列表比较法。当工程进度计划用非时标网络图表示时，可以采用列表比较法进行实际进度与计划进度的比较。此种比较方法是记录检查日期应该进行的工作名称及其已经作业的时间，然后列表计算相关时间参数，并根据工作总时差进行实际进度与计划进度比较的一种方法。

2.3.7.2 公路工程项目进度计划的调整

公路工程项目进度计划的调整应依据进度计划检查结果，在进度计划执行发生偏离的时候，通过对工程量、起止时间、工作关系，资源提供和必要的目标进行调整，或通过局部改变施工顺序，重新确认作业过程相互协作方式等工作关系进行的调整，更充分利用施工的时间及空间进行合理交叉衔接，并编制调整后的施工进度计划，以保证施工总目标的实现。

1.分析进度偏差的影响

在公路工程项目实施过程中，当通过实际进度与计划进度的比较，当发现有进度偏差时，需要分析该偏差对后续工作及总工期的影响，从而采取相应的调整措施对原进度计划进行调整，以确保工期目标的顺利实现。进度偏差的大小及其所处的位置不同，对后续工作及总工期的影响程度是不同的，在分析时，需要利用网络计划中工作总时差和自由时差的概念进行判断。分析步骤如下。

（1）分析进度偏差的工作是否为关键工作。在公路工程项目的施工过程中，如果出现偏差的工作为关键工作,则无论偏差大小,均对后续工作及总工期产生影响,必须采取相应的调整措施,如果出现偏差的工作不为关键工作,需要根据偏差值与总时差和自由时差的大小关系,确定对后续工作和总工期的影响程度。

(2)分析进度偏差是否大于总时差。在公路工程项目施工过程中,如果工作的进度偏差大于该工作的总时差,说明此偏差必将影响后续工作和总工期,必须采取相应的调整措施;如果工作的进度偏差不大于该工作的总时差,说明此偏差对总工期无影响,但它对后续工作的影响程度,需要根据比较偏差与自由时差的情况来确定。

(3)分析进度偏差是否大于自由时差。在公路工程项目施工过程中,如果工作的进度偏差大于该工作的自由时差,说明此偏差对后续工作会产生影响。对其所作的调整,应根据后续工作允许影响的程度而定;如果工作的进度偏差不大于该工作的自由时差,则说明此偏差对后续工作无影响,因此,原进度计划可以不做调整。

经过如此分析,进度控制人员可确认应当调整产生进度偏差的工作和调整偏差值的大小,以便确定采取调整新措施,获得新的符合实际进度情况和计划目标的新进度计划。

2. 项目进度计划调整方法

当公路工程项目施工实际进度影响到后续工作,总工期而需要对进度计划进行调整时,一般采用以下两种方法。

(1)改变某些工作间的逻辑关系。当公路工程项目实施中产生的进度偏差影响到总工期,且有关工作的逻辑关系允许改变时,可改变关键线路和超过计划工期的非关键线路上的有关工作之间的逻辑关系,达到缩短工期的目的。例如将顺序进行的工作改为平行作业、搭接作业以及分段组织流水作业等,均可有效地缩短工期。对于大型群体工程项目,单位工程间的相互制约相对较小,可调幅度较大;对于单位工程内部,因为施工顺序和逻辑关系约束较大,可调幅度较小。

(2)缩短某些工作的持续时间。这种方法不改变工作之间的逻辑关系,而是缩短某些工作的持续时间,而使施工进度加快,并确保实现计划工期的方法。这些被压缩持续时间的工作是位于由于实际施工进度的拖延而引起总工期增长的关键线路和某些非关键线路上的工作。同时这些工作又是可压缩持续时间的工作。这种方法实际上就是网络计划优化中的工期优化方法和工期与费用优化的方法。

2.4 公路工程项目质量管理

2.4.1 公路工程项目质量管理的特点

公路工程施工具有流动性、单体性和很强的综合性,生产周期比较长,质量要求相对较高,易受气候影响和外界干扰等特点。因此公路工程项目的质量管理,要比一般工业产品更难以控制,其特点主要表现在以下方面。

1. 影响质量的因素多而复杂

例如设计、材料、机械、地形、地质、水文、气象、施工工艺、操作方法、技术措施、环境条件、管理制度、管理水平等,这些因素不仅都直接影响工程质量,并且很多因素是综合作用而产生影响。

公路工程施工流动性大,线长点多,工程数量分布不均匀,工程类型比较多,施工环节和工序复杂,每项工程又各具不同功能,不同施工条件,不仅需要进行个别设计,而且要求个别施工,其功能的发挥又必须具有科学的综合整体性,因此对施工的协作性要求也比较高。

公路工程施工周期长,在施工过程当中,各阶段、各环节、各部分必须有条不紊地组织,根据公路工程的结构和材料特点,要求在时间上不间断、空间上不脱节等,因此必须进行严密组织控制。

2. 很容易产生工程质量变异

因为影响公路工程施工项目质量的偶然因素和系统因素多,所以在施工过程中很容易产生工程质量的变异。如材料性能的差异变化、机械设备的正常磨损、操作中的微小变化、气温和湿度的变化等,均会引起偶然性因素的质量变异。

当使用的材料规格、品种有误,施工方法不妥,操作违反规程,机械出现故障,仪表失灵,计算错误等,则会引起系统性因素的质量变异,从而造成工程质量事故。

从以上分析可以得知,在施工中要严防出现系统性因素的质量变异,要将质量变异控制在偶然性因素的范围之内。对于偶然性因素,也应采取针对性的有效措施,并对其影响进行控制,以避免或减少质量变异的发生,或使其影响减小到容许范围内。

3. 容易产生第二判断错误

公路工程施工项目由于工序交接多、中间产品多、隐蔽工程多,若不及时检查工程的内在质量,事后只看其表面现象,就很容易产生第二判断错误,也就是说,容易将不合格的工程,认为是合格的工程。如路基的压实,对于所用的土料土质有一定要求,对分层填筑和压实也有规定的标准。若不及时检查,其表面质量可能是合格的,但整体压实度达不到规范要求,此时就会产生第二判断错误。因此对于公路工程项目进行质量检查及隐蔽工程验收时,应特别注意加强工程质量的控制。

4. 质量检查不能解体和拆卸

因为公路工程项目建成后,不可能像某些工业产品那样,可拆卸或解体检查其内在质量,或者重新更换零件;即使发现质量有问题,也不可能像其他工业产品那样实行"包换"或"退款"。如公路桥梁混凝土的浇筑,由于不加强振捣,内部会出现较大的孔洞,但建成后无法拆开检查,所以不仅给控制带来很大困难,而且对质量控制提出了更高的要求。

5. 质量受进度与投资的制约

工程实践充分证明:公路工程项目的质量受投资和施工进度的制约较大。正常的情况下,投资大、进度慢,质量自然就会好一些;反之,质量就差一些。由于在工程合同签订后,工程费用、建设工期和施工质量,便以法律的形式确定下来,一般是不允许随意改变的。因此在工程项目实施的过程中,必须正确处理好质量、投资和进度三者之间的关系,使它们达到对立的统一。这就需要在工程项目管理中,采取科学合理、强有力的控制措施,以达到预期的目标。

2.4.2 公路工程项目质量管理的主要过程

公路工程项目是由分项工程、分部工程和单位工程所组成的,而所有工程项目的建设,必须通过一道道工序来完成。因此公路工程项目的质量管理是从工序质量到分项工程质量、分部工程质量、单位工程质量的一个系统控制过程,如图2.29所示。同时也是一个从(由)对投入原材料的质量控制开始,到完成工程质量检验为止的全部系统过程,如图2.30所示。

为加强工程项目的质量管理,明确整个质量管理过程中的重点和难点所在,通常可将公路工程的质量管理过程分为事前控制、事中控制和事后控制三个阶段。

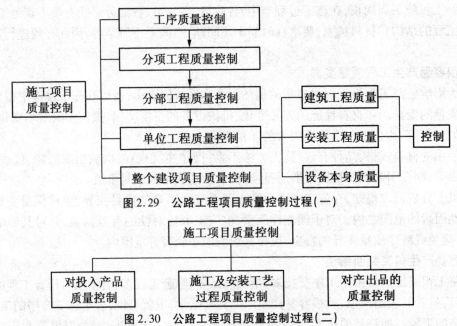

图2.29 公路工程项目质量控制过程(一)

图2.30 公路工程项目质量控制过程(二)

1. 公路工程质量管理的事前控制

公路工程质量管理的事前控制,即对工程施工前准备阶段进行的质量控制,指的是在各工程对象正式施工活动开始前,对各项准备工作及影响质量的各种因素和有关方面进行的质量控制。

(1)施工技术准备工作的质量控制。

①组织施工图纸审核及技术交底这是一项保证工程开工、做好施工准备的重要工作,它将直接影响施工是否顺利,也关系到最终的工程质量如何。对该项工作应当注意以下几个方面:

a. 要求勘察设计单位按国家现行的有关规定、标准和工程合同规定,建立健全质量保证体系,完成符合质量要求的勘察设计工作。

b. 在进行施工图纸的审核中,查明资料是否齐全,标注尺寸有无矛盾以及错误,供图计划是否满足组织施工的要求,采用的保证措施是否得当。

c. 在进行设计时,采用的有关数据及资料是否与施工条件相适应,能否保证施工质量和施工安全。

d. 为保证工程施工质量,在正式施工前要进行技术交底工作,进一步明确施工中具体的技术要求及应达到的质量要求。

②核实和补充技术资料。为保证工程顺利进行和施工质量,在正式施工前还应核实和补充对现场调查及收集的技术资料,这些资料应确保可靠性、准确性和完整性。

③审查施工组织设计或施工方案。重点审查施工方法与机械选择、施工顺序、进度安排、平面布置等,看其是否能确保工程组织连续施工;审查所采取的质量保证措施。

④建立保证工程质量的必要试验设施。在施工现场建立必要的试验设施,及时取样对工程质量进行检验及评价,对控制公路工程施工质量非常重要,这是各国公路施工的共同经验,也是确保工程质量的需要。

(2)现场准备工作的质量控制。认真进行现场准备工作,使各项准备工作达到有关质量要求,也是保证工程顺利进行和施工质量的重要工作。

现场准备工作的质量控制主要包括:

①场地平整度和压实程度是否满足施工质量要求。

②测量数据及水准点的埋设是否满足施工要求。

③施工道路的布置及路况质量是否满足运输要求。

④水、电、热及通信的供应质量等是否满足施工要求。

(3)材料设备供应的质量控制。

①材料设备供应的程序和供应方式是否符合供货合同中的规定,并进一步检查是否能确保施工顺利进行。

②所供应的材料设备的质量是否符合国家有关法规、标准及合同规定的质量要求。设备应具备产品详细说明书及附图;进场的材料应检查验收,主要查验规格、数量、品种和质量,做到合格证、化验单与材料的实际质量相符。

2. 公路工程质量管理的事中控制

公路工程质量管理的事中控制,即对施工过程进行的所有与施工有关方面的质量控制,也包括对施工过程中的中间产品的质量控制。

(1)公路工程质量管理的事中控制的策略是全面控制施工过程,重点控制工序质量。其具体措施包括:工序交接有检查;质量预控有对策;施工项目有方案;技术措施有交底;图纸会审有记录;配制材料有试验;隐藏工程有验收;器具校正有复核;设计变更有手续;钢筋代换有规定;质量处理有复查;成品保护有措施;行使质控有否决;质量文件有档案。

(2)在公路工程施工过程中,凡是与质量有关的技术文件和资料,都要进行认真整理、编目建档。公路工程的技术文件主要包括:水准点、坐标位置,测量、施工放线记录,沉降、变形观测记录,图纸会审记录,材料合格证明、试验报告,施工记录,隐蔽工程记录,设计变更记录,调试、试压记录,工程竣工验收,施工竣工图等。

3. 公路工程质量管理的事后控制

公路工程质量管理的事后控制,是指对施工过程所完成的具有独立功能和使用价值的最终产品(例如单位工程或建设项目)及其有关方面的质量进行控制。

公路工程质量管理的事后控制内容很多,主要的具体内容包括:组织联动试车;准备竣工验收资料,组织自检和初步验收;对完成的分项工程、分部工程、单位工程进行质量评定;组织竣工验收等。

在以上工作中,竣工验收是一项关系到工程能否交付使用的工作,也是一项要求很高的工作,其标准主要包括以下方面:

(1)按照设计文件规定的内容和工程合同规定的内容完成施工,质量达到现行国家质量标准,能满足生产和使用的要求。

(2)主要生产工艺设备已安装配套,联动负荷试车完全合格,达到设计生产能力。

(3)交工验收的公路工程要路面平整、场地洁净、电器正常、信号准确、设备齐全、一切状态良好,可投入运行。

(4)所要求的技术档案资料齐全,整理工作符合国家的有关规定。

2.4.3 公路工程项目质量策划的编制

公路工程项目质量策划应由项目经理主持编制。质量策划作为对外质量保证和对内质量管理的依据文件,应当体现工程项目从分项工程、分部工程到单位工程的过程控制,同时也要体现资源投入到完成工程质量最终检验和试验的全过程控制。公路工程项目质量策划编制的要求,主要包括以下几个方面:

1. 公路工程项目质量目标

公路工程项目质量目标,是指合同范围内(的)全部工程的所有使用功能均应符合设计(或设计变更)图纸的要求。分项工程(项)、分部工程和单位工程的施工质量,要达到既定施工质量验收的统一标准,如《公路工程质量检验评定标准》(JTGF 80/1—2004),合格率达到100%。

2. 公路工程质量管理职责

在公路工程质量管理的过程中,项目经理是所建工程质量的第一责任人,不仅要对工程施工是否符合设计、验收规范及质量标准的要求负责,还要对各阶段、各工序按期交工负责。项目经理可委托项目副经理或技术负责人,具体负责工程质量策划和质量文件实施及日常质量管理工作;当工程有变更时,负责变更后工程质量文件活动的控制和管理。

(1)公路工程质量管理的内容。具体管理的内容包括以下几个方面。

①对所建公路工程的准备、施工、安装、交付和维修等,以及对整个过程质量活动的控制、管理、监督和改进负责。

②对公路工程所用的进场材料、机械设备的合格性负责,材料和设备进场后,要按照有关规定进行检查、检验,确保用于工程的材料及设备是合格的。

③当公路工程由几个分包商共同完成时,必须对分包工程质量的管理、监督和检查负责。

④对于设计和合同中存在特殊要求的工程和部位,负责组织有关人员、分包商和用户按照规定实施,指定专人进行相互联络,解决相互间接口发生的问题。

⑤对关系到工程质量的施工图纸、技术资料、项目质量文件、记录的控制和管理负责。

(2)公路工程质量管理的职责。在公路工程施工过程中,不同岗位的不同质量管理人员,应当在项目经理的领导下,各自尽到不同的职责,为工程质量管理贡献自己的力量。

①工程项目副经理对工程进度负责,调配人力、物力,保证按照图纸和规范进行施工,协调同业主、分包商的关系,负责结果审核、整改措施和质量纠正措施的实施。

②施工队长、工长、测量员、试验员、计量员,在项目质量副经理的直接指导下,负责所管部位和分项施工全过程的质量,使其全部符合图纸和规范的要求,有更改者符合更改要求,有特殊规定者符合特殊要求。

③材料员、机械员对进场的材料、构件和机械设备,要进行质量验收或退货、索赔;有特殊要求的物资、构件和机械设备,要执行质量副经理的指令。对业主提供的物资和机械设备,负责按照合同规定进行验收;对分包商提供的物资和机械设备,也应按照合同的规定进行验收。

3. 公路工程项目资源提供

项目资源提供是在保证满足工程质量、工期等合同要求的前提下,对项目实施过程中所发生的资源,通过计划、组织、控制和协调等活动,实现预定质量目标的一种科学管理活动,它主要通过技术、经济和管理活动达到质量预定目标。

公路工程项目资源提供,主要包括:

(1)规定项目人员流动时进出人员的管理程序。

(2)规定人员进场培训的内容、考核和记录等。

(3)规定对新技术、新材料、新工艺、新设备和新结构等修订的操作方法、技术培训等。

(4)规定施工所需的临时设施、支持性服务手段、施工设备及通信设备等。

4. 工程项目实现过程策划

工程项目实现过程策划,主要内容包括:

(1)规定施工组织设计或专项项目质量的编制要点及其接口关系。

(2)规定重要施工过程的技术交底和质量策划要求。

(3)规定新技术、新材料、新工艺、新设备和新结构的策划要求。

(4)规定重要施工过程验收的准则或技艺评定方法。

5. 工程施工各项资源控制

工程施工各项资源控制,主要是指材料、机械、设备、劳务及其试验等采购的控制。由施工企业自行采购的工程材料、工程机械设备、施工机具等,质量计划应做出如下规定:

(1)对供方产品标准及质量管理体系的要求。

(2)选择、评估、评价和控制供方的方法。

(3)必要时对供方质量计划的要求及引用的质量计划。

(4)材料及设备等采购的法规要求。

(5)有可追溯性要求时,要明确追溯内容的形成,记录、标志的主要方法。

(6)需要的特殊质量保证证据等。

6. 工程施工工艺过程控制

工程施工工艺过程控制,是指工程从合同签订到交付使用全过程的质量控制做出规定。即对工程的总进度计划、分段进度计划、分包工程进度计划、中间交付的进度计划等,分别作出过程识别和质量管理规定。工程施工工艺过程控制,主要包括:

(1)规定工程实施全过程各阶段的质量控制方案、措施、方法及特别要求等。

(2)规定工程实施过程中需要的程序文件、作业指导书(例如工艺标准、操作规程、具体工艺等),作为施工方案和措施必须遵循的办法。

(3)规定对隐蔽工程、特殊工程进行质量控制、质量检查、鉴定验收及中间交付的方法。

(4)规定工程实施过程中需要使用的主要施工机械、设备、工具的技术和工作条件,具体运行方案,操作人员上岗条件和资格等内容,作为对施工机械设备的质量控制方式。

(5)规定对各分包单位项目上的工作表现及其工作质量进行评估的方法、评估结果送交的有关部门、对分包单位的具体管理办法等,以此控制分包单位。

7. 成品保护交付过程控制

成品保护交付过程控制,是保证已完成工程质量的重要措施,也是工程质量管理的组成部分。成品保护交付过程控制,其内容主要包括:

(1)规定工程实施过程在形成分项工程、分部工程和单位工程的半成品、成品保护方案、具体措施及交接方式等内容,作为保护半成品、成品的准则。

(2)规定工程期间交付、竣工交付、工程收尾、工程维护、验收评价、后续工作处理的方案及措施,作为质量管理的控制方式。

(3)规定重要材料及工程设备的包装防护的方案及方法。

8. 安装和调试的过程控制

安装和调试的过程控制,是指对于工程安装、检测、调试、验评、交付、不合格的处置等内容规定的方案、措施和方式。因为这些工作同其他施工相互交叉、协作配合较多,所以对于交叉接口程序、验证哪些特性、交接验收、检测、试验设备要求、特殊要求等内容要做出明确规定,以便各方面实施时遵循,确保工程的全面施工质量。

9. 检查及试验的过程控制

检查及试验的过程控制,是指对工程施工所用材料、构件、施工条件、结构型式等,在什么条件和时间必须进行检验、试验、复验的规定。对于检查及试验的过程控制,一般包括以下要求:

(1)在公路工程施工现场必须设立试验室,配置相应的试验设备及人员,规定试验人员资格和试验内容;对于特定的试验要求,要规定试验程序及对程序过程进行控制的措施。

(2)当施工现场条件无法满足所需各项试验要求时,要规定委托上级试验或外单位试验的方案和措施。当有合同要求的专业试验条件时,应当规定有关的试验方案和措施。

(3)对于需要进行状态检验和试验的内容,必须规定每个检验试验点所需检验、试验的特性、所采用程序、验收准则、必需的专用工具、技术人员资格、标识方式、记录等要求。

(4)当有当地政府部门要求进行或亲临的试验、检验过程或部位时,要规定该过程或部位在何处、何时、如何按照规定由第三方进行检验和试验。

(5)对于施工安全设施、用电设施、施工机械设备安装、使用和拆卸等,要规定专门安全技术方案、措施、使用的检查验收标准等内容。

(6)要编制施工现场计量网络图,明确工艺计量、检测计量、经营计量的网络、计量器具的配备方案、检测数据的管理和计量人员的资格。

(7)要编制分项工程、分部工程、单位工程和项目检查验收、交付验评的方案,作为工程交工验收时进行质量控制的依据。

(8)编制工程控制测量、施工测量的方案,制订测量仪器配置、人员资格、测量记录控制、标识确认、纠正、管理等方面的措施。

10. 施工中不合格产品控制

施工中不合格产品控制,也是工程施工中质量管理不可缺少的组成部分。

(1)对不合格产品的控制内容。在公路工程施工过程中,对施工中不合格产品的控制,主要应注意以下几方面内容。

①要编制工种、分项工程、分部工程不合格产品出现的方案、措施,及防止与合格产品发生混淆的标识和隔离措施。

②要明确规定哪些范围不允许出现不合格,若一旦出现不合格,明确哪些允许修补返工,哪些不允许返工,哪些必须局部更改设计或降级处理。

③为了避免或减少质量事故的发生,要编制控制工程质量事故发生的措施,也要编制一旦发生质量事故的处置措施。

(2)对不合格产品的处理职权。由于公路工程施工质量影响因素很多,因此出现不合格产品是比较正常的现象。当分项工程、分部工程和单位工程不符合设计图纸和规范要求时，工程项目和施工企业各方面对这种情况有以下处理职权。

①质量监督检查部门有权提出返工修补处理、降级处理或作为不合格品处理。

②质量监督检查部门以图纸、技术资料、检测记录为依据，用书面形式向以下各方发出通知：

a. 当分项工程不合格时，通知项目质量副经理和生产副经理。

b. 当分部工程不合格时，通知项目经理。

c. 当单位工程不合格时，通知项目经理和公司主管生产经理。

对于上述返工修补处理、降级处理或不合格处理，接受通知方有权接收或拒绝这些要求。当通知方和被通知方意见不一致且不能调解时，可由上级质量监督检查部门、公司质量主管部门负责人等进行裁决；若仍不能解决时，可向当地政府质量监督部门申请裁决。

2.4.4 公路工程项目设计质量控制

勘察设计质量是整个公路工程建设质量控制的源头。回顾公路工程建设的历程，设计人员克服种种困难，为公路工程整体建设水平的不断提高作出了贡献。以质量求生存、向质量要效益、建精品工程、创名牌企业的质量观念早已深入人心。

随着规章制度的逐步健全，公路工程质量管理纳入了法制化轨道。《中华人民共和国公路法》、《公路工程勘察设计招标投标管理办法》等一系列法律法规、规章制度的颁布，以及有关公路勘察设计、质量评定、环境保护等方面标准规范的实施，建立了完整的技术保障体系。特别是《工程建设标准强制性条文》（公路工程部分）的推行，以及工程项目设计实行"双院制"，对保证设计方案安全、经济、合理，提高公路工程设计质量起到了积极作用。

2.4.4.1 项目设计质量控制依据与措施

1. 项目设计质量控制的依据

根据我国的具体情况，公路工程项目设计质量控制的依据，主要包括以下几方面：

（1）有关工程建设及质量管理方面的法律法规，例如城市规划、建设用地、市政管理、环境保护、质量管理、投资管理等。

（2）有关工程建设方面的技术标准，例如如各种设计规范、规程、标准、设计参数的定额及指标等，以及各种公路工程的施工技术规范和验收标准等。

（3）建设项目的审批文件，例如如项目建议书及其审批文件、项目可行性研究报告及其审批文件、项目环境影响报告及其审批文件和上级有关批文等。

（4）建设项目设计的准备文件，例如体现设计意图的规划设计大纲、设计纲要、设计合同，以及经有关部门审查同意的设计监理大纲和监理细则等。

（5）反映项目建设过程中和建成后所需要的有关技术、资源、经济、社会协作等方面的协议、数据和资料等。

2. 项目设计质量控制的措施

（1）加强设计标准化工作。标准是对工程设计中的重复性事物和概念所做的统一规定，是以科学技术及先进经验的综合成果为基础，经过有关方面协商一致，并由有关主管机构批准，通过制订、发布和实施，为设计提供共同遵守的技术准则和依据。加强设计标准化是科研成果转化为生产力、推广应用先进技术的有效途径,在促进技术进步、科技创新,确保设计质量方面起着非常重要的作用。

(2)编制好设计纲要等指导性文件,即设计策划。设计策划是指针对合同项目而建立的设计质量目标,并规定质量控制要求,重点是制订开展各项设计活动的计划,明确设计活动内容及其职责分工,配备合格设计人员和资源。项目的设计策划要形成文件,一般以项目设计计划的形式编制,作为项目设计管理和控制的主要文件。文件中应当体现规划、设计意图,符合现行规范和规程的规定,满足可行性报告和设计任务书的要求,依据要齐全可靠,方案要合理可行,同时积极改革传统的设计方法和手段,努力提高设计质量和效率。

(3)建立健全原始资料档案。原始资料是进行项目设计的基本依据,在正式进行设计前,必须建立健全相关的原始资料档案。原始资料必须符合规范、规程的规定,及时进行编录、核对、整理,不得遗失或是任意涂改。设计单位也要及时收集在施工中和投产后对设计质量的意见,建立工程设计质量档案,对意见进行认真分析研究,不断改进工作,提高设计质量。

(4)设计接口质量控制。设计接口是为了使在设计过程中,为了设计部门以及各设计专业之间能够做到协调和统一,必须明确规定并切实做好设计部门与其他部门、设计部门内部各专业间以及装置(工区)间的设计接口。设计的组织接口和技术接口应当制订相应的设计接口管理程序,由技术管理部门组织评审后实施。设计过程中要严格按照规定的程序进行设计接口管理,以确保项目设计的质量。

(5)严把方案选择与审核关。工程项目设计方案的合理性和先进性是项目设计质量的基础,重要项目的设计方案必须要经过认真研究讨论。设计方案包括总体方案和专业设计方案。对于公路工程建设项目,总体方案特别应当注意设计规模、生产工艺及技术水平的审核;专业设计方案的选择与审核,重点是在设计参数、设计标准、设备和结构选型、功能和使用价值等方面,看其是否满足适用、经济、安全、可靠等方面的要求。

(6)进行设计验证工作。设计验证是确保证计输出满足设计输入的重要环节,是对设计产品的质量检查,通过检查和提供客观证据,证明设计输出是否能满足设计输入的要求。

只有符合资格要求的人员才能够承担相应级别的验证工作。设计验证除上述方法之外,还可采用其他方法进行:例如变换方法进行计算;将新设计与已证实的类似设计进行比较;进行试验和证实;对发表前的设计阶段文件进行评审等。设计者要按照校审意见进行修改,完成修改并经确认后的设计文件,才能进入下道工序。

(7)建立健全成品校审制度。设计文件的校审是对设计所做的逐级检查和验证检查,以确保设计满足规定的质量要求。设计校审应当按照设计过程中规定的每一阶段进行。对阶段性成果和最终成果的质量,应当按照规定程序进行严格校审。具体内容包括:对计算依据的可靠性,成果资料的数据和计算结果的准确性,论证证据和结论的合理性,现行标准规范执行的情况,各阶段设计文件的内容和深度,设计文字说明的准确性,图纸的清晰与准确,成果资料的规范化和标准化等。

(8)建立健全设计文件会签制度。工程设计文件完成之后,设计人员应当在设计文件上签字,对所设计的文件负责。对于结构和技术比较复杂的大型工程,应当组织有关人员进行会审,审核不合格的设计成果不得盖章出图。最后对正式的设计文件要进行会签。

设计文件实行会签制度,是确保各专业设计相互配合和正确衔接的必要手段。通过会签,可以消除专业设计人员对设计条件或相互联系中的误解、错误或遗漏,这是保证项目设计质量的重要环节。

(9)对于设计更改的控制。设计更改是指设计过程中或设计完成后,由于用户变更或项目变更而导致的设计更改,这将对设计进度、质量和费用产生直接的影响。因此,工程设计单位应制订相应的设计更改控制程序,一旦发生设计更改时,应严格按照规定的程序办理,以便保证设计质量。

2.4.4.2 工程项目初步设计阶段的质量控制

工程项目初步设计是确定建设项目、工程投资、施工方案和质量高低的关键环节,为保证工程项目初步设计的质量,必须做好初步设计前的准备工作,明确初步设计的主要内容,搞好初步设计文件的编制与审定。

1. 初步设计前的准备工作

在工程项目进行初步设计前,必须要做好明确设计委托,核准设计用的原始依据,落实设计的基础资料,扩大前期的服务等准备工作,这些都是确保初步设计质量的前提。归纳起来,初步设计前的准备工作,主要包括基础资料收集和进行设计准备两大类。

(1)基础资料收集。在公路工程正式进行初步设计前,应根据国家的有关规定、工程的实际情况、工程设计中的要求等,收集有关的资料。在一般情况下,主要包括:

①取得填写项目齐全、具体明细的设计任务书或设计委托书。
②取得工程设计立项和规模投资等方面的上级批准文件。
③通过建设工程项目设计招标形式,与建设单位签订工程设计合同和有关协议书。
④在正式开始初步设计前,首先要核实设计任务、工艺设计文件和使用要求等。
⑤为搞好公路工程项目的设计,必须取得拟建工程的地形图及勘察报告等地质资料。
⑥若拟建工程为改造工程设计,应当取得改建、扩建工程的原有设计文件和资料。
⑦在正式开始初步设计前,要取得工程所在地区有关气象、水文、地震等基础资料。
⑧在正式开始初步设计前,要落实城市规划、消防、人防、环保等方面提出的要求。
⑨设计部门应当根据设计任务的轻重缓急、均衡作业的原则,及时安排设计任务。

(2)进行设计准备。

①按照设计工作分级管理的原则,根据工程设计任务的性质、特点及工作量,由设计院、设计室研究确定参加工程设计的主要人员。
②为保证工程项目的设计质量符合合同要求,要组织有关设计人员进行现场踏勘,深入了解工程实际的环境条件。
③对于确实需要外出进行调研的项目,应当认真做好调研内容和地点的考察,做到目标明确、时间紧凑、效果明显。
④适时召开有关人员会议,重点研究设计任务书、工艺和使用要求、设计进度安排等方面的前提条件以及实行限额设计,开展目标创优和组建 QC 小组等实施计划。

2. 明确初步设计主要内容

根据我国公路建设的实践,初步设计的主要内容包括以下几个方面。

(1)设计原则为可行性研究报告和审批文件中的设计原则,设计中所遵循的主要方针、政策和设计的指导思想。

(2)工程项目的建设规模,分期建设及远景建设规划,企业专业化协作和装备水平,工程建设的地点、占地面积、征地数量、总平面布置和内外交通、外部协作条件。

(3)确定生产工艺流程。生产工艺流程为各专业主要设计方案和工艺流程。

(4)产品方案,主要产品和综合回收产品的数量、规格、等级、质量;原料、燃料、动力来源、用量、供应条件;工程项目主要材料用量;主要设备数量、选型、配置。

(5)在工程项目进行设计的过程中,对于新技术、新工艺、新材料、新设备和新结构的采用情况。

(6)工程项目组成的主要建筑物、构筑物、公用和辅助设施、生活区建设;必要的抗震和人防措施。

(7)综合利用情况,环境保护和"三废"治理。这是工程初步设计中的新增内容,尤其是环境保护和"三废"治理,是工程建设项目能否获得批准的关键。

(8)在工程项目设计中的生产组织、工作制度和劳动定员,以及工程施工过程中的生产组织、工作制度和劳动定员。

(9)工程项目的各项技术经济指标,这是衡量和评价工程设计质量具体的量化指标。

(10)确定工程项目的建设顺序、建设期限,是编制工程设计进度和施工计划的主要依据,也是确保工程设计的重要措施。

(11)总概算及经济评价,如成本、产值、利润、税金、投资回收期、贷款偿还期、净现值、投资收益率、盈亏平衡点、敏感性分析、资金筹措、综合经济评价等。

(12)附件、附表、附图,包括设计依据的文件批文、各项协议批文、主要设备表、主要材料明细表、劳动定员表等。

3. 初步设计文件编制与审定

(1)初步设计文件编制。根据上级主管部门对初步设计方案提出的审查意见,进行必要的修改和补充,并在此基础上研究拟定进行初步设计的工作计划。

根据国家现行有关初步设计内容和深度的规定要求,精心组织各专业人员同步进行设计文件的编制工作,并及时协调解决各专业之间的矛盾和问题,保证整个工程项目设计文件内容的完备与统一。

(2)初步设计文件审定。

①根据设计院、所(室)两级管理的规定,设计院各专业的总工程师和所(室)各专业的主任工程师,应当有计划、有重点地抓好设计的跟踪指导和目标创建工作。

②在工程设计中严格执行方针政策、技术法规,对于规定的面积规模、工程投资、设计标准等进行严格控制,对于各专业设计中的重大方案性、前提性问题,要进行进一步的深化和落实。

③院、所(室)各专业总工程师、各专业主任工程师,对院、所(室)两级工程的初步设计文件,要认真组织综合审查,填写初步设计指导检查意见,并按照要求在设计文件上进行签署。

④在上级主管部门召开初步设计审查会之前,设计总负责人应组织各专业人员认真做好准备,在审查会汇报时,有条理、有层次、有重点地说明设计意图及特点,认真维护设计的科学性和公正性,对直接影响设计质量的客观因素和问题明确提出,提请领导尽快研究解决,并认真做好会议记录。

4. 施工图初步设计前质量控制方法

(1)收集和熟悉项目原始资料,充分领会工程建设意图。首先,要核查已批准的"项目建议书"、"可行性研究报告"、工程项目选址报告、城市规划部门批文、土地征用使用要求、工程环境要求;工程地质和水文地质勘察报告、区域图、地形图;动力、资源、气象、设备、人防、消防、地震烈度、交通运输、生产工艺、基础设施等资料;有关设计规范、规程、标准和技术经济指标等,分析、研究并整理出满足设计要求的基本条件。其次,要充分掌握和理解建设单位对工程项目建设的要求、设想和各种意图。

(2)选择适宜的项目总目标论证的方法。对于建设单位所提出的项目总投资、总进度和总质量目标,必须进行认真的分析研究,论证实现项目总目标的可行性。在确定的总投资数限定下,分析论证项目的规模、设备标准、施工水平等是否能够达到建设单位预期的水平,施工进度目标能否实现;在工程进度目标的限定下,要满足建设单位提出的项目规模、设备标准、施工水平等,估算需要的总投资数额。在论证时,应依据已建类似工程各种指标,结合目前各种情况出现的变化,并分析项目建设中可能遇到的风险。

(3)进行初步设计时,要以初步确定的工程规模和质量要求作为基础,将论证后所得的总投资和总进度切块分解,最终再确定投资规划和进度规划。

(4)为了避免设计不符合建设单位的要求,造成多次设计修改,甚至出现设计纠纷,建设单位应尽量与设计单位达成限额设计条款。

2.4.4.3 施工图设计阶段的质量控制

施工图设计阶段是公路工程设计的成果阶段,也是确保设计质量、提高设计水平的后期考核验收阶段。在施工图设计阶段的工序控制中,必须切实保证抓好文件的深度,坚持限额设计,提高出手质量,加强综合会审,落实创优目标,严格质量评定等项工作。

1. 充实工程设计技术准备

(1)在进行图设计之前,必须取得文件的正式审查批复文件,核实各级主管部门在对工程初步设计所做的调整中需要严格控制的指令性标准。

(2)深入落实在满足施工图设计内容及深度要求中所需要的有关规划、消防、人防、环境、公用、市政、电力、通信及施工安装等方面的必备资料和依据的文件。

(3)根据初步设计的审查批复文件和各有关方面的合理意见、建议,进一步改进和完善工程设计。

(4)落实设计条件及要求,商定工程设计的进度,组织拟定统一技术条件和质量保证措施、认真填写有关表格,准备开始施工图设计。

2. 施工图设计的主要内容

(1)施工图设计委托书的主要内容。施工图设计委托书的主要内容包括:工程项目设计的依据;经批准的初步设计及批准部门核发的设计条件;批准的满足施工图设计的勘察资料、地形地貌资料、水文地质和工程地质资料等;施工地点的自然状况资料和有关部门及地方政府签订的外部条件正式协议书;施工条件、地方材料和有关建筑、设备的技术经济数据、资料;其他有关工程项目设计资料。

(2)施工图设计文件的主要内容。施工图设计是以图纸为主的工程实施性技术文件,应主要包括:设计图封面、图纸目录、设计说明、设计图纸和工程预算等,并以子项为编排单位。各专业的工程计算书应当进行校审,签字后整理归档。设计图纸应包括以下主要内容。

①图纸目录。图纸目录就是表明图纸顺序的说明,不仅便于进行查找,且显示图纸的不

同类型。在一般情况下,先列出新绘制的图纸,再列出选用的标准图或重复利用图。

②设计说明。设计说明就是设计书的首页,主要包括:结构安全等级;公路地基情况;设计活荷载、设备荷载、结构材料、品种、型号、规格、强度等;标准构件图集及施工注意事项等。

③设计图纸。设计图纸主要包括:基础平面图、基础详图;结构平面布置图、结构构件详图及节点构造图等。

④其他图纸。其他图纸主要包括:各专业设计方案的平面图、立面图、剖面图及其详图或构造图等。

3. 施工图设计阶段质量控制方法

(1)实行跟踪式设计,实现审核制度化。为有效控制设计质量,必须对设计过程进行质量跟踪。设计质量跟踪不是监督设计人员画图,也不是监督设计人员的结构计算,而是要定期对设计文件进行审核,在必要时,也对计算书进行核查,发现不符合质量标准和要求的,立即指令设计单位进行修改,直到符合规定的标准为止。

设计质量控制的主要方法,即在设计过程中各阶段设计完成时,以设计招标文件、设计合同、监理合同、政府有关批文、各项技术规范和规定、气象条件、地区其他自然条件及相关资料、文件作为依据,对设计文件进行深入细致的审核。在各设计阶段设置审查点,审核设计文件质量,如规范符合性、结构安全性、施工可行性等,审核工程概预算总额,设计进度完成情况,并与相应标准和计划值进行分析比较。

(2)采用多种方案比较法。一个工程建设项目,有多种设计方案,各设计方案均具有其特点和优势。在进行公路工程项目设计质量审核时,对设计人员所定的设计标准、结构方案、施工方法等各种方案进行了解和分析,有条件时应进行两种或多种方案的比较,从中择优,确定出设计方案。

(3)协调各相关单位关系。一个工程建设项目的设计质量如何,并不是一个专业设计室所决定的,而是所有设计人员水平和集体力量的体现,也是设计单位与其他单位共同努力的结果。所以在进行工程设计的过程中,设计人员、各个部门和社会有关部门,都要支持和配合设计工作,齐心协力提高设计质量。

2.4.5 公路工程项目施工质量控制

2.4.5.1 施工准备阶段的质量控制

工程施工准备是整个工程施工过程的开始,是工程施工中必须进行的一项重要工作。工程实践证明,只有认真做好施工准备工作,才能够顺利地组织施工,为保证和提高工程质量、加快施工速度、缩短建设工期、降低工程成本提供可靠的基础。

公路工程施工准备阶段质量控制工作的基本任务包括:掌握施工项目工程的特点;了解对施工总进度的要求;摸清工程施工的基本条件;编制施工组织设计;全面规划和安排施工力量;制订合理的施工方案;组织好施工中的物资供应;做好现场"五通一平"和平面布置;兴建施工用的临时设施等,为现场施工做好一切准备工作。公路工程施工准备工作内容很广泛,主要有技术准备、物质准备、组织准备和现场准备等。

1. 公路工程施工的技术准备

(1)图纸会审及技术交底。通过对施工图纸的研究和会审,可广泛听取使用人员、施工人员的意见,弥补在设计上的一些不足,以集思广益的方式提高设计质量;可使施工人员了解设计意图、技术要求、施工难点、注意重点,为保证施工质量打好基础。

技术交底是施工企业极为重要的一项技术管理工作,其目的是使参与建筑工程施工的技术人员与工人熟悉和了解所承担的工程项目的特点、设计意图、技术要求、施工工艺及应注意的问题。根据建筑工程施工的复杂性、连续性和多变性的固有特点,各级建筑施工企业必须严格贯彻技术交底责任制,加强施工质量检查、监督和管理,以达到提高施工质量的目的。

(2)编制好施工组织设计。公路工程施工是一项比较复杂的工作,需要组织多工种、多专业、多单位协同配合。为了在质量、进度、效益均得到保证的情况下,完成公路工程项目的建设任务,就必须编制一个统筹全局、科学安排的工作方案,那就是施工组织设计或施工方案。

施工组织设计或施工方案是指导公路工程施工的重要技术经济文件,而确保工程施工质量的各项技术措施是其中的重要组成内容。在编制施工组织设计或施工方案时,主要应做好以下工作。

①根据工程实际情况和质量、工期要求,与有关单位签订承发包合同和分包合同。

②根据建设单位和设计单位提供的设计图纸及有关技术资料,结合拟建工程的施工条件编制施工组织设计。

③及时编制并提出工程施工材料、劳动力和专业技术工种培训计划,以及施工机具、仪器的需用量计划。

④及时参与工程全部施工图纸的会审工作,对设计中的问题和有疑问之处,应随时解决和弄清,要协助设计部门消除图纸上的差错。

⑤属于国外引进的工程项目,应当认真参加与外商进行的各种技术谈判和引进设备的质量检验,以及包装运输质量的检查工作。

在施工组织设计编制阶段,质量管理工作除了上述几个方面外,还要着重制订好质量管理计划,编制切实可行的质量保证措施和各项工程质量的检验方法,并相应的准备好质量检验测试的器具。质量管理人员应参加施工组织设计的会审,以及各项保证工程质量技术措施的制订工作。

2. 公路工程施工的物质准备

施工物质的质量是保证工程质量的基础,必须根据工程对材料的要求,选择材料供应厂家,做到合理组织材料的供应,确保施工正常进行;合理地组织材料使用,减少材料的损失,降低工程材料的费用。

对公路工程施工物质准备,最为关键问题是加强材料的检查验收,严把材料的质量关。在这个方面,主要是应做好以下工作。

(1)严格控制材料质量。

①对用于公路工程的主要材料,应在订货前,要求供应商提供样品或看样订货,对材料性能、质量标准、适用范围和施工要求必须有详细说明。

②对用于公路工程的主要材料,在进场时,必须具备正式的出厂合格的材质化验单,如果不具备或对检验证明有影响时,应当对材料补做检验。

③工程中所有使用的各种构件,必须具备生产厂家批号和出厂合格证。钢筋混凝土和预应力混凝土构件,均应按规定的方法进行抽样检验。

④凡是用于重要结构、部位的材料,在使用时,必须仔细地进行核对,查其材料的品种、规格、型号、性能符合要求;材料认证不合格时,不允许用于工程中。

⑤凡属标志不清或认为有质量问题的材料,应进行抽样检验;对于进口的材料和重要结构、部位所用的材料,则应进行全部检验。

⑥材料质量抽样和检验的方法,应符合相关规范标准的要求,应当能反映该批材料的质量性能。对于重要的构件或非匀质的材料,还应适当增加采样的数量。

⑦在施工现场配制的材料,例如混凝土、砂浆、防水材料、防腐材料、绝缘材料等的配合比,首先应进行配合比设计,并提出试配的要求,经试配检验合格后才能使用。

(2)材料质量控制内容。材料质量控制的内容主要包括:材料质量的标准、材料的性能、材料取样、试验方法,材料的适用范围和施工要求等。

①材料质量标准材料。质量标准是用以衡量材料质量的尺度,也是作为验收、检验材料质量的依据。不同的材料有不同的质量标准,国家和有关行业均有具体的规定,掌握材料的质量标准,就便于可靠地控制材料和工程质量。

②材料质量检验进行材料。质量的检验,是确保材料质量的重要技术措施。材料质量检验的目的,是通过一系列检测手段和方法,将所取得的材料性能数据与材料的质量标准相比较,借以判断材料质量的可靠性,决定是否能够用于工程,同时还有利于掌握材料的信息。

a.材料质量检验方法。材料质量检验方法主要包括书面检验、外观检验、理化检验和无损检验四种。

·材料质量书面检验。书面检验是通过提供的材料质量保证资料、试验报告等进行审核,取得认可后才能够使用。

·材料质量的外观检验。外观检验是对材料从品种、规格、标志、外形尺寸等方面进行直观检查,判断其是否存在质量问题。

·材料质量的理化检验。理化检验是借助试验设备和仪器对材料样品的化学成分、机械性能等进行科的学鉴定。

·材料质量的无损检验。无损检验是在不破坏材料样品的前提下,利用超声波、X射线、表面探伤仪等进行检测。

b.材料质量检验程度。根据材料信息和保证资料的具体情况,材料质量检验程度分为免检、抽检及全检三种。

·免检。免检即免去质量检验过程。对于有足够质量保证的一般材料,以及实践证明质量长期稳定且质量保证资料齐全的材料,可予以免检。

·抽检。抽检就是按随机抽样的方法对材料进行抽样检验。当对材料的性能不清楚,或对质量保证资料有怀疑,或是成批生产的构配件,均应按照规定的比例进行抽样检验。

·全检。全检又称全部检验,凡对进口的材料、设备和重要工程部位的材料及贵重的材料,都应进行全部检验,以确保材料和工程质量。

c.材料质量检验取样。材料质量检验的抽样必须有代表性,即所采取样品的质量应能代表该批材料的质量。所以在采取试样时,必须按照规定的部位、数量及采选的操作要求进行。

d.材料抽样检验判断。抽样检验一般主要适用于对原材料、半成品或成品的质量鉴定。因为这类材料或产品的数量大或检验费用高,不可能对产品逐个进行检验,特别是破坏性和损伤性的检验更不适用。通过抽样检验的方法,可大概判断出整批产品是否合格。

(3)材料的选择和使用。如果工程材料的选择和使用不当,将会严重影响工程质量,甚至会造成质量事故。为此必须针对工程特点,根据材料的性能、质量标准、适用范围和施工要求等方面进行综合考虑,慎重地选择和使用材料。

(4)施工机械设备选用。施工机械设备是实现施工机械化、提高工程质量和生产效率的重要物质基础,是现代道路施工中不可缺少的设备,对施工项目的质量有着直接的影响。为此施工机械设备的选用,必须综合考虑施工现场的条件、道路结构形式、施工工艺和方法、机械设备性能、施工组织与管理等各种因素进行多方案比较,使之合理装备、配套使用、有机联系,以充分发挥机械设备的效能,力求获得较好的综合经济效益。

工程施工实践证明,机械设备的选用,应着重从机械设备的选型、机械设备的主要性能参数和机械设备使用操作要求三个方面进行控制。

①施工机械设备的选型施工机械设备的选择,应本着因地制宜,按照技术上先进、经济上合理、性能上可靠、生产上适用、使用上安全、操作上方便和维修上简便的原则,使选用的机械设备具有工程的适用性,具有保证工程质量的可靠性,具有使用操作的方便性和安全性。

②机械设备的性能参数机械设备的主要性能参数是选择机械设备的主要依据,应根据工程的特点、施工条件和已确定的机械设备形式,来选定具体的机械。但要特别注意所选用的机械设备必须满足施工进度和施工质量的要求。

③机械设备使用操作要求合理地使用机械设备,正确地进行操作,是确保工程施工质量的重要环节。在机械设备的使用操作中,应贯彻"人机固定"的原则,实行定机、定人、定岗位的"三定"制度。操作人员必须认真执行各项规章制度,严格遵守基本操作规程,防止出现安全质量事故。

机械设备在使用的过程中,要尽量避免发生故障,尤其是要预防出现人为的损坏。造成事故的主要原因包括:

a.操作人员违反安全技术操作规程和保养规程。

b.操作人员技术不熟练或麻痹大意,或未经过专门技术培训。

c.施工机械设备保养和维修不良。

d.施工设备在运输和保管中不当。

e.施工方法不合理和指挥错误。

f.气候条件和作业条件的影响等。

对以上这些可能的原因,都必须采取相应措施,严加防范。

3. 公路工程施工的组织准备

公路工程施工组织准备,主要包括:建立强有力的项目组织机构,集结施工水平和管理水平较高的施工队伍,对施工队伍及全体员工进行施工前的入场教育等。

4. 公路工程施工的现场准备

公路工程施工现场准备,主要包括:控制网、水准点、标桩的测量校正;施工现场的"五通一平"工作;生产、生活等临时设施的准备;组织施工机具及建筑材料进场;拟定有关试验、试制和技术进步项目研究计划;编制季节性施工措施;制定施工现场管理制度等。

2.4.5.2 施工过程中工序质量控制

公路工程项目的施工过程,是由一系列的相互关联、相互制约的工序构成的,工序质量是工程实体质量的基础,其质量好坏将直接影响工程项目的整体质量。要想达到公路工程项目的质量总目标,首先必须严格控制施工过程中的工序质量。

1. 工序质量控制的内容

公路工程工序质量控制主要包括两方面的控制,即对工序施工条件的控制和对工序施工效果的控制。

(1)工序施工条件的控制。工序施工条件的控制包括以下两个方面:

①施工准备方面的控制。即在工序施工之前,应对影响工序质量的因素或条件进行监控。要控制的内容通常包括:

a. 人的因素,如施工操作者和有关人员是否符合上岗要求。

b. 材料因素,如材料质量是否符合标准,能否使用。

c. 施工机械设备的条件,如其规格、性能、数量能否满足要求,质量有无保障。

d. 采用的施工方法及工艺是否恰当,产品质量有无保证。

e. 施工的环境条件是否良好等。

这些因素或条件应当符合规定的要求或保持良好状态。

②施工过程中对工序活动条件的控制。对影响工序产品质量的各因素的控制不仅体现在开工前的施工准备中,而且还应贯穿于整个施工过程中,包括各工序、各工种的质量保证与强制活动。在施工的过程中,工序活动是在经过审查认可的施工准备的条件下展开的,要注意各因素或条件的变化,若发现某种因素或条件向不利于工序质量方面变化,应及时予以控制或纠正。

在各种因素中,投入施工的物料如材料、半成品等,以及施工操作或工艺是最活跃和易变化的因素,应予以特别的监督与控制,使它们的质量始终处于控制之中,符合标准及要求。

(2)工序施工效果的控制。工序施工效果主要反映在工序产品的质量特征和特性指标方面。对工序施工效果控制就是控制工序产品的质量特征和特性指标是否达到设计要求及施工验收标准。工序施工效果质量控制通常属于事后质量控制,其控制的基本步骤包括:实测、统计、分析、判断、认可或纠偏。

2. 公路工程的工序分析

在公路工程的施工过程中,有许多因素影响着工程质量,但是这些因素并不是同等重要的,重要的影响因素只是少数,往往是某个因素对工程质量起决定性作用,处于主导和支配地位,只要控制了重要的影响因素,质量就可以得到保证。因此,施工中的任何一个要素,均可能在工序质量中起关键的作用,必须认真对施工中的工序进行分析。

工程工序的分析,概括讲,即要通过分析找出对工序的关键或重要质量特性起支配性作用的全部活动。对于这些支配性的要素,要制定成标准,加以重点控制。工程实践证明:不进行工序分析,就无法搞好工序的控制,也就无法保证工序质量。工序质量无法保证,工程质量自然也无法保证。所以工序分析是施工现场质量体系的一项重要基础工作。

工程工序分析一般可按三个步骤、八项活动进行,具体如下。

第一步,用因果分析图法进行工序分析,通过分析在书面上找出支配性要素。此步骤主要包括以下五项活动:

(1)选定分析的工序。对关键、重要工序或根据以往经验认为经常发生问题的工序,都可以作为工序的分析对象。

(2)根据所选定的分析工序和人员组成情况,确定进行工序分析的具体人员,并明确任务,落实责任,以便将工序分析工作搞好。

(3)对经常发生质量问题的工序,应掌握其现状及问题点,并确定改善和提高工序质量的目标,使工序质量达到规范要求。

(4)组织召开工序分析会议,应用因果分析图法进行工序分析,从中找出工序中的支配性要素,以便采取相应的技术措施进行改进。

(5)根据因果分析图法分析找出的工序支配性要素,拟订提高工序质量对策计划,决定试验方案。

第二步,根据以上分析和拟订的提高工序质量对策计划,并实施这个对策计划。此步骤只包括一项活动:

(6)按照确定的试验方案进行试验,找出质量特性与工序支配性要素之间的关系,经过反复认真审查,确定试验结果。

第三步,在进行以上分析的基础上,制定相关的工序施工标准,控制工序支配性要素。此步骤包括两项活动:

(7)将试验核实的支配性要素编入工序质量表,并纳入施工标准或规范,落实责任部门或人员,并经有关部门批准。

(8)各部门或有关人员对属于自己负责的支配性要素,要按照标准规定实行重点管理,并随时检查实施的结果。

3. 工序质量控制点的设置

在工序质量控制中设置质量控制点,主要是指为了保证工序质量而确定的重点控制对象、关键部位或薄弱环节。设置工序质量点是保证工序质量达到规定要求的必要前提,因此监理工程师在拟定质量控制点计划时,应当予以详细考虑,并用制度来保证落实。对于质量控制点,一般事先要分析可能出现质量问题的原因,再针对生产原因制定对策与措施。

(1)质量控制点设置原则。公路工程质量控制点设置的原则,是根据公路工程的重要程度,即质量特性值对整个工程质量的影响程度来确定。因此,在设置质量控制点时,首先要对施工的工程对象进行全面分析、比较,以明确质量控制点;然后进一步分析所设置的质量控制点在施工中可能出现的质量问题或造成质量隐患的原因,针对隐患的原因,提出相应对策、措施予以预防。由此可见,设置质量控制点,是对公路工程质量进行预控的有力措施。质量控制点通常设置于以下几个部位:

①重要的和关键性的施工环节和部位。
②质量不稳定、施工质量没把握的施工工序和环节。
③施工技术难度大的、施工条件困难的部位或环节。
④质量标准或质量精度要求高的施工内容和项目。
⑤对后续施工或后续工序质量或安全有重要影响的施工工序或部位。
⑥采用新技术、新工艺、新材料施工的部位或环节。

(2)质量控制点的实施要点。公路工程质量控制点的实施要点主要包括:

①实施要点交底。将质量控制点的"控制措施"向操作班组进行认真交底,必须使工人真正了解与掌握操作要点,这是保证"创造质量"、实现"预防为主"的关键。

②进行重点控制。质量控制人员在现场进行重点指导、检查与验收。特别是对于重要的

质量控制点,质量管理人员应当进行旁站指导,检查和验收。

③认真进行操作。工人按照作业指导书进行认真操作,确保操作中每个环节的质量。

④做好检查记录。按规定做好检查并认真记录检查结果,取得第一手数据。

⑤进行分析改进。运用数理统计方法不断进行分析与改进(实施 PDCA 循环),直至质量控制点验收合格。

(3)质量见证点与停止点。

①见证点(也称截流点,或简称 W 点)。它是指重要性通常的质量控制点,在这种质量控制点施工前,施工单位应提前(例如 24 小时之前)通知监理单位派监理人员在约定的时间到现场进行见证,对该质量控制点的施工进行监督及检查,并在见证表上详细记录该质量控制点所在的建筑部位、施工内容、数量、施工质量和工时,并签字以作为凭证。若在规定的时间监理人员未能到达现场进行见证和监督,施工单位可以认为已取得监理单位的同意(默认),有权进行该见证点的施工。

②停止点(也称待检点,或简称 H 点)。它是指重要性较高、其质量无法通过施工以后的检验来得到证实的质量控制点。例如无法依靠事后检验来证实其内在质量或无法事后把关的特殊工序或特殊过程。对于这种质量控制点,在施工之前,施工单位应提前通知监理单位,并约定施工时间,由监理单位派出监督员到现场进行监督控制,若在约定的时间监理人员未到现场进行监督和检查,则施工单位应停止该质量控制点的施工,并按合同规定,等待监理人员,或另行约定该质量控制点的施工时间。

2.5 公路工程项目环境管理

2.5.1 公路工程项目环境管理程序

公路工程施工企业应当根据批准的建设项目环境影响报告,对施工现场进行认真的考察和核实,通过对环境因素的识别和评估,经过反复比较和研究后确定环境管理目标及主要指标,并在各个阶段贯彻实施。根据我国公路建设环境管理方面的经验,公路工程项目的环境管理应当遵循下列程序。

1. 确定项目环境管理目标

工程项目的环境管理目标,即实施项目环境管理所要达到的期望结果,也是环境管理要达到的约束性目标。环境管理的约束性目标通常又称之为环境管理限制性条件,是实施项目环境管理目标的客观条件和必要条件,也是实施项目环境管理过程中必须遵循的条件,从而它就成为项目实施过程中管理的主要目标。工程实践充分证明:如果没有明确的环境管理目标,环境管理行动就没有方向,也就不成其为一项任务,亦不会有项目环境管理的存在。

2. 进行项目环境管理策划

制订环境管理计划在管理中是非常重要的,而进行环境管理策划比环境管理计划具备更为广泛的内容。如果说确定项目环境管理目标是奋斗的方向和结果,而进行项目环境管理策划则是寻求实现奋斗目标的具体措施。

公路工程项目环境管理策划的内容非常广泛,主要包括:环境信息收集策划、环境管理体系策划、环境目标和指标策划、环境管理方案策划、环境组织机构策划及环境管理职责策划等方面。

3. 实施项目环境管理策划

实施项目环境管理策划是实现环境管理目标的重要环节,也是实现环境管理目标的基础和关键。实际上,实施项目环境管理策划是指为了确保项目目标的实现,在项目环境管理的各个阶段,针对项目的实施阶段的实际情况,建立一整套项目实施期的科学化、规范化的管理模式和具体方法。

4. 验证和改进环境管理目标

依据一些参考资料和走马观花式的考察而确定的项目环境管理目标,在很多方面未必完全符合实际,有时甚至差距很大。在公路工程具体实施的过程当中,也会遇到这样或那样环境方面的问题,这就需要在实践中一面要验证原确定项目环境管理目标,另一面要根据实际情况进行必要的改进,以便使项目环境管理更加有效。

2.5.2 公路工程项目环境管理体系

2.5.2.1 公路工程项目环境管理体系的内容

1. 环境方针

环境方针代表组织建立环境管理体系的核心,也代表组织对环境所提出的整体目标及行动原则。环境方针的内容必须包括对遵守法律及其他要求、持续改进和污染预防的承诺,并作为制订评审环境目标和指标的框架。

2. 环境因素

公路工程在识别环境因素时,要考虑"三种状态"(正常、异常、紧急)、"三种时态"(过去、现在、将来)、向大气排放、向水体排放、废弃物处理、土地污染、原材料和自然资源的利用、其他当地环境问题、及时更新的环境方面的信息,保证环境因素识别的充分性,以及重要环境因素评价的科学性。

3. 法律和其他要求

组织应建立并保持正常程序,以确保活动、产品或服务中环境因素遵守法律和其他要求,还应建立获得相关法律和其他要求的渠道,包括对变动信息的跟踪。

4. 目标和指标

(1)项目组织内部的各管理层次、各有关部门和岗位,在一定的时期内均有相应的目标和指标,并用文本加以表示。

(2)组织在建立和评审目标时,应考虑的因素主要包括环境影响因素、遵守纪律法规和其他要求的承诺、相关方的要求等。

(3)项目环境管理的目标和指标,应与环境方针中的承诺相呼应。

5. 环境管理方案

环境管理组织应制订一个或多个环境管理方案,其主要的作用是保证环境目标和谐标的实现。环境管理方案的内容一般包括:组织的目标、指标的分解落实情况;使各相关层次与职能在环境管理方案中,与其所承担的目标、指标相对应,并应规定实现目标、指标的职责、方法及时间表等。

6. 组织结构与职责

(1)环境管理体系的有效实施,必须要靠组织的所有部位承担相关的环境职责,必须对每一层次的任务、职责、权限作出明确的规定,形成正式文件并向有关人员传达。

(2)环境管理机构的主要领导应指定管理者代表,并明确其任务、职责和权限,应为环境管理体系的实施提供各种必要的资源。

(3)环境管理者代表应对环境管理体系的建立和实施负责,并向环境管理机构的主要领导报告环境管理体系的运行情况。

7. 培训、意识和能力

环境管理机构应当明确培训要求,确定需要特殊培训的工作岗位及人员,建立科学的培训程序,明确培训应达到的效果,并对可能产生重大影响的工作要有必要的教育、培训、工作经验和能力方面的要求,以确保这些人员能够胜任所承担的工作。

8. 环境管理信息交流

环境管理机构应建立对内、对外双向信息交流的程序,信息交流的主要功能为:能在环境管理机构的各层次和职能间交流有关环境因素及环境体系的信息,以及外部相关方信息的接收、成文、答复,特别注意涉及重要环境因素的外部信息的处理并记录其决定。

9. 环境管理体系文件

环境管理体系文件应充分描述环境管理体系的核心要素及其相互作用,应给出查询相关文件的主要途径,明确查找的基本方法,使相关人员易于获得有关环境管理方面的知识。

10. 文件的控制程序

(1)环境管理机构应建立并保持有效的控制程序,保证所制定文件的实施。在注明日期(发布及修订日期)时,做到字迹清楚、标志明确,妥善保管并在规定的期间予以保留;还应当及时发放和收回使用场所的失效文件,防止发生混乱和误用,建立并保持有关制定和修改各类文件的程序。

(2)环境管理体系重在运行和对环境因素的有效控制,这就要求避免文件过于烦琐,缺乏实用性和实效性,这样才能够建立起良好的控制系统。

11. 环境管理运行控制

(1)环境管理机构的方针、目标和指标及与重要环境因素有关的运行和活动,应保证它们在规定程序下运行;当某些活动有关标准已有具体规定时,程序可予以引用。

(2)对于缺乏程序指导可能偏离方针、目标、指标的运行,应当建立有效的运行控制程序,但并不要求所有的活动过程都建立相应的运行控制程序。

(3)应识别环境管理机构使用的产品或服务中的重要环境因素,并建立和保持相应的文件程序,把有关程序与要求通报给供方和承包方,以促进他们提供的产品或服务符合环境管理机构的要求。

12. 应急准备和响应

(1)环境管理机构应当建立并保持一套程序,使之能够有效确定潜在的事故或紧急情况,并在其发生前予以预防,减少可能伴随的环境影响;一旦紧急情况发生时及时做出响应,尽量减少由此造成的环境影响。

(2)环境管理机构应考虑可能会有潜在事故或紧急情况,采取预防和纠正的措施应针对潜在的发生原因,在必要时,特别是在事故或紧急情况发生后,应对程序予以评审和修订,确保其切实可行。

(3)当预防和纠正的措施可行时,定期按程序有关规定进行实验或演练。

13. 环境管理的监测

(1)对于环境管理体系进行监测和测量,既是对环境管理体系运行状况的监督手段,又是发现问题、及时采取纠正措施,实施有效运行控制的首要环节。

(2)监测的主要内容一般包括:环境管理机构在环境管理方面的绩效,有关的环境管理运行控制目标、指标和环境管理方案的实现程度等。为组织评价环境管理体系的有效性提供充分的客观依据。

(3)对于监测活动,在程序中提出明确的规定:如何进行例行监测,如何使用、维护、保管监测设备,如何记录数据,如何保管记录,如何参照标准进行评价,何时向何人报告监测结果和发现的问题等。

(4)环境管理机构应当建立评价程序,定期检查有关法律法规的持续执行情况,以判断环境方针相关承诺的符合性。

14. 纠正与预防措施

(1)环境管理机构应当建立并保持文件程序,用以规定有关的职责和权限,对不符合的进行处理与调查,采取措施减少由此产生的影响。

(2)对于旨在消除已存在的和潜在的不符合的,应采取纠正或预防措施,应分析产生的原因并与该问题的严重性和伴随的环境影响相适应。

(3)对于纠正由预防措施所引起的对程序文件的任何更改,环境管理机构都应该遵守实施并予以记录的原则。

15. 环境管理的记录

(1)环境管理机构应当建立对记录进行管理的程序,明确对环境管理的标志、保存、处置的要求。

(2)在记录管理的程序中,应当明确规定记录的内容;对记录本身的质量要求是字迹清楚、标志明确、可以追溯。

16. 环境管理体系审核

(1)环境管理机构应当制订并保持定期开展环境管理体系内部审核的程序、方案,作为对环境管理体系审核的依据。

(2)环境管理体系审核程序、方案和目的,是为了判定其是否满足符合性及有效性。环境管理体系的符合性,即环境管理体系是否符合对环境管理工作的预定安排和规范要求;环境管理体系的有效性,即环境管理体系是否得到正确实施和保持。

(3)对环境管理体系审核方案的编制依据和内容要求,应当立足于所涉及活动环境重要性和以前审核的结果。

(4)环境管理体系审核的具体内容,应当规定审核的范围、频率、方法,对审核小组的要求,对审核报告的要求等。

17. 环境管理的评审

(1)环境管理机构应当按照规定的时间间隔进行环境管理评审,评审过程要详细记录,结果要形成文件。

(2)环境管理评审的对象是环境管理体系,目的是确保环境管理体系的持续适用性、充分性和有效性。

(3)在对环境管理体系评审前,要收集充分必要的有价值的信息,作为进行环境管理体系评审的主要依据。

2.5.2.2 公路工程项目环境管理体系的运行模式

按照标准要求所建立的环境管理体系实际上是组织全面管理体系的组成部分,其中包括:为实施和保持环境管理所需要的组织结构、策划活动、职责、操作惯例、程度、过程和资源。环境管理体系运行模式与 ISO 9001 质量保证运行模式相似,共同遵守由查理斯·德明(Chailes Demir)提供的管理模式,他将企业的活动分为四个阶段,见表 2.21。

表 2.21 企业活动的四个阶段

序号	项目	具体内容
1	策划阶段	施工企业组织根据自身的特点和工程实际情况确定环境管理方针,建立环境管理组织的总体目标,并制订实现目标的具体措施
2	实施阶段	为实现环境管理组织制订的总体目标,首先应明确各层次在环境管理方面的职责,根据环境管理活动的特点,制定相关的文件化管理程序及技术标准,对环境管理活动的全过程实施有效的控制
3	验证阶段	验证实际上就是检查评审,即在环境组织管理活动的实施过程中,应有计划、有针对性地对相关过程进行监控和审核,加强预防工作,以纠正所出现的偏离组织总体目标的现象
4	改进阶段	由环境管理组织的最高领导定期地对组织所建立的管理体系进行评定,确保体系的持续适用性、充分性和有效性,以达到持续改进的目的

我国在公路工程项目环境管理体系方面,是建立于一个由"策划、实施、检查、评审和改进"几个环节构成的动态循环过程基础上的,其具体的运行模式,如图 2.31 所示。

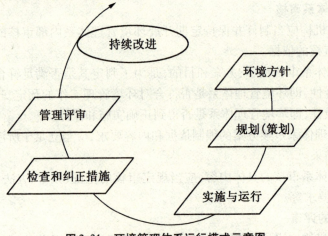

图 2.31 环境管理体系运行模式示意图

2.5.3 公路工程项目文明施工

2.5.3.1 公路工程项目文明施工组织与管理

建立文明的施工环境不仅是工程自身的需要,而且也是整个社会的需要。文明施工不但与安全隐患存在着千丝万缕的关系,并且还直接或间接地影响着人们的身体健康。实施文明施工、加强现场施工环境管理,将现场的环境保护与文明施工纳入施工管理的职责,并强制性执行,对工程是非常重要的。

搞好公路工程项目文明施工的首要条件就是必须建立文明施工组织机构,制定切实可行的管理制度,收集和保存文明施工的资料,加强文明施工的宣传和教育。其具体的技术措施包括以下内容。

1. 组织和制度管理

(1)施工现场应成立以项目经理为第一责任人的文明施工管理组织,分包单位应服从总包单位文明施工管理组织的统一管理,并接受检查和监督。

(2)各项施工现场管理制度应包含文明施工的规定,包括个人岗位责任制度、经济责任制度、安全检查制度、持证上岗制度、奖惩制度、竞赛制度和各项专业管理制度等。

(3)加强和落实现场文明检查、考核及奖惩管理,以促进施工文明管理工作的积极性。检查范围和内容应全面周到,包括生产区、生活区、场容场貌、环境文明及制度落实等内容,检查发现的问题应采取整改措施,并限期加以改正。

2. 收集文明施工的资料及其保存的措施

(1)上级关于文明施工方面的标准、规定、法律、法律等资料。

(2)施工组织设计(施工方案)中对文明施工的管理规定,各阶段施工现场文明施工的措施。

(3)文明施工教育、培训、考核计划的资料,文明施工自检资料,文明施工活动各项记录资料。

3. 加强文明施工的宣传和教育工作

(1)在坚持岗位练兵的基础上,要采取派出去、请进来、短期培训、上技术课、登黑板报、广播、看录像、看电视等方法,灵活多样地进行文明施工教育。

(2)要特别注意对新进场工人和临时工的岗前培训及教育,使他们知道文明施工的重要性。

(3)各级领导和专业管理人员,不仅要抓工程质量、进度和成本,而且要重视和熟悉文明施工管理。

2.5.3.2 公路工程项目文明施工内容

公路工程在文明施工方面,各施工企业都根据自己的特点和经验,制定了施工过程中的具体内容。某公路施工企业列出的文明施工工作内容包括:

(1)施工企业在开工之前,做好施工组织设计,绘制好总体平面布置图,应当布局合理,文明责任区划分明确,并有明显标记。同时设置明显的标牌,标明工程项目名称、工程概况、建设单位、设计单位、监理单位、项目经理和技术负责人的姓名、开工日期及计划交工日期。

(2)项目经理部必须实行目标管理,应将施工组织网络图、年度目标计划、工序交接流程、质量目标及管理制度上墙,并按季度、月份进行目标细化。高速公路工程施工企业应当推行计算机动态跟踪管理。

(3)施工现场所有管理人员、监理人员均必须佩戴胸卡(上岗证上应附照片、姓名、职务、岗位等)。

(4)施工现场(工地)作业道路应当保持平整,设有路标。机具材料应做到"二整":机械设备保持状态良好、表面整洁、停置整齐;施工材料堆放有序、存储规整合理,并插置标示牌。

工地现场外观应当做到"三洁":施工场地整洁、生活环境清洁、施工产品美观洁净。

场区及施工范围内的沟道、地面无废料、垃圾和油污,应做到工完、料尽、地清。

办公室、作业区、仓库等场所内部应当整洁有序,生活区中的供排水、食堂、浴室、医务室、宿舍及厕所应符合防火、卫生、通风、照明等要求。

(5)施工标段内的每个重要人工构造物(桥梁、隧道、房建)应当设置标明名称、施工负责人、技术负责人、旁站监理等内容的公告牌。

(6)各类拌和场内地区必须进行硬化处理,材料分隔堆放,并标明名称、产地、规格,对钢材、水泥等需设置防雨、隔潮设施。

(7)现场使用的主要机械设备(例如沥青混凝土合料拌和设备、摊铺机、压路机等)应当配设"设备标志牌"标示出设备名称、生产厂家、出场日期、使用状况,操作人员名称等。

在现场使用的主要拌和设备旁,例如沥青混合料拌和楼、基层材料拌和楼、水泥混凝土拌和楼(机)等,应设立正在拌和生产的混合料配比控制牌。

(8)施工现场每个施工点,都应当有负责人在现场指导施工,主要部位应有技术人员盯岗,现场指挥和技术人员要熟悉操作工艺要求及质量标准。

(9)合理安排施工工序,可能对路面造成污染的附属工序要提前进行或采取相应保护措施,有碍于间层结合的工序不准在路面上施工或摆放材料。

(10)施工便道(包括施工企业自建的临时道路和因施工需要而通行的原有道路),应进行日常养护,确保晴雨通车,经常清扫、洒水,防止尘土飞扬而影响当地群众的正常生活、生产活动。

(11)施工企业应有环保意识,对施工中产生的废弃材料不可乱弃乱放,应当按照要求运往指定地点进行处理存放;对易于造成环境污染的施工材料,在运输、存放及使用过程当中,应采取有效措施,使之不产生污染或将污染程度降到最小。

(12)现场进行的各项施工操作,必须按照施工前的施工操作安排或有关规范和规定进行,做到层次清楚,紧张有序,杜绝违章操作和野蛮施工。

(13)监理人员对施工企业的文明施工情况应当随时进行监督检查,对不能满足文明施工要求的情况要及时予以下令整改。

(14)施工结束后做好临时占地的恢复工作,对施工中占用的地方道路、桥梁等做好修复工作。

2.5.4 公路工程项目现场管理

2.5.4.1 公路工程项目现场管理基本规定

(1)项目经理部应在施工之前了解清楚经过施工现场的地下构筑物,标注出其具体位置,并加以保护和妥善的处理。在施工过程中,如果发现文物、古迹、爆炸物、电缆等,应当立即停止施工,采取措施保护好现场,并及时向有关部门报告,按照有关规定进行处理。

（2）在施工过程中,需要停水、停电、封路而影响环境时,应经有关部门批准,并事先告示。在行人、车辆通过的地方施工时,应设置沟、井、坎、洞等覆盖物和标志。

（3）项目经理部应对施工现场的环境因素进行分析,对有可能产生的污水、废气、噪声、固体废弃物等污染源应当采取措施,进行严格的控制。

（4）施工所产生的垃圾和渣土应堆放在指定地点,并定期进行清理。装载建筑材料、垃圾或渣土的运输机械,应当采取防止尘土飞扬、撒落或流溢的有效措施。施工现场应根据需要设置机动车辆冲洗设施,冲洗的污水应进行处理。

（5）除经批准符合规定的装置外,不得在施工现场任意熔化沥青、焚烧油毡等,也不得焚烧其他可产生有毒有害和刺激气味气体的废弃物。项目部经理应当按照规定有效地处理有毒有害物质,禁止将有毒有害废弃物当作回填材料。

2.5.4.2　公路工程项目现场的环境保护

1. 施工现场环境保护基本规定

（1）项目经理部应遵守国家有关环境保护的法律规定,采取措施控制施工现场的各种粉尘、废气、废水、固体废弃物以及噪声、振动对环境的污染和危害。

（2）施工现场在施工中所使用的泥浆水,应当按照有关规定进行妥善处理,未经处理不得直接排入河流中。

（3）除经批准符合规定的装置外,不得在施工现场任意熔化沥青、焚烧油毡等,也不得焚烧其他可产生有毒有害和刺激气味气体的废弃物。

（4）在工程施工的过程中,尤其采用石灰稳定土路基时,应当采用有效控制措施,防止石灰和尘土的飞扬。

（5）对于施工产生噪声、振动和排废气的施工机械,应当采取有效控制措施,减轻对周围环境的影响。

（6）工程施工因受技术、经济、设备等方面的各种限制,对环境的污染不能控制在规定范围内的,项目经理部应会同业主事先报请当地建设行政主管部门和环境保护行政主管部门批准。

2. 施工现场环境保护主要措施

（1）生态环境保护措施。

①对于开挖土方、回填土方过大的路段,施工应避开雨期,并在雨期来临之前,将开挖、回填、弃土方的边坡处理完毕。

②对于施工取土,要做到边开采、边平整、边绿化。同时还要做到计划取土、及时还耕。对于需要在公路两侧取土的,要根据实际情况做好规划,要有利于保护耕地。在南方地区公路工程的取土,要与修建养鱼、养虾池有机地结合起来,并与路基保持一定的距离,严禁随意取土。

③对于雨水较多的地区,在公路工程施工中,很容易出现边坡的崩塌、滑坡现象,故此凡是大面积护坡处需增设截水沟,有组织地排除雨水。

④在施工过程中,可能产生雨水地面径流处开挖路基时,应当设置临时性的土沉淀池以拦截泥沙,必要时在沉淀池的出水侧面设置土工布围栏,待公路建成后,将土沉淀池推平,并

绿化或还耕。

⑤对修筑好的路堤边坡应当及时植草绿化，在修筑较高的挡土墙时，每隔一定距离栽植容易生存的灌木。

⑥对于施工中的临时占地，应将原有土地表层耕作的熟土堆积一旁，待施工完毕再将这些熟土推平，恢复原土地表层。

(2)大气污染防治措施

①公路工程施工的堆料场、灰土料拌和站等应设置于空旷的地方，周围相距200 m的范围内不应有集中居民区、学校等。

②在采用沥青路面的路段，沥青混凝土搅拌站的位置应当选择适当，既要施工方便，又要、符合卫生要求，卫生防护距离分级中规定的保护距离不少于300 m。同时沥青混凝土搅拌站应当设在离开居民区、学校等环境敏感点以外的下风向处，有条件的工程宜采用封闭式沥青熬化作业工艺。

③在进行施工材料运输时，运输道路在干燥气候下应采取定时洒水降尘措施，对于一些粉状材料（例如石灰粉、散水泥等），在运输时应加以遮盖，卸料时应低位轻卸。

(3)水体污染防治措施。

①某些施工所用材料，例如沥青、油料、化学品等不宜堆放在民用水井及河流湖泊的附近，防止雨水冲刷而进入水体。

②施工单位的生活污水、生活垃圾、粪便等应集中进行处理，不能直接排入水体；施工管理区的生活污水等无法接入市政排水管网时，要建化粪池进行处理。

③桥梁施工中的施工机械、船只要经过严格检查，防止出现油料泄漏。严禁将废油、施工垃圾等随意抛入水体中。

(4)施工噪声防治措施。

①当公路工程施工路段或工地距居民驻地距离小于150 m时，为确保居民夜间休息，应在规定的时间内停止施工，并提前张贴安民告示。

②对于公路工程施工处附近的学校和单位，施工项目部应当预先与其商议，调整施工时间或采取其他措施，尽量减小施工噪声对教学和工作的干扰。

③施工项目部要注意保养施工机械，使机械维持最低声级水平，安排工人轮流操作施工机械，以减少工人接触高噪声的时间，对在高噪声声源附近工作时间较长的工人，可采取发放防声耳塞、头盔等保护措施，使工人进行自身保护。

④对于施工机械产生的噪声，可采用吸声、隔声、隔振和阻尼等声学处理方法来降低噪声，使其符合规定的标准。

2.6 公路工程项目风险管理

2.6.1 公路工程项目风险管理过程

根据国内外对公路工程项目管理的经验，在公路工程项目风险管理的过程中，主要包括风险识别、风险评估、风险响应及风险控制等。

1. 风险识别存

在人们周围的风险是多种多样的,既有当前的也有潜在于未来的,既有内部的也有外部的,既有静态的又有动态的等。风险识别的任务就是要从错综复杂的环境中找出经济主题所面临的主要风险。

风险识别是风险管理的第一步,也是风险管理的基础。只有在正确识别出自身所面临的风险的基础上,人们才能主动选择适当有效的方法进行处理。公路工程项目的风险识别,即确定可能影响公路工程项目实施的风险种类,并将这些风险的特性整理成文档,决定如何采取和计划对风险的管理活动。

2. 风险评估

风险评估是对信息资产面临的威胁、存在的弱点、造成的影响,以及三者综合作用而带来的风险可能性的评估。作为风险管理的基础,风险评估是组织确定信息安全需求的一个重要途径,属于组织信息安全管理体系策划的过程。

风险评估实际上是假设在风险事件发生之后,对于风险事件给人们的生活、生命、财产等各个方面所造成的影响和损失进行量化评估的工作。公路工程项目的风险评估,即对公路工程项目风险发生的条件、概率及风险事件对工程项目的影响进行分析,并评估它们对工程项目目标的影响,按它们对工程项目目标影响的顺序进行排列。

3. 风险响应

风险响应又称风险反应。所谓风险反应,就是在对风险从单独或关联角度、业务层次和施工企业总体层次进行评估后,根据各类风险的大小而采取的相应的管理策略。

管理者会采用整体风险或是组合风险的观点,根据风险的评估结果,通过成本与收益分析确定相应的风险管理策略,将剩余风险控制在可承受范围之内。

公路工程项目的风险响应,即针对出现的风险编制风险应对计划,制订一些程序和技术手段,用以提高实现公路工程项目目标的概率,同时也减少风险对工程项目的威胁。

4. 风险控制

风险控制是指风险管理者采取各种措施和方法,消灭或减少风险事件发生的各种可能性,或减少风险事件发生时造成的损失。

公路工程项目的风险控制,是指在项目的整个生命期阶段进行风险预警,在风险发生的情况下,实施降低风险计划,确保对策措施的应用性和有效性,监控残余风险,识别新的风险,更新风险计划,以及评估这些工作的有效性等。

2.6.2 公路工程项目风险评估

2.6.2.1 公路工程项目风险评估的内容

1. 风险因素发生的概率

项目实施中风险所发生的可能性有其自身的规律性,一般可用概率来表示。既然被视为风险,它肯定在必然事件(概率等于1)和不可能事件(概率等于0)之间,即风险发生的概率介于0与1之间。因为风险的发生既具有一定的规律性,同时又具有不确定性,所以人们经常用风险发生的概率来表示风险发生的可能性。概率包括主观概率及客观概率两种。

(1)主观概率。主观概率是根据掌握的证据对个别事件设计的概率。这里所说的证据,可以是事件过去发生的相对频率,也可以是根据丰富的经验进行的主观推测或推断。实质上主观概率是人们对某一事件发生的信任程度大小的主观评价。

例如在某项公路承包工程中,管理者根据一些风险因素,从定性角度推断承包该工程会发生几种风险的可能性。实际上这种主观概率由于其缺乏可信的依据,因此主观推断的结果与实际结果常常相差甚远,所以没有很大的使用价值。

(2)客观概率。客观概率是指人们在基本条件不变的前提下,对类似事件进行多次的观察,统计每次观察的结果和各种结果发生的概率,从而推断类似事件发生的可能性。这种依据观察、统计和推断的客观概率,对于判断潜在的风险损失具有一定的参考价值。

2. 风险损失量的估计

风险损失量估计是一个非常复杂的问题,有的风险造成的损失可能很小,有的风险造成的损失则可能很大,甚至有的风险可能会引起整个工程的中断或报废。风险之间往往是相互有联系的,当风险影响某个工序而受到干扰时,也可能会影响到其后的许多活动。

(1)风险损失量的估计内容。公路工程项目中风险损失量的估计内容主要包括:

①工期损失的估计。

②费用损失的估计。

③对于工程质量、功能及使用效果等方面的影响等。

(2)风险损失量的估计分析。在公路工程项目管理过程中,因为风险对目标的干扰首先表现在对工程实施过程的干扰上,所以风险损失量的估计,一般应通过以下分析过程:

①考虑工程在正常情况下(没有发生这种风险)的工期、费用和收益。

②将风险加入之后,再分析实施过程、劳动效率、各种消耗、各个活动的变化。

③以上两者的差异则为风险损失量。

3. 风险等级的评估

在公路工程项目的实施过程中,风险因素非常多,涉及的范围也非常广,但人们并不需要对所有的风险都予同样重视。否则将会大大提高管理费用,干扰正常的决策过程。因此管理者应根据风险因素发生的概率和损失量的大小,对风险程度进行分级评估。

对于风险的评估可以引入物理学中的位能概念,损失期望值高的,则风险的位能高。不同位能的风险,可以分为 A、B、C 三类,见表 2.22。

表 2.22 风险评估分类

序号	分类	具体内容
1	A 类风险	高位能,即损失期望值很大的风险。这类风险发生的可能性很大,而且一旦发生,其造成的损失也很大
2	B 类风险	中位能,即损失期望值一般的风险。这类风险发生的可能性不大,而且一旦发生,其造成的损失也不大;或发生的可能性很大但损失极小,或损失比较大但发生的可能性极小的风险
3	C 类风险	低位能,即损失期望值极小的风险。这类风险发生的可能性极小,而且一旦发生,其造成的损失也极小

在公路工程项目风险管理中,A 类风险是重点,B 类风险要顾及,C 类风险可不考虑。此外,也有不用 ABC 形式分类的,而是用 1 级、2 级和 3 级进行划分,其意义是相同的。

2.6.2.2 公路工程项目风险评估分析过程

在公路工程项目风险管理中,仅仅利用风险估测的方法来为风险管理提供依据是远远不够的,还需结合公路工程项目的特点进行进一步的分析,即风险评估分析。风险评估分析就是以风险估测的方法为基础,对具体的公路工程项目评价模式进行适当的数学处理,使之能够反映风险因素的过程。公路工程项目风险评估分析的过程如下。

1. 收集有关信息

在进行风险评估分析时,必须收集的信息主要包括:与承包工程类似的工程经验和积累的数据;与工程有关的资料、文件等;对上述两种信息来源的主观分析结果。

2. 对信息整理加工

根据收集的信息和主观分析结果及加工,列出工程项目所面临的风险,并将发生的概率和损失的后果列成表格,使风险因素、发生概率、损失后果、风险程度等一一对应,见表 2.23。

表 2.23 风险程度分析表

风险因素	发生概率/%	损失后果/万元	风险程度/万元
物价上涨	10	50	5
地质特殊处理	30	100	30
恶劣天气	10	30	3
工期拖延罚款	20	50	10
设计错误	30	50	15
业主拖欠工程款	10	100	10
项目管理人员不胜任	20	300	60
合计	—	—	133

3. 评价风险程度

风险程度是指风险发生的概率及风险发生后产生损失严重性的综合结果,可用每一风险发生的概率和每一风险发生的损失后果总和来进行评价。

4. 提出风险评估报告

风险评估分析的结果必须用文字、图表加以表达和说明,作为风险管理的文档,即以文字、表格的形式作风险评估报告。评估分析结果不仅作为风险评估的成果,而且还作为进行风险管理的基本依据。

风险评估表的内容可按照分析的对象进行编制,例如以项目单元(工作包)作为对象列表,如表 2.24 所示。风险评估表可作为对工作包说明的补充分析文件。

表 2.24 风险分析编制表

工作包编号	风险名称	风险会产生的影响	原因	损失		可能性	损失期望	预防措施	评价等级 A、B、C
				工期	费用				

2.6.2.3 公路工程项目风险程序分析方法

风险程度的分析方法较多,主要用于工程项目决策和项目投标阶段,常用的分析方法包括:定性分析法、定量分析法和综合分析法。在公路工程项目风险程度分析中,常用的方法为:专家评分比较法和蒙特卡罗分析法。

1. 专家评分比较法

专家评分比较法主要就是找出各种潜在的风险并对风险后果做出定性估计,评价风险的后果及大小,尤其是对那些在较短时间内很难以统计方法、实验分析方法或因果关系论证方法而得到评价的风险情况,特别适用于该方法。在投标采用专家评分比较方法时,其分析风险的具体步骤如下:

(1)由投标小组成员及有投标和工程施工经验的人员组成专家小组,共同就某一项目可能遇到的风险因素进行分类、排序。

(2)将风险因素列出见表 2.25 的计算格式,确定每个风险因素的权重 W(W 表示该风险因素在众多风险因素中影响程度的大小),所有风险因素的权重之和为 1,即 $\sum W = 1$。

表 2.25 专家评分比较法风险分析表

序号	可能发生的风险因素	权重 W	风险因素发生的概率等级值 P					风险因素得分 WP
			很大 (1.0)	比较大 (0.8)	中等 (0.6)	较小 (0.4)	很小 (0.2)	
1	物价上涨	0.15		√				0.12
2	报价漏项	0.10				√		0.05
3	竣工拖期	0.10			√			0.05
4	业主拖欠工程款	0.15	√					0.15
5	地质特殊处理	0.20				√		0.08
6	分包商违约	0.10			√			0.06
7	设计错误	0.15					√	0.03
8	违反扰民规定	0.10				√		0.04
	合计	1						0.58

(3)确定每个风险因素发生概率等级 P 值,按照发生概率分为五个等级,即很大、较大、中等、较小和很小,分别以 1.0、0.8、0.6、0.4 和 0.2 给 P 值打分。

(4)每位专家或参与投标的决策人,分别根据上表判断概率等级。判断的结果在相应栏中画"√"号表示,并计算出每一个风险因素的得分 WP,最后得出合计值,即 $\sum WP$。

(5)根据每位专家和参与决策人的工程承包经验、对招标项目的了解程度、招标项目的环境及特点、知识的渊博程度确定其权威性,即权重值 W(W 值可取 0.5~1.0 之间)。再根据表 2.26 确定投标项目的最后风险度,风险度的确定可采用加权平均值的方法,具体方法见表 2.26。

表 2.26 风险因素得分汇总表

专家及决策人	权威性权重 k	风险因素得分 WP	风险度 $(WP)/\sum k$
决策人	1.0	0.58	0.176
专家甲	0.5	0.65	0.98
专家乙	0.6	0.55	0.100
专家丙	0.7	0.55	0.117
专家丁	0.5	0.55	0.083
合计 $\sum k$	3.3	—	0.574

(6)根据风险度的大小判断是否投标。一般风险度在 0.4 以下可认为风险很小,可较乐观地参加投标;当风险度在 0.4~0.6 之间时,可视为风险属于中等水平,在报价时不可预见费也应取中等水平;当风险度在 0.6~0.8 之间时,可认为风险较大,不仅投标时将不可预见费取上限值,且应认真研究主要风险因素的防范措施;当风险度在 0.8 以上时,可认为风险很大,应当采取回避此风险的策略。

2. 蒙特卡罗分析法

蒙特卡罗分析法也称随机模拟法、随机抽样技术或统计试验法,其基本思想为:为了求解数学、物理、工程技术或生产管理等方面的问题,首先建立一个与求解有关的概率模型或随机过程,使它的参数等于所求问题的解,然后通过对模型或过程的观察或抽样试验来计算所求参数的统计特征,最后给出所求解的近似值。

概率统计是蒙特卡罗分析法的理论基础,其基本手段是随机抽样或随机变量抽样,对于那些难以进行或条件不满足的试验而言,是一种极好的替代方法。使用蒙特卡罗分析法进行工程风险分析的基本步骤如下。

(1)编制风险清单。通过结构化方式,将已辨识出来的影响项目目标的重要风险因素构成一份标准化的风险清单。在这份风险清单中能够充分反映出风险分类的结构和层次性。

(2)采用专家调查法确定各种风险因素的影响程度和发生概率,在这一步骤中可制订出风险评价表。

(3)采用模拟技术,确定风险组合。即将专家调查法确定的评价结果加以定量化。在对专家观点的统计评价中,关联量相对增加较快,实现完整、准确的计算不太可能。所以可以采用模拟技术评价专家调查中获得的主观数据,最后在风险组合中表现出来。

(4)通过模拟技术可以得到项目总风险的概率分布曲线,从分布曲线中可以看出项目总风险的变化规律,据此可确定风险应急费或控制费的大小。

采用蒙特卡罗分析法可直接处理每一个风险因素的不确定性,并将这种不确定性在成本方面的影响以概率分布的形式表现出来,这是一种多元素变化的方法,比较适合于大中型公路工程项目的风险管理。

公路工程项目实施实践证明,任何项目均存在不同的风险,风险的承担者应对不同的风险有着不同的准备和对策,应将其列入并作为计划中的一部分。只有在项目的运营过程中,对产生的不同风险采取相应的风险对策,才能够进行良好的风险控制,尽量地减小风险可能产生的危害,以确保既定的经济效益。

在进行公路工程项目风险控制时,首先对分析出来的风险应制订出风险应对计划,即确定针对项目风险的对策。风险应对计划是通过采用将风险转移或自留等方式,研究如何对风险进行管理。根据我国基本国情,风险应对计划主要包括规避风险、接受风险、降低风险和分担

2.6.3 公路工程项目风险应对计划

1. 公路工程项目的规避风险

规避风险是指施工企业设法远离、躲避可能发生风险的行为和环境,从而避免风险的发生。公路工程项目规避风险的具体方法包括三种,见表2.27。

表2.27 公路工程项目规避风险的具体方法

序号	具体方法	说明
1	拒绝承担风险	当预计承担的风险明显很大时,承包商可以拒绝承担。主要包括:对某些存在致命风险的工程拒绝投标;利用合同保护自己,不承担应当由业主承担的风险;不接受实力差、信誉不良的分包商和材料设备供应商
2	承担小风险回避大风险	在公路工程项目决策时要特别注意,放弃明显导致亏损的工程项目。对于风险超过自己的承受能力、成功把握不大的项目,不参与投标,不参与合资。预测个别工程项目后期风险很大,必然有更大亏损时,也可以采取中断项目的措施
3	为避免风险而损失较小利益	利益是可以计算的,但风险损失有时很难估计,在特定的情况下可以采取"舍小利、避风险"的措施。如建筑材料市场价格波动较大时,承包商与供应商提前订立购销合同,并预付一定数量的定金,从而可避免因涨价带来的风险

规避风险虽然是一种风险应对策略,但应该承认这是一种消极防范的手段,若企业想生存、图发展、避免风险,最好不采用规避风险的办法,而采取其他相应的策略。

2. 公路工程项目的接受风险

公路工程项目的接受风险是指施工企业将风险留给自己,不进行转移和回避,又称风险自留。这种手段有时是无意识的,即当初并不曾预测、不曾有意识地采取种种有效措施,以致最后只好自己承担;有时也可以是主动的,即经营者有意识、有计划地将某些风险主动留给自己。

决定接受风险(风险自留)必须符合以下条件之一:

(1)自留费用低于保险公司所收取的费用。
(2)企业的期望损失低于保险人的估计。
(3)企业的最大潜在损失或最大期望损失较小。
(4)企业有较多的风险单位,有能力准确地预测其损失。
(5)短期内企业有承受最大潜在损失或最大期望损失的经济能力。
(6)风险管理目标可以承受年度损失的重大差异。
(7)费用和损失支付分布于很长的时间里,导致有很大的机会成本。
(8)投资的机会很好。
(9)内部服务或非保险人服务优良。如果实际情况与以上条件相反,则应当放弃风险自留的决策。

3. 公路工程项目的降低风险

承包商的实力越强,在市场上的占有率越高,抵御风险的能力也就越强,一旦出现风险,

其造成的影响和损失相对就小些。如承包商只承担一个项目,当出现风险时很可能使他难以承受;若有实力承包若干个工程,某个项目上出现风险损失,还可以有其他项目成功地加以弥补。这样承包商的风险压力自然就会减轻。

在分包合同中,一般要求分包商接受建设单位合同文件中的各项合同条款,这样就可以使分包商承担一部分风险。有的承包商直接把风险比较大的部分分包出去,将建设单位规定的误期损失赔偿费如数加入分包合同中,将这项较大的风险进行分散。

4. 公路工程项目的分担风险

公路工程项目的分担风险是指施工企业在不能回避风险的情况下,将自身面临的风险转移给其他主体来承担,又称风险转移。风险转移并非转嫁损失,有些承包商无法控制的风险因素而其他主体却可以控制。风险转移一般可采取转移给分包商和保险机构的方式。

(1)转移给分包商。工程项目风险中的很大一部分,可以分散给若干分包商和生产要素供应商。如对业主拖欠工程款的风险,可以在分包合同中规定,在业主支付给总包的款项后若干日内必须向分包方支付工程款。

承包商在工程项目中投入的资源越少越好,以便一旦遇到风险,可进退自如、损失较小。在工程实施过程中,可采取租赁或指令分包商自带机械设备等措施,这样可减少自身的资金和其他资源的投入。

(2)采取工程保险。为承担的工程购买保险是一种非常有效的转移风险的手段,将自身面临的风险很大一部分转移给保险公司来承担。

工程保险是指业主和承包商为了工程项目的顺利进行,向保险公司支付保险费,保险公司按照合同约定对在工程建设中可能产生的财产和人身伤害承担赔偿保险全责任。

(3)采取工程担保。工程担保制度是工程建设领域的一项国际惯例,是国外工程风险管理的主要方法。因为工程担保运用的是信用手段,所以可以加强工程各方之间的责任关系,有效地转移工程风险,保障工程建设的顺利完成。

工程担保是指担保人(例如银行、担保公司、保险公司、其他金融机构、商业团体或个人)应工程合同一方(申请人)的要求向另一方(债权人)做出的书面承诺。

工程担保是工程风险转移的一项重要措施,它能够有效地保障工程建设的顺利实施,在许多国家的有关法规中都有(要求)进行工程担保的要求,在标准合同中也含有关于工程担保的条款,我国在公路工程项目中已开始实施这种担保。

5. 公路工程项目常用的风险对策

我国经过多年的实践,在公路工程项目风险管理方面积累了丰富的经验,尤其是在风险对策方面有很多成功做法。目前在工程中常用的风险对策包括以下几项。

(1)权衡利弊后,回避风险大的项目,选择风险小或适中的项目。这在项目决策中就应该提高警惕,对于那些可能明显导致亏损的项目就应该放弃,而对于某些风险超过自己承受能力,并且成功把握不大的项目也应尽量回避,这是相对保守的风险对策。

(2)采取先进的技术措施和完善的组织措施,以减小风险产生的可能性和可能产生的影响。一方面要选择有弹性的、抗风险能力强的技术方案,进行预先的技术模拟试验,采用可靠的保护及安全措施。另一方面,对管理的项目选派得力的技术和管理人员,采取有效的管理组织形式,并在实施的过程中实行严密的控制,加强计划工作,抓紧阶段控制和中间决策等。

(3)购买保险或要求对方担保,以转移风险。对于一些无法排除的风险,可通过购买保险的办法解决;如果是由于合作伙伴可能产生的资信风险,可要求对方出具担保,例如银行出具的投标保函、合资项目政府出具有保证、履约的保函以及预付款保函等。

(4)提出合理的风险保证金。这是从财务的角度为风险作准备,在报价中增加一笔不可预见的风险费,以抵消或减少风险发生时的损失。

(5)采取合作方式共同承担风险。因为大部分项目都是多个企业或部门共同合作,这必然会有风险的分担,但这必须考虑寻找可靠的(即抗风险能力强、信誉好的)合作伙伴,再合理明确地进行分配风险(通过合同规定)。

(6)可采取其他的方式减少或降低风险。例如采用多领域、多地域、多项目的投资以分散风险,因为这可以扩大投资面及经营范围,扩大资本效用,能够与众多合作企业共同承担风险,进而降低总经营风险。

2.6.4 公路工程项目风险控制

1. 公路工程项目风险预警

公路工程项目在建设的过程中会遇到各种风险,要做好项目风险管理工作,避免或减轻风险对项目的影响,就要建立完善的项目风险预警系统。通过跟踪项目风险因素的变动趋势,预测评价风险所处的状态,尽早地发出预警信号,及时向业主、监理及施工方发出警报,为决策者掌握和控制风险争取更多的时间,以便尽快、尽早采取有效措施防范和化解项目风险。

在公路工程项目中需要不断地收集和分析各种信息,捕捉风险出现的前奏信号,通常可通过以下几种途径进行:

(1)天气预测警报。
(2)各种市场行情、价格动态。
(3)各投资者企业状况报告。
(4)政治形势和外交动态。
(5)施工中进度、工期、成本、质量报表。
(6)工程实施中的各种状况报告等。

2. 公路工程项目风险监控

风险在市场经济体制中普遍存在。任何企业、任何经济活动,自始至终都伴随着风险。既有来自内部的风险,又有来自外部的风险;既有显性风险,又有隐性风险。

在公路工程项目实施的过程中,各种风险在性质、程度和数量上均在不断变化的,可能会增大或减小。因此在工程项目的整个周期中,需要时刻监控风险的发展与变化情况,并确定随着某种风险的消失而带来新的风险。在公路工程施工中,风险监控常用的方法见表2.28。

表2.28 风险监控常用的方法

序号	常用方法	说明
1	风险审计	风险审计是指企业内部审计机构采用一种系统化、规范化的方法来进行以测试风险管理信息系统、各业务循环以及相关部门的风险识别、分析、评价、管理及处理等为基础的一系列审核活动

续表 2.28

序号	常用方法	说明
2	偏差分析	偏差分析是指在项目管理中实际完成工作与计划完成工作之间的差异。在公路工程中主要包括:进度偏差、成本偏差和质量偏差等。如未能按计划工期完工、实际投资超过预算等都是潜在的问题
3	技术指标分析	技术指标分析,是依据一定的数理统计方法,运用一些复杂的计算公式来判断汇率走势的量化分析方法。公路工程项目的风险监控就是比较原定技术指标和实际技术指标的差异,如测试的性能指标未能达到设计指标要求等

3. 公路工程项目风险应急计划

在公路工程项目实施的过程中,有时可能会遇到一些大量未曾预料到的风险因素,或风险因素的后果比预料的更严重,使事先编制的计划不能奏效,此时施工企业必须重新研究应对措施,即编制附加的项目风险应急计划。

公路工程项目应急计划是指为控制和防止公路工程施工中出现意想不到的风险事件、减轻这些风险事件产生的损害,在特定的条件下,根据可能产生的不同风险事件的状况而制订的紧急对付风险事件的措施方案。公路工程项目风险应急计划,应清楚地说明当发生风险事件时要采取的措施,以便快速、有效地对这些风险事件作出响应。

(1)风险应急计划的主要内容。公路工程项目在编制风险应急计划时,应当根据工程特点、实际要求进行规划。在通常情况下,风险应急计划的编写内容主要包括:应急预案的目标;主要参考文献;应急计划适应范围;组织情况说明;风险定义及其控制目标;组织的职能;应急工作流程及其控制;应急知识培训;应急演练计划;演练总结报告等。

(2)风险应急计划的编制程序。为编制一个有效的风险应急计划,在编制过程中应当遵循以下程序:成立预案编制小组;制订编制计划;现场调查,收集资料;环境因素或危险源的辨别和风险评价;控制目标、能力与资源的评估;编制应急预案文件;对应急预案进行评估;应急预案的发布。

3 公路工程项目成本管理

3.1 公路工程项目成本管理概述

3.1.1 公路工程项目成本管理存在的问题

在公路工程市场竞争中,施工企业招投标价格逐渐走低,有的企业甚至为中标不惜以低于工程成本价作为投标报价,有时即使中标,利润空间也很有限,迫使其在质量上投机取巧,导致工程项目质量低劣,这种情况不仅直接危害社会,并且危害到施工企业的生存与发展。随着国家管理制度的完善和监督管理的加强,公路的质量检测不仅需要监理单位检测,而且建设方也在加大检测力度,省、市、县交通质量监督部门也同时参与了相同的质量抽检,有时社会民众也参与工程质量的监督;形势迫使施工企业不得不将注意力转向内部的成本管理。

目前企业的大部分项目成本管理都是粗放型的管理模式,管理效果比较差,成本控制并不理想,项目成本普遍偏高,主要体现在以下几方面。

1. 工程施工项目质量成本高

质量成本是指为保证和提高工程质量而发生的一切必需费用,以及因未达到质量标准而蒙受的经济损失。质量成本分为内部故障成本(例如返工、停工等引起的费用)、外部故障成本(如保修、索赔等引起的费用)、质量预防费用、质量检查费用四类。少数施工企业强调工程质量,虽然工程质量有了较大提高,但也过多增加了所付出的质量成本。大多数项目经理片面追求低成本,而忽视质量,结果会增加因未达到质量标准而又另外付出的额外质量成本,这样既增加了成本支出,又对企业信誉造成了很坏的影响。

2. 工程施工项目时间成本高

时间(工期)成本是指为实现工期目标或合同工期而采取相应措施所发生的一切费用。工程项目都有其特定的工期要求,不是工期越短时间成本越低,只有在合同允许的时间之内,工期成本最低才是目标。我国施工企业对工期成本的重视也不够,特别是项目经理部虽然对工期有明确要求,但因为生产控制措施不当造成工期拖延,或因气候和环境等自然因素造成工期滞后,或者没有科学调整工期,经常盲目地赶工期、要进度,造成工程成本的额外增加。

3. 工程施工项目物料成本高

公路工程施工所用的物料费用,一般大约占整个工程成本的60%~70%。多数企业在施工准备阶段的用料计划计算得不准确,在进料时把关不严,质量和数量误差较大,物料采购价格不透明,物料采购成本损失严重,在堆放料物的地方,经常发生施工现场的车辆碾压物料人土造成浪费;经常发生物料被盗事件;有的工程竣工之后,物料剩余严重,有的物料运输距离长,使物料运输成本增加,最终导致物料运输成本过高。

4. 工程施工项目设备成本高

目前机械设备使用费用约占项目总价的10%~20%。目前普遍存在机械设备管理不善,机械设备故障不断,状况较差,平时维护保养不足,导致施工设备利用率不高,临时工未经过严格培训考核就上岗,造成施工机械非正常损坏,影响施工进度;一些项目为确保施工不间断,没有计算好设备租赁与购置成本的比较;盲目购置而造成设备闲置;在高额的设备购置费用折算到设备成本时,因预算定额设定的机械设备原值和折旧率过低,工程项目施工中的机械费用实际支出一般要超过预算定额的给定水平,造成工程项目成本的亏损。

5. 工程施工项目管理成本高

许多工程施工企业的工程项目成本核算不规范,没有建立完善的项目成本核算体系。一些工程项目缺乏必要的管理成本控制环节,不进行管理成本的预算和计划,管理费用的开支由领导说了算,存在随意性;所以项目的管理成本计划和实施出现"两张皮",没有依据成本计划进行管理成本控制或由于成本计划编制质量不高,无法依据成本计划进行控制,使管理成本脱离实际。

3.1.2 公路工程项目成本管理的特点

根据我国公路工程成本管理的实践,其管理的特点主要体现在:事先能动性、内容适应性、综合优化性和动态跟踪性等方面。

1. 事先能动性

由于某项公路建设工程来说,项目管理具有一次性的特征,因而其成本管理只能在这种不再重复的过程中进行管理,以避免某一工程项目上的重大失误。这就要求项目成本管理必须是事先的、能动性的、自为的管理。公路工程项目通常在项目管理的起始点就要对成本进行预测,制订计划、明确目标,然后以目标为出发点,采取各种技术、经济、管理措施实现目标。假如一个工程项目没有进行事先的管理,而仅仅在项目结束或进行到相当阶段才对已经发生的成本进行核算,那显然已为时过晚。现在不少工程项目总结出的"先算后干,边干边算,干完再算"的经验,就鲜明地体现了项目成本管理的事先能动性特点。

2. 内容适应性

公路工程项目成本管理的内容是由公路工程项目管理的对象范围决定的。它与企业成本管理的对象范围既有联系,又有明显的差异。因此对公路工程项目成本管理中的成本项目、核算台账、核算办法等必须进行深入的研究,不能盲目地要求与企业成本核算对口。通常来说,项目成本管理只是对工程项目的直接成本和间接成本的管理,除此之外的内容均不属于项目成本管理范畴。

3. 动态跟踪性

公路工程项目产品的生产过程不同于工业产品的生产,其成本状况随着生产过程的推进会随客观条件的改变而发生较大的变化。尤其是在市场经济的背景下,各种不稳定因素会随时出现,从而影响到项目成本。例如建材价格的提高、工程设计的修改、产品功能的调整、因建设单位责任引起的工期延误、资金的到位情况、国家规定的预算定额的调整、人工机械安装等分包人的价格上涨等,都使项目成本的实际水平处在不稳定的环境中。公路工程项目想要实现预期的成本目标,维护企业的合法权益,争取应有的经济效益,就应采取有效措施,控制成本。其中包括调整预算、合同索赔、增减账管理等一系列针对性措施。从项目成本管理的这一特点可以更进一步看清项目成本管理的重要性和优越性。

4. 综合优化性

项目成本管理的综合优化性是由项目成本管理在公路工程项目管理中的特定地位所决定的。项目经理部并不是企业的财务核算部门，而是在实际履行工程承包合同中，以为企业创造经济效益为最终目的的施工管理组织。它是为生产有效益的合格项目产品而存在的，不是仅仅为了成本核算而存在于企业之中。因此，公路工程项目成本管理的过程，必然要求其与项目的工期管理、质量管理、技术管理、分包管理、预算管理、资金管理、安全管理紧密结合起来，从而组成项目成本管理的完整网络。工程项目中每一项管理职能，每个管理人员，可以说都参与着工程项目的成本管理，他们的工作都与项目的成本直接或间接、或多或少有关。公路工程项目只有把所有管理职能、所有管理对象、所有管理要素纳入成本管理轨道，整个项目才能收到综合优化的功效。否则，仅靠几名成本核算人员从事成本管理，对公路工程项目管理就没有更多的实际价值。

3.1.3 公路工程项目成本管理的原则

为了搞好公路工程项目成本管理工作，在进行管理的实施过程中应当遵循以下原则：

1. 经理带头，领导者推动原则

企业的领导者是企业成本的责任人，必然是公路工程施工成本的责任人。当承接一项公路工程任务后，领导者应该制定项目成本管理的方针和目标，组织项目成本管理体系的建立和保持，使企业全体员工能充分参与施工成本管理，创造企业成本目标的良好内部环境。

2. 以人为本，全员参与原则

工程项目管理的本质是人，人的本质是思想和精神。纵观世界发展史，从工业革命到信息化时代，历史的滚滚车轮无一不是人在推动。具体到工程成本管理，管理的每一项工作、每一个内容都需要相应的人员来完善，抓住本质、全面提高人的积极性和创造性是搞好施工项目成本管理的前提。

公路工程成本管理工作是一项系统工程，其进度管理、质量管理、安全管理、施工技术管理、物资管理、劳务管理、计划统计、财务管理等一系列管理工作都关联到施工项目成本。公路工程项目成本管理是工程管理的中心工作，必须让企业全体人员共同参与，只有如此，才能保证工程成本管理工作顺利地进行。

3. 目标分解，责任明确原则

公路工程成本管理的工作业绩最终要转化为定量指标，而这些指标的完成是通过上述各级各个岗位的工作实现的，为明确各级各岗位的成本目标和责任，就必须进行指标分解。施工企业确定工程责任成本指标和成本降低率指标，是对工程成本进行了一次目标分解。企业的责任是降低企业管理费用和经营费用，组织项目经理部完成工程责任成本指标和成本降低率指标。项目经理部还要对工程项目责任成本指标和成本降低率目标进行二次目标分解，根据岗位不同、管理内容不同，确定每个岗位的成本目标和所承担的责任；把总目标进行层层分解，落实到每一个人，通过每个指标的完成来保证总目标的实现。事实上，每个项目管理工作都是由具体的个人来执行，执行任务而不明确承担的责任，等于无人负责，久而久之，形成人人都在工作，谁也不负责任的局面，企业无法搞好。

指标分解并不是提倡分散主义，只要各人自己的工作完成就行。提倡风险分担更不是不要集体主义，相反，企业管理水平的提高需要建立在团结互助的集体主义精神和团队精神的基础上。施工项目成本管理涉及施工管理的方方面面，而它们之间又是相互联系、相互影响的，必须要发挥项目管理的集体优势，协同工作，才能公路工程成本管理这一系统工程。

4. 管理层次与管理内容的协调一致原则

项目成本管理是企业各项专业管理的一个部分，从管理层次上讲，企业是决策中心、利润中心，项目是企业的生产场地、生产车间，行业的特点是大部分的成本耗费在此发生，因而它是成本中心。项目完成了材料和半成品在空间和时间上的流水，绝大部分要素或资源要在项目上完成价值转换，并要求实现增值，其管理上的深度和广度远远大于一个生产车间所能完成的工作内容，因此项目上的生产责任和成本责任是非常大的，为了完成或者实现工程管理和成本目标，就必须建立一套相应的管理制度，并授予相应的权力。因而，相应的管理层次，它所对应的管理内容和管理权力必须相称和匹配，否则会发生责、权、利的不协调，从而导致管理目标和管理结果的扭曲。

5. 动态管理，及时准确的原则

项目成本管理是为了实现工程成本目标而进行的一系列管理活动，是对工程成本实际开支的动态管理过程。由于工程成本的构成是随着工程施工的进展而不断变化的，因而动态性是施工成本管理的属性之一。进行工程成本管理的过程即不断调整化工程成本支出与计划目标的偏差，使工程成本支出基本与目标一致，这就需要进行工程成本的动态管理，它决定了工程成本管理不是一次性的工作，而是工程全过程每日每时都在进行的工作。公路工程成本管理需要及时、准确地提供成本核算信息，不断反馈，为上级部门或项目经理进行工程成本管理提供科学的决策依据。若这些信息的提供严重滞后，就起不到及时纠偏、亡羊补牢的作用。公路工程成本管理所编制的各种成本计划、消耗量计划，统计的各项消耗、各项费用支出，必须是实事求是的、准确的。若计划的编制不准确，各项成本管理就失去了基准；若各项统计不实事求是、不准确，成本核算就不能真实反映出现虚盈或虚亏，只能导致决策失误。

因此，确保工程成本管理的动态性、及时性、准确性是工程成本管理的灵魂，否则，工程成本管理就只能是纸上谈兵、流于形式。

6. 过程控制和系统控制原则

公路工程成本是由工程过程的各个环节的资源消耗形成的。因此，工程成本的控制必须采用过程控制的方法，分析每一个过程影响成本的因素，制订工作程序和控制程序，使之时时处于受控状态。工程成本形成的每一个过程又是与其他过程互相关联的，一个过程成本的降低，可能会引起关联过程成本的提高。因此，工程成本的管理，必须遵循系统控制的原则，进行系统分析，制订过程的工作目标必须从全局利益出发，不能为了小团体的利益损害了整体的利益。

3.1.4　公路工程项目成本管理的内容

公路工程项目成本管理的内容很广泛，主要包括成本预测、成本计划、成本控制、成本核算、成本分析和成本考核等。

1. 公路工程项目的成本预测

公路工程项目的成本预测是通过成本信息和工程项目的具体情况，并运用一定的预测分析方法，对未来的成本水平及其可能的发展趋势做出科学的估计，其实质就是在正式施工之前对成本进行核算。通过成本预测，可以使项目经理部在满足建设单位和施工企业要求的前提下,选择成本低、效益好的最佳成本方案,并可以在工程项目成本形成的过程中,针对成本管理的薄弱环节,加强对成本的控制,从而克服盲目性,提高预见性。因此进行工程项目的成本预测是项目成本决策与计划的依据。

2. 公路工程项目的成本计划

公路工程项目成本计划是项目经理部对项目施工成本进行计划管理的工具。它是以货币形式编制工程项目在计划期内的生产费用、成本水平、成本降低率以及为降低成本所采取的主要措施和规划的书面方案,它是建立项目成本管理责任制、开展成本控制和核算的重要基础。通常来说,一个项目成本计划应包括从开工到竣工所必需的施工成本,它是降低项目成本的指导文件,是设立目标成本的依据。

3. 公路工程项目的成本控制

公路工程项目成本控制是指在施工过程中,对影响项目成本的各种因素加强管理,并采取各种有效措施,将施工中实际发生的各种消耗和支出严格控制在成本计划范围之内,随时揭示并及时反馈,严格审查各项费用是否符合标准、计算实际成本和计划成本之间的差异并进行分析,消除施工中的损失浪费现象,发现和总结先进的经验。通过成本控制,使之最终实现甚至超过预期的成本节约目标。项目成本控制应当贯穿在公路工程项目从招投标阶段开始直到项目竣工验收的全过程,它是企业全面成本管理的重要环节。

4. 公路工程项目的成本核算

公路工程项目成本核算是指项目施工过程中所发生的各种费用和形式项目成本的核算,其核算的基本方法是:

(1)按照规定的成本开支范围对施工费用进行归集,计算出施工费用的实际发生额。

(2)根据成本核算对象,采用适当的方法,计算出该工程项目的总成本和单位成本。

项目成本核算所提供的各种成本信息,是成本预测、成本计划、成本控制、成本分析和成本考核等各个环节的依据。因此加强项目成本核算工作,对降低项目成本、提高企业的经济效益有积极的作用。

5. 公路工程项目的成本分析

公路工程项目成本分析是在成本的形成过程中,对项目成本进行的对比评价和剖析总结工作,它贯穿于项目成本管理的全过程,也就是说项目成本分析主要利用工程项目的成本核算资料(成本信息),与目标成本(计划成本)、预算成本以及类似的工程项目的实际成本等进行比较,了解成本的变动情况,同时也要分析主要技术经济指标对成本的影响,系统地研究成本变动的因素,检查成本计划的合理性,并通过成本分析,深入揭示成本的变动规律,寻找降低项目成本的途径,以便有效地进行成本控制。

6. 公路工程项目的成本考核

公路工程项目成本考核是指在项目完成之后,对项目成本形成中的各责任者,按照项目成本目标责任制的有关规定,将成本的实际指标与计划、定额、预算进行对比和考核,评定项目成本计划的完成情况和各责任者的业绩,并以此给以相应的奖励和处罚。通过成本考核,做到有奖有惩,赏罚分明,才能够有效地调动企业的每一个职工在各自的施工岗位上努力完成目标成本的积极性,为降低项目成本和增加企业的积累做出自己的贡献。

3.1.5 公路工程项目成本管理的流程

公路工程项目成本管理工作,一般可归纳为:成本预测、成本决策、成本计划、成本控制、成本核算、成本分析、成本考核等几个关键环节,其具体的流程如图3.1所示。

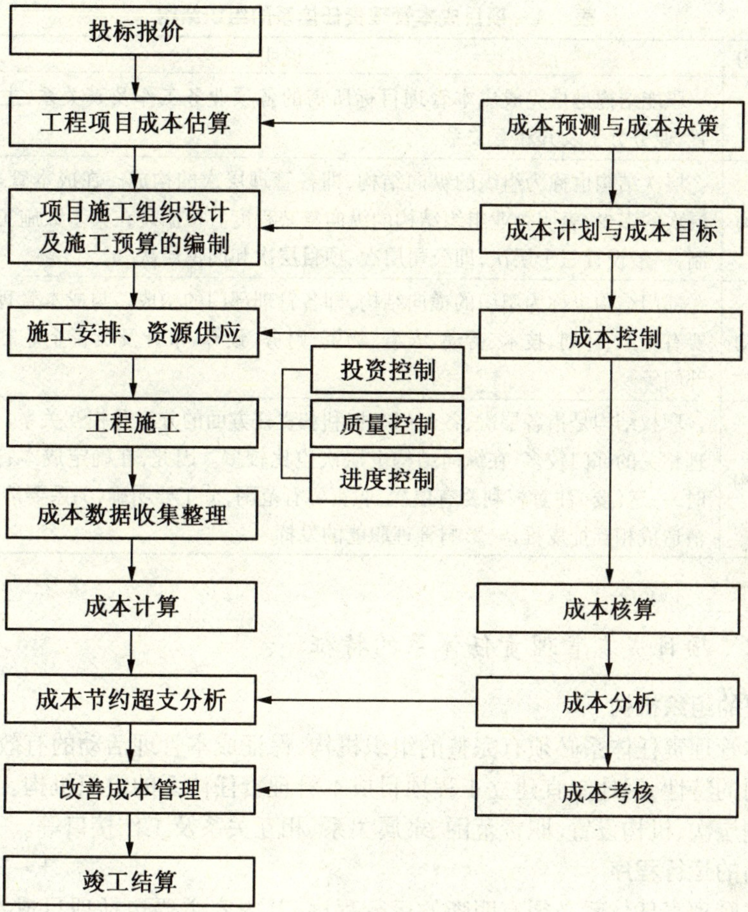

```
投标报价
   ↓
工程项目成本估算 ← 成本预测与成本决策
   ↓
项目施工组织设计 ← 成本计划与成本目标
及施工预算的编制
   ↓
施工安排、资源供应 ← 成本控制
   ↓                  ↑
工程施工 → 投资控制
         → 质量控制
         → 进度控制
   ↓
成本数据收集整理
   ↓
成本计算          成本核算
   ↓                ↑
成本节约超支分析 ← 成本分析
   ↓
改善成本管理 ← 成本考核
   ↓
竣工结算
```

图3.1 公路工程项目成本管理流程

应特别指出的是:在公路工程项目管理过程中,必须树立项目的全面成本观念,必须以系统的观点,从整体目标优化的基点出发,将企业各层次、各部门和全体职工组织起来,围绕项目的生产和成本形成过程,建立起成本管理保证体系。根据项目成本管理目标,通过管理信息系统,进行项目成本管理的各项工作,以实现成本目标的优化,促使施工企业整体经营效益的提高。

公路工程项目管理工作,在实行项目经理责任制之后,各项目管理工作对所发生的各种成本项目,应通过有组织、有目标、有系统的预测、计划、控制、核算和分析等工作,促使项目系统内各种要素按照规定的目标运行,以使工程项目的实际成本能够控制在预定计划成本范围之内。

3.1.6 公路工程项目成本管理责任体系

3.1.6.1 项目成本管理责任体系的组织结构

公路工程项目成本管理责任体系中的组织结构,即企业职工为实现成本管理目标,在项目的管理工作中进行的分工协作,以及在职务范围、责任和权利方面所形成的结构体系,见表3.1。

表 3.1 项目成本管理责任体系的组织结构

序号	组织结构	说明
1	职能结构	职能结构是指完成成本管理目标所需的各项业务工作及其关系,主要包括机构设置、业务分工及其相互关系
2	层次结构	层次结构也称为组织的纵向结构,即各管理层次的构成。在成本管理工作中,管理层次的多少,表明企业组织结构的纵向复杂程度。根据现在大多数施工企业的管理体制,一般设置三个层次,即公司层次、项目层次和岗位层次
3	部门结构	部门结构也称为组织的横向结构,即各管理部门的构成。与成本管理相关的部门主要有生产、计划、技术、劳动、人事、物资、财务、预算、审计及负责企业制度建设工作的部门等
4	职权结构	职权结构是指各层次、各部门在权利和责任方面的分工及相互关系。由于与成本管理相关的部门较多,在纵向结构上层次也比较多。因此,在确定成本管理的职权结构时,一定(要)注意权利要有层次,职责要有范围,分工要明确,关系要清晰,防止责任不清造成相互扯皮推诿,影响管理职能的发挥

3.1.6.2 项目成本管理责任体系的特征

1. 有完整的组织机构

项目成本管理责任体系必须有完整的组织机构,保证成本管理活动的有效运行。应根据工程项目不同的特性,因地制宜建立工程项目成本管理责任体系的组织机构。组织机构的设计应包括管理层次、机构设置、职责范围、隶属关系、相互关系及工作接口等。

2. 有明晰的运行程序

项目成本管理责任体系必须有明晰的运行程序,其内容主要包括项目成本管理办法、实施细则、工作手册、管理流程、信息载体及传递方式等。运行程序以成本管理文件的形式表达,表述控制施工成本的方法、过程,使之制度化、规范化,用以指导项目成本管理工作的开展。程序设计要简洁、明晰,保证流程的连续性、程序的可操作性。信息载体和传输应尽可能采用现代化手段,利用计算机及互联网,提高运行程序的先进性。

3. 有明确的成本目标和岗位职责

项目成本管理责任体系对企业各部门和工程项目的各管理岗位要制订明确的成本目标和岗位职责。使企业各部门和全体职工明确自己为降低项目成本应该做什么和如何做,以及应负的责任和应达到的目标。岗位职责和目标可以包含在实施细则和工作手册中,岗位职责一定要考虑全面、分工明确,防止出现管理盲区和结合部的推诿和扯皮。

4. 有规范的项目成本核算方法

项目成本核算是在成本范围内,以货币为计量单位,以项目成本直接耗费为对象,在区分收支类别和岗位成本责任的基础上,利用一定的方法,正确组织项目成本核算,全面反映项目成本耗费的核算过程。它是项目成本管理的一个重要组成部分,也是对项目成本管理水平的一个全面系统的反映,因此规范项目成本核算十分重要。

5. 有严格的考核制度

项目成本管理责任体系应包括严格的考核制度,考核包括项目成本考核和成本管理体系及其运行质量的考核。项目成本管理是项目施工成本全过程的实时控制,所以考核也是全过程的实时考核,绝非工程项目施工完成后的最终考核。当然工程项目施工完成后的施工成本的最终考核也是必不可少的,一般是通过财务报告反映。但如果只是最终考核,由于已经盖棺论定,为时已晚,因此要以全过程的实时考核确保最终考核的通过。

3.1.6.3 项目成本管理责任体系的内容

项目成本控制是一项涉及施工生产各个方面的综合性工作。因此项目成本控制体系由项目成本控制标准体系、项目成本控制责任体系和项目管理责任体系三部分构成。其中项目管理责任体系又包括成本预测体系、成本控制体系和信息流通体系。

项目管理责任体系为施工项目成本控制的有效执行提供了控制责任主体的保障。只有明确工程项目各部门、各单位的责任,才能够使成本的控制工作真正落到实处,实现降低项目成本的目的。

1. 成本预测体系

成本预测体系是在企业经营整体目标的指导下,通过对项目成本的预测、决策和计划确定目标成本,再将目标成本进一步层层落实,分解到企业各层次、各部门及生产各个环节,进而形成明确的成本目标,保证成本管理控制的具体实施。

2. 成本控制体系

成本控制体系是进行项目成本管理的组织保证,实际上是围绕着工程项目,企业从纵向上和横向上,根据分解的成本目标,对成本形成的整个过程进行控制。其具体内容包括:在投标过程当中对成本的预测、决策和成本计划的事前控制,对施工阶段成本计划实施的事中控制,项目验收成本结算评价的事后控制。

3. 信息流通体系

信息流通体系是对成本形成过程中有关成本信息进行汇总、分析和处理的系统。施工企业各层次、各部门及各生产环节,对成本形成过程中实际成本信息进行收集和反馈,用具体的数据及时、准确地反映成本管理中的情况。反馈的成本信息经过分析处理,对企业各层次、各部门及各生产环节发出调整成本偏差的指令,确保降低成本目标按计划得以实现。

3.1.6.4 项目成本管理责任体系的建立步骤

1. 建立项目成本管理责任体系的组织机构

组织机构是施工项目成本控制的关键和保障,也是层层落实成本管理目标的重要措施。根据我国公路工程施工企业的现状,组织机构主要包括:组织管理层、项目经理部及岗位层次的组织机构。

(1)组织管理层。组织管理层主要是建立项目成本管理体系,组织体系的运行,行使管理职能和监督职能。负责项目全面成本管理的决策,确定项目合同价格及成本计划,确定项目管理层的成本目标。

(2)项目经理部。项目经理部的成本管理职能是组织项目部人员,在确保工程质量、如期完成工程项目的前提下,制订成本管理方面的具体措施,落实公司制定的各项成本管理规章制度,完成上级确定的施工成本降低目标。项目经理部是工程施工的具体领导机构,其很重要的一项工作是将成本指标进行层层分解,并与各岗位人员签订项目经理部内部责任合同。

（3）岗位层次的组织机构。岗位层次的组织机构即项目经理岗位的设置。由项目经理部根据公司人事部门的工程施工管理办法及工程项目的规模、特点和实际情况进行确定，具体人员可由项目经理部在公司的持证人员中选定。

项目经理部的岗位人员负责完成各岗位的业务工作，落实制度规定的本岗位的成本管理职责，这是成本管理目标得以实现的关键所在。

2. 制定项目成本管理责任体系的相关文件

制定相关文件是项目成本管理责任体系实施的依据，主要包括：公司层次的项目成本管理办法、项目层次的项目成本管理办法及岗位层次的项目成本管理办法。

（1）公司层次的项目成本管理办法。公司层次的项目成本管理办法主要包括：

①项目责任成本的确定及核算办法。
②物资管理或控制办法。
③项目成本核算办法。
④成本的过程控制及审计。
⑤成本管理业绩的确定及奖罚办法等。

（2）项目层次的项目成本管理办法。项目层次的项目成本管理办法主要包括：

①成本目标的确定办法。
②材料及机具管理办法。
③成本指标的分解办法及控制措施。
④各岗位人员的成本职责。
⑤成本记录整理及报表程序。

（3）岗位层次的项目成本管理办法。岗位层次的项目成本管理办法主要包括：

①岗位人员日常工作规范。
②成本目标的落实措施等。

3. 项目成本管理内部配套工作

公路工程的项目经理部是根据工程管理需要而设置的一次性临时机构，因此项目的成本收益也具有明显的一次性。工程项目经理部与商业、工业等行业不同，既无法像其他行业那样可以获得抵御市场风险的能力和相应的风险收益，也无法拥有固定的资源和要素。

工程项目经理部只能对供应到本工程项目的要素拥有支配权和处置权，为保证项目成本管理顺利进行，使经理部获得相应的经济效益，施工企业必须对项目施工成本管理，完成内部配套工作。配套工作主要包括建立内部模拟要素市场；远离项目施工成本中的市场风险；建立项目施工成本管理体制几个方面。

4. 配套完善其他的管理系统

因项目成本管理纵向贯穿工程投标、施工准备、正式施工、竣工结算的全过程，横向覆盖企业的经营、技术、物资、财务、审计等管理部门及项目经理部等现场管理部门，涉及面很广、施工周期长，是一项综合性的管理工作。所以在建立项目成本管理体系的过程中，要注意以成本管理目标（系数）为中心，相应的配套或完善管理系统，其主要内容包括：

（1）以确定项目成本核算岗位责任和协调成本管理工作为主要任务，建立企业成本决策和成本管理考核系统。

(2) 以确定项目责任成本和项目成本责任范围为主要任务，建立由预算、计划部门牵头，生产、技术、劳资等部门参加的项目成本测算管理系统。

(3) 以落实项目成本支出和消耗为主要任务，建立由财务部门牵头，物资、设备、劳动等部门参加的项目成本核算的管理系统。

(4) 以建立工程各项专业管理为主要任务，建立企业生产管理和经济管理系统。

(5) 以建立健全企业内部模拟市场管理为主要任务，建立由物资部门牵头，设备、劳动等部门参加的工程施工内部要素市场管理系统。

3.2 公路工程项目成本会计基础

3.2.1 会计与成本会计基础

3.2.1.1 会计及其职能

1. 会计的概念

会计是以货币为主要计量单位，以凭证为依据，采用专门的技术方法，对一定单位的资金运动进行全面、综合、连续、系统的核算和监督，提供会计信息、参与经营管理以提高经济效益的一种经济管理工作。

会计学则是人们对会计工作规律的认识，也可以说是研究会计工作的学问。会计学基础主要阐述会计的基本理论、基本方法和基本技能，它是会计学的入门学科。

2. 会计的基本职能

会计的基本职能包括会计核算和会计监督两个方面。其中，会计核算职能是指会计以货币为主要计量单位，对一个单位(特定主体)的经济活动进行记账、算账、报账，为各有关方面提供会计信息的功能；而会计监督职能是指会计人员在进行会计核算的同时，对一个单位经济活动的合法性、合理性进行审核、检查和督促。会计的核算职能与监督职能之间存在着相辅相成、辩证统一的关系。会计核算是会计监督的基础，而会计监督又是会计核算的保障。

随着社会经济的发展，会计又产生了会计预测、决策、控制、分析与考核等多种新的职能。

3. 会计工作岗位

会计工作岗位一般可分为会计机构负责人或会计主管人员、出纳、财产物资核算、工资核算、成本费用核算、财务成果核算、资金核算、往来结算、总账报表、稽核、档案管理等。开展管理会计的单位，可以根据需要设置相应的工作岗位，也可以与其他工作岗位相结合。

会计工作岗位，可采取一人一岗制，也可采取一人多岗或一岗多人制。但出纳人员不得兼管稽核、会计档案保管以及收入、费用、债权债务账目的登记工作。会计人员的工作岗位应当有计划地进行轮换。

3.2.1.2 工程成本会计

成本会计是根据会计资料和其他有关资料，对企业生产经营活动过程所发生的成本，根据成本最优化的要求，有组织、系统地进行预测、决策、控制、分析和考核，促进企业提高产品质量，降低成本，实现生产经营的最佳运转，不断提高企业经济效益的一项经济管理活动。成本会计是财务会计与管理会计的混合物,是计算及提供成本信息的会计方法。

成本会计的方法和理论体系,随着发展阶段的不同而有所不同。随着经营管理的发展,成本概念不断丰富,成本会计范围更加开阔,逐步向经营型成本会计发展。因此现代成本会计是广义的成本会计,实际上已经发展成为成本管理。

随着会计管理的发展与完善以及责任会计与目标成本管理在企业的应用,企业内部的责任会计体系也就应运而生。工程成本会计就是运用于管理施工企业生产活动的一种责任会计。一般情况下,成本会计具有成本预测、成本决策、成本计划、成本控制、成本核算、成本分析和成本考核七项职能。

成本会计的各种职能相互联系、互为条件、相辅相成,放松或是削弱任何一种职能,都不利于加强成本会计工作。成本预测是成本决策的前提;成本决策既是成本预测的结果,又是制订成本计划的依据;成本计划是成本决策的具体化;成本控制是对成本计划的实施进行监督,是实现成本决策既定目标的保证;成本核算是成本会计的最基本职能,是发挥其他职能的基础,同时是对成本计划预期目标是否实现的最后检验;成本分析是实现成本决策和成本计划目标的有效手段;只有通过正确评价与考核各责任单位的工作业绩,才能够调动各部门和全体职工的积极性,为切实执行成本计划,实现既定目标提供动力。

3.2.1.3 会计核算的基本前提与原则

1. 会计核算的基本前提

会计的基本前提(会计假设),是指组织会计核算工作应当明确的前提条件,是对会计领域中某些不确定因素所作的合乎常理的判断。会计的基本前提是建立会计原则的基础,一般包括:会计主体前提、持续经营前提、会计分期前提、货币计量前提。

(1)会计主体。会计主体是指会计所服务的特定单位。会计主体前提是指会计反映的是一个特定单位的经营活动,而不包括投资者本人的经济业务或其他经营单位的经营活动。会计主体与法律主体概念不同,一般来说,法律主体往往是会计主体,但会计主体并不一定是法律主体。

会计主体应具备的特征,见表3.2。

表3.2 会计主体应具备的特征

序号	特征	说明
1	经济性	它是一个有经济业务并发生收支的实体
2	整体性	会计在反映和处理会计主体的经济活动时要从整体出发
3	独立性	会计主体是一个独立的或相对独立体,独立核算和编制对外报表

会计主体前提的意义在于划清企业所有者财产、企业经营活动与企业所有者个人的活动以及与其他会计主体的界限,使企业在会计核算上作为一个独立核算单位。会计主体前提的目的在于每一个经济实体,在处理一切会计实务时,均居于自身的立场去做,进而使它产生的会计信息能反映其本身的财务状况或经营成果,而不受所有权关系或非相关因素的影响。会计主体前提明确了会计工作的空间范围。

(2)持续经营。持续经营指的是会计核算应以持续、正常的生产经营活动为前提,而不考虑企业是否破产清算。

会计主体的生产经营活动是持续、正常地进行下去,还是面临破产情况,对会计核算有着重大的影响。若会计主体的生产经营活动将持续、正常的进行下去,在可预见的未来不会面临破产和进行清算,就意味着它所拥有的资产能在正常的生产经营过程中被耗用或出售,其所持有的债权和承担的债务也能在正常的生产经营过程中得以收回和清偿。那么以此为前提,会计就采用一般方法来对其生产经营活动情况予以确认、计量和报告。否则,就应采用破产清算的特殊方法来进行会计处理。

持续经营前提为资产计量和收益确认奠定了基础,提供了理论依据,同时在这一前提基础之上,企业所采用的会计方法、会计程序才能保持稳定,才能够按正常的基础反映企业的财务状况和经营成果。因此持续经营是会计在每个主体中正常活动的前提条件,它明确了会计工作的时间范围。

(3)会计分期。会计分期指将会计主体持续不断的生产经营过程,人为地划分为若干个较短的、首尾相连的、相等间距的时期,即会计期间,以分期反映经营活动情况及其结果。

通常情况下,企业的生产经营活动是持续不断地进行的,财务会计不能等到企业的生产经营过程终结时才做出财务会计报告,提供会计信息。因为企业管理当局和外界信息使用者需要及时了解和掌握企业的会计信息,为了满足企业管理和信息使用者的需要,就必须将企业持续不断的生产经营过程分割成一系列的会计期间。

会计期间分为年度、半年度、季度、月度。会计期间的起止都按公历起讫日期确定(会计年度是从每年的1月1日始,12月31日止)。半年度、季度和月度均称为会计中期。

明确了会计分期前提,产生了本期与非本期的差别,才引起企业的资产、负债、收入和费用归属于哪个期间的问题,从而出现了权责发生制和收付实现制的区别,也使不同类型的会计主体有了记账的基准,出现了应收、应付、递延、预提、待摊等会计处理方法。

(4)货币计量。货币计量是指会计主体在会计核算过程中采用货币作为计量单位,记录、反映会计主体的经营情况。

企业生产经营活动的反映,虽然涉及多种计量标准如货币、实物数量、重量、劳动时间等,但货币作为一般等价物,最具代表性和适用性。因此会计使用货币作为统一的计量标准,对企业的各项生产经营活动进行计量和综合反映。

在货币计量前提下,企业的会计核算应当以人民币为记账本位币。业务收支以人民币以外的货币为主的企业,可以选定其中一种货币作为记账本位币,但是编报的财务会计报告应当折算为人民币。

2. 会计核算的一般原则

会计核算的一般原则是对会计核算提供信息的基本要求,是处理具体会计业务的基本依据,也是成本会计核算应遵循的一般原则。

(1)客观性原则。客观性原则是指会计核算应当以实际发生的经济业务,以及证明经济业务发生的原始凭证为依据,如实反映企业的财务状况、经营成果和现金流量。企业提供会计信息的目的是为了满足会计信息使用者的决策需要,所以就必须做到内容真实,数字准确、资料可靠。

如果企业的会计核算不是以实际发生的经济业务为依据,没有如实地反映企业的财务状况、经营成果和现金流量,会计工作就失去了存在的意义,甚至会误导会计信息使用者,导致决策的失误。

(2) 实质重于形式原则。实质重于形式原则要求企业按照经济业务实质进行会计核算，而不应当仅仅按照它们的法律形式作为会计核算的依据。在实际工作中，经济业务的外在法律形式并不总能完全真实地反映其实质内容。因此会计信息要想反映其拟反映的经济业务，就必须根据经济业务的实质和现实，而不能仅仅根据它们的法律形式进行核算和反映。

现实中经常存在着经济实质与法律形式明显不一致的情形。例如企业将一项固定资产出售给其他单位，出售方已经收到了价款，并且已经办理了资产划转手续；同时交易双方又签订了补充协议，规定出售方待日后某个时间内必须将其出售的资产以原出售价格购回。对于此项交易，从法律形式上看是一项销售行为，而从整体上看，实质上是一项融资行为。相应地，会计应根据其经济实质——融资行为进行核算，而非按照其法律形式——销售行为进行核算。

如果企业的会计核算仅仅根据经济业务的法律形式进行，而其法律形式又没有反映其经济实质和经济现实，那么，其最终结果将不仅不会有利于会计信息使用者的决策，反而会误导会计信息使用者的决策。

(3) 相关性原则。相关性原则是指会计核算提供的会计信息应能同时满足有关方面的需要：

①是国家进行宏观经济管理的需要。
②企业外部有关方面了解企业的财务状况和经营成果的需要。
③满足企业加强内部经营管理的需要。

会计信息是重要的决策支持信息，要提高信息的价值，必须在会计核算的过程中考虑到信息使用者对信息需要的不同特点，保证信息与使用者的决策相关连，对使用者的决策有用。只有这样，才能充分发挥会计信息的作用。如果会计信息提供以后，没有满足会计信息使用者的需要，对会计信息使用者的决策没有什么作用，就不具有相关性。

(4) 可比性原则。可比性原则是指要求不同的企业采用统一规定的会计处理方法进行会计核算，从而提供相同口径的会计指标，便于相互比较。

会计信息要想满足使用者的需要，对使用者的决策有用，不同单位的会计指标必须口径一致、相互可比，以便于使用者进行相互比较、分析和汇总。

(5) 一贯性原则。一贯性原则是指会计处理方法前后各期应当保持一致，不得随意变更。一贯性原则可以将不同期的会计信息进行纵向比较分析，利于正确揭示企业的经营成果及其发展趋势，从而提高会计信息的使用价值。

在会计核算工作中要求企业的会计核算方法前后应保持一致，不得随意变更，并不意味着所选择的会计核算方法不能做任何变更，在符合一定条件的情况下，企业也可以变更会计核算方法，并在企业财务会计报告中作相应披露。

(6) 及时性原则。及时性原则是指应当按照规定的时间，及时提供信息，以满足有关方面管理的需要，从而充分发挥会计信息应有的作用。为此应当及时收集、加工处理和传递会计信息，以提高会计信息的实效性。

(7) 明晰性原则。明晰性原则是指会计记录和会计报表必须清晰明了，有利于会计信息使用者准确、完整地把握会计信息的内容，从而更好地加以利用。

(8) 权责发生制原则。权责发生制原则要求企业的会计核算应当以权责发生制为基础。

凡是当期已经实现的收入和已经发生或应当负担的费用,不论款项是否收付,均应作为当期的收入和费用;凡是不属于当期的收入和费用,即使款项已在当期收付,也不应当作为当期的收入和费用。

权责发生制主要是从时间上规定了会计确认的基础,其核心是根据权责关系的实际发生期间来确认收入和费用。

(9)配比原则。收入与支出相互配比的原则是指在某一会计期间所实现的收入应当和为获取这些收入而发生的成本费用(支出)相互配合、比较,以确定在该会计期间所实现的净损益。

配比原则是根据收入与费用的内在联系,要求将一定时期内的收入与为取得收入所发生的费用在同一期间进行确认和计量。在会计核算工作中坚持配比原则有两层含义:

①因果配比,将收入与其对应的成本相配比,如将其他业务收入与其他业务成本相配比;

②时间配比,将一定时期的收入与同时期的费用相配比,如将当期的收入与管理费用、财务费用等期间费用相配比等。

(10)历史成本原则。历史成本原则要求企业的各项财产在取得时按照实际成本计量,而不考虑随后市场价格变动的影响。除了法律、行政法规和国家统一的会计制度另有规定外,企业一律不得自行调整其账面价值。对资产、负债、所有者权益等项目的计量,应基于实际交易价格或成本,这主要是因为历史成本是资产实际发生的成本,有客观依据,便于查核,也容易确定,比较可靠。

需要注意的是,如果资产已经发生了减值,其账面价值已经不能反映其未来可收回金额,企业就应当按照规定计提相应的减值准备。

(11)划分收益性支出与资本性支出原则。划分收益性支出与资本性支出原则要求企业在进行会计核算时合理划分收益性支出与资本性支出的界限。凡支出的效益仅及于本年度(或一个营业周期)的,应作为收益性支出;凡支出的效益及于几个会计年度(或几个营业周期)的,应作为资本性支出。

在会计核算工作中划分资本性支出与收益性支出,要求企业在会计核算工作中确认支出时,要区分两类不同性质的支出,把资本性支出列于资产负债表中,作为资产反映,以真实地反映企业的财务状况;把收益性支出列于利润表中,计入当期损益,以正确地计算企业当期的经营成果。这主要是因为,资本性支出的效益可在几个连续的会计期间发挥作用,而收益性支出的效益只在当期发挥作用。

如果企业在会计核算中没有正确划分资本性支出与收益性支出,将原本应计入资本性支出的计入收益性支出,便会低估资产和当期收益;将原本应计入收益性支出的计入资本性支出,就会高估资产和当期收益;所有这一切,均不利于会计信息使用者正确理解企业的财务状况和经营成果,不利于会计信息使用者的决策。

(12)谨慎性原则。谨慎性原则要求企业在进行会计核算时,不得多计资产或收益、少计负债或费用。

在会计核算工作中坚持谨慎性原则,要求企业在面临不确定因素的情况下做出职业判断时,应保持必要的谨慎,既不高估资产或收益,也不低估负债或费用。例如,要求企业定期或者至少于每年年度终了,对可能发生的各项资产损失计提资产减值准备等,就充分体现了谨慎性原则。

(13)重要性原则。重要性原则要求企业的会计核算应当遵循重要性原则的要求,在会计核算过程中对交易或事项应当区别其重要程度,采用不同核算方式。对资产、负债、损益等有较大影响,并进而影响财务报告使用者据以做出合理判断的重要会计事项,必须根据规定的会计方法和程序进行处理,并在财务会计报告中予以充分、准确地披露;对于次要的会计事项,在不影响会计信息真实性和不至于误导会计报告使用者做出正确判断的前提下,可适当进行简化处理。

3.2.1.4 会计要素

会计要素是对会计对象所进行的基本分类。企业会计要素分为资产、负债、所有者权益、收入、费用及利润六类。其中,资产、负债和所有者权益是反映财务状况的会计要素,收入、费用和利润是反映经营成果的会计要素。

1. 资产

资产是指过去的交易和事项形成的、由企业拥有或控制、预期会给企业带来经济利益的资源。资产按其流动性质可以分为流动资产和非流动资产两大类。

(1)流动资产。是指可以在一年内或超过一年的一个营业周期内变现或耗用的资产,包括库存现金及各种存款、应收及预付款项、存货(材料、产品)等。

(2)非流动资产。凡是不符合流动资产条件的资产均为非流动资产,包括长期投资、固定资产、无形资产和其他资产。

2. 负债

负债是指过去的交易和事项形成的、预期会导致经济利益流出企业的现时义务。负债按其流动性质可以分为流动负债和非流动负债两大类。

(1)流动负债。是指可以在一年内或超过一年的一个营业周期内偿还的债务,包括短期借款、应付账款、应付职工薪酬、应交税费等。

(2)非流动负债。是指偿还期在一年或者超过一年的一个营业周期以上的债务,包括长期借款、应付债券、长期应付款等。

3. 所有者权益

所有者权益是指企业的资产扣除负债后由所有者享有的剩余权益。公司的所有者权益又称股东权益。所有者权益通常分为以下四个项目:

(1)实收资本。是指投资者投入企业且构成注册资本的那部分资金。

(2)资本公积金。包括资本(或股本)溢价、外币资本折算差额等。

(3)盈余公积金。是指按照国家有关规定从利润中提取的公积金。

(4)未分配利润。是企业留于以后年度分配的利润或待分配利润。

4. 收入

收入是指企业在日常活动中形成的、会导致所有者权益增加的、与所有者投入资本无关的经济利益的总流入。按照日常活动在企业所处的地位,收入可分为:

(1)主营业务收入。是指企业为完成其经营目标而从日常活动中取得的主要收入,如建筑企业的合同收入、工商企业的销售商品收入等。

(2)其他业务收入。是指从主营业务以外的其他日常活动中取得的主要收入,如施工企业提供的机械作业劳务收入、工商企业的销售材料收入等。

5. 费用

费用是指企业在日常活动中发生的、会导致所有者权益减少的、与向所有者分配利润无关的经济利益的总流出。按照费用与收入之间的关系，费用可以分为：

（1）营业成本。是指所销售商品或提供劳务的成本。营业成本按其在企业日常活动中所处的地位可以分为主营业务成本和其他业务成本。

（2）期间费用。是指费用发生时直接计入当期损益的费用。期间费用包括管理费用、销售费用和财务费用。

6. 利润

利润是企业在一定期间的经营成果。利润等于收入减去费用后的净额；直接计入当期利润的利得和损失。利润按其构成通常分为营业利润、利润总额和净利润。

3.2.1.5 会计等式

会计等式是指反映会计要素数量关系的等式。会计等式可采用下列表示方式：

1. 资产 = 负债 + 所有者权益

这是会计基本等式。企业的资产来源于所有者的投入资本和债权人的借入资金及其在生产经营中所产生的效益，分别归属于所有者和债权人。归属于所有者的部分形成所有者权益；归属于债权人的部分形成债权人权益（即企业的负债）。资产来源于权益（包括所有者权益和债权人权益），资产与权益必然相等。

资产与权益的恒等关系是设置账户、试算平衡、复式记账的理论基础，也是企业编制资产负债表的依据。

2. 收入 − 费用 = 利润

该等式反映了收入、费用和利润三者之间的关系，是企业编制利润表的基础。在实际工作中，收入减去费用，还要再进行调整，才等于利润。

3. 资产 = 负债 + 所有者权益 + 收入 − 费用

这是会计综合等式。它表明了会计主体的财务状况与经营成果之间的联系。企业的经营成果最终会影响到企业的财务状况。

企业发生的经济业务，会引起会计等式中各个会计要素的增减变动，但不会破坏会计基本等式的平衡。

3.2.2 会计核算方法

3.2.2.1 会计核算基本方法

会计核算的基本方法，是对会计对象进行完整、连续、系统的确认、计量、记录、整理、计算所应用的方法，主要包括以下七种。

1. 设置会计科目

设置会计科目是对会计对象的具体内容进行归类、反映和监督的一种方法。因会计对象十分复杂，为了系统、连续地进行反映和监督，企业除了设置会计科目对会计对象进行详细分类之外，还必须根据规定的会计科目名称开设账户，分别登记各项经济业务，以便取得各种核算指标，并随时加以分析、检查和监督。

2. 复式记账

复式记账是记录经济业务的一种方法。它要求对每一笔交易或事项，都必须用相等的金额在两个或是两个以上的有关账户中同时登记，使每项经济业务所涉及的两个或两个以上的账户发生对应关系。通过账户之间的对应关系及金额相等的平衡关系，可了解每项经济业务的来龙去脉，可检查有关经济业务的记录是否正确。

3. 填制和审核凭证

会计凭证是记录经济业务、明确经济责任、作为记账依据的书面证明。对于已经发生或已经完成的经济业务，都需要由有关单位或经办人员填制凭证，并签名盖章，所有凭证都要经过审核并确认无误，才能够作为记账的依据。通过凭证的填制和审核，可以提供真实可靠、合理合法的入账依据，它是保证会计核算质量的必要手段，也是实行会计监督的重要方法。

4. 登记账簿

账簿是用来全面、系统、连续地记录各项经济业务的簿籍。在账簿中要按规定和需要开设账户，用以分类记录经济业务。登记账簿就是以会计凭证作为依据，运用复式记账法将各项经济业务分类登记到有关账户中去，形成账簿记录，并定期进行结账和对账。账簿记录又是编制会计报表的主要依据。

5. 成本计算

成本计算是对生产经营过程中所发生的各种费用，按照一定的对象和标准进行归集和分配，以计算确定各对象的总成本和单位成本的一种专门方法。

6. 财产清查

财产清查是对各项财产物资进行实物盘点、账面核对以及对各项往来款项进行查询、核对，以确保账账相符、账实相符的一种专门方法。通过定期与不定期的财产清查，可以查明财产物资的保管和使用是否合理，物资储备是否能确保生产需要，有无积压、呆滞情况，债权债务结算是否及时，有无拖欠不清的情况等。在清查中如发现财产物资和资金的实有数与账面结存数不一致，应及时查明原因，明确责任，并调整账簿记录，使账实相符。

7. 编制财务会计报告

财务会计报告是总括反映企业、单位在一定期间内的财务状况、经营成果和现金流量情况的书面报告。编制财务会计报告就是定期对日常分散的会计账簿资料进行加工整理和综合汇总，以表格的形式提供系统化的会计信息，为会计报告的使用者服务。编制财务会计报告，对于保证国家宏观经济管理的需要，满足社会各方了解企业、单位的财务状况和经营成果的需要，满足企业、单位加强内部管理的需要有着重要的作用。

以上七种会计核算方法相互联系，密切配合，构成一个完整严密的会计核算方法体系。综上所述，对于企业日常发生的经济业务，会计核算应遵循下列步骤：

（1）必须取得或填制原始凭证，并根据审核无误的原始凭证，根据规定的会计科目，采用复式记账的方法填制证账凭证，确定相关账户的增减金额。

（2）根据审核无误的原始凭证和记账凭证，将经济业务计入相互联系的账簿之中。

（3）运用成本计算方法计算出各成本核算对象的实际总成本及单位成本。

（4）通过财产清查，在账证相符、账账相符、账实相符的基础上，根据账簿记录，定期编制各种财务会计报告，提供符合一定质量标准的会计信息。会计核算工作就是这样周而复始循环的。

3.2.2.2 会计科目与账户

1. 会计科目

会计科目简称"科目",是对会计要素的具体内容进行分类核算的项目。会计科目必须根据合法性、相关性和实用性原则进行设置。企业在不影响会计核算要求和会计报表指标汇总,以及对外提供统一的财务报告的前提下,可以根据实际情况自行增设、减少或合并某些会计科目。为了正确地掌握和运用会计科目,可按照下列标准对会计科目进行适当的分类:

(1)会计科目按其所归属的会计要素即经济内容不同进行分类,执行《企业会计准则》的企业其会计科目可以划分为资产类科目、负债类科目、所有者权益类科目、共同类、成本类科目和损益类科目六大类。

(2)会计科目按所提供核算指标的详细程度,可分为总分类科目和明细分类科目两类。前者是对会计要素的具体内容进行总括分类、提供总括信息的会计科目;后者是对总分类科目作进一步分类、提供更为详细和具体的会计信息的科目。对于明细科目较多的总账科目,可在总分类科目与明细科目之间设置二级或多级科目,见表3.3。

表3.3 科目举例表

总分类科目(一级科目)	明细分类科目	
	子目(二级科目)	细目(三级科目)
原材料	主要材料	钢材
		水泥
		木材
	结构件	
	机械配件	
	其他材料	

2. 账户

账户是根据会计科目开设的,具有一定结构、用以分类核算会计要素情况的载体。账户的基本结构,在金额部分通常划分为左、右两方,用来记录各项会计要素增加和减少的数额。如果在右方记增加额,则在左方记减少额;反之亦然。账户左右两方的金额栏,其中一方记录增加额,另一方则记录减少额。增减金额相抵后的差额,称为账户的余额。因此,在账户中所记录的金额,可以分为期初余额、本期增加额、本期减少额和期末余额。这四项金额之间的关系,可采用下列关系式表示:

$$期末余额 = 期初余额 + 本期增加发生额 - 本期减少发生额 \qquad (3.1)$$

每个账户的期末余额一般在增加方。为了便于说明,可将上列账户的左、右两方略去有关栏次,用简化的账户格式表示如图3.2所示。

账户的基本结构在金额部分为左、右两方,由于这种格式很像英文字母"T",所以简称"T"形账户。至于账户的左、右两方,用哪一方登记增加额,哪一方登记减少额,则由账户的性质及类型决定。

账户名称（会计科目）

图 3.2　简化的账户格式

账户按提供会计信息的详细程度分为总分类账户和明细分类账户。其中，总分类账户又称总账账户，指按照总分类科目开设，用以反映某一类经济业务总括资料的账户；明细分类账户又称明细账户，指按照明细科目开设，用以反映某一类经济业务详细资料的账户。

3.2.2.3　借贷记账法

借贷记账法是以会计等式为依据，以"借"、"贷"作为记账符号的一种复式记账法。所谓复式记账法，是指对任何一项经济业务，都必须用相等的金额在两个或两个以上的有关账户中以相互联系的方式进行登记的一种记账方法。

1. 借贷记账法的账户格式

借贷记账法以"借"、"贷"为记账符号，分别作为账户的左、右两方。至于是"借"表示增加，还是"贷"表示增加，则取决于账户的性质及结构。

"借"、"贷"两字的原意是指意大利的借贷商人在记账时，通常借款人记借主，贷款人记贷主。现在，"借"、"贷"两字已失去了原来的含义，成为记账符号。"借"通常表示账户的左方，而"贷"则表示账户的右方。

在结合具体不同性质的账户时，"借"和"贷"则有了明确的含义。借表示资产增加、负债减少、所有者权益减少、收入减少、费用增加及利润减少，其实质是表示资金的形式或去向；贷的具体表示正好相反，其实质是表示资金的来源。

"借"、"贷"在账户中则表现为记录方位，被称为借方和贷方，它们是登记会计要素的增加额或减少额的方向位置。正是这种借方和贷方方位相反的记录方法，使得借贷记账法在记录方法上具有既科学又简便的特点，由此形成了一套科学且完整的方法体系。

借贷记账法的账户格式如图 3.3 所示。

账户名称（会计科目）

借方	贷方
资产的增加	资产的减少
成本费用的增加	成本费用的减少
负债的减少	负债的增加
所有者权益的减少	所有者权益的增加
收入的减少（转销）	收入的增加
利润的减少（转销）	利润的增加

图 3.3　借贷记账法的账户格式

2. 账户分类及其结构

掌握借贷记账法，只有了解账户的结构以及账户所反映的经济内容，才能正确地运用记账规则,登记账簿。

(1)在借贷记账法下,账户按内容可划分为资产类账户、负债类账户、所有者权益类账户、共同类账户、成本类账户和损益类账户六大类。各类账户的结构如下:

①资产类和成本类账户。借方登记增加、贷方登记减少、余额在借方。

②负债类和所有者权益类账户。借方登记减少、贷方登记增加、余额在贷方。

③损益类账户中费用类账户。借方登记增加、贷方登记减少、期末一般无余额。

④损益类账户中收入账户。借方登记减少、贷方登记增加、期末一般无余额。

(2)在借贷记账法下,账户按余额方向可划分为余额方向一般在借方的账户、余额方向一般在贷方的账户、余额方向不一定的账户和无余额的账户四种。

①对于资产类和成本类账户的余额一般在借方,其余额计算公式为:

资产类账户期末借方余额 = 期初借方余额 + 本期借方发生额 - 本期贷方发生额 (3.2)

②对于负债类、所有者权益类和收入类账户,借方登记减少数,贷方登记增加数,如有余额,余额一般在借方。

③负债类和所有者权益类账户的期末余额一般出现在贷方,其余额计算公式为:

权益类账期末贷方余额 = 期初贷方余额 + 本期贷方发生额 - 本期借方发生额 (3.3)

④但应注意的是:个别资产类账户的余额在贷方,例如累计折旧、坏账准备等;有些资产类账户的余额既可能在借方也可能在贷方,例如对于"应收账款"账户,如果本期收回的款项大于应收款项(即存在预收款项),则期末"应收账款"账户的余额就在贷方,表示预收的款项,此时"应收账款"账户也就变成负债性质的账户了。个别负债、所有者权益类账户的期末余额可能在借方,如利润分配 - 未分配利润、应付账款等。

3.借贷记账法的记账规则

借贷记账法的记账规格是"有借必有贷,借贷必相等",即对于每一笔经济业务都要在两个或两个以上相互联系的账户中以借方和贷方相等的金额进行登记。

从资产、权益角度来讲,四类基本经济业务的记录情况见表3.4。

表3.4 基本经济业务的记录情况

经济业务类型	各类账户应记方向		计入金额	总量情况	结论:记账规格
	资产类	权益类			
资产、权益同时增加	借	贷	等量增加	总量增加	有借必有贷,借贷必相等
资产、权益同时减少	贷	借	等量减少	总量减少	
资产内部一增一减	借、贷		等量增减	总量不变	
权益内部一增一减		贷、借	等量增减	总量不变	

4.账户对应关系与会计分录

一项经济业务所涉及的账户之间的借贷关系,称为账户的对应关系;而具有对应关系的账记,则称为对应账户。

为了保证记录的正确性且便于检查,要采用确定账户对应关系及其金额的方法,即编制会计分录。会计分录是指对某项经济业务标明其应借应贷会计科目及其金额的记录,简称分录。

按照所涉及账户的数量,会计分录分为简单会计分录和复合会计分录两种。前者是指只涉及一个账户借方和另一个账户贷方的会计分录,即一借一贷的会计分录;后者是指由两个以上(不含两个)对应账户所组成的会计分录,即一借多贷、一贷多借或多借多贷的会计分录。

在一般情况下,借贷记账法的账户对应关系应十分清楚。为了使账户之间保持清晰的对应关系,在借贷记账法下,一般编制一借一贷、一借多贷或多借一贷的会计分录,尽量避免编制多借多贷的会计分录。原因是从多借多贷的会计分录中无法看出账户的对应关系。

会计分录的编制应按下列步骤进行:

(1)分析经济业务事项,确定涉及了哪些账户。

(2)分析涉及的账户,是增加,还是减少;是资产(费用、成本),还是权益(收入),确定账户的记录方向,即借方和贷方。

(3)分析涉及的账户金额,确定应借应贷账户的金额,借、贷双方的金额是否相等。

5. 试算平衡

在借贷记账法下,试算平衡是运用借贷记账规则和会计等式的原理来检查和验证各个账户记录是否正确的一种方法。借贷记账法下的平衡方法主要分为发生额平衡和余额平衡两种。

(1)发生额试算平衡法。

发生额试算平衡法是根据本期所有账户借方发生额合计与贷方发生额合计的恒等关系,来检验本期发生额记录是否正确的方法,可用下列关系式来表示:

$$全部账户本期借方发生额合计 = 全部账户本期贷方发生额合计 \quad (3.4)$$

(2)余额试算平衡法。

余额试算平衡法是根据本期所有账户借方余额合计与贷方余额合计的恒等关系,来检验本期账户记录是否正确的方法。根据余额时间的不同又分为期初余额平衡与期末余额平衡两类,用下式表示为:

$$全部账户的借方期初余额合计 = 全部账户的贷方期初余额合计 \quad (3.5)$$
$$全部账户的借方期末余额合计 = 全部账户的贷方期末余额合计 \quad (3.6)$$

在实际工作当中,余额试算平衡一般通过编制试算平衡表的方式进行。试算平衡,说明记账基本正确,但不是绝对正确。因为有些登记错误,是试算平衡表无法发现的,如漏记或重记某项业务等。

3.2.2.4 会计凭证与账簿

为了使会计核算提供的会计信息能够如实地反映企业的生产经营状况与经营成果,必须取得和填制可供事后验证的会计凭证,并按照会计凭证和规定的账务处理程序,在账簿中记录实际发生的经济业务,从而保证会计记录的正确性与真实性。因此,企业会计必须填制和审核会计凭证,设置并登记会计账簿。

1. 会计凭证

会计凭证是记录经济业务事项发生或完成情况的书面证明,也是登记账簿的依据。合法地取得、正确地填制和审核会计凭证,是会计核算工作的起点。

(1)会计凭证的种类。会计凭证按编制程序和用途的不同,可分为原始凭证和记账凭证两类。

①原始凭证。原始凭证又称单据,是在经济业务发生或完成时取得或填制的,用来记录或证明经济业务发生或完成情况的文字凭据。它是登记账簿的原始依据。原始凭证按填制手续和内容的不同,可分为一次凭证、累计凭证和汇总凭证三类。

a. 一次凭证。一次凭证是指一次填制完成、只记录一笔经济业务的原始凭证。

b. 累计凭证。累计凭证是指在一定时期内多次记录发生的同类型经济业务的原始凭证。其特点是在一张凭证内可以连续登记相同性质的经济业务,随时结出累计数及结余数,并按照费用限额进行费用控制,期末按实际发生额记账。

c. 汇总凭证。汇总凭证是指对一定时期内反映经济业务内容相同的若干张原始凭证,按照一定标准综合填制的原始凭证。

②记账凭证。记账凭证又称记账凭单,是会计人员根据审核无误的原始凭证按照经济业务事项的内容进行归类,并以此为依据来确定会计分录后所填制的会计凭证。它是登记账簿的直接依据。记账凭证按内容的不同,可分为收款凭证、付款凭证和转账凭证三类。其中,收款凭证是指用于记录现金和银行存款收款业务的会计凭证;付款凭证是指用于记录现金和银行存款付款业务的会计凭证;转账凭证是指用于记录不涉及现金和银行存款业务的会计凭证。

企业记账凭证也可以不分收、付、转凭证,采用一种通用记账凭证。

(2) 凭证的填制与审核。

①原始凭证的填制与审核。

a. 原始凭证的填制要求。

·记录要真实。原始凭证所填列的经济业务,其内容和数字必须真实可靠,且符合实际情况。

·内容要完整。原始凭证所要求填列的项目必须逐项填列齐全,不得遗漏和省略。

·手续要完备。单位自制的原始凭证必须有经办单位领导人或其他指定人员的签名盖章;对外开出的原始凭证必须加盖本单位的公章;从外部取得的原始凭证,必须盖有填制单位的公章;从个人取得的原始凭证,必须有填制人员的签名盖章。

·书写要清楚、规范。原始凭证要按照规定填写,文字要简明扼要,字迹要清楚、易于辨认,不得使用未经国务院公布的简化汉字。大小写金额必须相符且填写规范,大写金额用汉字壹、贰、叁、肆、伍、陆、柒、捌、玖、拾、佰、仟、万、亿、元、角、分、零、整等来表示,一律用正楷或行书字书写;小写金额用阿拉伯数字逐个书写,不得写连笔字。在金额前要填写人民币符号"¥",并且人民币符号"¥"与阿拉伯数字之间不得留有空白。金额数字一律填写到角、分,无角、分的,写"00"或符号"—";有角无分的,分位写"0",不得用符号"—"来代替。大写金额前未印有"人民币"字样的,应加写"人民币"三个字,并且"人民币"字样和大写金额之间不得留有空白。大写金额到元或角为止的,后面要写"整"或"正"字;有分的,不写"整"或"正"字。如小写金额为¥2005.00,大写金额应写成"贰仟零伍元整"。

·编号要连续。如果原始凭证已预先印定编号,在写坏作废时,应加盖"作废"戳记,并妥善保管,不得撕毁。

·不得涂改、刮擦、挖补。原始凭证有错误的,应由出具单位重开或更正,更正处应加盖出具单位印章。原始凭证金额有错误的,应由出具单位重开,不得在原始凭证上进行更正。

·填制要及时。各种原始凭证一定要及时填写,并按照规定的程序及时送交会计机构经会计人员进行审核。

b. 原始凭证的审核内容。原始凭证的审核内容主要包括原始凭证的真实性、合法性、合理性、完整性、正确性和及时性。经审核的原始凭证应根据下列情况进行处理:

·对于完全符合要求的原始凭证,应及时据以编制记账凭证入账。

·对于真实、合法、合理但内容不够完整、填写有错误的原始凭证,应退回给有关经办人员,由其负责将有关凭证补充完整、更正错误或重开后,再办理正式会计手续。

·对于不真实、不合法的原始凭证,会计机构和会计人员有权不予接受,并向单位负责人报告。

出纳人员在办理收款或付款业务之后,应在原始凭证上加盖"收讫"或"付讫"的戳记,以避免重收重付。

②记账凭证的填制与审核。

a. 编制记账凭证的基本要求

·记账凭证的各项内容必须完整。

·记账凭证应连续编号。一笔经济业务需要填制两张以上记账凭证的,可采用分数编号法进行编号。

·记账凭证的书写应清楚、规范。相关要求与原始凭证相同。

·记账凭证可根据每一张原始凭证填制,或根据若干张同类原始凭证汇总编制,也可根据原始凭证汇总表填制;但不得将内容和类别不同的原始凭证汇总填制在一张记账凭证上。

·除了结账和更正错误的记账凭证可以不附原始凭证以外,其他记账凭证必须附有原始凭证。

·填制记账凭证时如果发现错误,则应重新填制。已登记入账的记账凭证在当年内发现填写错误时,可用红字填写一张与原内容相同的记账凭证,在摘要栏内注明"注销某月某日某号凭证"的字样,同时再用蓝字重新填制一张正确的记账凭证,注明"订正某月某日某号凭证"的字样。如果会计科目没有错误,只是金额错误,也可将正确数字与错误数字之间的差额另外编制一张调整的记账凭证,调增金额用蓝字,调减金额用红字。如果发现以前年度记账凭证有错误,则应用蓝字填制一张更正的记账凭证。

·记账凭证填制完经济业务事项以后,如有空行,则应自金额栏最后一笔金额数字下的空行处至合计数上的空行处划线注销。

b. 编制记账凭证的具体要求

·收款凭证的编制要求。收款凭证左上角的"借方科目"按收款的性质填写"现金"或"银行存款";日期应填写编制本凭证的日期;右上角填写编制收款凭证的顺序号;"摘要"填写对所记录的经济业务的简要说明;"贷方科目"填写与收入现金或银行存款相对应的会计科目;"记账"是指该凭证已登记账簿的标记,防止经济业务事项重记或漏记;"金额"是指该项经济业务事项的发生额;该凭证右边的"附件张"是指本记账凭证所附原始凭证的张数;最下边分别由有关人员签章,以明确经济责任。

·付款凭证的编制要求。付款凭证的编制方法与收款凭证大致相同,只是左上角由"借方科目"变为"贷方科目",凭证中间由"贷方科目"变为"借方科目"。

对于涉及"现金"和"银行存款"之间的经济业务,一般只编制付款凭证,不编制收款凭证。如从银行提取现金10 000元,以备零星开支,要填付款凭证。

·转账凭证的编制要求。转账凭证将经济业务事项中所涉及的全部会计科目按照先借后贷的顺序计入"会计科目"栏中的"一级科目"和"二级及明细科目",并按应借、应贷方向分别计入"借方金额"或"贷方金额"栏。其他项目的填列与收、付款凭证相同。

c. 记账凭证的审核内容。记账凭证的审核内容主要包括内容是否真实,项目是否齐全,科目是否正确,金额是否正确,书写是否正确。

2. 会计账簿

(1)会计账簿的概念及意义。会计账簿是指由一定格式的账页组成的,以经过审核的会计凭证为依据,全面、系统、连续地记录各项经济业务的簿籍。各单位应按照国家统一的会计制度的规定和会计业务的需要设置会计账簿。设置和登记账簿是编制会计报表的基础,是连接会计凭证与会计报表的中间环节,在会计核算中具有十分重要的意义。通过账簿的设置和登记,可以记载、储存、分类、汇总、检查、校正、编报、输出会计信息。

(2)会计账簿与账户的关系。账户存在于账簿之中,账簿中的每一账页就是账户的存在形式和载体,没有账簿,账户就无法存在;账簿序时、分类地记载经济业务,是在个别账户中完成的。因此,账簿只是一个外在形式,账户才是它的真实内容。账簿与账户之间的关系是形式和内容的关系。

(3)会计账簿的分类。

①按账页格式的不同,会计账簿可分为两栏式账簿、三栏式账簿、多栏式账簿、数量金额式账簿和横线登记式账簿。

a. 两栏式账簿。两栏式账簿是指只有借方和贷方两个基本金额栏目的账簿。

b. 三栏式账簿。三栏式账簿是指设有借方、贷方和余额三个基本栏目的账簿。各种日记账、总分类账以及资本、债权、债务明细账都可采用这种格式的账簿。三栏式账簿又分为设对方科目和不设对方科目两种,区别是在摘要栏和借方科目栏之间是否有一栏"对方科目"。设有"对方科目"栏的,称为设对方科目的三栏式账簿;不设"对方科目"栏的,则称为不设对方科目的三栏式账簿。

c. 多栏式账簿。多栏式账簿是指在账簿的两个基本栏目(借方和贷方)按需要分设若干专栏的账簿。收入、费用明细账一般均采用这种格式的账簿。

d. 数量金额式账簿。数量金额式账簿的借方、贷方和余额三个栏目内,都分别设有数量、单价和金额三个小栏,借以反映财产物资的实物数量和价值量。原材料、库存商品、产成品等明细账一般都采用这种格式的账簿。

e. 横线登记式账簿。横线登记式分类账是指采用横线登记,即将每一相关的业务登记在一行,从而可依据每一行各个栏目的登记是否齐全来判断该项业务的进展情况。该分类账适用于登记材料采购业务、应收票据和一次性备用金业务。

②按用途的不同,会计账簿可分为序时账簿、分类账簿和备查账簿。

a. 序时账簿。序时账簿又称为日记账,是按照经济业务发生或完成时间的先后顺序逐日逐笔进行登记的账簿。在我国,大多数单位一般只设库存现金日记账和银行存款日记账。

b. 分类账簿。分类账簿是对全部经济业务事项按照会计要素的具体类别而设置的分类账户进行登记的账簿。按照总分类账户分类登记经济业务事项的分类账簿称为总分类账簿,简称总账;按照明细分类账户分类登记经济业务事项的分类账簿称为明细分类账簿,简称明细账。分类账簿所提供的核算信息是编制会计报表的主要依据。

c. 备查账簿。备查账簿简称备查簿,是对某些在序时账簿和分类账簿等主要账簿中都不予登记或登记不够详细的经济业务事项进行补充登记时使用的账簿。

③按外形特征的不同,会计账簿可分为订本账、活页账和卡片账。

a. 订本账。订本账是在启用之前就已将账页装订在一起,并对账页进行了连续编号的账簿。这种账簿一般适用于总分类账、现金日记账和银行存款日记账。

b. 活页账。活页账在账簿登记完毕之前并不固定的装订在一起,而是装在活页账夹中。当账簿登记完毕之后(通常是一个会计年度结束之后),才将账页予以装订,加具封面,并对各账页进行连续编号。各种明细分类账一般均采用活页账的形式。

c. 卡片账。卡片账是指将账户所需的格式印刷在硬卡上。严格来讲,卡片账也是一种活页账,只是它不装在活页账夹中,而装在卡片箱内。在我国,一般只对固定资产的核算采用卡片账形式。

(4)会计账簿的基本内容。

①封面。用来标明账簿的名称。

②扉页。用来列明科目索引、账簿启用和经管人员一览表。

③账页。是账簿用来记录经济业务事项的载体,包括账户的名称、登记账户的日期栏、凭证种类和号数栏、摘要栏、金额栏、总页次、分户页次等基本内容。

(5)会计账簿的启用。启用会计账簿时,应在账簿封面上写明单位名称和账簿名称,并在账簿扉页上附启用表。启用订本式账簿时,应从第一页到最后一页顺序编定页数,不得跳页、缺号。使用活页式账簿时,应按账户顺序编号,而且必须定期装订成册;装订后再按实际使用的账页顺序编定页码,另加目录,记明每个账户的名称和页次。

(6)会计账簿的记账规则。

①登记会计账簿时,应将会计凭证的日期、编号、业务内容摘要、金额和其他有关资料逐项记入账内,做到数字准确、摘要清楚、登记及时、字迹工整。

②登记完毕以后,要在记账凭证上签名或盖章,并注明已经登账的符号表示已经记账。

③账簿中书写的文字和数字上面要留有适当的空格,不要写满格,一般应占格距的一半。数字书写时应注意:不得连笔书写,每个数字一般要紧贴底线书写,并有60°左右的倾斜度。书写数字"6"时,上端要比其他数字高出1/4,书写数字"7"、"9"时,下端要比其他数字伸出1/4。在记账时,规范的书写方法如图3.4所示。

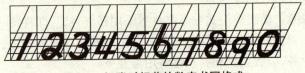

图3.4 记账时规范的数字书写格式

④登记账簿要用蓝黑墨水或碳素墨水书写,不得使用圆珠笔(银行的复写账簿除外)或铅笔书写。

⑤下列情况,可以采用红色墨水记账:

a. 按照红字冲账的记账凭证,冲销错误记录。

b. 在不设借贷等栏的多栏式账页中,登记减少数。

c. 在三栏式账户的余额栏前,如未印明余额方向的,则在余额栏内登记负数余额。

d. 根据国家统一的会计制度的规定可以用红字登记的其他会计记录。

⑥各种账簿均应按照页次顺序连续登记,不得跳行、隔页。如果发生跳行、隔页现象,则应将空行、空页划线注销,或注明"此行空白"、"此页空白"等字样,并由记账人员签名或盖章。

⑦凡是需要结出余额的账户,结出余额以后,应在"借"或"贷"等栏内写明"借"或"贷"等字样。没有余额的账户,应在"借"或"贷"栏内写"平"字,并在"余额"栏用"Q"表示。

⑧每一账页登记完毕结转下页时,应结出本页合计数及余额,写在本页的最后一行和下页第一行的有关栏内,并在摘要栏内注明"过次页"和"承前页"字样;也可将本页的合计数及金额只写在下页第一行的有关栏内,并在摘要栏内注明"承前页"字样。

对需要结计本月发生额的账户,结计"过次页"的本页合计数应为自本月初起至本页末止的发生额合计数;对需要结计本年累计发生额的账户,结计"过次页"的本页合计数应为自年初起至本页末止的累计数;对既不需要结计本月发生额,又不需要结计本年累计发生额的账户,可只将每页末的余额结转次页。

(7)会计账簿的格式与登记方法。

①日记账的格式和登记方法。

a. 现金日记账的格式和登记方法。

·现金日记账的格式。现金日记账是用来核算和监督库存现金每天的收入、支出和结存情况的账簿,其格式有三栏式和多栏式两种。不管是采用三栏式或多栏式现金日记账,均须使用订本账。

·现金日记账的登记方法。现金日记账由出纳人员根据与现金收付有关的记账凭证,按时间顺序逐日逐笔进行登记,并根据公式"上日余额+本日收入-本日支出=本日余额",逐日结出现金余额,并与库存现金实存数进行核对,以检查每日现金收付是否有误。

b. 银行存款日记账的格式和登记方法。银行存款日记账是用来核算和监督银行存款每日的收入、支出和结余情况的账簿。银行存款日记账应按企业在银行开立的账户和币种分别进行设置,每个银行账户设置一本日记账。其格式和登记方法与现金日记账相同。

②总分类账的格式和登记方法。

a. 总分类账的格式。总分类账是按照总分类账户分类登记以提供总括会计信息的账簿。总分类账最常用的格式为三栏式,设置借方、贷方和余额三个基本金额栏目。

b. 总分类账的登记方法。总分类账可根据记账凭证逐笔登记,也可根据经过汇总的科目汇总表或汇总记账凭证等进行登记。

①明细分类账的格式和登记方法

a. 明细分类账的格式。明细分类账是根据二级账户或明细账户开设账页,分类、连续地登记经济业务以提供明细核算资料的账簿。明细分类账的格式有三栏式、多栏式、数量金额式和横线登记式(或称平行式)等多种。

·三栏式明细分类账。三栏式明细分类账是设有借方、贷方和余额三个栏目,用以分类核算各项经济业务,并提供详细核算资料的账簿。三栏式明细分类账的格式与三栏式总分类账相同,适用于只进行金额核算的账户。

·多栏式明细分类账。多栏式明细分类账是将属于同一个总账科目的各个明细科目合并在一张账页上进行登记的账簿,其适用于成本费用类科目的明细核算。

·数量金额式明细分类账。数量金额式明细分类账的借方(收入)、贷方(发出)和余额(结存)都分别设有数量、单价和金额三个专栏,它适用于既要进行金额核算又要进行数量核算的账户。

·横线登记式明细分类账。横线登记式明细分类账是指采用横线登记,即将每一相关的业务登记在一行,从而可依据每一行中各个栏目的登记是否齐全来判断该项业务的进展情况。该明细分类账适用于登记材料采购业务、应收票据和一次性备用金业务。

b. 明细分类账的登记方法。不同类型经济业务的明细分类账可根据管理需要,依据记账凭证、原始凭证或汇总原始凭证逐日逐笔或定期汇总登记。固定资产、债权、债务等明细账应逐日逐笔登记;库存商品、原材料、产成品收发明细账以及收入、费用明细账既可逐笔登记,也可定期汇总登记。

3.2.3 成本核算基本原理

3.2.3.1 成本核算原则

为确保成本核算的正确性,提高成本信息的质量,应当遵循以下原则。

1. 实际成本(历史成本)原则

实际成本是资产计价的一条重要原则。在成本核算中遵循实际成本原则,是指生产过程中发生的各种劳动耗费,都应以其取得或发生时的实际成本计量,它包含以下三个方面的含义:

(1)对经营活动中所耗用的原材料、燃料、动力和人工等费用,都要按实际成本计价。

(2)对固定资产折旧必须按其原始成本和规定的使用年限计算。

(3)对成本对象要按实际成本计价。

这样计算出的产品成本是实际的生产成本,可真实反映生产过程中的耗费水平。特别是材料成本,易受市场变动的影响,但在该原则下,市场变动的影响无需加以考虑。

遵循实际成本原则,企业不得以计划成本、估计成本、定额成本代替实际成本。但是并不排除企业为了进行成本控制而建立各种标准成本、预算成本和定额成本等控制标准。这些标准只能是一种规划成本或目标成本,是企业成本管理努力的方向。在建立控制标准的前提下,再将生产过程中的实际生产耗费与之比较,还可以揭示成本差异,评价成本管理绩效。所以采用计划成本或定额成本核算的企业,应当按照规定的成本计算期,及时调整为实际成本。

2. 权责发生制原则

权责发生制是收入、费用的确认原则。成本核算中大量地存在着确认费用支出的问题,这就要求遵循权责发生制原则。即一切生产费用,都应当按照其受益的会计期间而非按其支付的会计期间加以确认。在企业,生产费用的发生与支付可能同时,也可能不同时。如以银行存款支付办公费、差旅费,就属于前种情况;而低值易耗品摊销及预提借款利息则属于后一种情况,即通常所说的待摊费用和预提费用。因此对待摊费用和预提费用等跨期摊配费用应确认计入哪一个会计期间,是权责发生制下的核心问题。成本核算贯彻权责发生制原则,能够使成本信息较为准确地反映成本责任,从而为正确计算损益提供可靠的依据。

3. 配比原则

配比原则是收入与费用相比较,以确定损益的原则。配比原则有广义和狭义之分。广义的配比是指一定的费用支出必定会带来相应的收入,两者具有经济上的因果关系,但在时间上不一定同步,即费用发生在先,收入实现在后。在生产过程中,各种生产耗费与其收入之间的关系,大多具有这种特征。另外一方面,这些生产费用虽然已经发生,但不一定构成期间费用,而是先凝结为在产品或产成品成本,随着产品交付的实现,其耗费才能够从收入中得以补偿。狭义的配比仅指一定期间实际支付的费用或从资产价值中转化的费用与相应收入进行比较,它强调收入与费用必须计入同一会计期间,它们之间的配比关系会直接影响到当期的损益。

4. 受益原则

受益原则是归集和分配生产费用的原则。即确定一项费用是否应计入某一期间、某一部门、应当看费用的发生是否是该期间、该部门受益。如果受益,应当承担该项费用,如果不受益,则不应承担该项费用。如辅助生产费用,就应当按照各种受益部门及其受益的劳务量的比例进行分配。因此受益原则的基本特点可以概括为:何者受益,何者负担费用;何时受益,何时负担费用;负担费用的多少应与收益量或受益程度的大小成正比例。按受益原则归集和分配生产费用,是为了使收入与费用更好地加以配比。

5. 正确划分各种费用界限

为正确进行成本核算,正确计算产品、劳务成本和期间费用,必须正确划分以下几个费用界限:

(1) 正确划分应计入成本费用和不应计入成本费用的支出界限。施工企业经营活动的多样性决定了费用支出的多样性。在企业诸多的费用支出中,有些与生产经营活动密切相关,有些却与生产经营活动无关,在成本核算中,一定要划清这两种费用的界限。即与生产经营活动有关的成本费用,都可计入产品、劳务成本或期间费用,由生产经营活动收入予以补偿;与生产经营活动无直接关系的营业外支出,也可以直接计入当期损益。还有一些支出,不属于企业的生产经营活动,如购买或建造固定资产、取得无形资产和其他资产、对外投资等,其支出也就不能作为生产经营的成本费用。另外被没收的财物,支付的滞纳金和罚款、违约金、赔偿金,以及企业赞助、捐赠支出;国家法律、法规规定以外的各种付费以及国家规定不得列入成本、费用的其他支出均不得列入成本、费用。

(2) 正确划分生产费用和期间费用的界限。企业日常生产经营所发生的各项耗费,其用途和计入损益的时间是有所不同的。用于产品生产和劳务的费用形成产品成本和劳务成本,并在产品销售和劳务提供后作为营业成本计入企业损益,而当期发生的营业费用、管理费用和财务费用则作为期间费用,直接计入当期损益。因此,应正确划分生产费用和各项期间费用的界限,防止人为调节各月成本和各月损益的做法。

(3) 正确划分各月份的费用界限。为了按月分析和考核成本计划的执行情况和结果,正确计算各月损益,还必须正确划分各月份的费用界限。本月发生的费用,都应在本月全部入账,不能将其一部分延至下月入账。更重要的是,应当贯彻权责发生制原则,正确地核算待摊费用和预提费用。本月份支付,但属于本月及以后各月受益的费用,应记做待摊费用,在各月间合理分摊计入成本(受益期限超过一年的费用,应记作长期待摊费用,在费用项目的受益期限内,分月摊入成本)。本月虽未支付,但本月已经受益,应由本月负担的费用,应记作预提费用,预提计入本月的成本。为了简化核算工作,对于数额较小的应该跨期摊销和预提的费用,也可以将其全部计入支付月份的成本,而不作为待摊费用和预提费用处理。正确划分各月份的费用界限,是确保成本核算正确的重要环节。应当防止利用待摊和预提的办法人为地调节各月成本,人为地调节各月损益的错误做法。

(4)正确划分各种产品的费用界限。如果企业生产的产品不止一种,那么为了正确地计算各种产品的成本,正确地分析和考核各种产品成本计划或定额成本的执行情况,必须将应计入本月产品成本的生产费用在各种产品之间正确地进行划分。凡属于某种产品单独发生,能够直接计入该种产品的费用,都应直接计入该种产品成本;凡属于几种产品共同发生,不能直接计入某种产品的费用,则应采用适当的分配方法,分配计入这几种产品的成本。应该防止在盈利产品与亏损产品之间、可比产品与不可比产品之间任意转移生产费用,借以掩盖成本超支或以盈补亏的错误做法。

(5)正确划分完工产品与在产品的费用界限。在月末计算产品成本时,若某种产品已全部完工,那么,这种产品的各项生产费用之和就是这种产品的完工产品成本;若某种产品均未完工,那么,这种产品的各项生产费用之和,就是这种产品的月末在产品成本;若某种产品既有完工产品,又有在产品,则应将这种产品的各项生产费用,采用适当的分配方法在完工产品与月末在产品之间进行分配,分别计算完工产品成本和月末在产品成本。应当防止任意提高或降低月末在产品成本,人为地调节完工产品成本的错误做法。

上述五个方面费用界限的划分过程,也就是成本的计算和各项期间费用的归集过程。在这一过程中,应贯彻受益原则,即何者受益何者负担费用,何时受益何时负担费用;负担费用的多少应与受益程度的大小成正比。

3.2.3.2 正确确定财产物资的计价与价值结转方法

施工企业的生产经营过程,同时也是各种劳动的耗费过程。在各种劳动耗费中,财产物资的耗费(即生产资料价值的转移)占有相当的比重。因此这些财产物资计价和价值结转方法是否恰当,会对成本计算的正确性产生重要的影响。企业财产物资计价和价值结转方法主要包括:

(1)固定资产原值的计算方法、折旧方法、折旧率的种类和高低。

(2)固定资产与低值易耗品的划分标准。

(3)材料成本的组成内容、材料按实际成本进行核算时发出材料单位成本的计算方法、材料按计划成本进行核算时材料成本差异率的种类(个别差异率、分类差异率还是综合差异率,本月差异率还是上月差异率)、采用分类差异率时材料类距的大小等。

(4)低值易耗品和包装物价值的摊销方法、摊销率的高低及摊销期限的长短等。

为了正确地计算成本,对于各种财产物资的计价和价值的结转,均应采用既较为合理又较为简便的方法。国家有统一规定的,应采用国家统一规定的方法。各种方法一经确定,应保持相对稳定,不能随意改变,以保证成本信息的可比性。

3.2.3.3 成本对象及成本分配

1. 成本对象

成本计算对象是为了计算经营业务成本而确定的归集经营费用的各个对象,也是成本费用的承担者。成本对象可以是一种产品、一项服务、一张订单、一纸合同、一个作业、或是一个部门。近几年,作业开始成为重要的成本对象。作业是一个组织内部分工的基本单元。作业还可以定义为组织内行动的集合,它将有助于管理人员进行计划、控制和决策。在成本分配中,作业扮演着重要的角色,成为现代成本会计系统的必要组成部分。

(1)成本对象的特点。产品有有形产品和无形产品两种。生产有形产品的企业称为生产性企业,提供无形产品(服务)的企业称为劳务性企业。有形产品指的是通过耗用人工以及工厂、土地和机器等资本投入将原材料加工而成的产品。建筑产品是有形产品之一。无形产品是指为顾客开展的各项服务或作业,或是顾客使用组织的产品或设施自行开展的作业,即为顾客提供服务。服务也需要耗用材料、人工和投入资本。

服务与有形产品相比,主要有以下四大方面的差别:无形性、瞬时性、不可分割性和多样性。无形性是指某项服务的购买者在购买之前无法直接感觉到该项服务的存在,因而服务是无形产品。瞬时性是指顾客只能即时享受服务,而不能储存到未来。不可分割性是指服务的提供者与购买者通常有直接的接触,以使交换得以发生。多样性是指服务的提供比产品的生产有着更大的差异性,提供服务的人员会受到所从事工作、工作伙伴、教育程度、工作经验、个人因素等的影响。

(2)成本对象的构成要素,见表3.5。

表3.5 成本对象的构成要素

序号	构成要素	说明
1	成本计算实体	成本计算实体是指承担费用的企业经营成果的实物形态。对于生产性企业而言,成本计算实体可以划分为某种产品、某批产品和某类产品的产成品或半成品;对于劳务性企业而言,往往不存在有形的成本计算实体,而只能确定劳务的性质
2	成本计算期	成本计算期是指归集费用、计算企业成本所规定的起讫日期,也就是每次计算成本的期间。生产性企业按其生产特点,可分为产品的生产周期和日历月份;劳务性企业一般均以日历月份为成本计算期
3	成本计算空间	成本计算空间是指费用发生并能组织企业成本计算的地点(部门、单位)。生产性企业的成本计算空间可分为全厂和各生产步骤;劳务性企业可划分为各部门和各单位

2. 成本分配

成本分配包括成本追溯与成本分摊。成本追溯是把直接成本分配给相关的成本对象;成本分摊是把间接成本分配给相关的成本对象。成本分配方法主要有以下几种:

(1)直接追溯法。直接追溯法是根据成本的可追溯性分配成本的方法。可追溯性是指采用某一经济可行方法并遵循因果关系将成本分配至各成本对象的可能性。成本的可追溯性越强,成本分配的准确性就越高。因此建立成本的可追溯性是提高成本分配准确性的关键一环。

(2)动因追溯法。通过因果分析确定成本耗费因素,称之为成本动因。这些动因是可观察的,且能够计量出成本对象的资源消耗情况。它是影响资源耗用、作业耗用、成本及收入等方面的变化因素。动因追溯是指使用动因将成本分配至各成本对象的过程。尽管它不如直接追溯法准确,但如果因果关系建立合理,成本归属仍有可能达到较高的准确性。

动因追溯法分为使用资源动因和作业动因。两种动因类型来追溯成本。资源动因计量各作业对资源的需要,用以将资源分配到各个作业上;作业动因计量各成本对象对作业的需求;并被用来分配作业成本。

(3) 分摊法。分摊法是分配间接成本的方法。将间接成本分配至各成本对象的过程,称为分摊。由于不存在直接的因果关系,分摊间接成本就建立在成本的发生与分配标准有密切联系的基础上。在将该种间接成本分配计入各成本计算对象时,所选择的分配标准应满足"受益"原则,并认为按此分配标准计入企业成本中的费用是真实的。

一般情况下,分配间接成本的标准主要包括三类:

①成果类,例如分配对象的重量、体积、产量、产值等。

②消耗类,例如分配对象的生产工时、生产工资、机器工时、原材料消耗量或原材料费用等。

③定额类,例如分配对象的定额消耗量、定额费用等。分配间接成本的计算公式,可归纳如下:

$$间接成本分配率 = \frac{待分配的间接成本总额}{分配标准总额} \quad (3.7)$$

某成本对象应负担的间接成本 = 该成本对象的分配标准额 × 间接成本分配率 (3.8)

3.2.3.4 成本计算方法

产品成本是在生产过程中形成的,产品的生产工艺过程和生产组织不同,采用的产品成本计算方法也有所不同。计算产品成本是为了加强成本管理。所以企业只有按照产品生产特点和管理要求,选用适当的成本计算方法,才能正确、及时计算成本,为成本管理提供有用的成本信息。

在长期的成本计算实践中,人们总结出了多种不同的成本计算方法,以适应不同企业成本核算和管理的需要。这些成本计算方法大体可分为成本计算基本方法和成本计算辅助方法两类。

1. 成本计算的基本方法

成本计算基本方法是根据企业的不同生产类型及特点,按照成本对象的不同设计的成本计算方法,是设计其他成本计算方法的基础。成本计算的基本方法包括品种法、分批法、分步法等三种,见表3.6。

表3.6 成本计算的基本方法

序号	基本方法	说明
1	品种法	品种法是以产品品种为成本对象,并按产品品种归集和分配生产费用的一种产品成本计算方法。它适用于大量大批单步骤生产的企业。在这种类型的生产中,产品的生产工艺过程具有不可间断性,或是在管理上不要求划分步骤,或是在生产组织上是按流水线进行的,都可以采用品种法计算产品成本。品种法适用于集中的商品混凝土生产、金属结构加工等生产,以及提供汽车运输、机械使用等劳务作业和供水、供电、机修等辅助生产

续表 3.6

序号	基本方法	说明
2	分批法	分批法也称订单法,它是以产品的生产批次为成本计算对象,并按不同批次的产品归集和分配生产费用的一种成本计算方法。分批法的生产特点是:生产断断续续,不如分步法生产连续紧密;在生产中有许多不同的批号订货同时进行,每批订货所需要的材料、人工和制造方法各不相同,因此,必须分批组织产品成本的计算,分批核算其生产成果。这种方法主要适用于小批量生产的企业,如建筑机械制造、修配、专项工程等
3	分步法	分步法是以产品的生产步骤为成本计算对象,并按产品的生产步骤归集和分配生产费用的产品成本计算方法。它比较广泛地适用于大批大量的连续式复杂生产,如建筑工业的木材加工、混凝土构件制作等

由于成本管理对步骤成本结转的要求不同,又有两种不同的结转方法,即逐步结转法和平行结转法。

(1)逐步结转分步法。逐步结转分步法是指按照产品连接加工的先后顺序,将上一生产步骤的半成品成本顺序结转为下一生产步骤相同产品的生产费用,逐步计算出各中间步骤的半成品成本和最后一个生产步骤的产成品成本的方法。

(2)平行结转分步法。平行结转分步法是以步骤产品成本及最终产品为成本计算对象的方法。所谓步骤产品成本,是指各步骤按其承担的责任核算该步骤应计入产品成本的份额,即为完工产品的步骤成本。成本的结转是以完成最终产品为依据的。

2. 成本核算的辅助方法

成本计算的辅助方法是根据企业生产的具体特点和管理要求,在成本计算的基本方法的基础上,进行调整、改造或简化而产生的成本计算方法,包括分类法、定额法、标准成本法和作业成本法等,见表 3.7。

表 3.7 成本核算的辅助方法

序号	辅助方法	说明
1	分类法	它是将成本核算中的品种法的成本对象进行分类,以产品类别为成本对象归集和分配生产费用,计算产品成本的一种成本核算方法。一般来说,对于那些产品品种、规格繁多的企业,如果采用品种法计算产品成本,计算工作会比较繁杂,可以考虑采用分类法。这种方法可以减少会计人员成本计算的工作量,是一种简便有效的成本计算方法
2	定额法	它是以产品的生产定额为基准,通过计算实际成本脱离定额成本的差异来进行成本计算,配合企业进行成本定额管理的一种成本核算方法。对于实行定额管理且定额管理工作有一定基础的企业单位,为了配合定额管理工作,满足定额管理工作的要求并加强成本控制,通常采用定额法。该种方法要求按照符合定额的费用及脱离定额的差异分别进行核算并计算产品成本

续表 3.7

序号	辅助方法	说明
3	标准成本法	它是以标准成本为基准,为进行成本控制和考核,通过计算各成本项目的实际成本和标准成本的差异来进行成本计算和差异分析的一种成本核算方法。标准成本法的核心是建立标准成本制度。通过建立标准成本制度,考察企业现实成本与标准成本之间的差异,并通过差异分析,查找造成成本差异的原因,以便于在生产过程中进行成本控制。与传统的成本核算方法相比,标准成本制度更有利于企业在实际生产过程中进行成本控制。传统的成本核算主要"事后"核算,反映的是产品生产过程中所发生的实际消耗。但对管理而言,如果某些费用已经发生,人们也就无法对这些费用进行管理。标准成本制度在成本核算中,强调"事中"控制,特别注重产品生产过程中所发生的成本差异和差异分析,有利于管理部门根据企业成本变动情况及时采取有效措施,降低企业的成本水平
4	作业成本法	它是以"作业"为核心,通过对不同作业的成本动因分析进行成本归集和计算的一种成本计算方法。作业成本法中的"作业"是指企业为了提供一定数量的产品或劳务,所发生的各种人力、物力、技术等消耗。作业成本法通过把企业的生产经营活动划分为各项不同作业,扩大了成本核算的范围。对企业生产经营按作业进行分解和进行作业动因分析,有利于分析各项资源向成本对象的流动情况,便于按生产经营活动计算成本和经营业绩,促进企业优化各类资源的组合

成本计算是成本管理的基础,为进行成本分析、成本预测、成本决策等管理活动提供资料来源。管理会计人员均要熟悉企业成本的计算程序和计算方法。

3.3 公路工程项目成本预算

3.3.1 工程费用估算

工程费用估算,即对工程项目各种费用的累计计算,也就是根据工程项目的设计图纸、说明书以及估算的其他条件等,得出该工程项目的工程数量;然后依据工程量中不同作业定额的类型算出所需的人工费、材料费、机械费和临时工程及其他各种管理费等;最后将这些费用汇总得出该工程项目所需要的资金总额。

我国公路工程建设项目的估算一般包括工程项目的概算和预算两种形式。

1. 概算

概算是在工程项目计划开始的时候,根据国家及地方政府有关公路交通建设的文件和法定标准,进行工程项目费用的概略性估算。它是编制建设项目计划、签订建设项目总承包合同、实行建设项目包干、控制预算、考核设计经济合理性和建设成本的依据。编制概算或修正概算,应当全面了解工程所在地的建设条件,掌握各项基础资料,正确引用规定的定额、取费标准、工资单价和材料机械设备价格,使概算能完整准确地反映设计内容。

2. 预算

预算是根据工程项目设计图纸和说明书,按照工程项目的细目分别详尽地计算工程费。

设计图纸经审定为施工图纸,而据此编制的预算又称为施工图预算。它是确定工程造价,签订工程合同,实行建设单位和施工单位投资承包和办理工程结算,实行经济核算和考核工程成本的依据。

由于概、预算涉及工程建设项目的计划投资和结算等重大问题,因此编制时必须严格执行国家的方针、政策和有关制度,符合公路设计、施工技术规范等专业技术标准的要求。概、预算文件一经批准就具有法定的约束力,所以它具有十分重要的意义。

3.3.2 概算编制的依据

为了与实际工程项目的情况相符,经济合理准确地编制概预算文件,我国交通部经过多年的调查研究,又根据社会经济发展需要和工程技术的进步,近几年几次修订了概、预算定额和编制办法,逐渐完善了我国公路建设项目的基础资料。我国公路建设现行的国家和地方法定性规定主要包括以下几个方面。

交通部颁布的有:
(1)《公路工程概算定额(上册、下册)》(JTG/T B06—01—2007)
(2)《公路工程预算定额(上册、下册)》(JTG/T B06—02—2007)
(3)《公路工程机械台班使用定额》(JTG/T B06—03—2007)
(4)《公路工程基本建设项目概算预算编制办法》(JTG B06—2007)

这些国家法定性规定对公路工程建设中人工、材料、机械及其他费用的取费标准都作了具体详细的规定。

除此之外,因公路工程施工建设的地域条件和环境差别,还有一些其他地方性法定文件规定,主要包括:

(1)各省、市、自治区交通部门关于编制概、预算文件的补充规定,其中包括:人工、材料、机械、运输和征用土地等方面的地方性规定。

(2)工程设计图纸与设计文件。

(3)施工组织设计;从施工组织设计中,在确定的施工方案、方式和方法、施工进度及施工组织等方面,可得到编制概、预算的资料和依据。

(4)概、预算的调查资料;工程施工当地的自然条件、劳动力、材料、机具、动力分布和运输条件等方面的资料,可作为概、预算结合工程实际情况编制的依据。

3.3.3 公路工程概、预算文件的编制

公路工程基本建设项目概算预算文件的编制分别以《公路工程概算定额(上册、下册)》(JTG/T B06—01—2007)和《公路工程预算定额(上册、下册)》(JTG/T B06—02—2007)为基本依据,编制时应当根据概、预算定额规定的各工程项目的人工、材料、机械台班消耗量及工程所在地的各种规定和费率,按照编制办法顺序计算各项费用。关于公路工程基本建设费用的概、预算细目,交通部统一制订了样式,已正式确定了工程项目造价成本计算的科目分类。因此,在编制时均应按照此标准来执行。

3.3.3.1 公路工程概、预算文件组成

概、预算文件由封面及目录,概、预算编制说明及全部概、预算计算表格组成。

1. 封面及目录

概、预算文件的封面和扉页应按《公路工程基本建设项目概算预算编制办法》(JTG B06—2007)中的规定制作。扉页的次页应有建设项目名称,编制单位,编制、复核人原姓名并加盖执业(从业)资格印章,编制日期及第几册共几册等内容。目录应按概、预算表的表号顺序编排。

2. 概、预算编制

概、预算编制完成后,应写出编制说明,文字力求简明扼要。应叙述的内容一般包括:

(1)建设项目设计资料的依据及有关文号,如建设项目可行性研究报告批准文号、初步设计和概算批准文号(编修正概算及预算时),以及根据何时的测设资料及比选方案进行编制的等。

(2)采用的定额、费用标准,人工、材料、机械台班单价的依据或来源,补充定额及编制依据的详细说明。

(3)与概、预算有关的委托书、协议书、会议纪要的主要内容(或将抄件附后)。

(4)总概、预算金额,人工、钢材、水泥、木料、沥青的总需要量情况,各设计方案的经济比较,以及编制中存在的问题。

(5)其他与概、预算有关但不能在表格中反映的事项。

3. 概、预算表格

公路工程概、预算应按统一的概、预算表格计算,其中概、预算相同的表式,在印制表格时,应将概算表与预算表分别印制。

4. 概、预算文件

《公路工程基本建设项目概算预算编制办法》(JTG B06—2007)规定,概、预算文件是设计文件的组成部分,按不同需要分为两组,甲组文件为各项费用计算表,乙组文件为建筑安装工程费各项基础数据计算表(只供审批使用)。甲、乙组文件应按《公路工程基本建设项目设计文件编制办法》关于设计文件报送份数的要求,随设计文件一并报送。报送乙组文件时,还应提供"建筑安装工程费各项基础数据计算表"的电子文档和编制补充定额的详细资料,并随同概、预算文件一并报送。

乙组文件中的"建筑安装工程费计算数据表"(08-1表)和"分项工程概(预)算表"(08-2表)应根据审批部门或建设项目业主单位的要求全部或仅提供其中的一种。

概、预算应按一个建设项目[如一条路线或一座独立大(中)桥、隧道]进行编制。当一个建设项目需要分段或分部编制时,应根据需要分别编制,但必须汇总编制"总概(预)算汇总表"。

(1)甲组文件。甲组文件包括:编制说明;总概(预)算汇总表(01-1表);总概(预)算人工、主要材料、机械台班数量汇总表(02-1表);总概(预)算表(01表);人工、主要材料、机械台班数量汇总表(02表);建筑安装工程费计算表(03表);其他工程费及间接费综合费率计算表(04表);设备、工具、器具购置费计算表(05表);工程建设其他费用及回收金额计算表(06表);人工、材料、机械台班单价汇总表(07表)。

(2)乙组文件。乙组文件包括:建筑安装工程费计算数据表(08-1表);分项工程概(预)算表(08-2表);材料预算单价计算表(09表);自采材料料场价格计算表(10表);机械台班单价计算表(11表);辅助生产工、料、机械台班单价数量表(12表)。

甲、乙两组中上述各表的样式参见《公路工程基本建设项目概算预算编制办法》(JTG

B06—2007)附录五。

3.3.3.2 公路工程概、预算费用的组成

公路工程概、预算费用的组成如图 3.5 所示。

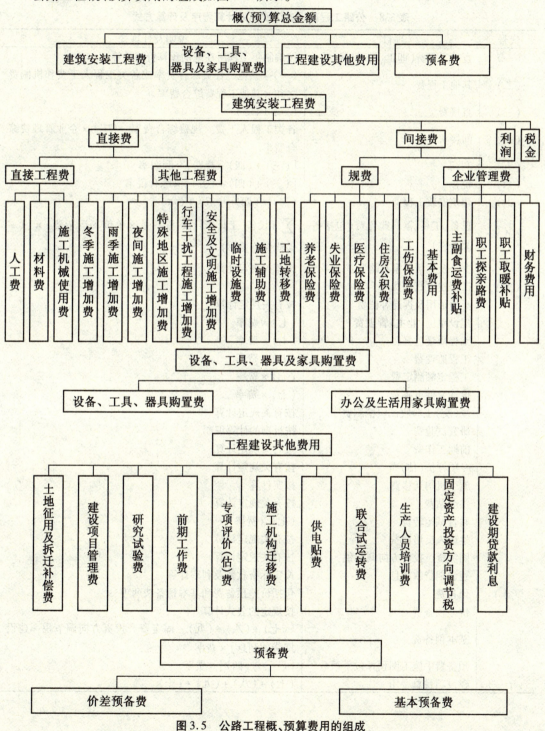

图 3.5 公路工程概、预算费用的组成

3.3.3.3 公路工程建设各项费用的计算程序及计算方法

公路工程建设各项费用的计算程序及计算方式见表3.8。

表3.8 公路工程建设各项费用的计算程序及计算方式

代号	项目	说明及计算式
（一）	直接工程费（即工、料、机费）	按编制年工程所在地的预算价格计算
（二）	其他工程费	（一）×其他工程费综合费率或各类工程人工费和机械费之和×其他工程费综合费率
（三）	直接费	（一）+（二）
（四）	间接费	各类工程人工费×规费综合费率+（三）×企业管理费综合费率
（五）	利润	[（三）+（四）-规费]×利润率
（六）	税金	[（三）+（四）+（五）]×综合税率
（七）	建筑安装工程费	（三）+（四）+（五）+（六）
（八）	设备、工具、器具购置费（包括备品备件）	$\sum$（设备、工具、器具购置数量×单价+运杂费）×（1+采购保管费率）
（九）	办公及生活家具购置费	按有关规定计算
	工程建设其他费用	
	土地征用及拆迁补偿费	按有关规定计算
	建设单位（业主）管理费	（七）×费率
	工程质量监督费	（七）×费率
	工程监理费	（七）×费率
	工程定额测定费	（七）×费率
	设计文件审查费	（七）×费率
	竣（交）工验收试验检测费	按有关规定计算
	研究试验费	按批准的计算编制
	前期工作费	按有关规定计算
	专项评价（估）费	按有关规定计算
	施工机构迁移费	按实计算
	供电贴费	按有关规定计算
	联合试运转费	（七）×费率
	生产人员培训费	按有关规定计算
	固定资产投资方向调节税	按有关规定计算
	建设期贷款利息	按实际贷款数及利率计算
（十）	预备费	包括价差预备费和基本预备费两项
	价差预备费	按规定的公式计算
	基本预备费	[（七）+（八）+（九）-固定资产投资方向调节税-建设期贷款利息]×费率
	预备费中施工图预算包干系数	[（三）+（四）]×费率
（十一）	建设项目总费用	（七）+（八）+（九）+（十）

3.4 公路工程施工项目成本管理

3.4.1 施工项目成本预测与计划

3.4.1.1 施工项目成本预测

施工项目成本预测是指在掌握相关信息与历史资料的基础上,根据成本特性以及施工现场的实际情况、生产技术条件和管理水平等现状,对未来一定时期内的成本水平及变动趋势进行预计和测算的成本管理活动。

1. 施工项目成本预测要求

为了使成本预测充分发挥其积极的作用,在进行成本预测时要把握以下几点:

(1)预测模型的科学性与所利用资料的充分性。数学模型对经济活动的定量描述,只是一种理论上概括,通过模型预测出的结果,也只是反映了一些主要因素对成本的影响。在项目的运行过程中,除这些主要因素之外还存在更多的影响因素。因此,为确保预测结果最大限度的接近现实情况,对预测模型的科学性、合理性应有更高的要求。我们可以根据项目自身的特点,外部资源、经济环境条件,设计、选择合适的数学模型,从理论基础上保证了成本预测的科学、合理。

预测结果的真实、可靠性除依赖数学模型的科学性之外,更主要依赖于所利用资料的充分性、即时性、一般性、真实性。再精确的数学模型输入了不真实的数据也得不出理想的预测结果。因此,一方面要进行广泛收集资料,充分的资料加上科学的预测模型才能得出理想的结果。另一方面要剔除资料中的偶然因素,避免这些因素对成本预测的误导。

(2)充分考虑项目内部条件和外部环境对项目成本的影响。任何事物都是在内因和外因的共同作用下变化的,项目的成本预测也不例外,内因对项目成本预测来说包括项目的经济、技术、管理等内在条件。同一个项目采用不同的技术手段,管理模式,项目的成本也会存在很大差异。因此,在成本预测工作中除选用科学合理的预测模型和充分资料,还要熟识项目自身的技术、经济、管理特点。

外因也即是项目的外部条件,例如国家发展规划、产业政策、宏观调控、资源条件、市场条件等。项目的运行依赖于外部条件,必然受其影响。成本预测要注意外部条件的变化,分析变化的趋势,研究外部条件变化与项目内部条件的关系以及对项目成本的影响。在充分明晰外部条件及其变化趋势的基础上,选择合适的预测模型,进行成本预测。

(3)与项目目标相联系。项目目标是业主在合同中规定的目标,一般由成果性目标和它的约束条件所组成。约束条件包括工期、成本和质量。三者之间既统一又对立。因此在成本预测确定成本控制目标时必须同时考虑项目工期、项目质量的要求。项目工期越紧,项目进度越快,项目质量目标要求越高,项目成本就越高。所以在编制成本预测时,要与项目的进度计划、质量要求密切联系,根据具体情况研究三者的相互关系在不同条件下的变化规律,在此基础上保持三者的平衡,防止顾此失彼,相互脱节。

(4)弹性要求。项目成本预测是在现有资料、预测模型、经验判断的基础上得出的结论。但在项目运作过程中,很可能会有预料之外事情的发生,例如国内国际政治经济形势的变化、自然灾害等,这些变化会造成预测成本与现实情况的不符,给成本管理带来难度。所以在成本预测工作中要考虑意外因素对成本的影响,保持预测成本在一定意外因素下的适应能力。一般在整个项目预测中留出 10%~15% 的不可预见费用,以应付项目运行过程中不可预见因素对项目的影响。

(5)要认识到历史上相类似项目借鉴作用的重要性。无论采用数学模型预测还是借助专家的经验判断分析,历史上相似的项目都发挥重要的借鉴作用。在一定的经济时期内,国家、产业政策、外部条件都不会发生太大变化。考察分析历史上类似项目,特别是近期类似项目,对项目进行成本预测具有可行性。一方面借鉴历史类似项目成本,可以排除技术、人为原因造成的预测成本过高或过低现象;另一方面减少预测工作的环节,降低预测工作的自身成本,提高项目运作效率,节约资源。

2. 成本预测的基本步骤

成本预测的基本步骤,一般包括三个阶段七个步骤,如图 3.6 所示。

(1)准备阶段。准备阶段包括确立预测目标、收集资料、选择预测方法三个步骤。

①确立预测目标。主要明确预测的目的是什么,预测范围多大,预测期限多长,以求做到有的放矢。预测目标和要求应尽量用数量单位来描述。

②收集资料。在成本预测之前,应该对预测对象的生产要素进行市场调查,包括市场的目前的供求情况以及今后供求情况的预测,行业竞争的情况,同类产品或施工的成本水平等。同时应当收集一定时期的本企业和其他企业同类产品或施工的成本资料,包括有可比性的成本资料,各项生产、财务、人事、技术和组织措施计划,内部有关的经济定额,内部价格目录及相关的内部控制制度等,并按照相关性原则对其进行分析挑选。

数据资料是预测的依据,在收集资料过程中,应特别注意数据资料的可靠性、完整性和刚效。要注意研究资料的变化特点,分析数据的代表性。排除个别偶然因素影响所出现的异常数据,从而大体掌握预测对象的变化规律。

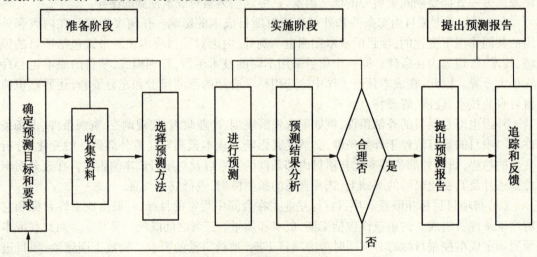

图 3.6 成本预测的基本程序

③选择预测方法,一般应从以下几个方面进行考虑:

a. 预测期限。不同的预测方法适用于不同的预测期限。定性预测通常多用于长期预溯,而定量预测则适用于中、短期预测。

b. 数据资料。不同的预测方法有不同的数据要求。中、长期预测通常要有三年以上的统计资料。如果历史数据比较丰富和完整,可运用各种定量方法进行预测;否则,只宜采用定性分析方法。

c. 准确度。选用的预测方法应获得足够准确的预测结果。

d. 费用。在确保预测准确性的前提下,优先选用费用较少的方法。

e. 实用性。选用的预测方法应易于理解,方便使用。

(2)实施阶段。实施阶段包括进行预测和预测结果分析两个步骤。

a. 进行预测。根据现有的资料和已制定的预测模型进行预测,得出预测结果。

b. 预测结果分析。主要是检查是否达到预期的预测目标,预测误差是否在允许范围内,预测结果是否合理等。若得出否定结论,则需重复前面的步骤,重新确定预测目标或选择预测方法,再次进行预测。

(3)提交预测报告阶段。该阶段主要包括提出报告和追踪反馈两个步骤。

a. 提出预测报告。预测结果得到确认后,便可提出预测报告。预测报告中至少包括预测结论和建议两项内容。

b. 追踪和反馈。提出预测报告并不等于预测工作的最后完成,还要追踪报告的结论和建议是否被采用,采用的结果如何,实际效果如何。要反馈追踪结果,便在下一次预测时改进预测方法。

3. 成本预测的方法

(1)定性预测方法。施工项目成本定性预测指成本管理人员根据专业知识和实践经验,通过调查研究,利用已有资料,对成本的发展趋势及可能达到的水平所做的分析和推断。定性预测方法主要有:经验判断法(包括经验评判法、专家会议法和函询调查法)、主观概率法等,见表3.9。

表3.9 定性预测方法

序号	方法类别	具体内容
1	经验评判法	经验评判法是通过分析过去类似公路工程的有关数据,结合现有的公路工程项目技术资料,经综合分析而预测其成本
2	专家会议法	专家会议法是目前国内普遍采用的一种定性预测方法,其优点是简便易行、信息量大、考虑的因素比较全面、参加会议的专家可以相互启发。这种方式的不足之处在于:参加会议的人数总是有限的,所以代表性不够充分;会上容易受权威人士或大多数人的意见的影响,而忽视少数人的正确意见,即所谓的"从众现象"——个人由于真实的或臆想的群体心理压力,在认知或行动上不由自主地趋向于与多数人一致的现象。使用该方法预测值经常出现较大的差异,在这种情况下通常可采用预测值的平均数
3	函询调查法	函询调查法也称为德尔菲法。该法是采用函询调查的方式,向有关专家提出所要预测的问题,请他们在互不商量的情况下,背对背地各自做出书面答复,然后将收集的意见进行综合、整理和归类,并匿名反馈给各个专家,再次征求其意见,如此经过多次反复之后,就能对所需预测的问题取得较为一致的意见,从而得出预测结果。为了能体现各种预测结果的权威程度,可针对不同专家预测结果分别给予重要性权数,再将他们对各种情况的评估作加权平均计算,从而得到期望平均值,做出较为可靠的判断。这种方法的优点:能够最大限度地利用各个专家的能力,相互不受影响,意见易于集中且真实;缺点:受专家的业务水平、工作经验和成本信息的限制,有一定的局限性。这是一种广泛应用的专家预测方法

续表 3.9

序号	方法类别	具体内容
4	主观概率预测法	主观概率是与专家会议法和专家调查法相结合的方法,即允许专家在预测时可提出几个估计值,并评定各值出现的可能性(概率),然后计算各个专家预测值的期望值,最后对所有专家预测期望值求平均值即为预测结果。计算公式如下,即: $$E_i = \sum_{j=1}^{m} F_{ij} P_{ij} \quad i=1,2,\cdots,n; j=1,2,\cdots,m \quad (3.9)$$ $$E = \sum_{i=1}^{m} E_i / n \quad (3.10)$$ 式中 F_{ij}——第 i 个专家所作出的第 j 个估计值 P_{ij}——第 i 个专家对其第 j 个估计值评定的主观概率, $\sum_{j=1}^{m} P_{ij} = 1$ E_i——第 i 个专家的预测值的期望值 E——预测结果,即所有专家预测期望值的平均值 n——专家数 m——允许每个专家作出的估计值的个数

(2)定量预测方法。定量预测也称统计预测,是根据已掌握的比较完备的历史统计数据,运用一定的数学方法进行科学地加工整理,借以揭示有关变量之间的规律性联系,用于推测未来发展变化情况的预测方法。定量预测基本上可分为两类:一类是时间序列预测法。它是以一个指标本身的历史数据的变化趋势去寻找市场的演变规律,作为预测的依据,即把未来作为过去历史的延伸。另一类是回归预测法。它是从一个指标与其他指标的历史和现实变化的相互关系中探索它们之间的规律性联系,作为预测未来的依据。)定量预测的具体方法主要包括:简单平均法、回归分析法、指数平滑法、高低点法、量本利分析法和因素分解法等,见表 3.10。

表 3.10 定量预测方法

序号	方法类别	具体内容
1	简单平均法	(1)算术平均法:该法简单易行,如预测对象变化不大且无明显的上升或下降趋势时应用较为合理,不过它只能应用于近期预测 (2)加权平均法:当一组统计资料中每一个数据的重要性不完全相同时,求平均数的最理想方法是将每个数的重要性用权数进行表示 (3)几何平均法:将一组观测值相乘再开 n 次方,所得 n 次方根称为几何平均数。几何平均数通常小于算术平均数,而且数据越分散几何平均数越小 (4)移动平均法:它是在算术平均法的基础上发展起来,以近期资料为依据,并考虑事物发展趋势的方法,包括简单移动平均法和加权移动平均法两种

续表 3.10

序号	方法类别	具体内容
2	一元线性回归预测法	前面的预测方法仅限于一个变量或一种经济现象,我们所遇到的实际问题则一般涉及几个变量或几种经济现象,并且要探索它们之间的相互关系,例如成本与价格及劳动生产率等都存在着数量上的一定相互关系。对客观存在的现象之间相互依存关系进行分析研究,测定两个或两个以上变量之间的关系,寻求其发展变化的规律性,从而进行推算和预测,称之为回归分析。在进行回归分析时,不论变量的个数多少,必须选择其中的一个变量为因变量,而把其他变量作为自变量,然后根据已知的历史统计数据资料研究测定因变量和自变量之间的关系 在回归预测中,所选定的因变量是指需要求得预测值的那个变量,即预测对象,自变量则是影响预测对象变化的、与因变量有密切关系的那个或那些变量。回归分析有一元回归分析、多元线性回归和非线性回归等
3	指数平滑法	指数平滑法,又称指数修正法,是一种简便易行的时间序列预测方法。它是在移动平均法基础上发展起来的一种预测方法,是移动平均法的改进形式。使用移动平均法有两个明显的缺点: (1)它需要有大量的历史观察值的储备 (2)要用时间序列中近期观察值的加权方法来解决 由于最近的观察中包含着最多的未来情况的信息,因此必须相对地比前期观察值赋予更大的权数,即对最近的观察值应给予最大的权数,而对较远的观察值就给予递减的权数。指数平滑法就是既能够满足这样一种加权法,又不需要大量历史观察值的一种新的移动平均预测法。指数平滑法又分为一次指数平滑法、二次指数平滑法和三次指数平滑法
4	高低点法	高低点法是成本预测的一种常用方法,它是以统计资料中完成业务量(产量或产值)最高和最低两个时期的成本数据,通过计算总成本中的固定成本、变动成本和变动成本率来预测成本的
5	量本利分析法	量本利分析,全称是产量成本利润分析,用于研究价格、单位变动成本和固定成本总额等因素之间的关系。这是一项简单而适用的管理技术,用于施工项目成本管理中,可以分析项目的合同价格、工程量、单位成本及总成本相互关系,为工程决策阶段提供依据
6	因素分解法	因为进行项目施工成本管理活动的前提是工程项目已经确定,在这个阶段,施工图纸已经设计完毕,采用工程量做基数,利用企业施工定额或参照国家定额进行成本预测的条件已经成熟,所以采用因素分解法(即消耗量×单价)确定项目施工责任成本就比较合适

3.4.1.2 施工项目成本计划

1. 成本预测与成本计划的联系与区别

成本计划是在成本预测的基础上进行编制的,它们之间有一定的内在联系,但它们之间在编制的程序、方法、系统管理和作用上则有明显的区别。

(1)在编制程序上,成本预测是编制成本计划的前提。通过成本的预测,掌握未来成本趋势,选择最优的降低成本方案,进而为成本计划的编制和确定成本目标提供了科学、可靠的数据资料。

(2)在编制方法上,成本预测重视科学研究和因果分析。通常是侧重分析影响企业的各种内部和外部的成本资料,即以与成本有关的业务量、收入、利润等客观因素为基础,建立数学模型,进行因果关系(外因)的对比分析,以求成本之优化。成本计划则是注重计划成本指标的落实。在计划制订上要从加强成本管理入手,抓住有利时机,动员内部积极因素(内因),落实降低成本措施。

(3)在系统管理上,成本预测是成本系统管理的重要环节,而成本计划则是涵盖整个成本系统管理的一项重要内容,主要体现于:

①计划准备阶段,即成本预测。
②计划决策阶段,优选降低成本方案。
③计划编制阶段,落实并制订具体的降低成本计划指标。
④计划执行阶段,实行成本控制和核算,实现降低成本任务。
⑤计划考评阶段,检查和分析降低成本计划执行情况,进行绩效考评。

(4)在作用上,成本预测具有参考性,成本计划具有执行性。由于它是一个指令性指是规范企业及全体职工为完成降低成本任务的行动纲领。因此可以说,成本预测是软指标,成本计划则是硬指标。

2. 施工项目成本计划编制步骤

编制成本计划的程序,因项目的规模大小、管理要求不同而不同。大中型项目通常采用分级编制的方式,即先由各部门提出部门成本计划,再由项目经理部汇总编制全项目工程的成本计划;小型项目通常采用集中编制方式,即由项目经理部先编制各部门成本计划,再汇总编制全项目的成本计划。无论采用哪种方式,其编制的基本程序包括:

(1)搜集和整理资料。广泛搜集资料并进行归纳整理是编制成本计划的必要步骤。所需搜集的资料也即是编制成本计划的依据。这些资料主要有:国家和上级部门有关编制成本计划的规定;有关成本预测、决策的资料;项目经理部与企业签订的承包合同及企业下达的成本降低额、降低率和其他有关技术经济指标;施工组织设计资料;施工项目的标后预算;施工项目使用的机械设备生产能力及其利用情况;施工项目的材料消耗、物资供应、劳动工资及劳动生产率等计划资料;计划期内的物资消耗定额、劳动工时定额、费用定额等资料;同行业同类项目的成本、定额、技术经济指标资料及增产节约的经验和有效措施;以往同类项目成本计划的实际执行情况及有关技术经济指标完成情况的分析资料;本企业的历史先进水平和当时的先进经验及采取的措施;国外同类项目的先进成本水平情况等资料。此外,还应深入分析当前情况和未来的发展趋势,了解影响成本升降的各种有利和不利因素,研究如何克服不利因素和降低成本的具体措施,为编制成本计划提供丰富具体可靠的成本资料。

(2)分析上期成本计划的执行情况。在编制成本计划之前,必须正确分析上期成本计划的完成情况,确定执行结果。分析成本升降的原因,弄清存在的问题,找出经验和教训,将已经取得的经验巩固下来,对存在的问题进行分析,找出产生问题的原因,并确定已采取的各种具体措施解决问题的结果,以充分挖掘和利用降低成本的潜力,保证成本计划建立在既先进又切实可靠的基础上。

(3)确定目标成本及目标成本降低额。在掌握了丰富的资料,并加以整理分析,特别是在对上期成本计划完成情况进行分析的基础上,按照有关的设计、施工等计划,根据工程项目应投入的物资、材料、劳动力、机械、能源各种设施等,结合计划期内各种因素的变化和准备采取的各种增产节约措施,进行反复测算、修订、平衡后,估算生产费用支出的总水平,进而提出全项目的成本计划控制指标,最终确定目标成本及目标成本降低额。

(4)编制成本计划草案。对于大、中型项目,经项目经理部批准下达成本计划指标之后,各职能部门应充分发动群众进行认真的讨论,在总结上期成本计划完成情况的基础上,结合本期计划指标,找出完成本期计划的有利和不利因素,提出挖掘潜力、克服不利因素的具体措施,以确保计划任务的完成。为了使指标真正落实,各部门应尽量将指标分解落实下达到各班组及个人,使得目标成本的降低额和降低率得到充分讨论、反馈与再修订,使成本计划既能够切合实际,又成为群众共同奋斗的目标。

各职能部门亦应认真讨论项目经理部下达的费用控制指标,拟定具体实施的技术经济措施方案,编制各部门的费用预算。

(5)综合平衡,编制正式的成本计划。在各职能部门上报了部门成本计划和费用预算后,项目经理部首先应当结合各项技术经济措施,检查各计划和费用预算是否合理可行,并进行综合平衡,使各部门计划和费用预算之间相互协调、衔接;其次,要从全局出发,在确保企业下达的成本降低任务或本项目目标成本实现的情况下,以生产计划为中心,分析研究成本计划与生产计划、劳动工时计划、材料成本与物资供应计划、工资成本与工资基金计划、资金计划等的相互协调平衡。经过反复讨论多次综合平衡,最后确定的成本计划指标,即可作为编制成本计划的依据,项目经理部正式编制的成本计划,上报企业有关部门审定后即可正式下达至各职能部门执行。

3. 施工项目成本计划编制方法

(1)固定预算法。固定预算法,又称静态预算,它是指在目标成本控制下,根据项目计划期内可以实现的目标编制成本计划的方法。即根据项目的工期和施工组织计划,采用上述方法分别计算出成本指标和费用项目的预算数,进而汇总编制出全部成本计划。

(2)弹性预算法。弹性预算法,又称变动预算法,是与固定预算法相对而言的一种方法。它是按照可预见的不同施工生产水平分别确定相应成本水平的成本计划编制方法。采用这一方法,成本计划可随着施工变动水平的不同作相应的调整、改变,具有伸缩弹性,因此称为弹性预算法。弹性预算法的主要步骤包括:

①选择和确定施工生产水平的计量单位和数量界限。一般成本计算对象单一时可以选用工程量,成本计算对象种类多时,则可选用生产工时。

②确定不同情况下施工生产水平的范围,这个范围是指弹性预算所适用的业务量区间,一般以正常生产能力的70%~110%为宜。

③根据成本和业务量之间的依存关系,分别确定变动成本、固定成本和混合成本及其具体费用项目在不同施工生产水平范围内的控制数额。随着业务量大小成正比例变动的费用为变动费用,如机物料消耗、修理费等;不随业务量而变化的费用为固定费用,例如办公费、折旧费等;还有一些费用项目部分随业务量变化,部分不变化的称为混合费用。

④将上述计算出的项目加以汇总,编成弹性预算。

(3)滚动预算法。滚动预算法,又称连续预算法,是为克服传统定期的固定成本计划的不足而产生的。其主要思路是:生产活动是连续不断的,而且也不是固定不变的,因此在编制预算之后,可以随着时间及执行情况对未来预算期的预算进行调整,逐期往后滚动,向前延伸。实际工作当中,可采用按季滚动的方法,第一季度按月编制详细的成本计划,后三季度则粗略编制,等第一季度过后,根据实际执行情况随时调整第二季度的成本计划,使之具体化,以此类推。此种方法还能与会计分期假设前提下的会计核算相配合。

(4)概率预算法。在编制成本计划过程中,涉及许多因素,例如材料单价、消耗定额等,这些因素由于项目内部和外部经济条件的不断变化,往往表现出若干种变化趋势,而不是完全确定的。在因素不确定的情况下,编制成计划,就需要采用概率预算法。

概率预算法是概率论原理与预算的结合运用,其实质是一种修正的弹性预算,即将每一项可能发生的概率结合应用到弹性预算的编制中,其编制步骤包括:

①估计因素的可能值及其概率。

②分别计算各种可能组合因素的分项工程成本及联合概率。

③以联合概率为权重,分别计算各种可能的期望值。

④计算分项工程的综合期望值,综合期望值等于各种可能的期望值之和。

因概率预算法考虑到所有因素变动的各种可能组合,所以成本计划更为符合实际旭计算比较复杂,概率的测算也比较困难。

4. 施工项目成本计划表

施工项目成本计划表一般由项目成本计划总表、降低成本技术组织措施计划表、降低项目成本计划表及现场管理费用计划表等组成。

(1)项目成本计划总表。工程成本计划是综合反映计划期内建筑安装工程的预算成本、计划成本、计划降低额和计划降低率的计划。它是以计划期内承包的全部施工工程或单位工程为对象,在工程预算成本的基础上,计算确定计划成本及计划成本节约额进行编制的,见表3.11。

表3.11 项目成本计划表　　　　　　　　　　　(单位:万元)

项目	预算成本	计划成本	计划降低额	计划降低率/%
(一)按成本项目分:				
人工费	1 480	1 428	52	3.51
材料费	8 760	8 370	390	4.45
机械使用费	1 250	1 125	125	10.00
其他工程费	350	343	7	2.00
直接费用小计	11 840	11 266	574	4.85
间接费用	1 184	1 066	118	10.00
工程成本合计	13 024	12 332	692	5.31
(二)按主要工程分:				
路面工程	1 220	1 159	61	5.00
路基工程	784	744	40	5.10
桥梁、涵洞	2 050	1 927	123	6.00
…	…	…	…	…
…	…	…	…	…

(2)降低成本技术组织措施计划表。降低成本措施计划是工程成本计划表的附表。它是财会部门会同技术、施工管理等有关部门按照降低成本的预期目标及提出的具体降低成本

措施进行编制的,有具体的节约项目、计算方法、责任部门和执行人,便于执行和检查。本表(表3.12)包括如下两个部分:

①技术措施。技术措施是指在确保工程质量的前提下,从改进工艺技术手段,节约工料机械费等措施。一般包括行之有效的技术措施及推广应用新结构、新材料、新机具、新工艺等开拓降低成本新领域等措施。

②管理措施。管理措施是指从改善现场施工、劳动力组织管理的降低成本措施。例如缩短工期、节约固定成本;改善操作条件,减少操作损耗;改善平面布置,减少材料二次搬运,合理使用机械,减少停机损失;加强劳动力的组织调配,减少停窝工损失等。

表3.12 降低成本措施计划 (单位:万元)

措施项目	内容	工程量		计算方法	合计	人工费	材料费	机械费	其他直接费	间接费用	责任单位或执行人
		单位	数量								

(3)现场管理费用计划表。现场管理费用计划表是指项目经理部为组织和管理项目施工的费用计划表。由管理费用会计科目中的细项组成,反映现场管理中预算收入、计划成本、计划降低数额,见表3.13。

表3.13 间接费用计划表

工程名称: 单位:
项目经理: 日期:

项目	预算收入	计划成本	计划降低额
工作人员工资			
辅助工资			
工资附加费			
办公费			
差旅交通费			
固定资产使用费			
工具用具使用费			
劳动保护费			
检验实验费			
工程保险费			
财产保险费			
取暖、水电费			
排污费			
其他			
合计			

3.4.2 施工项目成本控制

施工项目成本控制是指在项目施工成本的形成过程中,根据事先制订的成本标准对工程施工中所消耗的各种资源和费用开支,进行严格的监督、调节和限制,使生产成本控制在成本计划范围之内。施工项目成本控制是一种动态的控制,在项目的实际进程当中需要随着施工的进展及外部环境的变化,不断调整控制方案,在达到预期的工程功能和工期要求的同时优化成本开支,将总成本控制在计划范围内,它是项目成本管理的基础、核心和关键。

3.4.2.1 施工项目成本控制的原则

1. 开源与节流相结合原则

降低项目成本,需要增加收入和节约支出二者同时进行。因此,在成本控制中,也应坚持开源与节流原则。该原则是指对每一笔金额较大的成本费用,均要核查有无与其相对应的预算收入,是否支大于收,在经常性的分部分项工程成本核算和月度成本核算中,也要进行实际成本与预算收入的对比分析,以便从中找出成本节超的原因,纠正项目成本的不利偏差,从而提高项目成本的降低水平。

2. 全面控制原则

(1)成本的全员控制。企业成本是一项综合性很强的指标,它涉及企业中各个部门、单位和班组的工作业绩,也与每个职工的切身利益相关。因此,企业成本的高低需要人人参与、共同关心。

(2)成本的全过程控制。成本的全过程控制是指从一个具体项目的施工准备开始,经工程施工,到竣工交付使用后的保修期结束的各个阶段的每一项经济业务,都要纳入成本控制的轨道。

3. 目标管理原则

目标管理是贯彻执行计划的一种方法,它对计划的方针、任务、目的和措施等逐一进行分解,提出进一步的具体要求,并分别落实到执行计划的部门、单位乃至个人。

4. 节约原则

节约原则主要是指人力、财力、物力的节约。它是提高经济效益的核心,也是成本控制的一项最主要的基本原则。

5. 及时性原则

项目的成本是在生产经营过程中形成的,这一过程受到多方面因素影响,总是处于不断变化中,并且变化的规律难以把握。这也是造成项目实际消耗与计划成本之间差异的主要原因。为确保成本控制的时效性,及时指导项目各方面的工作,必须运用一定方法及时揭示项目运行过程中的成本差异,及时采取合理措施把成本差异引起的不良后果限制在最小的范围内。

6. 例外管理原则

例外管理是西方国家现代管理的常用方法,它是相对于规范管理而言的。在项目的运行过程中的许多活动是例行的,但对不经常出现的称之为例外问题。例外问题通常会带来打破成本计划,影响项目正常运转等问题。所以在项目成本控制工作中,首先管理好可控成本、计划成本,在此基础上集中精力处理例外问题带来的影响。同时由于例外问题的多样性、偶然性,又很少有历史资料作参考,这对管理人员发现问题、分析问题、解决问题的能力提出考验。

7. 责、权、利相结合原则

在项目生产经营的过程中,项目的各级管理人员,拥有一定范围的采取管理措施的权力。例如对一定数额资金的审批权,施工机械、人员的调动等。拥有权力的同时,也要承担因管理不力而造成损失的责任。充分认识激励机制在成本控制工作中的作用,定期进行业绩考评,实现考评同个人利益的挂钩。责、权、利相结合能充分调动各层员工的生产积极性,增强工作的责任感,慎重的利用拥有的权力,有利于成本控制工作的健康运行。

3.4.2.2 施工项目成本控制的流程

施工项目成本控制流程是指项目经理部,在施工的过程中,通过有效的管理活动,对所发生的各种要素消耗、成本信息,有组织、有系统的进行预测、计划、控制、核算和分析等一系列工作,使工程项目施工过程中的各种要素,根据一定的目标运行,最终将施工项目的实际成本控制在预定的目标范围内。根据施工项目成本控制的要求和特点,其控制内容和流程如下:

1. 成本标准的制定

成本控制标准是衡量成本应该控制在事先规定的范围之内的一种尺度。生产消耗定额、限额以及预算、计划等均可成为成本控制的标准。为了有效地控制成本,应以达到平均先进水平的各种生产消耗定额作为成本标准,例如产量定额、工日定额、材料与机具耗用定额等,然后将其纳入成本计划,这样才能够随成本的形成过程进行控制。

2. 成本监督

成本监督是通过成本核算和定期考核进行的,可分别从以下两个方面进行监督:

(1)按照部门或单位总体监督,也就是按各责任单位分别设立核算台账。定期对整个部门或单位的成本目标完成情况进行监督和考核,并予以奖惩。

(2)生产者个人监督。生产现场的操作者是现场成本控制者,他们在生产的过程中直接使用各种资源,随时控制费用的发生。因此每个人都要负起控制成本责任,自我监督。生产者要按规定清点完工数量、剩余数量、投入数量,填写消耗的材料、工时等记录,并与目标成本比较,发现问题,寻找原因,加以纠正。

3. 成本差异分析

将实际成本和标准成本(计划成本)进行比较,分析发生成本差异的因素及其原因,称之为成本差异分析。成本差异分析有助于揭示差异中的有利因素和不利因素及其发生的原因,肯定节约成绩,确定成本超支的责任归属,及时研究成本超支的原因。围绕产品单位成本项目及影响因素进行分析,见表3.14。

表3.14 成本项目及影响因素分析

序号	分析内容	说明
1	成本项目构成分析	成本项目构成分析是通过研究各成本项目在单位成本中的比例关系,以便抓住重大的项目或比例变化不当的项目进行分析。分析时要同原定的比例比较,研究它的变化
2	材料项目分析	主要是分析某种具体主要原材料成本,它受材料的消耗量和价格的影响。不同差异的责任单位是不同的。数量变化由生产单位负责,价格变化由供应部门负责

续表 3.14

序号	分析内容	说明
3	工资项目分析	这是指对直接工资的分析,它受单位工时消耗和小时平均工资两个因素的影响
4	间接费用项目分析	间接费用是现场组织施工生产和管理发生的费用,这需要从施工现场管理等方面分部门进行分析

通过差异分析,进一步找出差异原因,采取措施,加以调控,同时总结有效降低成本经验,开拓降低成本的新渠道。

4. 差异的控制,采取纠偏的措施

对于经过计算并分析的各项成本费用的差异,可按具体情况采取措施进行控制。一般来讲,要做到没有差异是不可能的,各项成本费用的发生都会产生或多或少的差异。若仅以标准成本进行点控制往往难以奏效,而是应采用区域控制的方法。即根据以往的历史资料和项目的具体情况,确定各类差异的正常控制范围。当实际成本在标准成本的一定范围内上下随机地波动,这类差异可视作正常的差异,偷个菜不需要采取特别的控制措施。而当实际成本突破了这一控制范围,或虽在范围之内但却呈现出单方向的非随机变动趋势,则就表明需要查明原因,采取一定的控制措施予以纠正。

这种区域控制的实施,对变动成本来讲,应当按照单位产品成本进行监控,而对于固定成本来讲,则应按其发生总额进行监控,并分别不同的成本项目、甚至是明细账项目进行控制,这样才有利于及时地进行干预控制。

3.4.2.3 施工项目成本控制方法

1. 以目标成本控制成本支出

在施工项目的成本控制中,可以根据项目经理部制定的目标成本控制成本支出,这是最有效的方法之一。该控制方法主要是从以下几个具体方面加以控制:

(1)人工费的控制。在项目经理部与施工队等签订劳务合同后,应根据工程特点和施工范围确定施工队伍。人工费单价采用标后预算规定的人工费单价,辅工还可再低一些。同时在施工过程中,必须严格地按照合同核定劳务分包费用控制支出,并每月底结一次,发现超支现象应及时分析原因,清退不合格队伍。施工过程中,要注意加强预控管理,防止合同外用工现象的发生。

(2)材料费的控制。由于材料成本是整个项目成本的主要环节,因此,项目经理应对材料成本予以足够的重视。对材料成本控制,要以预算价格来控制地方材料的采购成本,至于材料消耗的数量控制,在工程项目施工过程中,每月应当根据施工进度计划,编制材料需用量计划,如超出限额领料,要分析原因,及时采取纠正措施;同时通过实行"限额领料"制度来控制、落实材料领用数量,并控制工序施工质量,争取一次合格,避免因返工而增加材料损耗。施工中,因为材料市场价格变动频繁,往往会发生预算价格与市场价格严重背离而使采购成本失控的情况。所以除了项目材料管理人员有必要经常关注材料市场价格的变动,利用现代化信息手段,广泛收集材料价格信息,并积累系统详实的市场信息、优化采购之外,还应采用材料部门承包的方式控制材料总销量及总采购价,同时对材料价格的上升和下降有一定的预计和准备,以平衡成本支出,降低工程项目成本。

(3)周转工具使用费的控制。在项目施工责任成本中,周转工具使用费是根据施工组织总设计中的有关施工方案计算的。目标成本中该项费用是经过对施工组织总设计中的有关施工方案进一步细化确定的。对周转工具使用费应从以下几个方面进行控制:

①在计划阶段通过合理地安排施工进度,采用网络计划技术进行优化,采用先进的施工方案和先进的周转工具。控制周转工具使用费计划数低于目标成本的要求。

②在施工阶段控制租赁数量和进退场时间,减少租赁数量和时间,择优且价廉的租赁单位,降低租赁费用。

③使用阶段通过建立规章制度,建立约束和激励机制,控制周转工具的损坏、修理及丢失。

(4)施工机械使用费的控制。施工机械使用费的控制与周转工具使用费的控制相似。在确定目标成本时尽量充分利用现有机械设备、内部合理调度,力求提高主要机械的利用率,在设备选型配套中,注意一机多用,减少设备维修养护人员的数量和设备零星配件的费用。对于单独列出租赁的机械,在控制时,也应按使用数量、使用时间、使用单价逐项进行控制。小型机械及电动工具购置及修理费采取由劳务队包干使用的方法进行控制。

(5)现场管理费的控制。现场管理费包括项目经理部管理人员工资、奖金、交通费、业务费等,现场管理费内容多,人为因素多,不易控制,超支现象较为严重。现场管理费的控制宜实行全面预算管理,采用差旅费包干到部室、业务招待费按比例计提控制。对于一些不易包干的费用项目,可通过建立严格的审批手续来控制。

2. 以施工方案控制资源消耗

施工项目中资源消耗是成本费用的重要组成因素。所以减少资源消耗,就等于节约成本费用;控制了资源消耗,也等于是控制了成本费用。

采用施工方案控制资源消耗的方法和步骤包括:

(1)在工程项目开工之前,根据施工图纸和工程现场的实际情况,同时制订施工方案,包括人力物资需用计划,机具配置方案等,以此作为指导和管理施工的依据。在施工的过程中,如工程变更或需改变施工方法,则应及时调整施工方案,对标后预算做统一调整和补充。

(2)组织实施。施工方案是进行工程施工的指导性文件,对生产班组的任务安排,必须签发施工任务单和限额领料单,并向生产班组进行技术交底。施工任务单和限额领料单的内容,应与标后预算相符,不得擅自篡改,在施工任务单如限额领料单的执行过程中,要求生产班组根据实际完成的工程量和实际消耗人工、实际消耗材料做好原始记录,作为施工任务单和限额领料单结算的依据。在任务完成之后,根据回收的施工任务单和限额领料单进行结算。并按照结算内容支付报酬(包括奖金)。

针对某一个项目而言,施工方案一经确定,则应是强制性的。有步骤、有条理地按施工方案组织施工,可避免盲目性,可以合理配置人力和机械,可以有计划地组织物资进场,从而可以做到均衡施工,避免资源闲置或积压造成浪费。

(3)采用价值工程,优化施工方案。对同一工程项目的施工,可以有不同的方案,选择最为合理的方案是降低工程成本的有效途径。采用价值工程,可以解决施工方案优化的难题。价值工程又称价值分析,是一门技术与经济相合的现代化管理科学,应用价值工程,即要研究技术,又要研究经济,即研究在提高功能的同时不增加成本,或在降低成本的同时不影响功能,将提高功能相降低成本统一在最佳方案中。表现在施工方面,主要是寻找实现设计要求的最佳施工方案,如分析施工方法、流水作业、机械设备等有无不切实际的过高要求。最优化的方案,也是对资源利用最合理的方案。采用这样的方案,必然会降低损耗、降低成本。

3. 用净值法进行工期成本的同步控制

长期以来,国内的施工企业编制施工进度计划是为安排施工进度和组织流水作业服务的,很少与成本控制结合。成本控制与施工计划管理,成本与进度之间必然有着同步关系。由于成本是伴随着施工的进行而发生的,施工到什么阶段应该有什么样的费用,应用成本与进度同步跟踪的方法控制部分项目工程成本。若成本与进度不对应,则必然会出现虚盈或虚亏的不正常现象,那么就要对此进行分析,找出原因,并加以纠正。

挣值法是一种分析目标实施与目标期望之间差异的方法。挣值法是通过测量和计算已完工作量的计划成本与已完工作量的实际成本和计划工作量的计划成本,得到有关计划实施进度和成本偏差情况,进而达到分析工程项目计划成本和进度计划执行情况的目的。挣值法是因为这种分析方法应用了一个关键数值——"挣得值"而命名的。所谓挣得值就是已完成工作量的计划成本,是指项目实施某阶段实际完成工程量按计划价格计算出来的费用。

(1)挣值法的三个基本参数。

①计划工作量的计划成本(BCWS)。BCWS 是指项目实施过程中某阶段计划要求完成的工作量所需的计划工时(或成本)。计算公式如下:

$$BCWS = 计划工作量 \times 定额 \tag{3.11}$$

BCWS 主要是反映进度计划应当完成的工作量,而不是反映应消耗的工时或费用。

②已完成工作量的实际成本(ACWP)。ACWP 是指项目实施过程中某阶段实际完成的工作量所消耗的工时(或成本)。ACWP 主要反映项目执行的实际消耗指标。

③已完工作量的计划成本(BCWP)。BCWP 是指项目实施过程中某阶段实际完成工作量及按定额计算出来的工时(或成本),即挣得值(Earned Value)。BCWP 计算公式如下:

$$BCWP = 已完成工作量 \times 定额 \tag{3.12}$$

(2)挣值法的 4 个评价指标。

①成本偏差 CV(Cost Variance)。CV 是指检查期间 BCWP 与 ACWP 之间的差异,计算公式如下:

$$CV = 已完工作量的计划成本 - 已完工作量的实际成本 \tag{3.13}$$

当 CV 为负值时,表示执行效果不佳,即实际消耗人工(或成本)超过计划值,即超支。如图 3.7(a)所示。

当 CV 为正值时,表示实际消耗人工(或成本)低于计划值,即有节余或效率高。如图 3.7(b)所示。

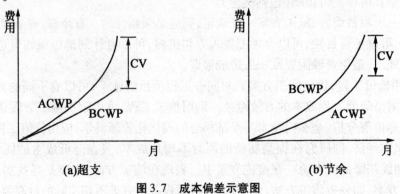

图 3.7 成本偏差示意图

当 CV 等于零时,表示实际消耗人工(或成本)等于计划值。

② 进度偏差 SV(Schedule Variance)。SV 是指检查日期 BCWP 与 BCWS 之间的差异。其计算公式如下:

$$SV = 已完工作量的计划成本 - 计划工作量的计划成本 \quad (3.14)$$

当 SV 为正值时,表示进度提前,如图 3.8(a)所示。

当 SV 为负值时,表示进度延误,如图 3.8(b)所示。

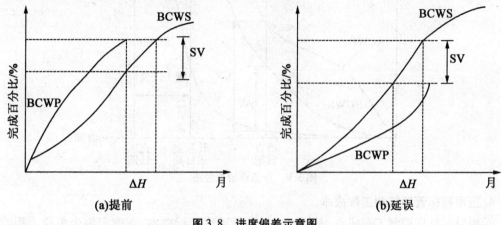

图 3.8 进度偏差示意图

当 SV 为零时,表示实际进度与计划进度一致。

③ 费用执行指标 CPI(Cost Performed Index)。CPI 是指计划成本与实际成本值之比(或工时值之比)。计算公式如下:

$$CPI = 已完工作量的计划成本/已完工作量的实际成本 \quad (3.15)$$

当 CPI > 1 时,表示低于计划,即实际成本低于计划成本。

当 CPI < 1 时,表示超出计划,即实际成本高于计划成本。

当 CPI = 1 时,表示实际成本与计划成本吻合。

④ 进度执行指标 SPI(Schedul Performed Index)。SPI 是指项目挣得值与计划之比,即:

$$SPI = 已完工作量的计划成本/计划工作量的计划成本 \quad (3.16)$$

当 SPI > 1 时,表示进度提前,即实际进度比计划进度快。

当 SPI < 1 时,表示进度延误,即实际进度比计划进度慢。

当 SPI = 1 时,表示实际进度等于计划进度。

(3)挣值法评价曲线。挣值法评价曲线如图 3.9 所示。图的横坐标表示时间,纵坐标则表示费用(以实物工程量、工时或金额表示)。图中 BCWS 按 S 形曲线路径不断增加,直到项目结束达到它的最大值。可见 BCWS 是一种 S 形曲线。ACWP 同样是进度的时间参数,随项目推进而不断增加的,也是 S 形曲线。利用挣值法评价曲线可进行费用进度评价,如图 3.9 所示。当 CV < 0,SV < 0 时,表示项目执行效果不佳,即费用超支,进度延误,应采取相应的补救措施。

在实际执行的过程中,最理想的状态是 ACWP、BCWS、BCWP 三条曲线靠得很近,平稳上升,表示项目按照预定计划目标前进。若三条曲线离散度不断增加,则预示可能发生关系到项目成败的重大问题。若经过对比分析,发现某一方面已经出现成本超支,或预计最终将会出现成本超支,则应将它提出,作进一步的原因分析。原因分析是成本责任分析和提出成本控制措施的基础。

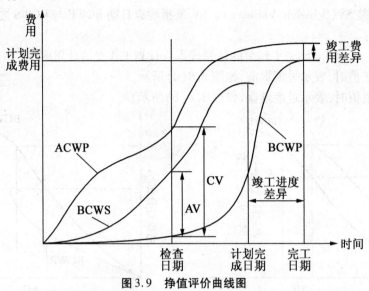

图3.9 挣值评价曲线图

4. 运用目标管理控制工程成本

运用目标管理控制工程成本,是通过标后预算确定目标成本,在确定每个单位工程的最低利润额后将项目进行公开招标,用合同方式代替行政命令。

在纵向上实行4级承包,项目经理部按照核定利润(中标利润)与公司施工部门签订包工期、质量、安全、效益的项目承包合同;项目经理对各工长签订以考核工期、质量、安全、成本为主要指标的分项工程承包合同;各工长将承包指标,以施工任务书形式落实到施工队(班)组;各施工队(班)组以定额工日为依据,对施工小组(人员)逐日下达施工任务。

在横向上,项目经理以公司法人委托代理人的身份与公司内、外部生产、施工、经营单位签订构件预件、配件加工、材料采购、外包工程等经济合同,以经济和法律手段规范项目经理部与相关单位的责任,紧紧围绕实现项目成本目标开展管理工作。

为确保成本目标的实现需要加强基础管理,应从组织、技术、经济、合同等多方面采取措施。要有明确的组织结构,有专人负责和明确管理职能分工;技术上要对多种施工方案进行选择;经济上要对成本进行动态管理,严格审核各项费用支出,采取对节约成本的奖励措施等;合同措施主要是收集、整理设计变更、工程签证、费用索赔、决算书发文等。具体做法包括:

(1)施工前认真组织图纸会审和设计交底,组织学习操作规程和技术标准,编制质量保证措施、安全保证措施等。

(2)根据设计、施工图等有关技术资料,对拟定的施工方法、顺序、作业形式、机械设备选型、技术组织措施等进行认真的研究分析,制订出具体明确的施工方案。

(3)台账管理。材料台账应对预算数与实耗数差异进行分析,为成本分析提供尽量详尽的资料;对内促进管理,对外如有正式设计变更或口头变更应及时签证补充预算,按时收取进度款和价差;劳动定额台账侧重于定额的全面执行及结算的准确性,外来单位和用工的合理性。单位工程进行月度的一般分析,季度全面详细分析。

(4)设立工程建设项目的合同管理机构或者配备合同管理专职人员。建立合同台账统计、检查和报告制度。为企业法人和项目经理部作出管理决策、费用索赔、决算书发文等提供依据。

在选用控制方法时,应当充分考虑与各项施工管理工作相结合。例如在计划管理、施工任务单管理、限额领料单管理、合同预算管理等工作中,跟踪原有的业务管理程序,利用业务管理所取得的资料进行成本控制,不仅省时省力,还能帮助各业务管理部门落实责任成本,从而得到它们有力的配合和支持。

所以综合各种有效的成本控制方法是实现施工项目成本控制的要求,是降低额外消耗,实现目标成本,实现项目赢利的关键。

3.4.3 施工成本核算

3.4.3.1 施工成本核算的意义

施工企业的生产经营过程,既是建筑产品的生产过程,又是施工费用的发生过程。施工成本核算,是施工企业成本管理的重要组成部分。施工成本核算就是将施工过程所发生的施工费用,按一定的方法归集到各个工程中去,计算出各项工程的实际工程成本。为施工项目成本管理提供分析和考核的资料,进而进一步挖掘成本降低潜力,提高成本管理水平。

施工成本核算的意义,见表3.15。

表3.15 施工成本核算的意义

序号	项目	具体内容
1	可以反映施工项目实际成本	在工程项目施工过程中,将一定时期内发生的各项施工费用按照经济用途和一定的核算程序,直接计入或分配计入各项施工工程,正确地计算出各施工项目的实际成本,并将它与预算成本进行比较,检查预算成本的实际执行情况
2	可以及时反映施工项目成本的形成过程和成本构成情况	通过一定的核算方法,可以反映施工过程中材料、人工、机械使用费和其他工程费的耗费情况,真实地、准确地反映施工企业工程成本的构成,有助于施工企业分析成本升降的原因,在能够合理地补偿施工生产耗费的前提下,节约开支,控制消耗,提高企业在市场中的竞争能力
3	可以计算施工企业经济效益,对其进行成本考核分析	通过一定的核算方法,可以计算施工企业内部各个项目经理部的经济效益,分清各个单位的成本责任,并随时和定期地进行成本考核分析,评价各施工项目的成本水平和工作成果,落实各项承包合同的有关经济指标,贯彻成本管理责任制
4	可以计算和积累各项耗费和支出的数据、时间、地点、条件等资料	通过一定的核算方法,可以计算和积累各项耗费和支出的数据、时间、地点、条件等资料,为施工企业修订预算定额、施工定额等提供了重要的经济技术资料。同时,通过对历史资料的分析,可以总结出施工项目成本管理的实际经验,对施工企业进一步加强成本管理,搞好经营决策有重要的现实意义

3.4.3.2 施工成本核算的基本要求

1. 建立和健全成本核算体系，加强成本核算责任制

建立健全成本核算体系，即指在施工企业内部，建立与企业的施工管理体制相适应的成本核算的组织与管理制度，形成完整的成本核算系统。公路施工企业工程成本的核算体制应与施工管理体制相适应，在实行公司、工程处、施工项目部三级管理体制的企业，公司、工程处既是施工企业，又是综合管理单位，在经济上实行独立核算；施工项目部是基层施工单位，在经济上实行非独立核算。公司汇总所属工程处独立核算单位的成本资料；工程处汇总所属各内部独立核算单位的成本资料，指导所属单位建立健全成本管理制度，进行工程成本核算；施工项目部是基层成本核算单位，贯彻上级下达的工程成本计划，完成上级下达的经济承包任务。进行工程成本核算，并组织班组经济核算。在实行公司、施工项目部二级管理体制的企业，公司汇总所属单位的成本资料，施工项目部计算工程成本，也可以由公司综合计算工程成本，施工项目部只计算本部发生的料、工等直接工程费用。

成本核算责任制是企业加强成本控制、降低成本的有效形式。企业应创造条件全面推行责任成本管理，实行责任成本承包。在优化施工组织设计的基础上，编制单位工程责任预算，按照成本管理责任区和责任层次分解责任预算，建立责任成本核算、控制、信息反馈系统和绩效报告制度，落实成本核算责任制。

2. 加强成本核算的基础工作

成本核算基础工作是搞好成本核算工作的前提条件，施工企业成本核算工作主要包括如下内容：

（1）建立健全与成本核算有关的原始记录和工程量统计制度。准确、全面、真实和及时的原始记录是施工企业进行成本核算的基础资料。施工企业应当根据业务分工，建立健全原始记录的填制、审核和传递制度。主要对施工生产中材料的领用和耗费、工时的耗费、生产设备的运转、燃料和动力的消耗、低值易耗品和周转材料的摊销、费用的开支、已完工建筑产品竣工验收等情况，进行及时准确地记录，使每项原始记录都有人负责，以确保施工生产成本核算的真实可靠。

（2）制订或修订各项消耗定额。消耗定额是企业根据一定的生产技术条件和管理要求，对施工生产中料、工、费的利用和消耗所规定的标准。消耗定额主要包括工时定额、材料消耗定额、机械设备使用定额、工具消耗定额和费用定额等。其中工时定额用于考核各施工班组的工效；材料消耗定额是据以签发"定额领料单"的主要依据，用于考核材料的消耗情况；机械设备利用定额和工具消耗定额，据以考核机械设备的使用效率和生产工具的消耗情况；费用定额用于控制各项费用开支。各项定额不仅要先进，而且要切合实际。定额制订和修订以后，就应该严格按照定额来控制消耗和支出。

（3）建立健全各项财产物资的计量、收发、领退、清查和盘点制度。施工企业所有财产物资的购入和入库都要经过计量、验收并办理必要的凭证手续。企业要设立专门的计量检验机构和人员，配备必要的计量工具和检验设备，并使计量工作达到国家规定的标准，以便正确计量各种物资的消耗。施工企业领用材料、设备，工具等物资，均要有严格的制度和手续，防止随意领取不按用途使用。对于施工生产经营活动中的剩余物资，要及时办理退库手续或结转到下期继续使用，既可以如实反映计入工程成本的材料物资消耗数量，又不会造成已领未用材料的浪费。库存物资要定期盘点,做到账实相符,以保护财产物资的安全和完整。

3. 正确划分各种费用的界限,加强对费用的审核与控制

(1)正确划分生产成本与期间费用之间的界限。生产成本是指施工企业为生产建筑产品在施工生产经营过程中所消耗的人工、料、费,而期间费用是指管理费用和财务费用等。期间费用不能计入产品成本,而是直接计入当期损益。施工企业为正确计算施工生产成本,必须首先分清哪些支出属于生产成本,哪些支出属于期间费用,只有这样才能正确核算各期的盈亏水平。

(2)正确划分各成本项目之间的界限。施工企业在明确成本项目具体内容的基础上,对所发生的各项费用,应该按照其经济内容正确归集在相应的成本项目中,以便了解施工生产成本的实际构成情况,对成本计算和成本分析具有重要的意义。

(3)正确划分成本核算对象之间的界限。成本核算对象一般应在工程施工之前确定,凡是能够确定施工生产成本的各项直接费用,均应直接计入施工生产成本;凡是不能划清成本计算对象的费用,则必须采用合理的分配标准,在有关工程之间进行分配。这样才能正确计算单位工程的实际成本,便于分析和考核各单位工程成本计划的执行情况。

(4)正确划分已完合同成本与未完合同成本的界限。施工企业应定期进行成本核算,对于本期全部完工的应计算完工工程成本,对于某成本计算对象有一部分能够单独验收计价,应作为已完工程。在计算期末,应将本期发生的生产费用在已完合同成本和未完合同成本之间进行分配,不得人为地压低或提高未完合同成本,保证合同成本核算的真实性、及时性、完整性与准确性。

(5)正确划分实际成本与计划成本、预算成本之间的界限。为了使施工企业的实际成本与计划成本、预算成本之间具有可比性,实际成本的核算范围和计算口径必须与计划成本、预算成本完全一致。但施工企业在计算当期施工产品的实际成本时,必须以当期的实际完成工程数量、实际消耗和实际价格为依据,不得以计划成本或预算成本代替实际成本。

3.4.3.3 公路工程成本核算对象

在施工成本核算当中,将各项生产费用最终归集和分配的具体工程或项目,成为公路工程成本核算的对象。合理确定工程成本核算对象,是正确组织施工企业建筑产品成本核算的重要条件之一。

建筑安装施工,属于复杂的、单件生产类型,每一个单位工程都应单独设计,单独编制工程预算,独立进行施工。通常情况下,施工企业以施工图预算为依据和甲方(建设单位等发包单位)就所承接的每一建设施工项目签订建造合同。在实际工作中,一个施工企业往往要承包许多个建设项目,每个建设项目的具体情况又各不相同。例如有的工程规模大,工期长;有的建设项目只是规模较小、工期较短的零星改建或扩建工程。所以施工企业一般应以与每一施工图预算相适应的原则,并结合公路企业施工组织的特点和加强工程成本管理的要求,来确定工程成本核算对象。

工程成本核算对象的确定方法主要包括以下几种:

(1)以编制有独立的施工图预算、具有独立施工条件的单位工程为成本核算对象。

(2)以单项建造合同所定的承包项目作为成本核算对象。若一项合同包括几项资产,且每项资产的收入和成本可以单独确认,此时可以每项资产作为成本核算对象。若一项或数项资产签订一组合同,每项合同又是综合工程的组成部分,并且同时或依次施工,则应以该组建造合同作为成本核算对象。

(3)一个单位工程由几个施工单位分包施工时,均应以同一单位工程为成本核算对象,各自按其分包的部分进行核算。若总分包单位是同一个集团公司或同一系统的,当上级汇总工程成本时,应将单位工程成本予以归并。

(4)对于规模很大、工期很长,根据需要可结合成本责任制,将一个单位工程划分为几个段落或分部、分项作为成本核算对象。

(5)同一建设项目、同一施工地点、同一结构类型、开工时间相接近的若干个单位工程可合并成一个成本核算对象。

(6)改建、扩建的零星工程,可将开工和竣工时间相接近的若干个单位工程,合并为一个成本核算对象。

(7)土石方工程、打桩工程,可根据实际情况和管理需要,以一个单项工程为成本核算对象,或将同一施工地点的若干个工程量较小的单项工程合并作为一个成本核算对象。

(8)临时工程可按同一结构类型作为一个成本核算对象。

在公路工程施工中,工程成本核算对象的划分,通常是根据《公路基本建设工程概算预算编制办法》的规定确定的。例如路线工程成本对象,可分为:路基,路面,小桥,中桥,大桥,涵洞,互通式立体交叉,分离式立体交叉,平面交叉道,通道,隧道,其他沿线工程,临时工程,管理、养护及服务房屋等。独立大(中)桥工程成本对象,可分为:桥头引道(还可分为路基、路面涵洞等),桥基础工程,下部构造,上部构造,调治及其他工程,临时工程等。

应指出,成本核算对象应该在开工前确定,一经确定后,企业内部各有关部门和单位必须遵守,不得任意变更和混淆。所有原始记录和核算资料,均应按照统一规定的成本核算对象填写清楚,保证成本核算的准确性。会计部门应按照成本核算对象设置成本明细账,并按成本项目设置专栏,以便准确核算每一个成本计算对象的实际成本。

3.4.3.4 公路工程成本核算组织

科学有效地组织工程成本核算,是施工成本核算的前提条件。施工企业应当根据企业成本核算和内部经济责任制的要求,结合企业自身的规模和施工管理体制,建立和完善相应的成本核算组织体系。目前我国公路施工企业一般实行公司、工程处(或工区,分公司等)和项目经理部(或施工队)三级管理;或公司、工程处两级管理。与之相适应,成本核算的组织,一般也实行公司、工程处和项目经理部三级核算或公司、工程处两级核算体制。

1. 实行三级核算的施工企业

实行三级核算的施工企业,公司一级负责全面领导所属单位的成本核算工作,主要负责指导所属单位建立、健全成本管理制度,检查成本核算工作是否符合公司要求,控制和核算公司本身的管理费用,汇总整个企业的施工、生产成本,审核汇总所属单位的成本报表,对公司施工生产成本进行全面的分析和控制等。

工程处一级(或工区)是施工企业成本核算体系的中心环节。主要负责核算工程处本身的管理费用,对本处工程成本核算工作进行直接指导或直接核算工程成本,汇总或编制工程成本报表,并负责全工程处的成本分析和控制等。

项目经理部(或施工队)是工程处所属基层成本核算单位,是施工企业成本核算体系的基础,主要负责设置成本账、卡,签发工程任务单和定额领料单,登记工程消耗的各种直接工程费用及间接费用的原始记录,登记工程项目成本台账,办理由于设计变更、材料代用等施工生产经营过程中发生的签证手续,计算工程实际成本,编制成本报表,并分析可控成本,例如材料成本和人工成本等超支或降低的原因。

2. 实行两级核算的施工企业

实行两级核算的施工企业,公司一级核算的内容,与实行三级核算的施工企业公司一级核算的内容基本相同。公司所属的工程处应当同时承担三级核算中的工程处与项目经理部两级成本核算单位的成本核算职责。

3.4.3.5 公路工程成本会计核算程序

工程成本的程序,是指施工企业在成本核算工作中应遵循的一般顺序和步骤。从会计核算角度讲,应当先按《企业会计制度》和《施工企业会计核算办法》的规定,设置与成本核算有关的总分类会计科目和明细分类科目,在明细账中按成本项目开设专栏,用于归集发生的工程费用和计算工程成本,再设计出作为计算与分配成本费用的原始单据。通过一定的核算步骤最终计算出完工施工工程成本。

1. 成本核算应设置的会计科目

为了归集、汇总和分配施工中发生的各项生产费用,正确计算施工工程的实际成本,施工企业应设置如下会计科目。

(1)"工程施工"科目。"工程施工"科目核算施工企业实际发生的工程施工合同成本和合同毛利。本科目应当设置"合同成本"和"合同毛利"两个明细科目:

①"工程施工—合同成本"科目的核算内容。"合同成本"明细科目核算各项工程施工合同发生的实际成本,通常包括施工企业在施工过程中发生的材料费、人工费、机械使用费、其他工程费、间接费用等。合同成本明细账户应按照成本核算对象分设账页,按成本项目设置专栏。成本项目一般为材料费、人工费、机械使用费、其他工程费和间接费用。其中,材料费、人工费、机械使用费和其他工程费等费用,可以直接计入有关工程成本,间接费用可先在本科目(合同成本)下设置"间接费用"明细项目进行核算,月份终了,再按一定分配标准,分配计入工程成本。

"工程施工合同成本"科目借方登记的内容包括:

a. 施工企业在施工生产经营过程中发生的材料费、人工费、机械使用费、其他工程费和间接费用。

b. 按规定确认的工程合同收入大于合同费用的合同毛利。

"工程施工—合同成本"科目贷方登记的内容包括:

a. 按规定确认的工程合同收入小于合同费用的合同亏损。

b. 合同完成后结转的合同总价款。

②"工程施工—合同毛利"账户的核算内容。"合同毛利"明细科目核算各项工程施工合同确认的合同毛利。

"工程施工—合同毛利"科目借方登记的内容包括:按规定确认的工程合同收入小于合同费用的合同亏损。

"工程施工合同毛利"科目贷方登记的内容包括:按规定确认的工程合同收入大于合同

费用的合同毛利。

建造合同完成后,"工程施工"账户应与"工程结算"账户对冲,对冲后"工程施工"账户应无余额。

月末借方余额,反映尚未完工施工工程累计的合同成本和合同毛利。

(2)"机械作业"科目。"机械作业"科目用来核算施工企业及其内部独立核算的施工单位、机械站和运输队使用自有施工机械和运输设备进行机械作业(包括机械化施工、运输作业等)所发生的各项费用。其借方登记发生的各项施工机械作业费用;贷方登记月末按受益对象分配结转的机械作业费用。本科目期末应无余额,本科目应设置"承包工程"和"机械作业"两个明细账户,并在明细账下,按大型机械、按单机或机组、小型机械、按类别等作为成本核算对象,按规定成本项目进行明细核算。

如果施工企业及其内部独立核算的施工单位,从外单位或本企业其他内部独立核算的机械站租赁的施工机械,按规定的台班费定额支付的机械租赁费,直接计入成本核算对象的"机械使用费"成本项目,不通过本科目进行核算。

(3)"辅助生产"科目。"辅助生产"科目用来核算施工企业非独立核算的辅助生产部门为工程施工、机械作业、固定资产以及临时设施等生产材料、提供劳务(例如设备维修、构件的现场制作、铁木件加工、固定资产清理、供应水、电、气、施工机械的安装和拆卸的辅助设备的搭建工程等)所发生的各项费用。其借方登记实际发生的辅助生产费用;贷方登记期末已完工的产品和劳务应当结转的实际成本。期末借方余额反映辅助生产部门尚未完工在产品或未完作业、未结算劳务的实际成本。本科目应当按车间、产品、或劳务作业等成本计算对象设置明细账,按照规定的成本项目设置专栏进行明细核算。

(4)"待摊费用"科目。"待摊费用"科目核算已经支付,但应当由本期和以后各期负担的各项费用,如低值易耗品摊销、一次支付数额较大的财产保险费、排污费、技术转让费以及施工机械安装、拆卸、辅助设施和进出场费等。其借方登记施工企业发生的各项待摊费用;贷方登记各项待摊费用按照受益期限分期计入成本和费用的摊销额。期末借方余额反映各项待摊费用的摊余价值。本科目应当按照费用的种类设置明细账户进行核算。

(5)"预提费用"科目。"预提费用"科目核算预先提取但尚未实际支出的各项费用,例如预提收尾工程费用、预提借款利息等。其贷方登记企业按规定预先提取的各项费用;借方登记企业实际支付的各项费用期末贷方余额反映企业已经计入成本费用但尚未支付的各项费用。本科目应当按照费用的种类设置明细账户进行核算。

2. 工程成本的总分类核算程序

根据成本核算的会计科目的核算内容和方法,工程成本的总分类核算程序可概括为:

(1)将本期发生的各项施工生产费用按照其经济用途和发生地点分别汇集计入"工程施工"、"辅助生产"、"机械作业"、"待摊费用"、"预提费用"等账户。同时记录到各个账户的明细账户中。

(2)将应由本期工程负担的待摊费用计入"工程施工"的"间接费用"等有关明细账户;将应当由本期负担的预提费用计入"机械作业"等有关账户。

(3)将汇集在"辅助生产"账户的各项费用按照各受益对象的受益数量或相关的分配标准分配计入"工程施工"、"机械作业"等账户,同时记录到各个账户的明细账户当中。

(4)将汇集在"机械作业"科目的各项费用按照各受益对象的受益数量或相关的分配标

准分配计入"工程施工"科目。同时记录到明细账户中。

(5)将汇集在"工程施工—间接费用"科目的各项费用按照一定的分配标准分配计入"工程施工—合同工程"科目,并分别计入各个成本计算对象明细账中的"间接费用"项目。

(6)结算工程价款,确认合同毛利,结转完工施工产品成本。

(7)期末,计算出各成本计算对象已完工程的实际成本,从"工程施工—合同工程"科目的贷方结转到"工程结算"科目的借方,并分别从各成本计算对象明细账中转出。

(8)期末,将"工程结算"科目借方数额转入"本年利润"科目,结转之后"工程结算"科目应无余额。期末如有工程竣工,根据竣工工程成本累计编制"工程竣工成本决算表"。

3.4.3.6 辅助生产费用的核算

1. 辅助生产及其费用

施工企业的生产按照其生产职能可划分为基本生产和辅助生产。基本生产是指建筑产品的生产活动。辅助生产是指为基本生产或者行政管理部门提供产品和劳务的生产活动。施工企业的辅助生产部门,是指施工企业及其内部独立核算的施工单位所属的不独立核算的辅助生产单位或部门,例如机修车间、木工车间、混凝土车间、供水站、运输队等。

辅助生产部门主要是为企业的主营业务(工程施工)服务的。可为工程施工项目生产材料,例如构件现场制作、砂石采掘、铁木件加工等,也可以提供如设备维修,固定资产清理,供应水、汽、电,施工机械的安装、拆卸和辅助设施的搭建等劳务。辅助生产部门是施工企业所属的不实行独立核算的生产部门,它为工程施工服务而发生的辅助生产费用,应当由各受益的工程项目承担,其辅助生产费用的高低对工程成本水平有直接的影响,所以辅助生产单位也应该按照施工企业工程成本核算要求进行成本与费用的核算。

2. 辅助生产费用的总分类核算

辅助生产部门所发生的各项生产费用,应当通过"辅助生产"科目进行核算。

其核算的内容主要是发生各项费用的归集和对辅助生产费用的分配。其核算程序如下:

(1)在发生辅助生产费用时,借记"辅助生产",贷记"应付工资"、"应付福利费"、"银行存款"、"原材料"等账户。

(2)每月终了,按照受益对象分配辅助生产费用时,根据不同情况分别进行账务处理:

①对本单位工程施工、机械作业、管理部门等提供服务的部分,借记"工程施工"、"机械作业"、"管理费用"等账户,贷记"辅助生产"账户。

②对本单位购建固定资产提供服务的部分,借记"在建工程"账户,贷记"辅助生产"账户。

③对外单位提供劳务的部分,借记"其他业务支出"账户,贷记"辅助生产"账户。

"辅助生产"科目的期末借方余额为辅助生产部门在产品的实际成本。

3. 辅助生产费用的明细分类核算

辅助生产部门在"辅助生产"科目下按照单位、部门和成本计算对象设置明细账,并按规定的成本项目设置专栏进行明细核算。

成本核算对象通常可以按照生产的材料(或产品)和提供劳务的类别确定。成本项目通常可以分为材料费、人工费、其他工程费和间接费用。其中间接费用是指为组织和管理辅助生产所发生的费用。

辅助生产费用明细账的设置,应当根据其提供辅助产品和劳务的种类多少来决定,如果只提供一种产品或劳务时,其发生的所有生产费用都是直接费用,所以只需按车间分别设置"辅助生产费用明细账",并且设置成本项目专栏,计算出该辅助产品或劳务的成本,月终直接在各受益部门之间按受益量的多少进行分配。

如果同时提供多种产品或多种劳务,例如生产各种工具和模具的车间、提供各种修理服务的车间等,其发生的生产费用就要先按照车间设置"辅助生产费用明细账",并且按照产品或劳务类别开设成本计算单,成本项目是材料费、人工费、其他工程费和间接费用,进而计算出每种辅助产品或劳务的成本,月终再分别在各受益部门之间按受益量的多少进行分配。

3.4.3.7 施工工程实际成本核算

施工企业为了真实地反映施工产品在施工生产过程中的耗费情况,必须正确核算各项施工工程的实际成本。施工企业在工程施工过程中发生的各项施工费用,凡是可以直接计入有关工程成本核算对象的,直接计入各工程成本核算对象的成本项目;无法直接计入的,应当先计入"工程施工间接费用"账户,然后再采用一定的方法分配计入各工程成本核算对象的成本项目,最后计算出各该工程的实际成本。

施工工程实际成本的明细核算方法包括:根据施工企业的会计核算管理体制和开工报告,确定施工企业的工程成本的成本计算对象,再根据成本计算对象开设明细账户,按照成本项目包括人工费、材料费、机械使用费、其他工程费和间接费用开设专栏。为了核算方便,还可以按照各个工程处和各个项目经理部等开设明细账,再根据工程项目分别设置工程成本卡(单),成本项目相同。

1. 人工费的核算

工程成本中的人工费,是指施工企业从事建筑安装工程施工的生产人员和在施工现场运料、配料等。辅助生产人员的工资、奖金、职工福利费、工资性质的津贴补贴和按规定发放的劳动保护费等。

(1) 人工费的归集和分配。人工费计入成本的方法,通常根据施工企业所实行的具体工资制度如计件工资制或计时工资制而有所不同。

① 实行计件工资制度的施工企业所支付的工资,通常都能分清是哪个工程直接发生的。故此可以根据"工程任务单"和"工资结算汇总表",将其所发生的人工费直接计入各工程成本核算对象。

② 实行计时工资制度的施工企业,如果施工生产只涉及一个单位工程,或者所发生的施工生产工人工资能够分清是为哪个工程的,则可以直接计入该工程成本核算对象的"人工费"成本项目中;如果生产工人同时在为几项工程工作,应当将发生的工资在各个工程成本核算对象之间进行分配。通常按照当月生产工人实际工时进行分配。其计算公式如下:

$$人工费分配率 = \frac{月内生产工人计时工资总额}{月内生产工人实际工时合计} \times 100\% \quad (3.17)$$

某项工程成本核算对象应负担人工费 = 该项工程当月实际耗用工时 × 人工费分配率

$$(3.18)$$

此外,施工企业按照工资总额的一定比例计提的职工福利费等工资附加费,应当按照工资总额的分配方法,同时分配计入各工程成本核算对象。

(2)人工费的账务处理。施工企业生产工人发生的人工费,经过上述方法计算和分配后,应该做下列会计分录,借记"工程施工—××工程—人工费"账户,贷记"应付工资"、"应付福利费"等账户。

【例3.1】 某施工处有 A、B 两个项目经理部,实行一级核算。A 项目部承担甲、乙两项工程,实行的是计时工资制;B 项目部承担一项工程,实行的是计件工资制。2013 年 10 月份,A 项目部的生产工人工资为 120 000 元,B 项目部为 85 000 元。试分析该企业 10 月份生产工人工资业务的会计处理。

解:(1)编制 A 项目部的人工费分配表,见表 3.16。

表 3.16 人工费分配表

(2013 年 10 月)

单位:A 项目经理部　　　　　　　　　　　　　　　　　人工费分配率:120 000/6 000 = 20

工程成本计算对象	实际工时/工日	人工费分配率(元·工日$^{-1}$)	工资分配额
甲工程	2 400	—	48 000
乙工程	3 600	—	72 000
合计	6 000	20	120 000

(2)编制 2013 年 10 月份生产工人工资业务的会计分录如下:

借:工程施工—合同工程—A 项目部—甲工程—人工费　　　48 000 元
　　　—合同工程—A 项目部—乙工程—人工费　　　72 000 元
　　　—合同工程—B 项目部—人工费　　　85 000 元
　贷:应付工资　　　205 000 元

(3)根据生产工人工资总额计提职工福利费,假定提取率为 14%,则职工福利费分别为:A 项目部—甲工程 6 730 元,A 项目部—乙工程 10 070 元;B 项目部 11 900 元,共计 40 600 元,作出会计分录如下:

借:工程施工—合同工程—A 项目部—甲工程—人工费　　　6 730 元
　　　—合同工程—A 项目部—乙工程——人工费　　　10 070 元
　　　—合同工程—B 项目部—人工费　　　11 900 元
　贷:应付福利费　　　40 600 元

根据上述会计分录的相关会计凭证,分别登记 A 项目部和 B 项目部的工程成本明细账和工程成本(卡)的人工费栏目。

采用百元产值工资含量包干办法的公路施工企业,按照工资含量包干办法计算提取工资费用时,应当借记"工程施工"、"辅助生产"、"机械作业"、管理费用等科目,贷记"应付工资"科目,实际支付工资时,再借记"应付工资"科目,贷记"银行存款"科目。

2. 材料费的核算

(1)材料费的归集和分配。工程成本中的材料费,是指在工程施工生产过程中耗用的构成工程实体以及有助于工程实体建成的原材料、辅助材料、结构件、零件、半成品的实际成本,以及周转材料的摊销额和租赁费用等。

施工企业的材料,除了主要用于施工生产之外,还用于固定资产等在建工程,以及其他非生产性耗用。所以在进行材料费核算时,必须严格划分施工生产性耗用与非生产性耗用的界限。

材料费在施工企业工程成本中所占的比重较大,施工企业必须建立健全材料物资的收发、领退等管理制度,制订统一的定额领料单、大堆材料耗用计算单、集中配料耗用计算单、周转材料摊销计算分配表、退料单等自制原始凭证,并按材料耗用的情况,采取不同的方法进行材料费的归集和分配。

①在领用材料时,能够点清数量、分清用料对象的,应当在领料凭证上注明工程成本核算对象的名称,并直接计入工程成本计算对象。

②在领用材料时,虽能点清数量,但系集中配料或需统一下料的材料,例如油漆、玻璃、木材等,应当在有关领料凭证上注明"工程集中配料"字样,月末由材料管理部门人员或领用部门,根据用料情况,结合材料消耗定额分配计入各受益工程成本核算对象。

③在领用材料时,难以分清工程成本受益对象的材料,例如砖、瓦、灰、砂、石等大堆材料,可根据需要先行领用,月末再实地盘点剩余数量,根据月初结存数量和本月进料数量,倒推出本月实耗数量,最后结合材料耗用定额,计算应计入各工程成本核算对象的材料实际成本。

④对于工程施工周转使用的模板、脚手架等周转材料,应根据各工程成本受益对象的实际在用数量和规定的摊销方法,计算出各工程成本核算对象应分摊的周转材料实际成本。对于施工企业某些租用的周转材料,可以将实际支付的租赁费用直接计入各受益工程成本核算对象。

⑤施工企业工程竣工后剩余的材料,均应填写"退料单"或用红字填写"领料单",据以办理材料退库手续,便于正确计算工程项目的实际成本。

(2)材料费的账务处理。施工企业在工程施工过程中所耗用的各种材料,其实际成本的计算和分配通过编制"材料费用汇总分配表"进行。如果材料的收发核算采用计划成本,则应当先计算出本月耗用材料的计划成本,再计算出本月的材料成本差异分摊率以及各个成本计算对象应分摊的材料成本差异额。如果材料的收发核算采用实际成本,则应当按照先进先出法、加权平均法、移动加权平均法,个别计价法和后进先出法等方法,确定各个成本计算对象领用材料的实际成本。

根据"材料费用汇总分配表",应作如下会计分录:借记"工程施工—××工程—材料费"账户,贷记"原材料"、"材料成本差异"、"周转材料"等科目。

3.机械使用费的核算

(1)机械使用费的归集和分配。工程成本中的机械使用费,是指在施工过程中使用施工机械所发生的机械使用费用。包括自有施工机械的使用费用和租入施工机械所发生的租赁费,以及施工机械发生的安装、拆卸和进出场费等。在公路施工的过程中,对于土石方工程、起重吊装、混凝土搅拌和浇灌等,都是依靠各种施工机械来完成。所以机械使用费在工程成本中的比重日益增长。

机械使用费的归集和分配按照自有施工机械的使用费用和租入施工机械所发生的租赁费分别进行。

①租入机械费用的归集和分配。施工企业向外单位或本企业内部独立核算的机械站(公司)租入施工机械支付的租赁费和进出场费,可根据会计上有关结算账单所列的金额,直

接计入有关受益工程成本核算对象的"机械使用费"成本项目中。如果施工机械是为两个或两个以上的工程服务，租赁费不能直接计入某一成本计算对象，应将所发生的租赁费按照为各个工程成本核算对象所提供的作业台班数量进行分配。其计算公式如下：

$$\text{单位台班租赁费} = \frac{\text{施工机械租赁费总额}}{\text{租入施工机械作业总台班数}} \quad (3.19)$$

$$\begin{matrix}\text{某受益工程成本}\\\text{计算对象应负担}\\\text{施工机械租赁费}\end{matrix} = \begin{matrix}\text{该受益工程成本}\\\text{计算对象实际使}\\\text{用机械作业台班数}\end{matrix} \times \text{单位台班租赁费} \quad (3.20)$$

②自有施工机械的使用费的归集和分配。施工机械的使用费的内容包括：

a. 人工费。人工费是指驾驶和操作施工机械人员的工资、奖金、职工福利费、工资性的津贴和劳动保护费等。

b. 燃料及动力费。燃料及动力费是指施工机械和运输设备所耗用的燃料、电力等费用。

c. 折旧及修理费。折旧及修理费是指施工机械和运输设备计提的固定资产折旧费、发生的修理费用，以及替换工具和部件的摊销费用和维修费。

d. 其他工程费。其他工程费是指施工机械和运输设备所耗用的润料、擦拭材料以及预算定额所规定的其他费用，以及施工机械进出场费、施工现场范围内转移的运输、安装、拆卸及试车费用等。

e. 间接费用。间接费用是指本企业内部独立核算的机械站（公司）为组织和管理施工机械和运输作业所发生的管理费用，包括管理人员工资、奖金、职工福利费、固定资产折旧费及修理费、劳动保护费、办公费等。如果自有施工机械没有实行独立核算，则不单独核算间接费用。

③机械使用费的分配方法。机械使用费的分配，是先求出某种机械单位分配额，再计算出各个成本计算对象应该负担的机械使用费。一般包括台班分配法与预算（计划台时）分配法。

a. 台班分配法。台班分配法是指按照成本计算对象使用某种机械的台班数进行分配的方法。

【例3.2】 2013年10月，假定推土机实际工作台班总数为2 000台班，本月份实际发生的费用为400 000元；已知B项目部在本月份使用推土机450台班，则10月B项目部应负担的推土机使用费如下：

$$400\ 000/2\ 000 \times 450 = 90\ 000 \text{元}$$

台班分配法适用于按单机或机组进行成本核算的施工机械。这种分配方法也可以用于计算能够完成作业量的单台施工机械或者汽车运输作业，只是分配的基数应为作业量。

b. 预算（计划台时）分配法。预算（计划台时）分配法是指按照实际发生的机械作业费占预算定额或者计划台时规定的机械使用费的比率进行分配的方法。主要适用于不便于计算或无机械使用台班和无台班单价预算定额的中小型施工机械费的分配，如几个成本核算对象共同使用的混凝土搅拌机的费用。

【例3.3】 2013年10月，假定某种型号的混凝土搅拌机的预算台时费为65元，本月份该搅拌机实际发生的机械使用费150 000元，A项目部的甲工程实际使用该搅拌机780台

时,乙工程实际使用该搅拌机 1 200 台时,则 A 项目部应负担的机械使用费如下:

预算机械使用费总额 = 780 × 65 + 1 200 × 65 = 128 700 元

实际发生的机械使用费占预算机械使用费总额比率 = 15 000/128 700 × 100% = 116.55%

B 工程应负担的机械使用费 = 780 × 65 × 116.55% = 59 091 元

C 工程应负担的机械使用费 = 1200 × 65 × 116.55% = 90 909 元

(2)机械使用费的会计处理。施工企业在工程施工过程中因使用工程机械所发生的费用,在"机械作业"账户进行核算。可以按照机械类别或者单个机械设置明细账户,按照实际发生的机械使用费进行登记,期末,编制"机械使用费分配表",采用不同的分配方法,计算出各个受益工程成本计算对象应负担的机械使用费,根据【例3.2】、【例3.3】,作出如下会计分录:

A 项目部:

借:工程施工—合同工程—A 项目部—B 工程—机械使用费　　　　59 091 元
　　　—合同工程—A 项目部—C 工程—机械使用费　　　　　　90 909 元
　贷:机械作业—混凝土搅拌机　　　　　　　　　　　　　　　　150 000 元

B 项目部:

借:工程施工—合同工程—B 项目部—机械使用费　　　　　　　　90 000 元
　贷:机械作业——推土机　　　　　　　　　　　　　　　　　　90 000 元

在根据上述会计凭证,分别登记 B 工程、C 工程和 B 项目部的工程成本明细账和工程成本计算单的机械使用费栏,见表 3.19~3.21。

4. 其他工程费的核算

(1)其他工程费的归集和分配。施工企业工程成本中的其他工程费,是指在施工现场直接发生的但无法归集在材料费、人工费和机械使用费的其他直接施工生产费用。主要包括:施工中使用的水、电、风、气费用,临时设施摊销费,冬雨季施工费,夜间施工增加费,仪器仪表使用费,生产工具用具使用费,检验试验费,工程定位复测,工程点交,场地清理等费用,特殊地区施工增加费,流动施工津贴等。

施工企业在施工过程中所发生的其他工程费,应当根据具体情况进行归集和分配。对于施工中使用的水、电、风、气费用,如果属于辅助生产单位供应,应当通过在"辅助生产"科目进行归集和分配,分配数则直接计入"工程施工"科目的"其他工程费"成本项目。如果耗用的水、电、风、气费用属于外部或内部独立核算单位供应的,则可以根据结算单据直接计入"工程施工"科目的"其他工程费"成本项目。对于其他的项目,凡是在发生时能够分清受益对象的,应当直接计入工程成本核算对象的"其他工程费"成本项目中。凡是不能够分清受益对象的,可在发生时先计入"工程施工—其他工程费"账户,月末再按照一定的方法分配,在各成本核算对象之间进行分配。

(2)其他工程费核算的会计处理。下列我们举例来说明其他工程费核算的会计处理。

【例3.4】 2013 年 10 月,假定施工企业 B 项目部发生其他工程费 65 000 元,已通过银行存款支付,作如下会计分录:

借:工程施工—合同工程—B 项目部—其他工程费　　　　　　　65 000 元

贷：银行存款　　　　　　　　　　　　　　　　　　　　　　　65 000 元
　　根据分配计算结果，A 项目部甲工程应分摊其他工程费 23 000 元，乙工程应分摊其他工程费 46 000 元，作如下会计分录：
　　借：工程施工—合同工程—A 项目部—甲工程—其他工程费　　　23 000 元
　　　　　　—合同工程—A 项目部—乙工程—其他工程费　　　46 000 元
　　　贷：工程施工—其他工程费　　　　　　　　　　　　　　　　69 000 元
　　根据上述会计分录，分别登记 A 项目部的甲工程、乙工程和 B 项目部的"工程成本明细账"的其他工程费栏目。

5. 间接费用的核算

（1）间接费用核算的归集和分配。间接费用是指施工企业各施工单位（包括工程处、施工队、项目经理部等）为组织和管理工程施工所发生的全部支出，包括管理人员的工资；奖金、职工福利费、行政管理用固定资产折旧费及修理费、物料消耗、低值易耗品摊销、办公费、差旅费、取暖费、财产保险费、检验试验费、劳动保护费、工程保修费、排污费、季节性和修理期间的停工、窝工损失及其他费用等。

间接费用在发生时无法分清应负担的成本核算对象，属于共同性费用。所以施工企业应先归集本期发生的各项间接费用期末再按照一定的标准分配计入各有关工程成本核算对象。

为了与预算成本相比较，间接费用的分配标准应尽量与预算取费依据相一致。通常建筑工程应以各工程成本的直接工程费用作为分配标准。设备安装工程应以安装工程的人工费用作为分配标准。但在实际工作中，因施工企业承担的工程项目既有建筑工程又有设备安装工程；有的辅助生产单位生产的产品或劳务可能还会对外销售。所以施工企业的间接费用一般需要进行两次分配，首先应在不同类别的工程、产品、劳务和作业间进行合理的分配，然后再在各类工程、产品（劳务和作业）的不同成本核算对象之间进行分配。

间接费用第一次应在不同类别的工程、产品、劳务和作业间进行分配。在实际工作中，一般以各类工程、劳务和作业中的人工费作为第一次分配标准。其计算公式如下：

$$间接费用分配率 = \frac{间接费用总额}{各类工程、产品成本中人工费总额} \quad (3.21)$$

$$某工程应负担的间接费用 = 该类工程成本中人工费 \times 间接费用分配率 \quad (3.22)$$

间接费用的第二次分配是将第一次分配到各类工程和产品的间接费再分配到本类工程或产品以及劳务内部各成本核算对象中去。在本类工程（或产品、劳务、作业）中对间接费用的分配，以直接工程费或人工费作为基础进行分配。

①建筑工程间接费用分配方法，通常以工程的直接成本（即人工费、材料费、机械使用费、其他工程费之和）实际数或者已完工程直接工程费预算数为基础进行分配。即：

$$建筑工程间接费用分配率 = \frac{建筑工程间接费用总额}{全部建筑工程的直接成本总额} \times 100\% \quad (3.23)$$

$$某建筑工程应负担的间接费用 = 该建筑工程直接成本 \times 建筑工程间接费用分配率 \quad (3.24)$$

②安装工程间接费用分配方法，通常以工程实际发生的人工费或以已完工程人工费预算数为基础进行分配，即：

$$安装工程间接费用分配率 = \frac{安装工程间接费用总额}{全部安装工程的人工费总额} \times 100\% \quad (3.25)$$

某安装工程应负担的间接费用 = 该安装工程人工费 × 安装工程间接费用分配率

$$(3.26)$$

（2）间接费用核算的会计处理。对于施工企业在工程施工过程中所发生的间接费用,应当在"工程施工"总账账户下设置"间接费用"明细账户,在发生间接费用时借记"工程施工—间接费用"账户,贷记"银行存款"等有关账户户;月末按照一定的方法进行分配后借记"工程施工—××工程—间接费用"账户,贷记工程施工—间接费用"账户。现举例说明间接费用的会计处理。

【例3.5】 根据【例3.1】,2013年10月,假定施工企业发生间接费用85 608元,且款项已通过银行支付,没有发生对外销售产品、劳务、作业等业务。根据间接费用的分配方法进行第一次分配,编制的"间接费用分配表"。"间接费用分配表"见表3.17。

表3.17 间接费用分配表

（2013年10月） （单位:元）

项目类别	分配标准(人工费)	分配率	分配金额
A项目部	120 000	—	50 112
B项目部	85 000	—	35 496
合计	205 000	41.76%	85 608

第一次分配间接费用应作会计分录:

借:工程施工—合同工程—A项目部—间接费用　　　　　50 112元

　　　—合同工程—B项目部—间接费用　　　　　35 496元

贷:工程施工—间接费用　　　　　85 608元

在A项目部,再将分配计入的50 112元进行二次分配,即根据甲工程和乙工程的直接成本进行分配,见表3.18。

表3.18 A项目部间接费用分配表

（2013年10月） （单位:元）

工程类别	分配标准(直接成本)	分配率	分配金额
甲工程	281 439	—	23 950
乙工程	307 427	—	26 162
合计	588 866	8.51%	50 112

二次分配间接费用应作会计分录:

借:工程施工—合同工程—A项目部—甲工程—间接费用　　　　　23 950元

　　　—合同工程—A项目部—乙工程—间接费用　　　　　26 162元

贷:工程施工—A项目部—间接费用　　　　　50 112元

根据上述会计分录,分别登记A项目部的甲工程、乙工程和B项目部的"工程成本明细账"的间接费用栏目,见表3.19~3.21。

表3.19 工程成本明细账(一)

施工单位:A项目部—甲工程　　　　　　　　　　　　　　　　　　　　　　　　(单位:元)

2013年		凭证	摘要	直接费成本					间接费用	工程成本合计
月	日			人工费	材料费	机械使用费	其他工程费	合计		
10			月初余额	31 000	46 000	24 000	4 000	10 500	2 000	107 000
			分配人工费	48 000				48 000		48 000
			分配材料费		152 400			152 400		152 400
			分配材料成本差异		(1 572)			(1 572)		(1 572)
			分配周转材料		520			520		520
			分配机械使用费			59 091		5 991		59 091
			分配其他工程费				23 000	23 000		23 000
			分配间接费用						23 950	
			本期生产费用合计	48 000	151 348	59 091	23 000	279 439	23 950	305 389
			减:期末未完工程成本	0	0	0	0	0	0	0
			本期已完工程实际成本	79 000	197 348	83 091	27 000	279 439	23 950	412 389
			累计已完工程实际成本							

表3.20 工程成本明细账(二)

施工单位:A项目部—乙工程　　　　　　　　　　　　　　　　　　　　　　　　(单位:元)

2013年		凭证	摘要	直接费成本					间接费用	工程成本合计
月	日			人工费	材料费	机械使用费	其他工程费	合计		
10			月初余额	23 000	36 000	31 000	6 800	99 500	3 500	100 300
			分配人工费	72 000				72 000		72 000
			分配材料费		99 400			99 400		99 400
			分配材料成本差异		(1 298)			(1 298)		(1 298)
			分配周转材料		340			340		340
			分配机械使用费			90 909				90 909
			分配其他工程费				46 000			46 000
			分配间接费用						26 162	26 162
			本期生产费用合计	7 200	98 442	90 909	46 000	307 427	26 162	333 512
			减:期末未完工程成本	0	0	0	0	0	0	0
			本期已完工程实际成本	95 000	134 442	121 909	52 800	404 151	29 661	433 812
			累计已完工程实际成本							

表 3.21 工程成本明细账(三)

施工单位:B 项目部　　　　　　　　　　　　　　　　　　　　　　　　(单位:元)

2013年		凭证	摘要	直接费成本					间接费用	工程成本合计
月	日			人工费	材料费	机械使用费	其他工程费	合计		
10			月初余额	36 000	62 000	45 000	35 000		13 500	191 500
			分配人工费	85 000				85 000		85 000
			分配材料费		203 000			203 000		203 000
			分配材料成本差异		(2 310)			(2 310)		(2 310)
			分配周转材料		670			670		670
			分配机械使用费			90 000		90 000		90 000
			分配其他工程费				65 000	65 000		65 000
			分配间接费用						35 496	35 496
			本期生产费用合计	85 000	201 360	90 000	65 000		35 496	476 848
			减:期末未完工程成本	29 000	43 000	32 000	21 000	125 000	12 000	137 000
			本期已完工程实际成本	92 000	220 360	103 000	79 000	494 360	36 988	531 348
			累计已完工程实际成本							

6.待摊费用的核算

施工企业的待摊费用,通常包括一次发生数额较大的或者受益期较长的大型施工机械的安装、拆卸及辅助设施费、施工机械进出场费、沙石开采剥土费,以及报刊订阅费、技术转让费等。在发生上述费用时,会计处理为:借记"待摊费用"账户,贷记有关账户。按规定的分摊期限分摊时,再借记有关账户(例如工程施工、机械作业、管理费用等),贷记待摊费用。

7.预提费用的核算

施工企业的预提费用内容通常包括收尾工程费用和借款利息支出。

(1)收尾工程费用。收尾工程费用是指整个工程已经完工,具备了使用和交工的条件,但因个别工程的特殊情况,如材料或设备在短期内不能到位,影响工程进行而预先提取计入工程成本的费用。预提收尾工程费用,必须同时具备下列条件:

①已经建设单位同意并已办理竣工结算。
②编制收尾工程清单,写明工程名称和预提工程费用的计算依据。
③经主管部门和财政部门的审批。
④预提的收尾工程费用不得超过该项工程的预算成本。

(2)借款利息支出。借款利息支出是指按月结算工程成本的企业,预提的按季度结算的利息支出。

在发生上述预提费用时,会计处理为:借记"工程施工"和"管理费用"等账户,贷记"预提费用"账户。对于收尾工程在施工中发生的材料费、人工费和分配的相关费用,应借记"预提费用"账户,贷记有关账户。

8.建筑安装工程实际成本的计算方法

施工企业为了满足成本管理和定期结算成本的需要,期末应当计算已完工程和未完工程的成本。按照有关制度规定,只要已经完成预算定额所规定的全部工序,在本企业不需要再进行任何加工的分部分项工程,称为已完工程。以此作为计算工作量,向建设单位结算工程款和核算成本的依据。

本期生产费用、本期完工工程成本和期初、期末未完施工成本之间的关系可以用下列公式表示：

期初未完工程成本 + 本期施工生产费用 = 本期完工工程成本 + 期末未完工程成本

(3.27)

在公式中，前两项为已知条件，后两项则需要一定的方法进行计算。一般情况下，是先计算未完工程成本，再通过上述公式计算出已完工程成本。

(1) 未完工程成本的计算。期末未完工程成本是指期末尚未办理结算的工程成本。应按照合同规定的工程价款结算办法予以确定。采用按月结算价款的工程，期末未完工程成本是指月末已经投料施工但尚未完或预算定额规定工序和内容，不能办理结算的未完分部分项工程成本；采用分段结算办法的工程，期末未完工程成本指期末尚不能办理结算的未完分段工程成本；采用竣工时一次结算办法的工程，期末未完工程成本是指期末尚未竣工工程自开工起至期末止所发生的工程累计实际成本。

未完工程成本的计算，必须做好未完工程实物量的盘点工作，对未完工程逐项进行清点，确定实物数量，作为计算未完工程成本的基础。为简化核算手续，通常以未完工程的预算定额计算其价值，视为未完工程的实际成本。如果未完施工工程量占全部工程量的比重很小，或者期初与期末数量相差不大，可以不计算未完工程成本。未完工程成本通常采用下面两种方法计算：

① 估价法。是指将预算单价按分部分项工程内容分解为按各个工序计算的单价，再根据期末盘估的各工程工序的已完工程量分别乘以已分解的各个工序的预算单价，加总求出未完工程成本的方法。其计算公式如下：

各工程工序单价 = 分部分项工程预算单价 × 各工程工序占分部分项工程直接费百分比

(3.28)

未完工程预算成本 = 未完工程已完工序工程量 × 各工程工序单价 (3.29)

② 估量法（或称约当产量法）。指根据现场实际施工情况，将未完施工实物量，按其完成程度，折合成相当于已完工工程的实物量，然后乘以分部分项工程的预算单价求得未完施工预算成本的方法，其计算公式如下：

未完工程预算成本 = 未完施工折合的已完工工程的实物量 × 该分部分项工程预算单价

(3.30)

未完施工通常不计算管理费。如果未完施工数额较大，可以按照定额加计管理费。

在实际工作中，因当期完成的全部工作量中，未完施工部分一般所占的比例很小，为了简化成本核算手续，平时不计算未完工程成本。但在年度终了时，则应当计算未完工程成本。

(2) 已完工程实际成本的计算。如果按月结算工程成本，将月初未完工程成本加本期的施工工程费用，减去期末未完工程成本，即为本期已完工程实际成本。其计算程序如下：

① 从按照成本计算对象设置的"成本计算卡"中取得月初未完工程成本和本期的施工工程费用的资料。

② 期末，根据实际盘估未完工程的情况编制"未完工程盘点表"，取得未完工程成本的成本资料。

③ 根据以上资料，编制"已完工程实际成本计算表"，即可汇总计算出当期已完工程实际

成本。

依【例 3.6】，根据表 3.19～3.21 等有关资料，该施工处 2013 年 10 月的"已完工程实际成本计算表"见表 3.22。

表 3.22 已完工程实际成本计算表

2013 年 10 月 （单位：元）

期间	成本项目	工程名称			
		甲工程	乙工程	B 项目部	合计
期初未完工程成本	人工费	31 000	23 000	36 000	90 000
	材料费	46 000	36 000	62 000	144 000
	机械使用费	24 000	31 000	45 000	100 000
	其他工程费	4 000	6 800	35 000	45 800
	间接费用	20 000	3 500	13 500	37 000
	合计	107 000	100 300	191 500	398 800
本月施工费用	人工费	48 000	72 000	85 000	205 000
	材料费	151 348	98 442	201 360	451 150
	机械使用费	59 091	90 909	90 000	240 000
	其他工程费	23 000	46 000	65 000	134 000
	间接费用	23 950	26 162	35 496	85 599
	合计	305 389	333 513	476 856	1 115 749
期末未完工程成本	人工费	0	0	29 000	29 000
	材料费	0	0	43 000	43 000
	机械使用费	0	0	32 000	32 000
	其他工程费	0	0	21 000	21 000
	间接费用	0	0	12 000	12 000
	合计	0	0	137 000	137 000
本月已完工程实际	人工费	79 000	95 000	92 000	266 000
	材料费	197 348	134 442	220 360	552 150
	机械使用费	83 091	121 909	103 000	308 000
	其他工程费	27 000	52 800	79 000	158 800
	间接费用	25 950	29 661	36 988	92 599
	合计	412 389	433 812	531 348	1 377 549

（3）已完工程实际成本的结转。施工企业如果按月结算工程价款，当期结算的已完工程的价款收入，计入"工程结算"账户，与结算收入相配比，当期已完工程实际成本也应转入"工程结算"账户。根据表 3.22 所列资料，2013 年 10 月份已完工程实际成本结转的会计分录编制如下：

借：工程结算　　　　　　　　　　　　　　　　　　　　　1 377 549 元
　　贷：工程施工—合同工程—A 项目部—甲工程　　　　　　412 389 元
　　　　　　　—合同工程—A 项目部—乙工程　　　　　　433 812 元
　　　　　　　—合同工程—B 项目部　　　　　　　　　　531 348 元

3.4.4 施工项目成本分析与考核

3.4.4.1 施工项目成本分析

1. 施工项目成本分析原则

要达到成本分析的预期的目的,正确地开展成本分析工作,必须遵循一定的原则。成本分析原则是组织分析工作的规范,是发挥分析作用、完成分析任务和使用分析方法的准绳。具体地说,在进行成本分析时,要着重掌握下列原则。

(1)全面分析与重点分析相结合。这里的所谓全面分析并非完全指分析内容的全面性,而是说成本分析要着眼于整体,树立全局观念,切忌片面性。必须以国家有关的方针、政策、法令作为依据,将企业、项目的成本效益与社会效益结合起来进行分析;运用一分为二的观点来进行分析,对成绩和缺点、经验和教训、有利因素和不利因素、主流和支流的分析必须坚持实事求是的精神,不能强调一个方面而忽视另一个方面,这样才能得够出正确的结论。此外,要以成本形成的全过程为对象,结合生产经营各阶段的不同性质和特点进行成本分析。

必须指出,全面分析并不意味着要对同成本有关的生产经营活动进行面面俱到、事无巨细的分析。要按照例外管理原则抓住重点,找出关键性的问题,深入剖析。通常项目日常出现的成本差异是很繁杂的,为提高成本分析的工作效率,分析人员要将精力集中在例外差异上,即对那些差异率或差异额较大、差异持续时间较长的原因进行重点分析,并及时反馈给有关责任单位,迅速采取措施予以消除。

(2)专业分析与群众分析相结合。成本管理工作涉及企业、项目的各个部门及各个岗位,为了使成本分析能够做到经常性和有效性,真正达到成本分析的目的,必须发动群众参加,将成本分析变为广大群众的自觉性行动。这就要求成本分析上下结合、专群结合,充分发挥每个部门和广大群众分析成本、挖掘降低成本潜力的积极性,将专业分析建立在群众分析的基础上。这样才能够充分揭露矛盾,深挖提高成本效益的潜力,把成本分析搞得生机勃勃,充分发挥其应有的作用。

(3)经济分析与技术分析相结合。成本的高低既受经济因素影响,又受技术因素影响,在一定程度上技术因素起决定性作用。因此成本分析如果只停留在经济指标的分析上,而不深入技术领域,结合技术指标进行分析,就不能达到其目的。为此,必须要求分析人员通晓一些技术知识并注意发动技术人员参加成本分析,将经济分析与技术分析结合起来。所谓经济分析与技术分析相结合,就是通过经济分析为技术分析提供课题,增强技术分析的目的性;而技术分析又可反过来拓展经济分析的深度,并从提高经济效益的角度对所采取的技术措施加以评价,进而通过改进技术来提高经济效益。通过这两方面分析的结合,就能够防止片面性,并能结合技术等因素查明成本指标变动的原因,以全面改进工作,提高效益。

(4)纵向分析与横向分析相结合。纵向分析是指项目内部范围内的纵向对比分析,包括本期实际与上期实际比较,与上年同期实际比较,与历史最高水平比较,与有典型意义的时期比较等。这种纵向对比,可以观察成本的变化趋势,是成本分析的主要内容。但在市场经济体制下,要提高施工企业的竞争力,必须面向市场、面向世界,因此要了解和掌握国内外行业成本的先进水平资料,广泛开展横向的对比分析。这种横向对比,有助于施工企业和项目在更大范围内发现差距,产生紧迫感,增强竞争能力。

(5)事后分析与事前、事中分析相结合。现代成本分析不能只局限于事后分析,还应包括事中分析,特别是要开展事前分析。这三个阶段的分析,是相互联系、各有其特定作用的,不可偏废哪一种分析。只有在成本发生之前就开展预测分析,在成本发生过程中实行控制分析,在成本形成之后,搞好考核分析,将事前分析、事中分析和事后分析结合起来,建立起完整的分析体系,才能够将成本分析贯穿于项目管理的全过程中,从而做到事前发现问题,事中及时提示差异,事后正确评价业绩。这对于提前采取相应措施,将影响成本升高的因素消灭在发生之前或萌芽状态之中,总结经验教训,指导下期成本工作,都具有明显的积极意义。

(6)利用成本核算数据与搞好调查研究相结合。成本分析必须系统掌握和充分利用核算数据,这是做好分析工作的基础。但是要完整了解实际情况,真正弄清问题的实质,从复杂因素中找出关键因素,得出全面的分析结论,只凭核算数据是不够充分的,还须深入实际有的放矢地进行调查研究,把核算数据和具体情况结合起来,进一步提高分析的质量。

2. 施工项目成本分析方法

进行成本分析,要采用一定的技术方法。成本分析的技术方法是多种多样的,具体采用什么方法,决定于分析的内容、特点和要求。在工程项目成本分析中,一般采用的技术方法主要有以下几种。

(1)指标对比分析法。指标对比分析法是一种用得最多、最广的分析方法。它是通过经济指标的对比,从数量上确定指标之间的差异,为深入分析形成差异的原因和影响程度的一种方法。指标对比分析法根据分析的需要,有多种形式。

①实际指标和计划指标比较。用实际指标与计划指标对比,是成本分析中较为广泛采用的一种对比方法。通过本期完成的实际指标与计划指标对比,可确定其差异的数值,检查完成计划指标的程度。

②实际指标和定额、预算成本指标比较。通过用本期实际指标与定额或预算成本指标对比,可考察项目执行定额和完成预算成本的情况,初步揭示其差异,为挖掘成本降低潜力指出方向。如通过本期已完工程的实际成本与预算成本比较,可反映项目的成本水平,检查降低成本指标的完成程度;通过实际用工、耗料量与定额规定的工、料消耗量对比,可看出工、料消耗是节约还是超支,从而进一步查明原因,挖掘节约人力、物力的潜力,寻找降低成本的途径。

③实际指标与历史指标对比。对比的方式包括:本期实际指标与上期实际指标对比,与上年同期实际指标对比,与历史最高水平对比,与有典型意义的时期对比等。通过实际成本与历史成本的对比,可以发现项目成本的发展和变化趋势,反映成本动态,研究项目成本升降变动的方向和速度,改善施工管理的情况等。另外有的技术经济指标未规定目标数,则可以将其实际数与前期实际数进行对比,以便发现差距。

必须指出,在进行成本指标对比时,要考虑指标内容、计价标准、时间长度和计算方法的可比性。在同类型项目进行成本指标对比时,要注意客观条件是否接近,在技术上、经济上是否具有可比性。这是正确运用指标对比分析法的必要条件,否则就不能正确地说明问题,甚至得出错误的结论。但也要防止将指标的可比性绝对化,要尽量扩大对比范围,否则就将陷入唯条件论,不利于充分发挥人的主观能动作用,不利于挖掘潜力,推行先进经验。

(2)比率法。比率分析法是指把分析对比的数值变成相对数,以观察其相互之间的关系、构成或变化动态的方法。分析的内容和要求不同,计算比率的方法各异。

①相关指标比率。项目经济活动的各个方面往往是互为联系、互为依存、互为影响的。

反映项目经济活动的指标之间,也必然有一定的联系。在成本分析中,将两个性质不同而又相关的指标加以对比,求出比率,得出一个新的指标,用以反映和考察它们之间的关系,以便做出相应的判断。例如将工程实际成本与工程预算价值中的直接工程费收入两个相关指标计算直接工程费收入成本率,计算公式如下:

$$直接工程费收入成本率 = \frac{工程实际成本}{工程直接工程费收入} \quad (3.31)$$

上式表示的直接工程费收入成本率越低,直接工程费的净收入就越多;反之,则少,甚至亏损。

②构成比率。构成比率法又称比重分析法、结构对比分析法。反映项目经济活动的指标,通常是由若干部分组成的。通过计算各组成部分占总量的百分数,可以看出各部分占总体的比重、总体的构成和构成总体的重点。通过与同类指标上期的构成比较,还可以看出其变化的趋势。例如已完工程的实际成本总额,是由各成本项目的数额组成的。通过计算各成本项目占成本总额的比重,可以看出已完工程实际成本的构成,然后将各期同类型工程的成本构成比较,可以看出成本构成的变化,成本构成与提高生产技术和科学管理的相互关系,并为深入进行成本分析,寻找降低成本途径指出方向。

③动态比率。动态比率法是将同类指标不同时期的数值进行对比,求出比率,以反映该项指标的发展方向和速度,观察其变化趋势的一种分析方法。动态比率的计算,通常采用基期指数(简称定比)和环比指数(简称环比)两种方法。

比率分析法计算简便,且对其结果也比较容易判断,可以使某些指标在不同项目之间进行比较。但是比率分析法也存在一些不足的地方:比率分析法所利用的都是历史资料,无法作为判断未来经济状况的可靠依据;比率分析法仅可发现指标的实际数与标准数的差异,无法查明指标变动的具体原因及其对指标的影响程度,这一局限性只有因素分析法才能解决。

为了尽量缩小比率分析法的局限性,使它发挥应有的作用,运用比率分析法时所选用的比率要有重点,不要面面俱到,利于评价项目基本的人、财、物消耗和成本效益情况;计算相关比率与构成比率时,应当制订出一定的标准,据以评价实际完成情况,以达到指导项目成本管理活动的目的;计算比率的两个指标口径要一致,得出的结论才可能正确,在不同项目之间进行对比时,要剔除不可比因素。

(3)因素分析法。因素分析法又称连环置换法,此种方法可用来分析各种因素对成本的影响程度。在进行分析时,首先要假定众多因素中的一个因素发生了变化,而其他因素则不变,然后逐个替换,分别比较其计算结果,以确定各个因素的变化对成本的影响程度。

以下为因素分析法的计算步骤:
①确定分析对象,并计算出实际数与目标数的差异。
②确定该指标是由哪几个因素组成的,并按照其相互关系进行排序。
③以目标数为基础,把各因素的目标数相乘,作为分析替代的基数。
④将各个因素的实际数按照上面的排列顺序进行替换计算,并把替换后的实际数保留。
⑤将每次替换计算所得的结果,与前一次的计算结果相比较,两者的差异即为该因素对成本的影响程度。
⑥各个因素的影响程度之和,应与分析对象的总差异相等。

因素分析法是把项目施工成本综合指标分解为各个项目联系的原始因素,以确定引起指标变动的各个因素的影响程度的一种成本费用分析方法,它可以衡量各项因素影响程度的大小,以便查明原因,明确主要问题所在,提出改进措施,达到降低成本的目的。

在运用因素分析法分析各项因素影响程度大小时,常常采用连环代替法。采用连环代替法分析因素分析的基本过程包括：

①以各个因素的计划数为基础,计算出一个总数。

②逐项以各个因素的实际数替换计划数。

③每次替换后,实际数就保留下来,直到所有计划数都被替换成实际数为止。

④每次替换后,均应求出新的计算结果。

⑤最后将每次替换所得结果,与其相邻的前一个计算结果比较,其差额即为替换的那个因素对总差异的影响程度。

3. 施工项目成本分析的内容

(1)综合成本分析。综合成本是指涉及多种生产要素,并受多种因素影响的成本费用,例如分部分项工程成本、月(季)度成本、年度成本等。因为这些成本都是随着项目施工的进展而逐步形成的,与生产经营有着密切的关系。所以做好上述成本的分析工作,无疑会促进项目的生产经营管理,提高项目的经济效益。

①分部分项工程成本分析。分部分项工程成本分析是施工项目成本分析的基础。分部分项工程成本分析的对象为主要的已完分部分项工程。

分析方法具体是：进行预算成本、目标成本和实际成本的"三算"对比,分别计算实际成本与预算成本、实际成本与目标成本之间的偏差,并分析偏差产生的原因,为今后的分部分项工程成本寻求节约的途径。

分部分项工程成本分析的资料来源是：预算成本是以施工图和预算定额作为依据编制的施工图预算成本,目标成本为分解到该分部分项工程上的计划成本,而实际成本则来自于施工任务单的实际工程量、实耗人工和限额领料单的实耗材料。

对分部分项工程进行成本分析,要做到从开工到竣工进行系统的成本分析。通过主要分部分项工程成本的系统分析,可以基本了解项目成本形成的全过程,为竣工成本分析和今后的项目成本管理提供宝贵的参考资料。

分部分项工程成本分析表的格式见表3.23。

表3.23 分部分项工程成本分析

单位工程：_____
分部分项工程名称：_____ 工程量：_____ 施工班组：_____ 施工日期：_____

工料名称	规格	单位	单价	预算成本		目标成本		实际成本		实际与预算比较		实际与目标比较	
				数量	金额	数量	金额	数量	金额	数量	金额	数量	金额
合计													
实际与预算比较% = 实际成本合计/预算成本合计×100%													
实际与目标比较% = 实际成本合计/目标成本合计×100%													
节超原因说明													

编制单位： 编制人员： 编制日期：

②月(季)度成本分析。月(季)度成本分析是项目定期的、经常性的中间成本分析。通过月(季)度成本分析,能够及时地发现问题,以便按照成本目标指定的方向进行监督和控制,保证项目成本目标的顺利实现。月(季)度成本分析以当月(季)的成本报表作为依据,其分析方法通常包括:

a.通过实际成本与预算成本的对比,分析当月(季)的成本降低水平;通过累计实际成本与累计预算成本的对比,分析累计的成本降低水平,预测实现项目成本目标的前景。

b.通过实际成本与目标成本的对比,分析目标成本的落实情况,以及目标管理中的问题和不足,进而采取措施,加强成本管理,保证成本目标能够落实。

c.通过对各成本项目的成本分析,可以了解成本总量的构成比例和成本管理的薄弱环节。对超支幅度大的成本项目,应对超支原因进行深入分析,并采取相应的增收节支措施,防止今后再超支。

d.通过主要技术经济指标的实际与目标对比,分析产量、工期、质量、"三材"节约率、机械利用率等对成本产生的影响。

e.通过对技术组织措施执行效果的分析,寻求更加有效的节约途径。

f.分析其他有利条件和不利条件对成本的影响。

③年度成本分析。企业成本要求按年结算,不得将本年成本转入下一年度。而项目成本则以项目的寿命周期为结算期,要求从开工、竣工到保修期结束连续进行计算,最后结算出成本总量及其盈亏。由于项目的施工周期一般较长,除了进行月(季)度成本核算和分析之外,还要进行年度成本的核算与分析。这不仅是为了满足企业汇编年度成本报表的需要,同时也是项目成本管理的需要。因为通过年度成本的综合分析,可以总结一年来成本管理的成绩和不足,为今后的成本管理提供经验和教训。

年度成本分析以年度成本报表作为依据。年度成本分析的内容,除了月(季)度成本分析的六个方面以外,重点是针对下一年度的施工进展情况规划切实可行的成本管理措施,以保证施工项目成本目标的实现。

④竣工成本的综合分析。凡是有几个单位工程且为单独进行成本核算的项目,其竣工成本分析应以各单位工程竣工成本分析的资料为基础,再加上项目经理部的经营效益(如资金调度、对外分包等所产生的效益)进行综合分析。如果施工项目只有一个成本核算对象(单位工程),则应以该成本核算对象的竣工成本资料作为成本分析的依据。单位工程竣工成本分析,应包括三方面内容,即竣工成本分析、主要资源节超对比分析和主要技术节约措施及经济效果分析。

通过以上分析,可以全面了解单位工程的成本构成和降低成本的来源,为今后同类工程的成本管理提供重要的参考价值。

(2)专项成本分析。

①人工费分析。在施行管理层和作业层两层分离的情况下,项目施工需要的人工和人工费由项目经理部与施工队签订劳务承包合同,明确承包范围、承包金额和双方的权利、义务。对项目经理部来说,除了按合同规定支付劳务费以外,还可能发生一些其他人工费支出,主要包括:

a.因实物工程量增减而调整的人工和人工费。

b.定额人工以外计日工工资(如果已按定额人工的一定比例由施工队包干,并已列入承包合同的,不再另行支付)。

c.对在进度、质量、节约、文明施工等方面作出贡献的班组和个人进行奖励的费用。

项目经理部应根据上述人工费的增减,结合劳务合同的管理进行分析。

在项目经理部自行组织施工生产的情况下,项目经理部应对分项工程人工费的耗用进行分析。影响人工费变动的主要因素一般包括两个:一是用工数量;二是平均日工资。前者反映劳动生产率水平的高低,后者反映平均工资水平的高低。

②机械使用费分析。由于项目施工管理的项目经理部一般不拥有自己的机械设备,而是随着施工的需要,向企业动力部门或外单位租用。在机械设备的租用过程中,有两种情况:一种是按照产量进行承包,并按完成产量、计算费用的,如土方工程,项目经理部只要按实际挖掘的土方工程量结算挖土费用,而不必过问挖土机械的完好程度和利用程度;另一种是按使用时间(台班)计算机械费用的,例如塔吊、搅拌机、砂浆机等,如果机械完好率差或在使用中调度不当,必然会影响机械的利用率,从而延长使用时间,增加使用费用。

由于建筑施工的特点,在流水作业和工序搭接上往往会出现某些必然或偶然的施工间隙,影响机械的连续作业;有时又因加快施工进度和工种配合,需要机械日夜不停地运转。这样,难免会有一些机械利用率很高,也会有一些机械利用不足,造成机械使用费的增加。所以施工机械完好率和机械利用率是机械使用费分析中的一项不可缺少的内容。

机械完好率和机械利用率的计算公式如下:

$$机械完好率 = \frac{报告期机械完好台数 + 加班台数}{报告期制度台班数 + 加班台数} \times 100\% \tag{3.32}$$

$$机械利用率 = \frac{报告期机械实际工作台班数}{报告期制度台班数 + 加班台数} 100\% \tag{3.33}$$

完好台班数是指机械处无完好状态下的台班数。它包括修理不满一天的机械,但不包括待修、在修、送修在途的机械。在计算完好台班数时,只考虑是否完好,并不考虑是否工作。

制度台班数是指本期内全部机械台数(不管其技术状态和是否工作)与制度工作日数的乘积。

【例3.7】 某项目经理部的年施工机械完好和利用情况见表3.24,其中挖土机在第二季度的利用情况见表3.25。试进行分析。

表3.24 施工机械完好和利用情况

机械名称	台数	制度台班数	完好情况				利用情况			
			完好台班数		完好率		实际工作台班数		利用率	
			计划	实际	计划	实际	计划	实际	计划	实际
推土机	2	540	500	480	92.6	88.89	500	480	92.6	88.89
搅拌机	4	1 080	1 000	1 080	92.6	100	1 000	1 000	92.6	100
挖土机	2	540	500	500	92.6	92.6	500	480	92.6	88.98

表 3.25　第二季度挖土机利用情况

项目	按定额应完成数	实际完成数	差异
完成工程量/m³	2 400	2 300	－100
台班数	80	70	－10
台班产量	30	32	＋2
台班小时数	640	525	－50
每班台时数	8	7.0	－1
台时产量	3.75	4.381	＋0.631

解:(1)施工机械完好和利用情况分析。由表 3.24 看出,搅拌机的完好和使用情况都达到了计划规定的要求;而推土机的完好情况和使用情况都没有达到计划规定的要求;挖土机的完好情况达到计划的规定,实际使用情况却没有达到计划规定,应进一步分析原因。

机械利用率的高低,直接影响机械施工工程量计划的完成情况,故在分析机械利用率后,应再对机械施工工程量进行分析,才能达到分析的目的。

(2)挖土机实际使用没有达到计划的原因分析。影响机械施工工程量完成的基本因素有台班数、台班时间与台班产量三个方面。根据表 3.25 资料,分析如下：

第二季度挖土机没有完成工程量为:

$2300 - 2400 = -100 \text{m}^3$

影响因素分析:

计划数:80 个台班 $\times 8 \text{ h} \times 3.75 \text{ m}^3 \cdot \text{h}^{-1} = 2\,400 \text{ m}^3$

台班数变动的影响:$70 \times 8 \times 3.75 = 2\,100$

每班台时数变动的影响:$70 \times 7.5 \times 3.75 = 1\,968.75$

台班产量变动的影响:$70 \times 7.5 \times 4.381 = 2\,300.025$

根据以上分析可知,造成挖土机没有完成计划工程量的原因主要有两个:一是台班数减少,挖土机有整班停工的现象,应进一步追查原因;另一是台班工作时间利用得不好,说明在工作班有停工现象,也应进一步查明原因。造成停工的原因很多,如刮风、下雨、停电、待料、作业组织不善等,这可从机械管理部门的内部资料中查出。

③材料费分析。材料费分析包括主要材料、周转材料使用费以及材料储备的分析。

a.主要材料费用的分析。主要材料费用的高低,主要受价格和消耗数量的影响。而材料价格的变动,又受采购价格、运输费用、途中损耗、来料不足等因素的影响;材料消耗数量的变动,也要受操作损耗、管理损耗和返工损失等因素的影响,可在价格变动较大和数量超用异常的时候再作深入分析。材料价格和消耗数量的变化对材料费用的影响程度,可按照下列公式计算:

因材料价格变动对材料费的影响 =(预算单价 － 实际单价)× 消耗数量　(3.34)

因消耗数量变动对材料费的影响 =(预算用量 － 实际用量)× 预算价格　(3.35)

b.周转材料使用费分析。在实行周转材料内部租赁制的情况下,项目周转材料费的节约或超支,决定于周转材料的周转利用率和损耗率。如果周转慢,周转材料的使用时间就长,就会增加租赁费支出,而超过规定的损耗,更要照原价赔偿。周转利用率和损耗率的计算公式如下:

$$周转利用率 = \frac{实际使用数 \times 租用期内的周转次数}{进场数 \times 租用期} \quad (3.36)$$

$$损耗率 = \frac{退场数}{进场数} \times 100\% \quad (3.37)$$

④技术组织措施执行效果分析。技术组织措施是施工项目降低工程成本、提高经济效益的有效途径。搜易在开工之前均要根据工程特点编制技术组织措施计划,列入施工组织设计。在施工过程中,为了落实施工组织设计所列技术组织措施计划,可结合月度施工作业计划的内容编制月度技术组织措施计划,同时还要对月度技术组织措施计划的执行情况进行检查和考核。

在实际工作中,往往有些措施已按计划实施,有些措施并未实施,还有一些措施则是计划以外的。因此在检查和考核措施计划执行情况的时候,必须分析未按计划实施的具体原因,做出正确的评价,以免挫伤有关人员的积极性。

对执行效果的分析也要实事求是,既要按照理论计算,又要联系实际,对节约的实物进行验收,然后根据实际节约效果进行评价,以激励有关人员执行技术组织措施的积极性。

技术组织措施必须与施工项目的工程特点相结合,技术组织措施有很强的针对性和适应性(当然也有各施工项目通用的技术组织措施)。计算节约效果的方法一般按照以下公式计算:

$$措施节约效果 = 措施前的成本 - 措施后的成本 \quad (3.38)$$

对节约效果的分析,需要联系措施的内容和执行经过来进行。有些措施难度比较大,但节约效果并不高;而有些措施难度并不大,但节约效果却很高。所以在对技术组织措施执行效果进行考核的时候,也要根据不同情况区别对待。对于在项目施工管理中影响比较大、节约效果比较好的技术组织措施,应当以专题分析的形式进行深入详细的分析,以便推广应用。施工项目技术组织措施的执行效果对项目成本的影响程度可参照表3.26进行分析。

表3.26 技术组织措施执行效果汇总

月份	预算成本/万元	执行技术组织措施			其中				
		数量/项	节约金额/万元	占预算成本/%	节约水泥/t	节约钢材/t	节约木材/m³	节约成品油/t	使用代用燃料/t

⑤工期成本分析。工期的长短与成本的高低有着密切的关系。在通常情况下,工期越长管理费支出越多;工期越短管理费支出越少。固定成本的支出,基本上是与工期长短成正比增减的,是进行工期成本分析的重点。

工期成本分析,就是计划工期成本与实际工期成本的比较分析。所谓计划工期成本,指的是在假定完成预期利润的前提下计划工期内所耗用的计划成本;而实际工期成本,则是在实际工期中耗用的实际成本。

工期成本分析的方法通常采用比较法,即将计划工期成本与实际工期成本进行比较,然后应用因素分析法分析各种因素的变动对工期成本差异的影响程度。

进行工期成本分析的前提条件是:按照标后预算和施工组织设计进行本量利分析,计算施工项目的产量、成本和利润的比例关系,然后用固定成本除以合同工期,求出每月支出的固定成本。

3.4.4.2 施工项目成本考核

1. 施工项目成本考核的内容

公路工程项目成本考核,可以分为两个层次:一是企业对项目经理的考核;二是项目经理对所属部门、施工队和班组的考核。通过层层考核,督促项目经理、责任部门和责任者更好地完成自己的责任成本,从而形成实现项目成本目标的层层保证体系。

(1)企业对项目经理考核的内容。
①项目成本目标和阶段成本目标的完成情况。
②成本计划的编制和落实情况。
③建立以项目经理为核心的成本管理责任制的落实情况。
④对各部门、各作业队和班组责任成本的检查和考核情况。
⑤在成本管理中贯彻责权利相结合原则的执行情况。

(2)项目经理对所属各部门、各作业队和班组考核的内容。
①对各部门的考核内容包括:
a. 本部门、本岗位责任成本的完成情况。
b. 本部门、本岗位成本管理责任的执行情况。
②对各作业队的考核内容包括:
a. 劳务合同以外的补充收费情况。
b. 对劳务合同规定的承包范围和承包内容的执行情况。
c. 对班组施工任务单的管理情况,以及班组完成施工任务后的考核情况。
③对生产班组的考核内容(平时由作业队考核)。以分部分项工程成本作为班组的责任成本。以施工任务单和限额领料单的结算资料作为依据,与施工预算进行对比,考核班组责任成本的完成情况。

2. 施工项目成本考核的实施

(1)成本考核的阶段。
①月度成本考核。一般是在月度成本报表编制以后,按照月度成本报表的内容进行考核。在进行月度成本考核时,不能单凭报表数据,还要结合成本分析资料和施工生产、成本管理的实际情况,然后才能够做出正确的评价,带动今后的成本管理工作,保证项目成本目标的实现。
②阶段成本考核。即按照不同的施工阶段进行考核。阶段成本考核的优点在于能够对施工告一段落后的成本进行考核,可与施工阶段其他指标(如进度、质量等)的考核结合得更好,更能反映施工项目的管理水平。
③竣工考核。施工项目的竣工成本是在工程竣工和工程款结算的基础上编制的,它是竣工成本考核的依据。

工程竣工表示项目建设已经全部完成,并已具有交付使用的条件(即已具有使用价值)。

而月度完成的分部分项工程只是建筑产品的局部,并不具有使用价值,也无法用来进行商品交换,只能作为分期结算工程进度款的依据。所以真正能够反映全貌而又正确的项目成本是在工程竣工和工程款结算的基础上编制的。施工项目的竣工成本是项目经济效益的最终反映,它既是上缴利税的依据,又是进行职工分配的依据。因施工项目的竣工成本关系到国家、企业、职工和利益,必须做到核算正确,考核正确。

（2）成本考核方法。

①施工项目的成本考核采取评分制。具体方法为：先按考核内容评分,然后按照一定的加权比例平均,例如责任成本完成情况的评分为70%,成本管理工作业绩的评分为30%。实际中施工项目可以根据自己的具体情况进行调整。

②根据考核评分确定奖罚条件。施工项目的成本考核要与相关指标的完成情况相结合。成本考核的评分是奖罚的依据,相关指标的完成情况为奖罚的条件。也就是在根据评分计奖的同时,还要参考相关指标的完成情况进行嘉奖或扣罚。

与成本考核相结合的相关指标一般包括进度、质量、安全和现场标化管理。比如质量指标完成情况的奖罚：

a. 质量达到优良,按应得奖金增加20%。

b. 质量合格,奖金不加不扣。

c. 质量不合格,扣除应得奖金的50%。

其他指标也应结合项目具体情况制订出奖罚的条件。

③成本考核奖罚的兑现。施工项目的成本考核,如上所述,可以分为月度考核、阶段考核和竣工考核三种,对成本完成情况的经济奖罚也应分别在上述三种成本考核的基础上立即兑现,不能只考核不奖罚,或是考核后,拖了很久才奖罚。因为职工所担心的就是领导对贯彻、责、权利相结合的原则执行不力,忽视群众利益。

因月度成本和阶段成本都是假设性的,正确程度有高有低,所以在进行月度成本初阶段成本奖罚的时候不妨留有余地,然后再按照竣工成本结算的奖金总额进行调整（多退少补）。

施工项目成本奖罚的标准应当通过经济合同的形式明确规定。经济合同规定的奖罚标准具有法律效力,任何人均无权中途变更,或者拒不执行。另一方面,通过经济合同明确奖罚标准以后,职工群众就有了争取目标,因而也会在实现项目成本目标中发挥更积极的作用。

在确定施工项目成本奖罚标准的时候,必须从本项目的客观情况出发,既要考虑到职工的利益,又要考虑项目成本的承受能力。在通常情况下,造价低的项目,奖金水平要定得低一些;造价高的项目,奖金水平可以适当提高。具体的奖罚标准应该经过认真测算再确定。

此外,企业领导和项目经理还可对完成项目成本目标有突出贡献的部门、施工队、班组和个人进行奖励。这是项目成本奖励的另一种形式,不属于上述成本奖罚范围,而这种奖励形式往往能够起到立竿见影的效用。

3.5 公路工程项目责任成本管理

3.5.1 工程项目责任成本计划的编制

责任成本是按照工程项目的经济责任制要求,在项目组织系统内部的各个责任层次,进行项目预算的分解,形成各责任层次的控制成本。所以责任成本是以成本责任中心为主体所汇集的,属于该主体管理权限范围内,并且负有控制经济责任的可控制成本。

工程项目责任成本计划是进行成本控制的起点,也是项目管理的起点之一。有了责任成本,就有了评价和判断工作完成的效率和尺度,进而在项目施工的全过程中,对各项费用的发生加以监督、限制和引导,及时发现和纠正脱离责任成本的偏差,以保证工程项目成本目标的顺利实现。

3.5.1.1 项目责任成本计划的编制依据与编制阶段

1. 编制依据

(1)项目经理与企业本部签订的内部承包合同及有关材料,包括企业下达给项目的降低成本指标、目标利润值等其他要求。

(2)与业主单位签订的工程承包合同。

(3)项目的实施性施工组织设计,例如进度计划、施工方案、技术组织措施计划、施工机械的生产能力及利用情况等。

(4)项目的劳动效率情况,如各工种的技术等级、劳动条件等。

(5)项目所需材料的消耗及价格等,机械台班价格及租赁价格等。

(6)历史上同类项目成本计划执行情况以及有关技术经济指标完成情况的分析资料等。

(7)企业编制的标后预算。

(8)其他有关的资料。

2. 编制阶段

(1)确定工程项目目标成本(责任成本)。

(2)进行工程项目责任成本的分解。

(3)编制作业班(组)责任成本计划。

(4)编制施工队责任成本计划。

3.5.1.2 项目目标成本编制

项目目标成本是在对有关资料进行分析、预测,以及对项目使用资源进行优化,在企业编制的标后预算基础上,考虑项目的成本降低额后编制的项目总成本,它是经过努力可实现的成本,也是项目成本管理工作的目标。

1. 确定目标成本及目标成本降低率

确定目标成本及目标成本降低率的具体步骤包括:

(1)依据项目的合同、施工组织设计、标后预算,以及企业对项目的要求,成本预测结果等,初步估算出项目降低成本的目标。

(2)将项目的标后预算减去税金、目标利润和降低成本的目标值,即可以得出项目的总目标成本。

(3)计算项目的目标成本降低额和目标成本降低率,其计算公式如下:

$$目标成本降低额 = 项目的标后预算成本 - 项目的目标成本 \qquad (3.39)$$

$$目标成本降低率 = \frac{目标成本降低额}{项目的标后预算成本} \qquad (3.40)$$

2. 试算平衡

为了使初步制定的目标成本和目标成本降低率能落到实处，必须进行反复的试算平衡。试算的目的是根据已掌握的资料和有关的技术组织措施计划，测算它们的经济效果；看其是否能够达到目标成本的要求。

具体的试算方法，通常可以从以下几个方面进行：

（1）由于劳动生产率的提高而形成人工费的节约：

$$成本降低率 = \left(1 - \frac{1 + 平均工资增长的百分比}{1 + 劳动生产率提高的百分比}\right) \times 生产工人工资占成本的百分比 \quad (3.41)$$

（2）由于材料消耗降低而形成的节约：

$$成本降低率 = 材料消耗定额降低百分率 \times 材料费用占成本百分率 \quad (3.42)$$

（3）由于生产增长的幅度超过管理费增长的幅度而形成的节约：

$$成本降低率 = 1 - \frac{1 + 平均工资增长的百分比}{1 + 劳动生产率提高的百分比} \times 管理费占成本的百分率 \quad (3.43)$$

（4）机械使用费、其他工程费的节约可根据企业本部的计划规定来计算。

3. 项目成本计划表

项目成本计划表是项目成本计划的最终表现形式。项目成本计划一般包括：责任成本计划表、降低成本技术组织措施计划表和降低成本计划表三类。根据责任成本的管理需要，还应当编制成本计划分解表，以落实项目内部各单位的经济责任。

（1）责任成本计划表。它综合反映整个工程项目在计划期内施工工程的预算成本、计划成本、计划成本降低额和计划成本降低率。责任成本计划表的格式见表3.27。

表3.27 某项目责任成本计划表

工程名称： 编制日期： （单位：元）

成本费用项目	预算成本	计划成本	计划成本降低额	计划成本降低率
直接工程费：				
人工费				
材料费				
机械使用费				
其他工程费				
现场管理费				
合计				

（2）降低成本技术组织措施计划表。它是预测项目在计划期内成本各直接工程费计划降低额的依据，该表的编制以技术部门为主，由其会同有关单位（与技术组织措施内容相关的）共同研究后确定，主要包括三部分内容：

①计划期拟采取技术组织措施的种类和内容。

②该项措施涉及的对象。

③经济效益的计算和各项直接工程费用的降低。

降低成本技术组织措施计划表见表3.28。

3 公路工程项目成本管理

表 3.28 某项目降低成本技术组织措施计划表

工程名称：　　　　　　　编制日期：　　　　　　　　　　　（单位：元）

措施项目	措施内容	涉及对象			降低成本来源		成本降低额					执行者
		实物量单位	单价	数量	预计收入	计划开支	合计	人工费	材料费	机械费	其他	

（3）降低成本计划表。降低成本计划表见表3.29。

表 3.29 某项目降低成本计划表

工程名称：　　　　　　　编制日期：　　　　　　　　　　　（单位：元）

分项工程名称	成本降低额							备注
	总计	直接成本				间接成本		
		人工费	材料费	机械费	其他	现场管理费		

3.5.1.3 项目责任成本计划的分解

为确保项目责任成本计划的实现，必须按照经济责任制的要求，将成本计划在项目组织系统内部的各个责任层次上进行分解。分解可以按照组织机构进行，也可按工程实体结构进行，或者将两种方式结合起来进行分解。

表 3.30 是将成本中的现场管理费用和材料采购成本在项目的有关职能部门中进行分解的示例。

表 3.30 现场经费及材料采购成本分解表

单位：

编号	费用项目	办公室	施工技术	安全质量	预算计划统计	财务会计	材料供应	机械设备	…
	工资奖金								
	合计								
	材料采购成本								

表 3.31 是工程实体结构和责任中心结合起来分解的示例。

表 3.31　某项目责任成本计划分解表

编制日期：　　费用单位：

编号	工程名称	实物单位	数量	直接费								责任单位
				人工费		材料费		机械费		其他工程费		
				预算	计划	预算	计划	预算	计划	预算	计划	
	单位工程1											
	分部分项工程1											
	分部分项工程2											
	…											
	单位工程2											
	…											
	…											
	合计											

项目责任成本在分解时可按年度进行，也可以按整个项目完成期来进行。项目组织系统各职能部可以按年度或整个项目完成期进行分解，施工队可按承担项目的任务按年、季度分解，班组则可按承担任务按月分解。

3.5.1.4　项目责任成本计划的编制

1. 施工队责任成本计划的编制

施工队责任成本计划，包括承包的任务量、质量和安全。按照承包任务量及项目部对工期的要求编制分年度的责任成本计划，根据年度计划再分解为季度责任成本计划，之后进一步分解为月度的责任成本计划。

在年度责任成本计划中因完成任务项目较多，因此要求按成本费用分类编制，见表3.32。季度责任成本计划根据年度责任成本计划和项目部下达的季度施工计划安排、要求完成的工作量及施工进度要求和形象进度、设计图纸及要求，编制季度责任成本计划。季度责任成本计划不计算间接费，见表3.33。施工队月责任成本计划只编制直接工程费，不考虑其他工程费。施工队月责任成本计划要求工程划分要细，通常细到分部工程或分部分项工程。月责任成本计划根据月施工计划安排的施工项目及形象进度进行编制，见表3.34。

表 3.32　××施工队年度责任成本计划表

费用单位：　　编制日期：

工程名称	单位	工程量	直接工程费									其他工程费费率/%	间接费费率/%
			人工费			材料费			机械费				
			定额数量	责任单价	人工费小计	定额数量	责任单价	材料费小计	定额数量	责任单价	机械费小计		
1	2	3	4	5	6	7	8	9	10	11	12	13	14
单位工程1													
单位工程2													
…													
合计													

表3.33 ××施工队季度责任成本计划表

费用单位：   编制日期：

工程名称	单位	工程量	直接工程费									其他工程费费率/%
			人工费			材料费			机械费			
			定额数量	责任单价	人工费小计	定额数量	责任单价	材料费小计	定额数量	责任单价	机械费小计	
1	2	3	4	5	6	7	8	9	10	11	12	13
单位工程1												
单位工程2												
…												
单位工程2												
分部工程1												
…												
合计												

表3.34 ××施工队月度责任成本计划表

费用单位：   编制日期：

工程名称	单位	工程量	直接工程费								
			人工费			材料费			机械费		
			定额数量	责任单价	人工费小计	定额数量	责任单价	材料费小计	定额数量	责任单价	机械费小计
1	2	3	4	5	6	7	8	9	10	11	12
单位工程1											
单位工程2											
…											
单位工程2											
分部工程1											
…											
合计											

2.作业班(组)责任成本计划的编制

项目责任成本管理最基层的责任中心就是施工队的作业班(组)。作业班(组)是项目施工生产第一线的生产组织，作业班(组)施工成本的有效控制，是责任成本管理的关键之一。作业班(组)的责任成本构成主要是成本中的直接工程费，因此责任成本计划编制是根据作业班(组)承担的工程任务量、施工难度、工期、质量与安全的要求进行的。一般可采用下列两种方法：

(1)按工、料、机消耗量编制责任成本计划。按工、料、机消耗量编制责任成本计划是指以班(组)承担的任务量和标后预算中规定使用的工、料，机械台班定额为标准，计算出应该消耗的数量承包给班(组)。这种责任成本计划的优点是简单明白，便于操作。因为班(组)按着规定的消耗标准完成施工任务，说明施工生产第一线的施工直接成本没有超过项目部、施工队的施工直接成本，项目部通常不会出现大的亏损。成本管理成败与否关键是控制施工生产第一线工、料、机的消耗量。

(2)按发生的施工费用编制班(组)责任成本计划。依据上述工、料、机消耗量责任成本计划与责任预算和队责任成本计划的责任单价标准编制施工班(组)的施工费用责任成本计划。

作业班(组)的责任成本计划编制一定要细,能够让班(组)每个成员一目了然,且便于操作,这样才有利于计划的执行。

3.5.2 工程项目责任成本控制

责任成本控制是在责任成本计划执行过程中,责任成本中心在满足合同条款要求的前提下,对项目施工过程中所发生的各项费用支出,采取一系列的措施进行严格的监督和控制,及时纠正发生的偏差,以确保项目成本目标的实现。

3.5.2.1 工程项目责任成本控制措施

工程项目的各责任中心从施工成本的形成看,包括直接成本和间接成本,从施工全过程发生的费用看,包括直接费用、间接费用和期间费用,即人工费、材料费、机械费、其他工程费以及管理费用和财务费用。无论是从成本构成的角度还是从成本费用构成的角度出发,对责任成本进行日常控制必须项目全员参加,根据各自的分工不同采取相应的控制措施。

1. 施工技术和计划经营部门或职能人员

(1)根据实施性施工组织设计的进度安排及业主或发包单位的要求合理安排施工计划,合理的、科学的组织与动态的管理施工。及时组织验收计价、收回工程价款,确保施工所用资金的周转,避免建设单位不拨款的条件下要求加快施工进度,占用资金。

(2)根据业主或是发包单位工程价款到位情况组织施工,避免垫付资金施工。

2. 材料、设备部门或职能人员

(1)严格控制材料、配件的储备量,处理超储积压的材料、配件。可盘活储备资金,加速流动资金的周转。

(2)控制材料、配件的采购成本。尽可能就地取材;选择最经济的运输方式;选择最低费用的包装费;尽可能做到采购的材料、配件直接进入施工现场,减少中间环节,减少业务提成。

(3)控制采购材料,配件的质量。坚持做到"三证"不全不入施工现场和仓库,保证材料、配件的质量,同时也减少了不合格次品的损失。

(4)坚持限额领发料、退料制度,达到控制材料超消耗的目的。

3. 财务部门或职能人员

(1)控制间接费用按着制订间接费使用计划执行。特别是财务费用及责任中心不可控的成本费用。例如上交管理费,固定资产折旧费,税金,提取的工会会费,劳动保险费,待业保险费,固定资产大修理费,养路牌照费,机械退场费等。财务费用主要是控制资金的筹集和使用,调剂资金的余缺,减少利息的支出,增息收入。

(2)严格其他应收预付款的支付手续。例如购买材料、配件、分包工程等预付款,手续完善,有支付依据,有预付款对方开户银行出具的资信证明,预付款不得超过合同价的80%,并经项目部领导集体研究确定。

(3)其他费用控制按着规定的标准、定额执行。

(4)对分包商,施工队支付工程价款时,应当手续齐全。必须有技术部门及计划验工计价单,项目部领导签字方可拨款。

4. 其他

其他职能部门或职能人员,根据分工不同严格控制施工成本。例如安全质量管理部门必须做到质量、安全不出大事故;劳资部门对临时工应严格管理控制发生的工费等。

5. 施工队(含机械队)班(组)或职工

施工队(含机械队)的班组(含机组)主要是控制人工、材料和机械使用费。要求做到严格限额发料和退料手续,加强管理,避免窝工、返工,进而提高劳动效率,机组主要是控制燃料、动力费和经常修理费,坚持机械的维修保养制度。保持设备的完好率、利用率和出勤率,达到提高设备的效率的目的。

6. 施工队(含机械队)

施工队(含机械队)主要控制人工费、机械使用费、材料费、可控的间接费。

3.5.2.2 工程项目施工过程责任成本控制

1. 施工准备阶段

(1)进行成本预测,确定成本目标。

(2)优化施工方案,对施工方法、施工顺序、机械设备的选择,作业组织形式的确定、技术组织措施等方面进行认真研究分析,运用价值工程思想,制订出科学先进、经济合理的施工方案。

(3)编制成本计划并进行分解。

(4)在确保施工生产能顺利进行的条件下,尽量减少库存,合理组织物资供应。

(5)对施工队伍、机械的调迁、临时设施建设等其他间接费用的支出,做出预算,进行控制。

(6)划分成本中心,落实成本责任,制订成本控制工作制度。

2. 施工阶段

(1)进行标准成本的分解、落实。

(2)及时、认真、准确地记录、整理、核算实际发生的费用,计算实际成本。

(3)经常进行成本差异分析,采取有效的纠偏措施,在充分注意不利差异的基础上,认真分析利于差异产生的原因,以防对后续作业成本产生不利影响或因质量低劣而造成返工的现象。

(4)注意质量成本。

(5)注意工程变更、项目设计及不可预计的外部条件(例如交通突然中断)对成本控制的影响。

(6)经常检查各成本中心的成本控制情况,检查成本控制责、权、利的落实情况,分析成本目标。

3. 验收移交阶段

(1)工程移交之后,要及时结算工程款,进行成本分析,总结经验,并将此反馈给在建工程的成本控制工作。

(2)控制保修期的保修费用支出,并将此问题反馈至有关责任者。

(3)进行成本控制考评,落实奖惩制度。

3.5.2.3 工程项目责任成本控制报告的编制

1. 责任成本控制目标

责任成本控制的目标,就是各责任成本中心根据其权责范围内预定成本目标,对成本目标的一切生产耗费进行指导、限制和监督,如果发现偏差,及时纠正,确保实现或超过预定的降低成本目标。责任成本控制目标的确定和实施按责任层次进行。

2. 内部结算和转账

实行责任成本,企业的全部成本都有一定的责任归属,但因部门之间相互提供产品和劳务等交叉服务,所以必须严格划分责任归属,做好内部相互提供产品和劳务费用的转账。

(1)企业内部相互提供产品(自制材料、半成品、结构件等),可以制订内部统一结算价格作为价格标准,以排除价格因素对责任成本的影响。

(2)项目部领用企业内部自制半成品、自制结构件,可以在直接材料项下单独设置"自制半成品"或"自制结构件"项目进行核算。

(3)由上道工序转来的在建工程、在产品,发现为次品、废品、不合格品,因降价、报废的损失或因采取整理、修补、返工等工作而耗费的工料费用,应填制转账单,转由上道工序负担。

3. 责任层次控制报告

责任成本报告应由各成本中心由下而上逐级编报和汇编上报直至最高管理层次。每一级的责任成本计划和责任成本报告,除了最基层的一级只有本身的可控成本之外,均应包括下肩单位转来的责任成本和本身的可控成本。同时也可列出不可控成本,使成本中心的负责人能够了解同本责任中心有关的成本全貌。各层次编报责任成本报告的主要内容如下:

(1)班组责任成本。由班组长负责,每月由班组核算员编制一份本班组的实绩报告,报送施工队,在实绩报告中列举班组所控制的计划成本、实际成本和成本差异。即:

$$班组责任成本 = 直接材料可控成本 + 直接人工可控成本 + 机械费可控成本 + 其他工程费可控成本 \qquad (3.44)$$

班组的成本报告应着重"一时一事一分析",完成一项业务量就可编写一份成本报告。

(2)施工队责任成本。由施工队长负责,每月由施工队成本员编制一份本施工队的实绩报告报送项目经理部。在施工队实绩报告中要汇总本施工队所属班组的责任成本,并加上直接属于本施工队的可控成本,例如施工队控制的其他工程费、间接费用以及由于专职人员责任造成的施工损失。在实绩报告中需列示计划成本、实际成本和成本差异,即:

$$施工队责任成本 = \sum 班组责任成本 + 施工队可控成本(可控其他工程费、可控间接费用、可控施工损失) \qquad (3.45)$$

施工队成本报表按月编制,汇编本月份班组责任成本及施工队可控成本。在项目栏内分别列示工程名称及成本项目,以示责任成本与工程成本的内在联系。

(3)项目经理部责任成本。由项目经理负责。每月由该部财会(成本)组汇总编制各施工队的责任成本,加上本部控制间接费用和施工管理损失上报给公司。责任报告也要列出本期计划成本、实际成本和成本差异。即:

$$项目经理部 = \sum 施工队责任成本 + 项目部可控成本(可控间接费用、施工管理损失) \qquad (3.46)$$

项目经理部是综合成本核算单位,所以也是综合成本中心。它既要核算项目部的责任成本,也要综合核算承担的工程项目成本,在此责任成本与工程成本得到全面地、完整地体现而融为一体。

(4)公司责任成本。由总经理负责,财会部门每月编制公司的成本报告,汇总项目经理部等责任成本及由公司供应部门控制的材料价格差异等。公司的管理费用、财务费用等不属于工程成本(制造成本),可以列作期间费用单独控制。即:

$$公司汇总责任成本 = \sum 项目经理部责任成本 + 供应部门材料价差 \qquad (3.47)$$

公司控制期间费用,核算经营成果,即:

$$公司营业利润 = \sum 各内部独立核算单位工程结算利润 - 期间费用 \qquad (3.48)$$

3.5.3 工程项目责任成本经济核算

工程项目责任成本核算的内容主要包括:项目施工过程中的消耗、资金占用、成本和利润等,它通过一个完整的指标体系来衡量。在具体开展核算工作时,又分别是通过会计核算、统计核算和业务核算来进行的,进而形成了完整的核算体系。通过经济核算体系评价各责任中心业绩,并作为各责任中心兑现奖罚的依据。

3.5.3.1 会计核算

尽管责任成本与工程成本在核算对象、核算原则和核算目的等方面存在不同,但它们均属于成本范畴,核算数据都来自于企业生产经营过程,具有一定的共享性,它们在核算形式、内容、方法等方面也有着密切的关系,其差异可通过一定的方法进行调整。所以可以将责任成本核算和工程成本核算结合起来,通过一套程序和方法,同时提供两方面成本信息的核算,使不同成本核算对象在同一核算程序和方法下相互衔接,以达到成本管理的目的。

工程项目责任成本核算可以采用以下两种不同形式:

(1)是以责任成本核算为基础调整计算工程成本。以责任成本核算为基础调整计算工程成本的一般程序如下:

①将发生的各项耗费按可控性进行划分,设置责任成本账户核算施工现场的责任成本,编制责任成本报告。

②将责任成本调整转换为本期发生的生产费用。

③根据施工项目特点,选择相适应的工程成本计算方法,计算工程成本。

(2)以工程成本核算为基础调整计算责任成本。

在以责任成本核算为基础调整计算工程成本形式下,施工现场既要设置责任成本账户,也要按照成本计算对象设置生产成本账户,并通过一套账务处理程序在两者之间进行结转和调整核算。施工现场发生的各项要素费用按照原始凭证或原始凭证汇总表划分为可控成本和不可控成本,分别记录于相关的责任成本账户,项目经理部责任成本账户归集发生于本项目的所有可控成本,包括确认为本项目责任而被追溯的成本,发生于本项目的不可控成本则结转至相关责任成本账户。期末将归集于本项目责任成本账户的费用按"权责发生制原则"调整跨期摊配费用,调减被追溯的责任成本,调增发生于项目经理部的不可控成本,再按照"受益原则"编制"生产费用分配表",将本期生产费用发生额按成本项目分配计入各工程成本计算对象之中,采用与项目特点相适应的成本计算方法,计算各工程成本。

在以工程成本核算为基础调整计算责任成本形式下,工程成本仍按原有的方法核算,各项材料、自制半成品和劳务等耗费均按内部结算价格计价,这些成本差异由有关责任中心直接结转给企业财会部门,由财会部门将成本差异在各分项工程之间进行分配。施工现场发生的各项生产费用按照可控性分别记录在生产成本的可控与不可控成本明细账户内,以便统一调整核算各责任中心的责任成本。

两种成本核算形式的结果完全相同,都同时满足责任成本核算和工程成本核算的要求,但又各有利弊,第一种核算形式有利于通过责任成本核算,对各中心责任成本实施及时控制,以便全面反映和分析各类责任成本差异,但核算工作量较大;第二种核算形式由于保留了原有的工程成本核算体系,易于为实际工作接受,且工作量较小,但不利于发挥责任成本核算在日常生产经营活动中的控制作用。

施工企业职能管理部门通常只发生各项期间费用,其中既有可控费用,也有不可控费用,应在期间费用账户下按可控和不可控及有关费用项目设置明细账。各职能部门的不可控费用,可在各职能管理部门之间按照责任归属结转,也可填制不可控费用通知单,在编制责任成本报告时予以扣除。各职能管理部门发生的可控费用,加上其他职能部门或施工现场发生,但属于本部门责任而转入的费用,构成了该职能部门的责任费用。月末根据有关资料编制职能部门责任费用计算表,结转到财务部门,计入当期损益。

企业财会部门作为职能管理部门,要核算本部门的责任费用;作为企业的内部结算机构,要为各责任中心进行往来结算及责任转账;作为企业成本管理综合部门,要负责调整、归集并分配材料成本、自制半成品成本、产成品成本等各项差异,计算工程实际成本;各职能管理部门的各项期间费用转入财会部门,由其负责统一计入当期损益。

3.5.3.2 统计核算

统计核算是利用业务核算资料,会计核算资料,将施工企业生产经营活动客观现状的大量数据表现,按照统计方法加以系统整理,表明其经营管理效果。工程项目责任成本统计核算指标可以从责任成本中心和责任费用中心两个方面进行。

责任成本中心主要统计项目施工活动的消耗,其中包括劳动、材料消耗和机械设备利用三个方面。

1. 劳动消耗

反映项目劳动消耗方面的指标主要有出勤率、工日利用率、劳动生产率等。分别表示活劳动的消耗以及与生产成果的比例关系,反映项目管理的水平。

出勤率是反映工人在制度规定的劳动时间内实际出勤程度的指标。其计算公式如下:

$$工人出勤率 = \frac{制度工作工日 - 缺勤工日}{制度工作日工日} \times 100\% \qquad (3.49)$$

制度工作日利用率指标,是用以反映在制度规定的工作时间内实际被利用程度的指标,进而可以反映项目施工组织与管理的水平。其计算公式如下:

$$制度工日利用率 = \frac{实际工日 - 加班工日}{制度工作日工日} \times 100\% \qquad (3.50)$$

劳动生产率指标反映单位劳动消耗完成的施工产量。其计算公式如下:

$$劳动生产率 = \frac{施工产量}{劳动消耗} \qquad (3.51)$$

劳动生产率也可以用它的逆指标表示,既单位施工产量消耗的劳动。

2. 材料消耗

在项目成本中,材料成本占有很大的比重,可达60%~70%。因此降低材料消耗对于降

低成本,提高经济效益有着重大影响。项目材料消耗指标可分为两大类:

(1)单位建筑产品的材料消耗量。

(2)材料利用率。

对重点物资(例如钢材、木材和水泥)还要计算总消耗量和节约指标。

单位建筑产品材料消耗量是反映项目施工材料消耗水平的基本指标。可按照价值量和实物工程量分别计算。其计算公式如下:

$$施工产值材料消耗量 = \frac{材料消耗总量}{施工产量} \tag{3.52}$$

单位实物工程量材料消耗量 = 分部分项工程材料消耗总量/完成的分部分项工程实物量

$$\tag{3.53}$$

将单位建筑产品的实际物资消耗与定额消耗相比较,可以确定消耗指标的利用程度。其计算公式如下:

$$材料消耗定额完成程度 = 实际消耗/消耗定额 \tag{3.54}$$

当这个指标的数值大于1时为浪费,小于1时为节约。

材料利用率指标以产品的净重与所耗材料数量之比,表示材料的利用程度。其计算公式为:

$$材料利用率 = \frac{产品净重}{材料消耗总量} \tag{3.55}$$

当这个指标小于1、接近1时,表示材料利用充分。

"三材"的消耗是工程施工材料消耗的主要部分,"三材"节约的计算是分析考核的重点。

$$材料节约数量 = (定额消耗 - 实际消耗) \times 实物工程量 \tag{3.56}$$

也可用相对数来表示,即:

$$某种材料消耗定额完成率 = \frac{单位实物量的材料消耗总量}{单位实物量的定额材料消耗总量} \times 100\% \tag{3.57}$$

3.机械设备利用

机械设备的使用水平对劳动生产率的提高影响重大。所以在项目的经济核算中,应当核算机械设备的完好与利用情况,以反映施工组织与管理水平的高低。机械设备完好利用方面的指标,主要有机械设备完好率和机械设备利用率,其计算公式分别为:

$$机械设备完好台日率 = \frac{制度内完好台日数 + 加班台日数}{制度台日数 + 加班台日数} \times 100\% \tag{3.58}$$

$$台日利用率 = \frac{制度内实际工作台日数 + 加班台日数}{制度台日数 + 加班台日数} \times 100\% \tag{3.59}$$

$$台日利用率 = \frac{制度内实际工作台时数 + 加班台时数}{制度台时数 + 加班台时数} \times 100\% \tag{3.60}$$

责任费用中心统计指标可按照不同的职能部门设立指标并进行统计。例如对企业经营部门的责任指标有承揽任务中标率、承揽任务成本率、费用索赔率;对安全质量部门的责任指标有工程质量优良率、事故损失率、人员重伤率、人员死亡率;对工程管理部门的责任指标有产值完成额、利润完成额、资金利用率、回款率、资产质量状况等。

3.5.3.3 业务核算

业务核算是各业务部门以业务工作的需要而建立的核算制度,包括原始记录及计算登记表,例如单位工程及分部分项工程进度登记、工效、质量登记、定额计算登记、物资消耗定额记录、测试记录等。业务核算的范围比会计、统计核算还要广,由于前两种一般是对已经发生的经济活动根据原始记录进行核算,而业务核算不但可以对已经发生的,而且还可以对尚未发生或正在发生的经济活动进行核算,看看是否可做,是否有经济效果。它的特点是对个别的经济业务进行单项核算,只是记载单一的事项,最多是略有整理或稍加归类,不求提供综合性、总括性指标。核算范围不太固定,方法也很灵活,不像会计核算和统计核算那样有一套特定的系统的方法。例如各种技术措施、新工艺、新技术等项目,可核算已经完成的项目是否达到预定的目的,取得预期的效果,也可对准备采取措施的项目进行核算、分析预测下一期效果,从而确定是否值得采纳。业务核算的优点在于根据即时信息,迅速预测预期效果,及时采取纠正措施,调整方案,避免错误,减少损失和浪费。

通过会计核算、统计核算和业务核算三种方法,及时对工程项目的各项经济活动进行核算、对比、分析,使项目的各项经济活动处于有效的监控之中,及时对偏差采取纠正措施,降低各种资源消耗,降低成本,提高经济效益。

3.6 公路工程项目质量成本管理

3.6.1 质量成本预测与计划

3.6.1.1 质量成本预测的目的

项目质量成本的预测,是在对已有质量成本源进行归集分析的基础上,对未来质量成本的预先测算,包括质量成本总额,质量成本的构成,影响质量成本变化的主要因素,与一定质量水平相联系的质量成本目标,与一定质量水平相联系的质量收益等。在预测时,要综合考虑顾客对项目质量的要求、行业的质量水平、项目组织的历史资料等,并采用科学的方法对质量成本目标值做出预测。

质量成本预测的目的主要包括以下三方面内容:
(1)为提高项目质量,降低质量成本指明方向。
(2)为制订质量成本计划提供依据。
(3)明确一定时间内的质量成本目标和质量改进重点。

3.6.1.2 质量成本预测步骤与方法

1. 预测步骤

在预测质量成本时,是按照各质量成本构成的明细科目逐项进行的。影响不同科目的因素不同,表现出的规律也不尽相同,所以预测方法也有所不同。一般采用经验判断法和数学模型法。

质量成本预测的步骤一般如下:
(1)收集信息和数据资料。
①招标资料,收集业主以往招标中关于质量要求和缺陷责任的要求。
②竞争对手资料、包括产品质量、质量成本(此类资料很难获得)、业主对竞争对手产品质量评价等。

③企业资料,主要包括本企业关于质量成本的历史资料,如质量成本结构、质量成本水平等。

④技术性资料,即企业所使用的检测设备、检测标准、检测方法以及企业所使用的原材料、外购件对产品质量及质量成本的影响资料,还有企业关于新产品开发、新技术新工艺使用的情况。

⑤宏观政策,即国家或地方关于工程质量的要求及政策等。

(2)对收集的信息资料和数据进行整理、分析。

(3)建立预测模型,预测质量成本。

2. 预测方法

(1)经验判断法。当影响因素比较多时,或者影响的规律比较复杂时,可以组织经验丰富的质量管理人员、有关的财务人员和技术人员,根据已掌握的资料,凭借团体的经验作预测。

(2)数学模型法。当对以往数据作统计处理后,有关因素之间呈现出较强的规律性,则可以通过数学分析,找到反映内在规律的数学模型或表达式,用以对项目质量成本做出预测。

除上述方法之外,还可以用比例测算等方法对项目质量成本作出预测。

3. 质量成本损失预测

预防费用、检验费用是施工组织设计或质量目标管理手册中需要考虑的内容,只要加以明确就可以了,因此损失成本的预测是施工企业质量成本预测的关键。

(1)废品损失预测。计划期某产品废品损失预测值按下列公式测算:

$$\text{单位产品不可修复的废品损失预测值} = \frac{\text{计划期计划产品产量} \times \text{不可修复废品比率} \times \text{单位产品计划成本} \times \left(1 - \frac{\text{废品残}}{\text{值率}}\right)}{\text{计划期计划产品产量} \times (1 - \text{不合格品率预测值})} \tag{3.61}$$

(2)返修损失预测。计划期某产品返修损失预测值按下列公式测算:

$$\text{单位产品可修复品返修损失预测值} = \frac{\text{计划期计划产品产量} \times \text{可修复品比率} \times \text{单位产品修复工时} \times \text{每工时费用}}{\text{计划期计划产品产量} \times (1 - \text{不合格品率预测值})} \tag{3.62}$$

(3)质量事故停工损失预测。计划期某产品质量事故损失预测值按下列公式测算:

$$\text{计划期单位产品质量事故停工损失预测值} = \frac{\text{质量事故停工工时} \times \text{每工时费用}}{\text{计划期计划产品产量} \times \left(1 - \frac{\text{不合格品}}{\text{率预测值}}\right)} \tag{3.63}$$

(4)质量事故减产损失预测。计划期某产品质量事故减产损失预测值按下列公式测算:

$$\text{计划期单位产品质量事故减产损失预测值} = \frac{\frac{\text{质量事故停工减产工时}}{\text{单位产品定额工时}} \times \text{单位产品计划成本}}{\text{计划期计划产品产量} \times \left(1 - \frac{\text{不合格品}}{\text{率预测值}}\right)} \tag{3.64}$$

3.6.1.3 质量成本计划

项目质量成本的计划是建立在对质量成本进行预测基础上的,它是对未来一定时期质量成本的总体安排和实施方案,其中包括:预期的质量成本目标和具体的指标、为完成质量成本目标所采取的措施和方法、计划实施的重点事项和安排等。质量成本计划是用货币形式来确定达到项目质量要求所需要的费用计划。项目的质量成本计划通常应按项目合同规定的进度进行安排,由财务部门进行编制。一旦确定,就成为质量成本目标值,为进行质量成本管理提供检查、分析、控制和考核的依据。编制质量成本计划的目的是要力求使质量成本被控制在质量适宜区间内。

质量成本计划的主要内容包括:

(1)项目质量成本总额和质量成本构成费用的计划控制目标,它们是项目在计划期内要努力达到的目标。

(2)项目质量成本结构比例计划控制目标。

(3)项目涉及的主要产品的质量成本计划控制目标。

(4)项目中各职能小组的质量成本计划控制目标。

(5)项目质量改进措施计划,这是实现质量成本计划的保证。

财务部门应根据所获得的资料和数据,来确定项目质量预防费用和鉴定费用的增长率和降低率,预防费用、检验费用、内部损失费用和外部损失费用之间的比例,保证实现降低率的措施。

质量计划按适用时间可以分为年度计划、季度计划和月计划;按计划编制单位可分为总公司计划和项目部计划。

1. 质量费用计划

质量费用计划的编制是依据企业上年度质量管理现状分析和质量成本预测值,确定计划期质量费用。质量费用计划表见表 3.35。

表 3.35 质量费用计划表

填报单位: 20××年 (单位:元)

编号	质量成本项目	上年度计划数	本年度计划数	增长比例	备注
1	预防费用				
1.1	质量工作费用				
1.2	质量评审费用				
1.3	质量管理培训费用				
1.4	质量奖励费用				
1.5	质量改进措施费				
1.6	质量专职人员工资及福利费用				
2	检验费用				
2.1	检测试验费用				
2.2	质量检验专职人员的工资及福利费用				
2.3	检验试验办公费用				
2.4	检验测试设备及房屋折旧费用				
3	内部损失费用				
3.1	废品损失费用				
3.2	返修损失费用				
3.3	停工损失费用				
3.4	事故分析处理费用				

续表3.35

编号	质量成本项目	上年度计划数	本年度计划数	增长比例	备注
4	外部损失费用				
4.1	降价损失费用				
4.2	质量保修费用				
4.3	质量索赔费用				
4.4	退换损失费用				
4.5	质量诉讼费用				
	合计				

质量费用计划完成之后,要编写说明。说明内容主要包括:
(1)计划编制的依据、方法。
(2)计划编制中存在的问题,采取哪些措施解决这些问题。
(3)其他需要说明的问题。

2.质量成本构成计划表

依据质量费用计划表中的"本年度计划数"编制质量成本构成计划表,其格式见表3.36。

表3.36 质量成本构成计划表

填报单位:　　　　　　　　　20××年　　　　　　　　　(单位:元)

编号	质量成本项目	上年度计划数	占质量成本比例/%		备注
			占本类成本比例	占总成本比例	
1	预防费用				
1.1	质量工作费用				
1.2	质量评审费用				
1.3	质量管理培训费用				
1.4	质量奖励费用				
1.5	质量改进措施费				
1.6	质量专职人员工资及福利费用				
2	检验费用				
2.1	检测试验费用				
2.2	质量检验专职人员的工资及福利费用				
2.3	检验试验办公费用				
2.4	检验测试设备及房屋折旧费用				
3	内部损失费用				
3.1	废品损失费用				
3.2	返修损失费用				
3.3	停工损失费用				
3.4	事故分析处理费用				

续表 3.36

编号	质量成本项目	上年度计划数	占质量成本比例/%		备注
			占本类成本比例	占总成本比例	
4	外部损失费用				
4.1	降价损失费用				
4.2	质量保修费用				
4.3	质量索赔费用				
4.4	退换损失费用				
4.5	质量诉讼费用				
	合计				

3. 废品损失计划表

废品损失计划表主要依据上年度质量成本计算资料、质量管理工作计划以及废品损失预测值,运用动态比例法进行编制,见表3.37。表3.37是按照质量成本要素进行编制的,通过质量成本要素,分析质量损失情况和不合格品的产品规格型号,这样便于抓住主要矛盾。

表 3.37　废品损失计划表

填报单位：　　　　　　　　　　　　20××年　　　　　　　　　　　　（单位:元）

项目 产品	材料费		工资及福利费		机械使用费		合计	
	上年度计划	本期计划	上年度计划	本期计划	上年度计划	本期计划	上年度计划	本期计划
产品1								
产品2								
产品3								
…								
合计								

4. 质量成本比率计划表

质量成本比率计划表是用相对数字反映产品质量与企业同期主要经济技术指标之间的比例关系。质量成本比率计划表格,见表3.38。

表 3.38　质量成本比率计划表

填报单位：　　　　　　　　　　　　20××年　　　　　　　　　　　　（单位:元）

质量成本项目 主要技术经济指标	质量总成本		内部损失费用		外部损失费用		备注
	比较基数	比值	比较基数	比值	比较基数	比值	
总产值							
收入							
总成本							
利润总额							
…							

为了便于计划的执行和控制,在质量成本计划编制完成之后,应在各职能部门进一步进

行分解，明确各部门在计划期所承担的质量成本控制责任和工作任务、质量成本控制方案和工作程序等。

3.6.2 质量成本控制

质量成本控制就是依据质量成本目标和计划，对质量成本形成过程中的一切耗费进行严格的计算与审核，找出偏差，及时纠正，实现预期的质量目标，并采取措施，不断降低质量成本。质量成本控制是保证各项质量成本管理活动达到计划效果的重要手段，是质量成本管理中的重要环节之一。

3.6.2.1 施工过程的质量成本控制

施工过程中的质量成本与施工质量有着密切的联系，因此施工过程中的质量成本控制应从质量控制入手。

1. 审核有关技术文件

对技术文件、报告、报表的审核是项目经理对工程质量进行全面控制的主要手段。其具体内容包括：

(1) 审核有关技术资质证明文件。
(2) 审核有关材料、半成品的质量检验报告。
(3) 审核施工方案、施工组织设计和技术措施。
(4) 审核反映工序质量动态的统计资料或控制图表。
(5) 审核设计变更、修改图纸和技术核定书。
(6) 审核有关质量问题的调查报告。
(7) 审核有关应用新工艺、新技术、新材料、新结构的技术鉴定书。
(8) 审核有关工序交接检查分项、分部工程质量检查报告。
(9) 审核并签署现场有关技术签证、文件等。

2. 进行现场质量检查

(1) 开工前检查。在开工前，检查开工条件，其目的是检查开工后能否连续正常施工，是否能够保证工程质量。
(2) 工序交接检查。对重要的或对质量有重大影响的工序实行交接检查。
(3) 隐蔽工程检查。凡隐蔽工程均应检查认证后方可掩盖。
(4) 停工后复工前的检查。
(5) 分项、分部。工程完工后的检查验收，验收签证后方可进行下一项工程项目施工。
(6) 成品保护检查。检查有无保护措施，措施是否可靠。

3. 设置质控制制点

质量控制点是施工过程中必须重点控制的质量特性和环节，是质量成本的重要发生点，也是质量成本管理的切入点。一个分项工程，究竟应当设置多少个质量控制点，在何处设置质量控制点，应当根据质量特性的重要程度对工程使用的影响、工序的复杂程度、质量要求和施工单位的管理水平决定。通常情况下，施工工艺复杂多设，不复杂少设；施工难度大多设，难度不大少设；建设标准高多设，标准不高少设；施工单位信誉高少设，信誉不高多设。具体设置原则包括以下几点：

（1）对工程的适用性(性能、寿命、可靠性、安全性)有严重影响的关键环节或重要影响因素。
（2）对施工中的薄弱环节,质量不稳定的工序或部位。
（3）在工艺上有特殊要求,对下道工序的工作有严重影响的关键质量特性和部位。
（4）隐蔽工程。
（5）采用新工艺、新材料、新技术的部位或环节。
（6）施工单位无足够把握的工序或环节。

质量控制点通常可分为长期型和短期型。对于设计、工艺方面要求的关键、重要的项目,必须长期重点控制,而对工序质量不稳定,不合格品多或材料供应、生产安排等,在某一时期内有特殊需要的,则要设置短期质量控制点。

表3.39是国内某施工企业在施工准备阶段、施工生产过程和竣工验收阶段设置的质量控制点。

表3.39 ××企业施工质量控制点明细表

控制阶段	控制环节	控制要点	责任人	主要控制内容	工作依据	工作见证
施工准备阶段	1. 收集现场资料	(1)资料整理	项目经理	列出资料清单	有关文件	所收集的资料
	2. 图纸自审、会审、设计交底	(2)图纸、技术文件自审	参与施工的工程技术人员	图纸、资料是否齐全,	图纸、技术文能否满足施工需要	自审记录
		(3)图纸会审	项目技术负责人	对图纸的完整性、准确性、合法性、可行性进行会审	图纸、技术文	图纸会审记录
		(4)设计交底	项目技术负责人	了解设计意图,提出问题	图纸、技术文	设计交底记录
	3. 工程文件编制申报	(5)施工组织设计	项目技术负责人	按工程项目质量计划要求进行施工组织设计,上报审批	图纸、质量计划及国家技术标准、验收规范	批准的施工组织设计
		(6)施工方案	项目技术负责人	按工程项目质量计划要求进行施工方案设计,上报审批	图纸、质量计划及国家技术标准、验收规范	批准的施工方案
	4. 安排发放技术资料	(7)发放登记	资料员	版本是否有效和发文登记公司	有关规定	发放记录
	5. 物资需用量计划编制	(8)预算科提出需用量计划	预算科工程技术人员	编制、审核、报批	图纸、规范定额	物资需用量计划

续表 3.39

控制阶段	控制环节	控制要点	责任人	主要控制内容	工作依据	工作见证
施工准备阶段	6. 现场准备	（9）施工现场准备	工程技术人员	"四通一平"	图纸、规范	具备开工条件
	7. 劳力准备	（10）特殊作业人员	项目技术负责人	审核上岗证、资格证证书	政府有关规定	上岗证、资格
		（11）一般作业人员	项目技术负责人	培训技术交流	施工标准、规范及有关技术资料	培训记录
	8. 施工机械准备	（12）机械设备进入施工现场	材料设备处处长、机械管理员	机械设备完好整齐	机械、机具计划施工	机械设备清单
	9. 施工材料准备	（13）材料采购计划	材料设备处处长	编写物资平衡计划，组织进货、建账、立卡	物资需用量计划物资采购计划	
		（14）材料验收	材料员、质检员	审核质保书，清查数量，检查外观质量，检验和试验	采购合同、采购计划	材料验收单
		（15）材料保管	保管员	分类存放、建账、立卡	供应计划	进料单
		（16）材料发放	保管员	核对名称、规格、型号、材质、合格证	物资需用量计划	领料单
施工生产过程	10. 开工报告	（17）确认施工条件	项目经理人员	上岗，设备、材料、机具进场	施工准备工作计划	批准的开工报告
	11. 技术交底	（18）分专业进行技术交流	工程专业技术负责人	设计意图、规范要求、技术关键	图纸、施工方案、评定标准及有关的规章制度	技术交底记录
	12. 分项分部工程	（19）保证项目、基体项目	工程专业技术负责人、质检员	《建筑工程质量检验评定标准》规定的内容	图纸、施工方案、评定标准及有关的规章制度	施工技术资料
竣工验收过程	13. 工程初验	（20）施工技术资料、观感质量	公司质检部门	提出问题，进一步整改，确定提出竣工验收时机	图纸、施工方案、评定标准及有关有关的规章制度	申报记录检查记录
	14. 竣工验收	（21）施工技术资料、观感质量	以质量监督部门为主的验收小组	确定工程质量等级	图纸、施工方案、评定标准及申报记录有关的规章制度	评定记录

3.6.2.2 工程项目质量成本控制措施

因为质量成本涉及面广,必须建立质量成本控制系统,以确保质量成本控制工作的顺利进行。

施工企业应当按工程项目质量形成过程、责任部门作为质量成本控制对象,并做到日常控制和定期检查相结合,通常和重点控制相结合,专业与群众控制相结合,单项与综合控制相结合,使质量成本控制经常化、系统化、制度化。对于影响质量成本较大的关键因素,要采取有效措施,进行质量成本控制。

(1)为降低返工、停工损失,将其控制在占预算成本的1%以内,必须对每道工序事先进行技术质量交底;加强班组技术培训;设置班组质量干事,把好第一道关;设置施工队技监点,负责对每道工序进行质量复检和验收;建立严格的质量奖罚制度,调动班组积极性。

(2)为减少质量过剩支出,施工员要严格掌握定额标准,力求在保证质量的前提下,使人工和材料消耗不超过定额水平。施工员和材料员要根据设计要求和质量标准,合理使用人工和材料。

(3)为控制劣质材料额外损失,必须健全材料验收制度,材料员在对现场材料和构配件进行验收时,发现劣质材料要拒收、退货,并向供应单位索赔。要根据材料质量的不同,合理加以利用以减少损失。

(4)增加预防费用,强化质量意识。要建立从班组到施工队的质量QC攻关小组;定期进行质量培训;合理地增加质量奖励,调动员工积极性。

项目质量成本管理是从与工程质量有关的成本方面对工程质量管理活动进行监督和评价。进行工程质量成本的数据统计、核算和分析,可及时掌握工程质量情况、质量改进情况和工作人员的工作质量,及其对经济效益的影响。同时可以分清质量体系内部各单位应承担的质量责任和经济责任等。通过项目质量成本的核算与控制,可使工程质量成本处于适宜区域及优化状态,达到提高企业经济效益的目的。

3.6.3 质量成本核算

3.6.3.1 质量成本核算的任务与原则

1. 质量成本核算的任务

质量成本核算是质量成本管理的基础,也是质量成本管理的一个重要环节。质量成本核算由财务部门总负责,项目的其他小组协助完成,最终完成成本核算。其任务是:

(1)以货币形式反映项目质量管理活动的结果。
(2)为项目质量管理提供准确、完整的经济数据。
(3)正确归集和分配质量成本,为开展分析和揭示质量问题以及质量改进提供数据支持。

2. 质量成本核算的原则

质量成本核算不同于单纯的质量技术性分析,也不同于单纯的项目成本核算。质量成本核算需要项目组织的质量部门和财务部门的密切合作,共同开展质量成本的核算工作。不同的项目,质量成本核算的方法不尽相同。但为了确保质量成本的一致性、真实性和完整性,与项目成本核算一样,质量成本核算应遵循一定的原则,而这一原则是由质量成本核算的任务、质量成本的属性、项目质量管理的需要以及有关法规等因素所决定的。因此,制订项目质量成本核算的原则是,综合考虑相关因素的影响。一般原则包括:

(1)采用统一的核算度量值。

(2)尽可能与现行的经济核算体制相一致。

(3)确定统一的核算价格。

(4)根据工程项目规模、责任部门、工艺过程质量管理和质量保证的需要确定核算对象。

(5)遵守质量成本开支范围规定,正确划分质量费用。

(6)尽可能采用以会计核算为主的核算方法,尽量实行权、责统一。

3.6.3.2 质量成本核算体制及其运作程序

要使质量成本核算工作顺利进行,就要建立有效的质量成本核算体制,以确保质量成本核算工作的正常开展。质量成本的核算体制分为统计核算体制和会计核算体制。

1. 质量成本的统计核算体制

在未建立质量成本的会计核算体制前,一般都是实施质量成本的统计核算体制。通常包含以下工作:

(1)按质量成本核算的要求,结合施工项目的具体特点,建立质量成本的统计核算点。统计核算点的建立,应由质量管理部门会同财务部门共同确定,要充分考虑施工项目规模的大小和管理现状,要保证数据资料的真实性、及时性和全面性。

(2)按设置的质量成本科目,建立适用的质量成本统计表。

(3)按工作程序,由各质量成本统计核算点填写质量成本调查表,按时上报项目质量管理部门审核,经质量管理部门审核后,按质量成本科目进行统计汇总。

2. 质量成本的会计核算体制

建立质量成本的会计核算体制,将有助于质量成本核算工作的规范化和系统化,促进质量管理工作的有效开展。同时必须注意的是,质量成本的会计核算体制属于管理会计体制范畴,不能纳入一般的财务会计核算体制中。

质量成本的会计核算体制包括:

(1)设置一个质量成本的一级科目,一级科目下分设预防费用、检验费用、内部损失费用和外部损失费用4个二级科目。此外,也可以再设置一个"质量成本调整"二级科目,来结算质量成本中的隐含成本。再在每个二级科目下增设三级科目。

(2)设置对应的总分类台账和明细分类账,根据会计原则,利用这些账户来归集和核算质量成本。

(3)在会计核算期末对质量成本进行分配、还原,转入有关费用项目。

3. 质量成本核算体制运作程序

(1)根据施工企业质量成本三级科目设置表和施工企业质量成本核算总分类账与明细分类账,建立质量成本核算账簿。

(2)根据施工企业财务会计明细科目调整表,调整企业财务会计明细科目。

(3)财务会计核算期间,利用原始凭证返修单、返工单、停工单、材料降级处理报告单,统计核算内部返修损失、外部返修损失、内部返工损失、内部停工损失、外部返工损失、外部停工损失、材料降级损失等质量成本三级科目,并记录于质量成本核算账簿相关账户。

(4)财务会计核算期末,根据施工企业财务会计明细科目调整表,利用相关财务会计明细分类账记录,启用质量成本会计核算账簿,建立相关质量成本明细分类账记录。

(5)进行最终汇总。

3.6.3.3 施工企业质量成本核算科目设置

(1)施工企业质量成本核算的三级会计科目见表3.40。

表3.40 施工企业质量成本三级科目设置表

一级科目	二级科目	三级科目	发生源
质量成本	预防费用	质量管理人员人工费用	质量管理部门
		质量宣传费用	项目部
		质量评审费用	质量管理部门
		质量信誉费用	顾客服务中心
		质量培训费用	质量管理部门人力资源部门
		质量奖励费用	质量管理部门
		质量改进费用	质量管理部门
		供方质量保证费用	材料设备部门
	检验费用	检验人员人工费用	材料设备部门
		质量检验部门办公费用	质量管理部门
		试验检验费用	材料设备部门
		检测设备维修、校验和折旧等费用	材料设备部门
	内部损失费用	内部返修损失	各部门
		内部返工损失	
		内部停工损失	
		质量故障分析处理费用	
		材料降级损失	
		加固成本	
	外部损失费用	外部返修损失	各部门
		外部返工损失	
		外部停工损失	
		保修费用	
		索赔费用	
		质量罚金	

(2)施工企业财务会计明细科目对应设置见表3.41。

表 3.41 施工企业财务会计明细科目对应设置表

质量成本明细科目		对应财务会计明细科目
预防费用	质量管理人员人工费	应付工资—质量管理人员
		应付福利费—质量管理人员
		应付社会保障费用—质量管理人员
		应付劳动保险费用—质量管理人员
	质量宣传费用	管理费用—宣传费—项目部
	质量评审费用	管理费用—办公费—质量管理部门
		管理费用—差旅费—质量管理部门
		管理费用—公关费—质量管理部门
		管理费用—资料费—质量管理部门
	质量信誉费用	管理费用—交通费—顾客服务中心
		管理费用—餐费—顾客服务中心
	质量培训费用	管理费用—教育费—质量管理人员培训
	质量奖励费用	管理费用—奖励费—质量奖励
	质量改进费用	管理费用—研发部门开发费用—质量改进
	供方质量保证费用	管理费用—差旅费—质量保证
检验费用	检验人员人工费用	应付工资—质量检验人员
		应付福利费—质量检验人员
		应付社会保障费用—质量检验人员
		应付劳动保险费用—质量检验人员
	质量检验部门办公费用	管理费用—办公费—质量检验部门
	试验检验费用	管理费用—差旅费—质量检验部门
		管理费用—消耗材料—质量检验部门
	检测设备维修、校验和折旧等费用	管理费用—修理校验费—质量检验部门
		管理费用—折旧费质量检验部门
内部费用	内部返修损失	原始凭证(内部返修单)
	内部返工损失	原始凭证(内部返工单)
	内部停工损失	原始凭证(内部停工单)
	质量故障分析处理费用	营业外支出—处理费—质量原因造成
	材料降级损失	原始凭证(材料降级处理报告单)
	加固成本	工程施工—人工费—项目部
		工程施工—材料费—项目部
外部费用	外部返修损失	原始凭证(外部返修单)
	外部返工损失	原始凭证(外部返工单)
	外部停工损失	原始凭证(外部停工单)
	保修费用	营业外支出—保修费用
	索赔费用	营业外支出—索赔费用
	质量罚金	营业外支出—质量罚金

在工程项目施工过程中，凡属于质量成本费用的支出都在"质量成本"科目内进行记账、算账、报账和核算。报告期末，"质量成本"科目内本期借方发生额应当全部结转，并按费用性质分别计入"工程施工"、"辅助生产"、"管理费用"等有关科目。施工企业及所属单位按照"质量成本"核算内容设置相应的"质量成本明细账"、"质量成本费用核算台账"、"质量成

本支出辅助账"等,用以归结、核算质量成本支出情况及各项目之间的构成比例。施工企业应当根据质量成本费用核算情况设置相应的"质量成本报告表",为企业分析、考核、控制质量成本的支出提供依据。

3.7 公路工程项目人力资源成本管理

3.7.1 人力资源成本的计量模式

3.7.1.1 人力资源成本研究对象

人力资源成本是指企业组织为了取得或重置人力资源包括企业家的决策能力、管理者的管理能力、技术人员的技术开发能力和工人的劳动技能等而发生的成本。人力资源成本包括广义和狭义之分,广义的人力资源成本包括劳动者被企业雇佣之前为了培养自身的劳动能力所花的代价(劳动力受雇前成本)和企业在员工的招聘与培训、人力资源开发等方面所花的代价(劳动力受雇后成本);狭义的人力资源成本仅指劳动力受雇后的成本,也是人力资源成本研究的对象。

综上所述,人力资源成本的支出包括取得成本、使用成本、开发成本及安置成本。上述各项支出,并非要全部计入人力资源成本并予以资本化,只有那些受益期超过一年以上的费用才能够予以资本化。一般说来,我们通常将人力资源取得支出和开发支出予以资本化,而维护支出则计入当期损益,但对数额较大的一次性维护支出,也可计入待摊费用,分期计入损益。

人力资源成本主要研究两个相互联系的成本类型,即人力资源的取得成本(原始成本)和人力资源的重置成本所以人力资源作为企业的一项特殊的资产,其成本的计量模式也有原始成本和重置成本两种。

3.7.1.2 人力资源成本的计量模式

人力资源的成本计量是从人力资源投入的角度来确认和计量支出的计量模式,目的在于对人力资源的投资额进行计量,提供人力资源的成本信息。人力资源成本包括取得、开发及保全人力资产使用价值而付出的总代价,包括企业实际付出的成本和应承担的损失成本,在内容上涉及人力资源的取得、开发、使用、保障及离职等方面。

下面我们就历史成本法和重置成本法两种主要模式进行详细分析。

1. 历史成本法

历史成本法又称原始成本法、实际成本法,是以取得、开发、维持人力资源时发生的实际支出计量人力资源成本的方法,它反映了企业对人力资源的原始投资,包括人力资源的取得成本、开发成本和维持成本。一般应分为企业职工的招募、选拔、录用、安置等取得成本,职工上岗前教育、岗位培训、脱产培训等开发成本,以及人力资源的工薪、奖励、调剂、保障等维持成本。这些成本的一部分是直接成本,另外一部分属于间接成本。例如在对企业的新招职工进行培训时,付给接受培训者的工资是直接成本,而负责该项培训工作的管理人员的时间耗费成本则是一种间接成本。

(1) 人力资源取得成本的计量。人力资源取得成本是指企业为了满足现在和将来的人力资源需求,在人力资源取得过程中所支付的费用。人力资源的获得并不是无偿的,任何企事业单位均需按照一定的程序,付出一定的代价,才能够得到所需要的人力资源,这些费用构成了人力资源取得成本,它主要包括招募成本、选拔成本、录用成本和安置成本。

①招募成本。由企事业单位用于招募人力资源的直接劳务费、直接业务费、间接管理费用、预付费用构成。直接劳务费是在企事业单位内部和外部两方面进行人员招募时发生的招募人员的工资和福利费用。直接业务费由在企事业单位内部和外部两方面进行人员招聘时发生的直接费用构成,包括招聘洽谈会议费、代理费、差旅费、广告费、宣传材料费、水电费、办公费、选拔费及其他支出等。间接管理费用由行政管理费和临时场地设施使用费等构成。预付费用由吸引未来可能成为企事业成员人选的费用构成。招募成本的计量采用原始成本法,其计量公式为:招募成本 = 直接劳务费 + 直接业务费 + 间接管理费用 + 预付费用。

②选拔成本。由对应聘人员进行鉴别选择,以作出决定录用或不录用这些人员时所支付的费用构成。通常情况下,主要包括以下几方面:

a. 初步口头面试,进行人员初选。
b. 填写申请表,并汇总候选人员资料。
c. 进行各种面试或口头测试,评定成绩。
d. 进行各种调查和比较分析,提出评论意见。
e. 根据候选人员资料、考核成绩、调查分析评论意见,召开负责人会议讨论决策录用方案。
f. 最后的口头面试,与候选人讨论录取后职位、待遇等条件。
g. 获取有关证明材料,通知候选人体检。
h. 体检,在体检后通知候选人录取与否。

以上每一步骤所发生的选拔费用,其成本的计算方法如下:

$$选拔者面谈的时间费用 = (每人面谈前的准备时间 + 每人面谈所需时间) \times 选拔者工资率 \times 候选人数 \quad (3.65)$$

$$汇总申请资料费用 = (印发每份申请表资料费 + 每人资料汇总费) \times 候选人数 \quad (3.66)$$

$$考试费用 = (平均每人的资料费 + 平均每人的评分成本) \times 参加考试人数 \times 考试次数 \quad (3.67)$$

$$测试评审费用 = 测试所需时间 \times (人事部门人员工资率 + 各部门代表的工资率) \times 次数 \quad (3.68)$$

$$(本单位)体检费 = [(检查所需时间 \times 检查者工资率) + 检查所需器材、药剂费] \times 检查人数 \quad (3.69)$$

③录用成本。录用成本是指经过招聘选拔之后,将合适的人员录用到某一企事业单位中所发生的费用。录用成本包括录取手续费、调动补偿费、一次性人才补贴、特殊待遇支出、临时生活费、搬迁费和旅途补助费等由录用引起的有关费用。这些费用通常都是直接费用。被录用者职务越高,录用成本也就越高。从企业内部录用职工仅是工作调动,一般不会再发生录用成本。录用成本以实际发生额计量,其计算公式如下:

$$录用成本 = 录用手续费 + 调动补偿费 + 搬迁费 + 旅途补助费 \quad (3.70)$$

④安置成本。是为安置已录取职工到具体的工作岗位上时所发生的费用。安置成本由

为安置新职工的工作所必须发生的各种行政管理费用、为新职工提供工作所需的装备条件，以及录用部门因安置人员所损失的时间成本而发生的费用构成，这些费用通常是间接费用。被录用者职务的高低对安置成本的高低有一定的影响。

$$\text{安置成本} = \text{各种安置行政管理费用} + \text{必要装备费} + \text{安置人员时间损失成本} \quad (3.71)$$

(2) 人力资源开发成本的计量。为了提高工作效率，企事业单位还需要对已获得的人力资源进行培训，以使它们达到预期的、合乎具体工作岗位要求的业务水平。这种为提高员工的素质和劳动技能而发生的费用称为人力资源的开发成本。在人力资源开发过程中，所发生的费用也有所不同，主要包括以下三部分：

①上岗前教育成本。由教育和受教育者的工资、教育和受教育者离岗的人工损失费用、教育管理费和教育设备折旧费用等组成。

$$\text{上岗前教育成本} = (\text{负责指导工作者平均工资率} \times \text{培训引起的生产降低率} + \text{新职工的工资率} \times \text{职工人数}) \times (\text{受训天数} + \text{教育管理费} + \text{资料费用} + \text{教育设备折旧费用}) \quad (3.72)$$

②岗位培训成本。由上岗成本及岗位再培训成本组成。上岗培训主要通过以老带新的形式完成。上岗培训成本和岗位再培训成本中的直接成本，由在培训期发生的培训人员和受训人员相关的工资费用构成。其计算公式如下：

$$\text{上岗培训直接工资成本} = (\text{指导工作者平均工资率} \times \text{培训引起的生产降低率} + \text{新员工的平均工资率} \times \text{被指导次数}) \times \text{指导所需时间} \quad (3.73)$$

用上述公式计算出上岗培训直接工资成本的单位成本，即人均数，再乘每批被培训人数，则为该批被培训职工上岗培训的直接工资总成本。

上岗培训的间接成本是指因开展岗位培训活动间接使有关部门或人员的工作效率下降，而使企业受到的损失，实际上也是企业对人力资源的投资。包括培训人员离岗损失费用、被培训人员工作不熟练给企业生产造成的损失、培训材料费用、各种管理费用等。

$$\text{上岗培训间接成本} = \text{培训人员离岗损失费用} + \text{被培训人员不熟练损失} + \text{培训材料费} + \text{各种管理费用} \quad (3.74)$$

岗位再培训成本计算与上岗培训成本计算类似，只是再培训成本比上岗培训成本损失费用要小些，时间可能短些。其计算方法如下：

$$\text{岗位再培训间接成本} = \text{岗位再培训人工费用} + \text{材料费用} + \text{管理费用} + \text{各种培训损失费} \quad (3.75)$$

③脱产培训成本。主要分为委托外单位培训成本和企业自行组织培训成本两种。其计算公式分别如下：

$$\text{委托外单位培训成本} = \text{培训机构收取的培训费} + \text{被培训人员工资及福利费} + \text{差旅费资料费} + \text{被培训人员的离岗损失费用} \quad (3.76)$$

$$\text{企业自行组织培训成本} = \text{培训所需聘任教师或专家工资及福利费用} + \text{被培训人员工资及福利费} + \text{培训资料费} + \text{专设培训机构的各种管理费用} + \text{被培训人员离岗损失费用} \quad (3.77)$$

(3) 人力资源使用成本的计量。人力资源使用成本包括工薪成本、奖励成本、调剂成本和保障成本等。

①工薪成本。包括职工计时或计件工资、劳动报酬性津贴（例如职务津贴、生活补贴、保

健津贴、法定的加班加点津贴等)、各种福利费用(例如住房补贴、幼托费用、生活设施支出、补助性指出、家属接待费用等)、年终劳动分红等。其计算公式如下:

$$工薪成本 = 职工计时或计件工资 + 劳动报酬性津贴 + 各种福利费 + 年终劳动分红 \tag{3.78}$$

②奖励成本。包括各种超产奖励、革新奖励、建议奖励和其他表彰支出等。其计算公式如下:

$$奖励成本 = 各种超产奖励 + 革新奖励 + 建议奖励 + 其他表彰支出 \tag{3.79}$$

③调剂成本。包括职工疗养费用、职工业余社团开支、职工娱乐及文体活动费用、职工定期休假费用、节假日开支费用、改善企业工作环境的费用等。其计算公式如下:

$$调剂成本 = 职工人数 \times 调剂成本率 \tag{3.80}$$

④保障成本。包括劳动事故保障、健康保障、退休养老保障、失业保障等费用。这种成本是人力资源在发挥其使用价值时,社会、企业对人力资源丧失使用价值时的生存权的一种保护。

a. 劳动事故保障成本。包括企业承担的工伤职工的工资、缺勤损失、医药费、残废补贴、丧葬费、遗属补贴、最终补贴费等。计算公式如下:

$$劳动事故保障成本 = \sum 职工劳动事故人员工资等级 \times 事故补贴率 \tag{3.81}$$

b. 健康保障成本。包括医药费、缺勤工资、产假工资及补贴、丧葬费等。其计算公式如下:

$$健康保障成本 = \sum 职工病假人员工资等级 \times 病假补贴率 \tag{3.82}$$

c. 退休养老保障成本。包括养老金、养老医疗保险金、死亡丧葬补贴、遗属补偿金等。其计算公式如下:

$$退休养老保障成本 = \sum 退休养老人员工资等级 \times 养老补贴率 \tag{3.83}$$

d. 失业保障成本。包括一定时期的失业救济金,主要是为了保障职工在重新就业前的基本生活需要。其计算公式如下:

$$失业保障成本 = \sum 失业人员工资等级 \times 失业救济率 \tag{3.84}$$

从上述分析可以看出,采用这种方法,要按照划分收益性支出和资本性支出的原则,在各会计期末将人力资源资本性投资部分确认为人力资源的成本,同时还应当根据人力资产成本的耗用情况,对已经形成的人力资产成本进行摊销。人力资源历史成本计量方法的优点是取得的数据比较客观,具有可验证性,相对而言较易被人们所理解和接受。以历史成本作为计量基础,仍然是遵循了传统的会计原则和计量方法。另外,采用历史成本法能使人力资源会计与非人力资源会计在计价原则上保持一致,使两种信息具有可比性,便于对人力、非人力投资进行比较;还可以作为编制预算或设立标准成本的依据。

但采用历史成本作为计量基础,也存在不足之处:第一,人力资源的实际价值可能大于其历史成本。人力资源具有能动性,这是它与其他资产最根本的区别。经济活动的生命在于发展、进取和创新。而只有人力资源才能够担负起这种发展、进取和创新的任务,在未来知识经济时代更是如此。因此,人力资源的实际价值大于其账面价值或原始成本;第二,人力资源的增值和摊销与人力资源的实际能力增减无直接关系。其他一切资源在使用中会引起自身的损耗而使价值减少,而人力资源却能够实现自身补偿和发展。人力资源的摊销与人力资源实际能力的增长是不相一致的;第三,根据会计报表上的人力资源价值进行分析,其结论与企业人力资源的实际价值会产生差异。

2. 重置成本法

重置成本法是指在当前物价水平下,假设对企业现有工作人员重新取得、开发、培训及辞退所需发生的代价。重置成本通常包括由于现职雇员的离去而发生的成本,以及获得并开发其替代者所发生的成本。采用重置成本计量模式不但要计算重置人员的实支成本,还应当计算由此发生的机会成本。重置成本是企业组织在从事经济活动中所应尽量避免的成本,管理者应关心员工的利益,将员工视为宝贵的财富,尽可能减少由于员工的离去和置换而发生的重置成本的开支。

人力资源重置成本由人力资源的取得成本、开发成本和离职成本三部分组成。其中的取得成本、开发成本与历史成本法中的取得成本、开发成本内容相同,可视作为重新取得和开发一批人力资源的成本。离职成本是指原任离职者离开其岗位和组织所产生的成本,它包括离职补偿成本、离职管理费用、离职前业绩差别成本和空职成本。

人力资源重置成本分为两种情况:一种是从个人的角度,计量企业在现时条件下重新取得或通过培训取得与现有职工的技术水平、素质和工作能力相当的能提供同等服务的能力,及以其来代替正在雇用的职工所应发生的全部费用,称之为"个人重置成本",其成本相对较高。另一种则是从职位(工作岗位)的角度,计量企业在现时条件下取得和培训符合特定工作岗位要求的职工来代替目前正在该职位工作的职工所应发生的全部费用,称为"职位重置成本",其成本相对较低。通常,企业一般比较注重职位重置成本,这是因为,企业"重置"职工的目的,在于使职工能够胜任特定工作岗位的工作,而不一定要求"重置"的职工具备与被替换下来的职工相同的素质。因此"与其从重置原来某个人的角度来考虑,倒不如从取得能在特定职位上提供相同服务的替代人的角度来考虑"。弗兰霍尔茨在其《人力资源管理会计》中提出人力资源重置成本的概念,并认为:人力资源的重置成本主要是指人力资源职务重置成本。即除了历史成本中的取得成本和开发成本两项内容之外,还包括被替换职工的离职成本。从上述概念中可以看出,人力资源重置成本主要根据当前的市场状况进行具体估算。

(1)离职补偿成本。离职补偿费用的多少一般没有固定数额,可多可少,甚至没有,主要根据企业和离职者的具体情况而定。但我国劳动法规定当出现以下三种情况,由于解除劳动合同而使职工离职时,应依照规定给予劳动者经济补偿。

①经劳动合同当事双方协商一致解除劳动合同的。

②劳动者患病或非因公负伤,医疗期满后,无法从事原工作,也无法从事由用人单位另行安排的工作的;劳动者不能胜任工作,经过培训或调整工作岗位,仍不能胜任工作的;劳动合同签订时所依据的客观情况发生重大变化,致使原劳动合同无法履行,经当事人协调后不能就变更劳动合同达成协议而解除劳动合同的。

③用人单位濒临破产进行法定整顿期间或生产经营状况发生严重困难而依法裁减人员的。

在上述三种情况下,支付给离职者的工资和离职补贴金是根据劳动法及有关规定,按照离职者离职前的工资标准及离职后所应得的保障进行计算。

(2)离职管理费用。职工在离职过程中,企业管理人员与离职职工要进行谈话协商;要进行必要的调查,如为确定离职员工的加权平均工资率而进行的调查;协商同意其离职后还要为其办理离职手续等。进行这些管理活动一般需要支付一些管理费用。人事部门或其他主管人员的面谈费用成本可用下式进行计算:

$$面谈时间成本率=(与每人面谈前的准备时间+与每人面谈所需时间)\times \\ 面谈者工资率\times 企业离职人数 \qquad (3.85)$$

离职员工本身也有一个时间成本费用问题,这个费用可用以下公式计算:

$$离职员工的时间费=每人面谈所需时间\times 离职员工的加权平均工资率\times 企业离职人数 \\ \qquad (3.86)$$

此外,其他与离职有关的管理活动,如从员工资料档案和工资单中删除离职人员的资料,收回离职员工手中的设备、工具等也需要发生一些费用,这些费用可以通用以下公式计算:

$$与离职有关的管理活动费用=各部门对每位离职者的管理活动所需时间\times 有关部门职\\ 工的平均工资率\times 企业离职人数 \qquad (3.87)$$

上述这些管理费用均属于人力资源离职的直接成本,需要直接计入人力资源离职成本。

(3)离职前业绩差别成本(又称离职前的效率损失)。离职前业绩差别成本,是指一个职工在离开某一单位前,由于原有的生产效率受到损失而造成的成本。在离职前,因为离职人员一般会处于不稳定状态,所以他们的工作成绩会呈现下降趋势,这样就出现了他们在离职前与正常时期的业绩有很大差别。这种差别也是离职造成的成本,可以用下列公式进行测算:

$$差别成本(效率损失)=正常情况下的平均业绩-离职前一段时间内平均业绩 \qquad (3.88)$$

(4)空职成本。空职成本,是指企业在物色或招聘到离职者的替代人员之前,因为某一职位出现空缺,可能会使某项工作或任务的完成受到不良影响,由此而引起的一种间接成本。出现空职不但会影响该职位直接管理的工作,而且会影响与这项工作密切联系的其他工作的成绩。例如在保险公司中,一个理赔调查员调离之后,公司在物色新的理赔调查员期间,将损失这个理赔调查员在职期间可能做出的业绩,同时由于这个职位空缺,可能还会影响到其他理赔调查员、调解员、检查员以及理赔经理的业绩。这样一来,这个职位空缺带来的成本损失将大于因该员工离职造成的直接成本损失。这些成本的总额构成了职位空职成本。

①重置成本法是以在当前物价条件下重新录用达到现有职工水平的全体人员所需的全部支出为企业人力资源的资产值,它反映了企业于当前市场条件下在现有人员身上所凝结的全部投资,反映了人力资源的现时价值。但是采用重置成本作为计量基础也有明显的缺陷:

a.它要根据当前的市场状况进行具体估算,脱离了传统的会计模式,难以为人们所接受。

b.增加了工作量,由于每一时期都需要对全部人员进行估算,这种增加的工作量能否从增加的信息中得到补偿则毫无把握。

c.对重置成本的估算不可避免地带有很强的主观性,使信息的可比性下降。因此该方法主要适用于对企业人力资源的预测和决策,一般不用于对人力资源的账簿核算。

②人力资源虽然有历史成本和重置成本两种计价标准,而且它们各有优缺点,但我们认为,在能取得历史成本资料的条件下,应尽可能采用历史成本计价,理由有三点:

a.采用历史成本计价,能使人力资源会计与物质资源会计在计价原则上保持一致。现行会计体系中,固定资产、存货等物质资源都是按照历史成本计价的,欲将人力资源纳入会计核算体系,应尽量采用相同的计价基础。

b. 按照历史成本计价,能取得可核实的客观计算依据,从而得到确切的数据。

c. 按照历史成本计价核算,便于方便地将现行会计体系中物质资源的核算方法移植到人力资源会计核算上。

但是,历史成本的资料有时却无法取得。例如目前大多数企业都没有发展人力资源会计核算,人力资源取得和开发支出都没有详尽的历史记录,从现在的零星资料中也难分析出人力资源成本资料。再例如在新建企业或扩大经营时,由国家或有关方面无偿调入职工时,也无法取得人力资源历史成本的资料。在这种情况下,可采用重置成本对现有人力资源进行估价,并以此作为人力资源的初始额,而在正式建立人力资源会计体系后发生的各项取得成本和开发成本,则按历史成本计价入账。事实上,最早实行人力资源会计的巴里公司,正是按照这一方法建立其人力资源会计制度的。

不过,在采用重置成本作为计价标准时,有一个问题值得注意,即为了使今后的核算口径保持一致,在计算重置成本时,只应包括取得成本和开发成本两部分,前述人力资源重置成本中的离职成本,通常不宜计入,离职成本一般只用于分析时的参考。

3.7.2 人力资源成本的核算

在进行人力资源成本的核算与报告时,应以企业对人力资产的投资为基础计量人力资产的成本,同时将人力资产成本按照人力资源的使用期间进行的摊销计入企业生产经营的产品成本或劳务成本。记录人力资产的累计摊销价值,待人力资产退出企业时将其与人力资源成本相抵,余额就是企业人力资产为企业创造的收益或带来的损失。该余额可以作为企业的收益或损失处理。

另外,为了达到正确计量人力资源原始成本的目的,应当根据人力资源的特点,对人力资源的原始成本进行调整。通常说来,由账面得出的人力资源原始成本会随着影响预计服务期间因素的改变而发生变化。因为一个较长的预计服务期间,并不意味着"账面成本"的增加。只有当实际招募与培训过程完全按照事前计划进行时,人力资源原始成本的计量才正确。这样,就有必要将人力资源原始成本的账面价值,调整为更具决策价值的成本新型资料。

1. 人力资源账户核算体系

人力资源核算主要涉及人力资产投资、人力资产成本、人力资产摊销和损失的核算。组织人力资产的核算,需要设置和运用以人力资产账户为主的、相互联系的若干账户,包括人力资产取得成本账户、人力资产开发成本账户、人力资产累计摊销账户、人力资本账户与人力资产损失准备账户。

(1) 人力资产账户。人力资产账户是用来总括反映人力资产的增减变动和结存情况的。账户借方登记人力资产的增加,包括:取得人力资源的投资成本和开发人力资源的开发成本;贷方登记人力资产的减少,包括遣散、调出、辞职、退休、死亡而减少的人力资产;余额表示现有人力资产的历史成本或重置成本。由于人力资产具有无形资产的特征,所以也可以把它视为无形资产,在无形资产账户下设置二级账户对人力资产进行核算。本账户按员工类型设置明细账户,也可以按重置员工个人设置明细账户。

(2) 人力资源取得成本账户。此账户用于核算人力资源取得成本,属于成本计算类账户,借方登记取得人力资源而发生的招募、选择、雇佣和定岗的成本(投资成本);贷方登记转入人力资产账户的取得成本。此账户通常无余额,如有借方余额表示尚未转入人力资产账户的成本。

(3)人力资源开发成本账户。此账户用于核算人力资源开发成本,属于成本计算类账户,借方登记开发人力资源而发生的上岗、在职和脱产培训的成本;贷方登记转入人力资产账户的开发成本。此账户通常无余额,如有借方余额则表示尚未转入人力资产账户的成本。

(4)人力资产累计摊销账户。此账户用于总括反映人力资产的累计摊销情况,属于人力资产的备抵账户,贷方登记按照一定的摊销率计算的人力资产摊销额;借方登记由于遣散、解雇、辞职、调出、退休等原因而退出企业职工的累计摊销额;贷方余额表示现有人力资产的累计摊销额。人力资产借方余额减去此账户贷方余额则为现有人力资产的摊余价值(净值)。

(5)人力资产损失准备账户。本账户用于核算人力资产损失准备的提取和转销情况,属人力资产的备抵账户,贷方登记按照一定比例计提的损失准备;借方登记转销的损失准备,贷方余额表示现有人力资产已计提损失准备。

(6)人力资本账户。本账户用于总括反映人力资本的增减变动和结存情况,属于权益类账户,贷方登记按照重置成本计算的人力资源的投资金额而增加的人力资本,借方一般无发生额,贷方余额表示按重置成本计算的现有人力资本。如果不设此账户,其相应的核算内容可在资本公积账户中核算。

2. 人力资源核算内容

人力资产核算的内容主要包括人力资产投资的核算、人力资产成本核算、人力资产摊销与损失的核算。

(1)人力资产投资的核算。人力资产投资的核算主要是指按照重置成本计价的人力投资的核算,如无偿调入人力资源或无法获得投入人力资源的历史成本资料时,采用重置成本核算人力投资额,以确认该人力资产账面价值的核算。在设置人力资本账户时,无偿调入职工,按照重置成本借记人力资产账户,贷方人力资本账户;如不设置人力资本账户,则借记人力资产账户,贷记资本公积账户;如果无偿调入职工退回原单位,则作相反的会计分录,冲减人力资产与人力资本。

(2)人力资产成本核算。当取得人力资源而发生取得成本时,借记人力资源取得成本账户,贷记有关取得人力资源而发生的招募、选拔、雇佣及定岗等费用。期末,将其结转至人力资产账户,从而资本化为人力资产。当对取得的人力资源的各种培训发生人力资产开发成本时,借记人力资源开发成本账户,贷记实际支付的各种培训费用。月末,将其结转至人力资产账户,从而资本化为人力资产,人力资产成本核算程序如图3.10所示。

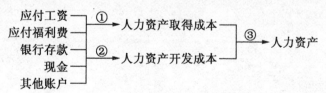

图 3.10 人力资产成本核算程序

注:①归集发生的各种取得成本核算;②归集发生的各种开发成本;③月末结转人力资产成本

(3)人力资产摊销的核算。企业转入资本化的人力资产,应当与固定资产一样,随着使用按其受益情况在各受益期内摊销,计入各期费用之中。由于人力资产的实际使用程度难于直接测定,只能采用平均计算的方法,在摊销年限内,平均摊销人力资产预计摊销年限,一般决定于人力资产可使用年限,可以按用工合同规定的使用年限而定。人力资产摊销时,借记销售费用、管理费用等有关费用账户,贷记人力资产累计摊销账户。当人力资产使用年限已满而退出企业时,则按照累计摊销额借记人力资产累计摊销账户,贷记人力资产账户。如有未摊销净值(即人力资产原始成本减累计摊销额之差额),则应将净值计入当期管理费用,借记管理费用账户,贷记人力资产账户。

(4)人力资产损失的核算。人力资产由于种种原因,形成未摊销净值,从而构成企业的一种损失,这种损失可称为人力资产损失。如未满服务期限而提前离职、解雇或调出;未达退休年龄而提前退休;未达受益期限而被提前淘汰;因故提前死亡等都会带来人力资产的损失。若其损失(净值)数额不大,可以作为当期费用处理,计入管理费用账户,如果损失数额较大,则应通过计提人力资产损失准备,设置损失准备账户进行核算。按照一定比例计提损失准备时,借记管理费用账户,贷记人力资产损失准备账户。当发生人力资产损失时,则按照未摊销净值借记人力资产损失准备账户,按照累计摊销额借记人力资产累计摊销账户;按照原始成本贷记人力资产账户。如果企业不设置人力资产损失准备账户来计提损失准备,则将发生的损失直接计入当期管理费用,即按照未摊销净值借记管理费用账户,按照累计摊销借记人力资产累计摊销账户,贷记人力资产账户。

4 公路工程施工安全管理

4.1 公路工程施工安全管理概述

4.1.1 安全管理的基本原则

公路工程安全管理是公路工程施工企业生产管理的重要组成部分，是一门复杂且具有综合性的系统科学。安全管理的对象是生产过程中一切人、物、环境的状态管理与控制，实质上是一种动态管理。

施工现场的安全管理，主要是组织实施安全管理的规划、指导、检查和决策施工过程中的安全工作；同时又要确保工程施工处于最佳安全状态。施工现场安全管理的具体内容大体可归纳为：安全组织管理、场地与设施管理、行为控制管理和安全技术管理四个方面，分别对生产过程中的人、物、环境的行为状态进行具体的管理与控制。为了将生产因素的状态有效地控制好，在实施安全管理的过程中，必须正确处理好五种关系，坚持六项安全管理的基本原则。

1. 安全管理的五种关系

公路工程施工企业安全管理的五种关系主要包括：安全与危险的关系、安全与生产的关系、安全与质量的关系、安全与速度的关系及安全与效益的关系。

(1) 安全与危险的关系。安全与危险是一对矛盾的事物，在同一事物的运动中是相互对应、相互依赖而存在的。因为在生产的过程中存在着危险性，才反复强调加强安全管理，时刻防止危险的出现。因此安全与危险的关系，两者并非等量存在、平静相处，随着事物运动变化，安全与危险每时每刻都在变化着，不仅进行着此强彼弱的激烈斗争，而且事物的状态将向斗争胜利的一方倾斜。由此可见，在任何事物的运动中，都不会存在绝对的安全与危险。

危险因素是客观存在于事物的运动之中的，经过认真分析是可知的，采取多种有效预防措施，危险因素是完全可以控制的。

(2) 安全与生产的关系。生产是人类社会生存和发展的基础。如果在生存中人、物、环境都处于危险状态，则生产将无法进行。因此安全是生产的客观要求，当生产活动完全停止后，安全也就失去了意义。就生产的目的性来说，组织好安全生产就是对国家、社会和生产者的最大负责，也是对社会作出的贡献。

生产有了可靠的安全保障，事业才能够持续、稳定地发展。如果在生产活动中事故层出不穷，生产必然陷于混乱，甚至瘫痪的状态。因此当生产与安全发生矛盾时，特别是危及国家利益和职工生命时，必须立即停止生产活动，在消除危险因素后再进行生产。我们必须牢记"生产必须安全、安全促进生产"这一安全的方针。

(3) 安全与质量的关系。从广义上讲，质量包含着安全工作质量，安全概念也包含着质量，二者密切相关，互为因果。我们平常所讲的"质量第一"、"安全第一"，就明确地表示了二者的密切关系和重要性。"安全第一"是从保护生产因素的角度而提出的,"质量第一"是从产品质量的角度而强调的。安全为质量服务,质量需要安全保证,若在生产过程中忽视任何一个方面,都将处于失控状态。由此可见,"质量第一"和"安全第一"并不矛盾。

(4)安全与速度的关系。在确保工程质量的前提下,加快工程的施工速度,可以提高施工企业的经济效益,及早发挥公路工程的作用。但速度应以安全为保障。没有安全可靠的施工环境,不可能提高生产效率。无数工程事实证明,生产中的盲目蛮干、乱干,可能会在侥幸中求得快速,但由于缺乏科学性和安全性,很容易酿成事故,工程施工不仅无速度而言,反而会延误时间,造成更大的损失。

"安全就是速度"、"安全与速度成正比例关系",这是工程实践得出的经验。如果一味强调速度,置安全于不顾的做法,则是极其有害的。所以当速度与安全发生矛盾时,暂时减缓施工速度,确实保证安全,才是正确的做法。

(5)安全与效益的关系。安全技术措施的实施,必然会改善劳动条件,调动广大职工的积极性,提高生产效率,带来良好的经济效益,足以使安全技术措施的投入得以回报。从这个意义上讲,安全与效益是完全一致的,安全可以促进效益的增长。

但是在施工安全管理中,对安全技术措施的投入要适度、适当,要精打细算,统筹安排。既要保证安全生产,又要达到经济合理,还要考虑力所能及。单纯为了追求经济效益,而忽视安全生产,或单纯为追求安全生产,而盲目达到安全生产的高标准,都是错误的做法。

2. 安全管理的六项基本原则

安全管理是一项非常重要、极其复杂的工作,在具体的安全管理过程中,应坚持如下六项基本原则。

(1)坚持安全与生产管理并重的原则。安全管理属于生产管理之中,它对生产发挥着保证与促进作用。在建筑工程整个管理的过程当中,安全与生产虽然有时会出现一定的矛盾,但从安全管理与生产管理的目标来看,两者表现出高度的一致和完全的统一。

国务院在《关于加强企业生产中安全工作的几项规定》中明确指出:"各级领导人在管理生产的同时,必须负责管理安全工作"。"企业中各有关专职机构,都应该在各自业务范围内,对实现安全生产的要求负责"。

管生产同时管安全,安全与生产管理并重,不仅向各级领导人明确了安全管理责任,同时也向一切与生产有关的机构、人员明确指出,均须参与安全管理并在管理中承担责任。从上述可看出,安全管理是生产管理的重要组成部分,安全与生产在实施管理的过程中,两者存在着密切的联系,存在着共同管理的基础。

(2)坚持安全管理具有目的性的原则。如前所述,所谓安全管理是对生产中的人、物、环境因素状态的管理,有效地控制人的不安全行为和物的不安全状态,消除或避免事故。安全管理的目的,就是保护劳动者的安全与健康。

施工企业在制订安全管理计划时,要根据有关法律、法规、条例和规程的规定,结合工程和施工企业的实际,明确安全管理的目的,采取切实可行的安全技术措施,确保工程安全施工、顺利进行。没有明确目的的安全管理,是一种盲目的行为;盲目的安全管理,危险因素依然存在,只能纵容威胁人的安全与健康的状态向更为严重的方向发展或转化。

(3)坚持安全管理"预防为主"的原则。我国安全生产的基本方针是"安全第一、预防为主",这是一个统一体的两个方面。"安全第一"是从保护生产力的角度和高度出发,表明了在生产范围内安全与生产的关系,强调安全在生产活动中的重要性。

贯彻"预防为主",首先要端正对生产中不安全因素的认识,端正消除不安全因素的态度,选准消除不安全因素的时机。在安排施工任务时,要针对生产中可能出现的不安全因素,采取积极的预防措施并予以消除,这是安全管理的最佳选择。在生产活动中,科学预测、经常检查、及早发现、及时消除不安全因素,是安全管理应有的鲜明态度。

(4)坚持安全管理"重在控制"的原则。进行安全管理的目的,是为了预防、消除不安全因素,防止工伤事故的发生,保护劳动者的安全与健康。在安全管理的主要内容中,所有内容均是为了达到安全生产管理的目的,但是对生产因素的控制,与安全管理的目的关系更直接,显得更为突出。所以对生产中人的不安全行为和物的不安全状态的控制,必须作为动态安全管理的重点。从众多事故来看,事故的发生大多是由于人的不安全行为运动轨迹与物的不安全状态运动轨迹的交叉。因此,对于生产因素状态的控制,应当作为安全管理的重点,而不能把约束当成安全管理的重点。

(5)坚持安全管理"四全"管理的原则。生产安全管理涉及生产活动中的各个方面,涉及从开工到竣工交付使用的全部生产过程,涉及工程施工的全部生产时间以及涉及生产过程中的一切变化着的生产因素。所以在整个生产活动中,必须坚持全员、全过程、全方位、全天候(简称"四全")的动态安全管理。

生产安全管理,是一个复杂的系统工程。在"四全"管理中,全员管理是安全管理中最重要的管理。安全管理不只是少数人和专门的安全机构的事,而是一切与生产活动有关(所有)人员的大事。缺乏全员的参与,安全管理工作根本无法全面展开,也不会出现好的管理效果。

(6)坚持在管理中发展和提高的原则。安全管理是在变化着的生产活动中的管理,其不安全因素随着生产因素的变化而变化。因此安全管理是一种动态管理,安全管理的过程就是意味着不断发展的、不断变化的,只有在管理中发展和提高,才能适应变化的生产活动,消除新的不安全因素,摸索出安全管理的新规律,总结出安全管理的新办法,从而使安全管理不断上升到新的高度。

4.1.2 公路工程项目健康安全管理的内容

公路工程施工实践证明,在工程的整个实施过程中,搞好公路工程健康安全管理,不仅是对公路工程安全施工的最基本要求,而且也是对现代公路建设提出的更高要求,所以其健康安全管理应包括以下内容。

1. 进行健康安全组织管理

为确保国家有关安全生产方面的政策、法规及公路工程施工现场职业健康安全管理制度的落实,施工企业应建立健全安全生产管理机构,并对安全生产管理机构的构成、职责及工作模式做出具体规定。

施工企业还应当十分重视职业健康安全档案管理工作,及时整理职业健康安全有关资料,完善职业健康安全档案,对预防、预测、预报职业健康安全事故提供依据。

2. 进行健康安全制度管理

工程项目确定之后,施工单位就要根据国家和行业有关职业健康安全生产的政策、法规、规范及标准,建立一整套符合项目特点的职业健康安全生产管理制度,例如职业健康安全生产责任制度、职业健康安全生产教育制度、职业健康安全生产检查制度、现场职业健康安全管理制度、电气职业健康安全管理制度、防火防爆职业健康安全管理制度、高空作业职业健康安全管理制度等,用制度和规定约束施工人员的行为,达到职业健康安全生产的目的。

3. 进行施工的规范化管理

为保证公路工程施工的安全,国家和有关部门制定了许多有关安全施工的规范、规程和规定,施工单位要严格按照国家及行业的有关规定,并按照各个工种操作规程及工作条例中的要求,规范施工人员的一切行为,坚决贯彻执行各项职业健康安全管理制度,杜绝由于违反操作规程而引发的工伤事故。

4. 进行健康安全技术管理

在公路工程施工过程中,为了防止和消除伤亡事故,保障职工的健康和安全,施工企业应当根据国家及行业的有关规定,针对工程特点、施工现场环境、使用机械及建筑材料,提出职业健康安全技术和防护措施。

职业健康安全技术措施,应当在开工前根据施工图编制,并以书面形式对工人进行交底,对不同工程特点和可能造成的安全事故,从安全技术上采取措施,消除危险,确保施工人员职业健康安全。

在施工中,对各项职业健康安全技术措施要认真组织实施,经常进行监督检查。对施工中出现的新问题,技术人员和职业健康安全管理人员,要在充分调查研究的基础上,提出新的职业健康安全技术措施。

5. 进行健康安全设施管理

根据《建筑工程施工现场管理规定》的要求,对施工现场的运输道路,附属加工设施,给排水、照明、通信等管线,临时性建筑,材料、构件、设备及工器具的堆放点,施工机械行进路线,安全防火设施等一切施工所必需的临时工程设施进行合理的设计、有序的摆放和科学的管理。

4.2 公路工程施工安全基本要求

4.2.1 公路工程施工生产安全管理措施

公路工程施工生产的安全管理措施,归纳起来,主要有以下几个方面。

1. 落实安全责任、实施责任管理

在公路工程施工的过程中,施工企业承担着控制、管理施工生产进度、成本、质量、安全等目标的责任,这是一个有机的整体,不可分割。所以落实安全责任、实施责任管理,是实现安全生产的一项重要任务。

(1)建立强有力的安全管理组织。安全管理组织是专门负责安全管理的机构。建立强有力的安全管理组织,是落实安全责任、实施责任管理的关键,也是进行安全管理的组织保证。每一个施工企业,均要建立、完善以项目经理为首的安全生产领导组织,配备思想素质高、业务能力强的干部,专门负责安全生产管理工作,有计划、有步骤地开展安全管理活动,实现安全生产的管理目标。

(2)制定安全生产责任制度。安全生产责任制是企业各级领导、职能部门、工程技术人

员、岗位操作人员在劳动生产过程中层层应负安全责任的一种制度。它是企业岗位责任制的重要组成部分，也是企业劳动保护管理的核心。

制定安全生产责任制度，明确施工企业各级人员的安全责任，切实抓好制度落实和责任落实，是搞好安全管理的重要措施。制定安全生产责任制度，具体表现在以下几个方面。

①建立、健全安全管理责任制，明确各级人员的安全责任，这是搞好安全管理工作的基础。从项目经理到一线工人，安全管理做到纵向到底，一环不漏；从专门管理机构到生产班组，安全生产做到横向到边，层层有责。

②建立、完善以项目经理为首的安全生产领导组织，项目经理应对所建公路工程施工过程中的安全工作负全责，在布置、检查、总结生产时，同时布置、检查、总结安全工作，有组织、有领导地开展安全管理活动，绝不能只挂帅而不具体负责。

③施工项目应通过监察部门的生产资质审查，这是确保安全生产的重点。一切从事生产管理与操作的人员，都应依照其从事的生产内容和工种，分别通过企业、施工项目的安全审查，取得安全操作许可证，实行持证上岗。特种工种的作业人员，除必须经企业的安全检查外，还需按规定参加安全操作考核，取得监察部门核发的安全操作合格证。

④一切参与公路工程施工的管理人员和操作人员，都要与施工项目负责人签订安全协议，向施工项目负责人做出安全的书面保证。

⑤施工项目负责人负责施工生产中物的状态审验与认可，承担物的状态漏验、失控的管理责任，接受由此而出现的经济损失。

⑥对于安全生产责任制落实情况的检查，应当认真、详细地做好记录，作为重要的技术资料存档。

2. 进行安全教育与安全培训

认真搞好安全教育与安全培训工作，是安全生产管理工作的重要前提。通过安全教育与安全培训，能增强人的安全生产意识，提高安全生产的知识水平，有效防止人的不安全行为，减少人为的失误。所以安全教育、安全培训是进行人为的行为控制的重要方法和手段。进行安全教育，要做到高度重视、内容合理、方式多样、形成制度、注重实效；进行安全培训，要做到严肃、严格、严密、严谨，绝不能马虎从事。

（1）安全教育的主要内容。安全教育的主要内容见表4.1。

表4.1　安全教育主要内容

序号	主要内容	说明
1	新工人三级安全教育	新工人三级安全教育，是指对新入厂的工人必须接受公司、工程处和施工队（班组）三级的安全教育。教育的内容包括：安全技术知识、设备性能、操作规程、安全制度和严禁事项等。新工人经过三级安全教育考试合格后，方可进入操作岗位

续表 4.1

序号	主要内容	说明
2	特殊工种的专门教育	特殊工种的专门教育是指对特殊工种的工人,进行专门的安全技术教育和训练。特殊工种不同于其他一般工种,它在生产过程中担负着特殊的任务,工作中危险性大,发生事故的机会多,一旦发生事故,对企业生产的影响较大,所以,在安全技术方面必须严格要求。特殊工种的工人必须按规定的内容和时间进行培训,然后经过严格的考试,取得合格证书后,才能准予独立操作,这是保证安全生产、防止伤亡事故的重要措施
3	经常性安全生产教育	可根据施工企业的具体情况和实际需要,采取多种形式进行经常性安全生产教育。如开展安全活动日、安全活动月、质量安全年等活动,召开安全例会、班前班后安全会、事故现场会、安全技术交底会等各种类型的会议,利用广播、黑板报、工程简报、安全技术讲座等多种形式进行宣传教育工作

(1)安全教育的注意事项。

①安全教育要突出"全"字。安全生产是整个企业的事情,牵连到每一个职工的思想和行动。因此,安全生产的宣传教育工作应当是全员、全过程、全面进行的,宣传教育面必须达到100%,使企业各级领导都重视安全生产教育,职工人人接受安全生产教育,真正的做到安全生产知识家喻户晓、人人皆知。

②安全生产教育要突出效果。通过安全生产教育,增强企业全体职工的安全生产意识,实现公路施工全过程的安全生产,这是安全生产教育的目的和达到的效果。安全生产教育要想取得预期的效果,必须抓好以下三个步骤。

a.第一步是全面传授安全生产知识,这是解决"知"的问题。选择的安全生产教育内容,一定要具有针对性、及时性和适用性。

b.第二步是使职工掌握安全生产的操作技能,把掌握的知识运用到实际工作中去,这是解决"会"的问题。

c.第三步是经常对职工进行安全生产的认识教育,即安全生产教育常抓不懈,形成制度,提高职工安全生产的自觉性,使每一个职工在日常的施工中,处处、事事、时时都认真贯彻执行安全生产的有关规定。

③安全教育要抓落实抓考核。抓落实抓考核是安全生产教育能否取得良好效果的保证和基础。只有口头宣传和布置,而没有具体的措施抓落实、抓考核,安全生产将成为一句空话。施工企业的各级领导要切实抓好这一关键性的环节,建立安全生产考核检查办法,组织强有力的安全生产的监督检查机构,形成落实安全生产的系统网络,使安全生产教育真正起到应有的作用。

3.进行经常性的安全检查

经常性的安全检查,是发现和消除不安全行为和不安全状态的重要途径,是消除事故隐患、落实安全整改措施、防止事故伤害、改善劳动条件的重要方法。安全检查的形式包括普遍检查、专业检查和季节检查。

(1)安全检查的内容。安全检查的内容主要有查管理、查制度、查现场、查隐患、查落实、查事故处理及与安全有关的内容。

①公路施工项目的检查以自检形式为主,应对公路施工项目的生产过程、各个生产环节进行全面检查。检查的重点以劳动条件、生产设备、现场管理、安全卫生设施以及生产人员的行为为主。当发现有不安全因素和行为时,应当立即采取得力措施,果断地加以制止和消除。

②各级生产的组织者,在全面进行安全检查的过程中,通过对作业环境状态和隐患的检查,再对照安全生产的方针和政策,看是否得到贯彻落实,有无违背国家有关安全生产规定的地方。

③对安全管理的检查主要注意以下几个方面。

a. 安全生产是否提到议事日程上,各级安全负责人是否坚持"五同时"(指在计划、布置、检查、总结、评比生产工作的同时,要计划、布置、检查、总结、评比安全工作)。

b. 业务职能部门与人员,是否在各自业务范围内,落实了安全生产责任制;专职安全人员是否坚持工作岗位,是否履行自己的职责。

c. 工程技术和安全措施是否结合为一个统一体,是否实施了作业标准化。

d. 安全生产教育是否落实,教育效果是否良好。

e. 安全控制措施是否有力。控制是否到位,在生产过程中有哪些消除管理差距的措施。

f. 对事故处理是否符合国家现行的有关规定,是否坚持"三不放过"的原则。

(2)安全检查的组织。

①建立严格的安全检查制度,并根据安全检查制度中的要求,对制度中规定的规模、时间、原则、处理等方面的落实情况,进行全面、认真的检查。

②检查组织在实施安全管理工作中,是否做到了有计划、有目的、有准备、有整改、有总结、有处理。

③检查组织是否健全,是否成立了以项目经理为第一责任人,由业务部门、专职安全检查人员参加的安全检查组织。

(3)安全检查的准备。安全检查工作是一项要求很高的细致性工作,在进行安全检查之前,必须做好充分的准备工作,其主要包括思想准备和业务准备两个方面。

①思想准备。发动施工企业全体职工开展安全自检,自我检查与制度检查相结合,形成自检自改、边检边改的良好习惯。使全体职工在发现危险因素中得到提高,在消除危险因素中受到教育,从安全检查中得到锻炼。

②业务准备。安全检查的业务准备主要包括:

a. 确定安全检查的目的、步骤、方法和内容,成立相应的安全检查组织,安排具体的检查日程。

b. 分析事故资料,确定检查的重点,把主要精力侧重于放在事故多发的部位和危险工种的检查上。

c. 规范检查记录用表,使安全检查逐步纳入科学化、规范化的轨道。

(4)安全检查的方法。在施工工程中常用的安全检查方法有:一般检查方法和安全检查表法两种,见表4.2。

表4.2 安全的检查方法

序号	检查方法	说明
1	一般检查方法	一般检查方法,就是采用"看、听、嗅、问、测、析"等手段进行检查的方法。"看",即看现场环境和作业条件,看实物和实际操作,看记录和资料等;"听",即听汇报、听介绍、听反映、听意见、听批评、听机械设备的运转响声或承重物发出的微弱声等;"嗅",即对挥发物、腐蚀物、有毒气体等用嗅觉进行辨别;"问",即深入到生产第一线,对影响安全生产的问题进行调查研究,详细询问,寻根究底;"查",即查明问题,查对数据,查清原因,追究责任;"测",即对有关安全的因素进行测量、测试、监测;"析",即分析安全事故的原因、隐患所在
2	安全检查表法	安全检查表法是一种原始的、初步定性分析的方法,即通过事先拟定的安全检查明细表或清单,对安全生产的状况进行初步的分析、判断和控制 安全检查表通常包括:检查项目(如安全生产制度、安全教育、安全技术、安全检查、安全业务工作、作业前检查、作业中检查、作业后检查等),检查内容(如安全教育可包括:新工人入厂的三级教育是否坚持,特殊工种的安全教育是否坚持,对工人日常安全教育进行得怎样,各级领导干部是怎样进行安全教育的),检查的方法或要求(如安全教育中的"三级教育"主要包括:是否有计划、有内容、有记录、有考核或有考试),存在问题,改进措施,检查时间,检查人等内容。采取何种安全检查表,应当根据工程的实际和企业安全生产的情况而定

(5)安全检查的形式。采取何种安全检查表应当根据工程的实际和企业安全生产的情况而定。安全检查的形式,一般可分为定期安全检查、突击性安全检查和特殊安全检查三种,见表4.3。

表4.3 安全的检查形式

序号	检查形式	说明
1	定期安全检查	定期安全检查是指列入安全管理活动计划,间隔一定时间的规律性安全检查,这是一种常规检查。定期检查的周期为:施工项目的自检一般控制在10~15天,班组的自检必须坚持每日检查制度,对季节性、专业性的安全检查,按规定要求确定检查日期
2	突击性安全检查	突击性安全检查是指无固定检查周期,对特别部门、特殊工种、特殊设备、小区域进行的安全检查。这种检查形式没有规定具体的时间、内容和次数,应根据工程实际和施工具体情况,由安全组织机构确定
3	特殊安全检查	对预料中可能会带来新的危险因素的新安装的设备、新采用的工艺、新建或改建的工程项目,投入使用前,以发现危险因素为专题的安全检查,称为特殊安全检查 特殊安全检查还包括:对有特殊安全要求的手持电动工具、电气设备、照明设备、通风设备、有害有毒物、易燃易爆危险品储运设备的安全检查

(6)消除危险因素的措施。安全检查的主要目的是发现、分析、处理、消除危险因素,避免不安全事故的发生,实现安全生产。消除危险因素的关键环节,在于认真地整改和检查,真正消除危险因素。对于一些由于种种原因一时无法消除的危险因素,更应当认真进行分析,寻求科学的解决办法,安排整改计划,尽快予以消除。

安全检查后的整改,必须坚持"三定"和"不推不拖"的工作方法,不能使危险因素长期存在而危及人和工程的安全。所谓"三定"是指对安全检查后发现的危险因素的积极消除态度,即定具体整改的责任人,定解决与改正的具体措施,定消除危险因素的整改时间。所谓"不推不拖"是指在解决具体的危险因素时,应当采取积极的态度,凡是能够自己解决的,绝不推诿,不等不靠,坚决组织整改。也就是说,不得把整改的责任推给上级,也不得把消除危险因素的任务交给第一线工人,更不得借故拖延整改的时间。树立"危险因素就是险情"的安全意识,以最快的速度把危险因素消除。

4. 实行作业标准化

在公路工程的施工过程中,具体操作者产生的不安全行为主要包括:由于不知道正确的操作方法而发生操作错误,或为了单纯地追求施工速度而省略了必要的操作步骤,或坚持自己的操作习惯等原因所占的比例较大。用科学的作业标准化规范人的行为,是克服和消除不安全因素的重要措施,既有利于控制人的不安全行为,又有利于提高公路工程的质量。由此可见,实行作业标准化,是公路工程安全管理的重要组成部分。在实行作业标准化时,应注意以下几个方面。

(1)制定作业标准。制定作业标准,是实施作业标准化的首要条件。除按照国家和有关部委颁布的操作规程生产外,施工企业也要根据本企业的实际和工程项目的特点,制定切实可行的作业标准。

①采取技术人员、管理人员、生产操作者三结合的方式,根据操作的具体条件制定作业标准,并坚持反复实践、反复修订、群众认可的原则。

②制定的作业标准,要尽量使操作简单化、专业化,尽量减少使用工具、夹具的次数,以降低对操作者施工工序的要求,使作业标准尽量减轻操作者的精神负担,以便集中精力按作业标准进行生产。

③制定的作业标准都要明确规定操作程序、具体步骤、怎样操作、操作的质量标准、操作阶段的目的、完成操作后的状态等内容。

④作业标准必须符合生产和作业环境的实际情况,不能把作业标准通用化,不同作业条件下的作业标准应有所区别。

(2)作业标准必须实用。制定的作业标准必须考虑到人的身体运动特点和规律,作业场地布置、使用工具设备、操作幅度等方面,均应符合人体学的要求。

①操作者在生产过程中,尤其是在高空作业时,要避免不自然的操作姿势和重心的经常移动,动作要有连贯性,自然节奏强。如:不宜出现运动方向的急剧变化,动作不受到过大的限制,尽量减少用手和眼的操作次数,肢体的动作尽量小。

②施工场地的布置,必须考虑道路、照明、水电、通风的合理分配,机械设备、料物、工具的位置等要方便作业。在这方面必须考虑以下几点内容:

a. 人力移动物体时,尽量限于水平方向的移动,尽量避免垂直方向的移动。

b. 操作工作台、坐椅的高度,应与操作要求、人的身体条件匹配。

c. 机械操作部分,应安排在正常操作范围之内,防止增加操作者的精神和体力的负担。

d. 尽量利用起重机械移动物体,改善操作者的劳动条件。

③反复训练,达到熟练操作。反复训练使操作者能熟中生巧,是避免工伤事故的重要措施。在训练中要讲求方法和程序,应当以讲解示范为主,符合重点突出、交待透彻的要求。在训练中要边训练、边作业、边纠偏,使操作者经过训练达到有关要求。对于经过多次纠正偏向,仍达不到操作要求,或还不能独立操作的,不得在公路工程施工中正式上岗,必须继续进行训练,直到完全合格为止。

5. 生产技术与安全技术统一

生产技术工作是通过完善生产工艺过程、完备生产设备、规范工艺操作,进而发挥技术的作用,来保证生产的顺利进行。生产技术不仅包括了工艺技术,也包括了安全技术。两者的实施目标虽各有侧重,但工作目的是完全统一在保证生产顺利进行,实现快速、优质、安全这一共同基点上的。生产技术与安全技术的统一,体现了安全生产责任制在生产过程中的具体落实,也体现了"管生产同时管安全"的管理原则。生产技术与安全技术的统一,具体表现在以下几方面:

(1)在施工生产正式进行之前,要考虑产品的特点、质量要求、规模、生产环境、自然条件等,摸清生产人员的流动规律、能源供给状况、机械设备配置条件、临时设施规模,以及物料供应、储放、运输等条件。根据上述各种条件,结合对安全技术的要求,完成生产因素的合理匹配计算,进行科学施工设计和现场布置。

经过批准的施工设计和现场布置,即成为施工现场中生产因素流动与动态控制的依据,是落实生产技术与安全技术的保证。

(2)施工项目中的分部、分项工程,在正式施工进行之前,针对工程具体情况与生产因素的流动特点,完成作业或操作方案,为分部、分项工程的实施提供具体的作业或操作规范。操作方案完成之后,技术人员要将操作方案的设计思想、内容和要求,向作业人员进行详细的交底。安全交底既进行了安全知识教育,同时也确定了安全技能训练的时机和目标。

(3)在生产技术工作中,从控制人的不安全行为以及物的不安全状态、预防伤害事故的发生、确保生产工艺过程顺利实施的角度,应纳入如下的安全管理职责。

①进行安全知识、安全技能的教育,规范人的行为,使操作者获得完善的、自动化的操作行为,减少生产操作中人为的失误。

②在生产过程中,通过安全检查和事故的调查,从中充分了解物的不安全状态存在的环节和部位、发生与发展、危害性质与程度,摸索和研究控制物的不安全状态的规律和方法,提高对物的不安全状态的控制能力。

③严格把好设备、设施用前的验收关,绝不可以使有危险状态的设备、设施盲目投入运行,预防人、机运动轨迹的交叉而发生伤害事故。

6. 正确对待事故的调查与处理

事故是违背人们的意愿、不希望发生,但有时可能发生的事件。事故一旦发生,就应当以正确的态度去对待、去处理,不能以违背人们的意愿为理由,予以否定。采取正确态度的关键在于对事故的发生要有正确的认识,用严肃、认真、科学、积极的态度,处理好已发生的事故,将事故造成的损失降低到最小程度。同时采取有效措施,避免同类事故的发生。正确对待事故的调查与处理,应当做到以下几个方面。

（1）事故发生之后，要以严肃、科学的态度去认识事故，按照有关规定，实事求是地及时向有关部门报告，不隐瞒、不虚报、不避重就轻，是对待事故的正确做法。

（2）在积极抢救受伤人员的同时，采取措施保护好事故的现场，以利于调查清楚发生事故的原因，从事故当中找出生产因素控制的差距，避免发生同类事故。

（3）弄清事故发生的过程，分析事故发生的原因，找出造成事故的人、物、环境状态方面的主要因素。分清造成事故的安全责任，总结生产因素管理方面的教训。

（4）以发生的事故作为安全教育内容，及时召开事故现场会及事故分析会，进行深刻的安全教育。通过安全教育，使所有生产部位、生产过程中的操作人员，从发生的事故中看到危害，提高他们安全生产的自觉性，从而在操作中积极地实行安全行为，主动地消除物的不安全状态。

（5）经过对事故的科学分析，找出事故的发生原因之后，应采取预防类似事故重复发生的措施，并组织有关部门和人员进行整改；使整改方案和预防措施得到全面落实。通过严格的检查验收，证明危险因素确实已完全消除时，才能恢复施工作业。

（6）正确对待未遂事故。未造成伤害的事故，习惯称为未遂事故。虽然未遂事故没有造成人员伤害或经济损失，但也是违背人们的意愿、确实已发生的事件，其危险后果是隐藏在人们心理上的创伤，不良影响作用的时间会更长久。

未遂事故同具有损失的事故一样，也同样暴露出了安全管理上的缺陷，严重事故的发生随时随地存在，这是生产因素状态控制的薄弱环节。因此对待未遂事故，应当与已发生的事故一样，进行认真调查、科学分析、妥善处理。

7. 公路工程施工安全管理中的技术工作

公路工程施工安全管理工作，是一项技术性很强、要求很高的工作。在施工安全管理中，必须做好以下几方面的技术工作。

（1）保证施工现场安全生产。保证施工现场的安全生产，是加快工程进度、保证工程质量、降低工程成本的关键。施工企业的全体职工，在确保施工现场安全生产方面必须严肃认真对待。为保证施工现场的安全生产，应做到以下几点。

①进入施工现场的所有作业人员，必须认真执行和遵守安全技术操作规程。

②各种施工机具设备、建筑材料、预制构件、临时设施等，必须按照施工平面图布置，确保施工现场道路和排水畅通。

③按照施工组织设计的具体安排，形成良好的施工环境和协调的施工顺序，实现科学、文明、安全施工。

④施工现场的高压线路和防火设施，要符合供电部门和公安消防部门的技术规定，设施应完备可靠，使用方便。

⑤根据工程的实际需要，施工现场应做好可靠的安全防护工作，以及各种设备的安全标志，确保作业的安全。

（2）预防发生坍塌事故。公路工程的坍塌事故，是一种危害较大的事故，易造成人员的伤亡和财产的损坏，施工中必须认真对待，应采取有效措施避免此类事故的发生。根据施工经验，一般应注意以下几个方面。

①在土石方开挖前，应当根据挖掘深度和地质情况，做好边坡设计或边坡支护工作，并注意做好周围的排水。

②施工用的脚手架的搭设必须科学合理、可靠牢固,所选用的材料(包括配件)必须符合质量要求。

③大型模板、墙板的存放,必须设置垫木和拉杆,或者采用插放架,同时必须绑扎牢固,以保持稳定。

④大型吊装构件在吊装摘吊钩之前,必须就位焊接牢固,不允许先摘吊钩、后焊接。

(3)预防机械伤害事故。施工机械运转速度较快,很容易出现机械伤害事故,这也是施工安全管理工作中的重要内容。在预防机械伤害事故中,主要应做到以下几点:

①必须健全施工机械的防护装置,所有机械的传动带、明齿轮、明轴、皮带轮、飞轮等,都应当设置防护网或防护罩,如木工用的电锯和电刨子等,均应当设置防护装置。

②机械操作人员,必须严格按照操作规程和劳动保护规定进行操作,并按规定佩戴防护用具。

③各种起重设备应根据需要配备安全限位装置、起重量控制器、安全开关等(安全)装置。

④起重机指挥人员和司机应严格遵守操作规程,司机应当经过岗位培训合格,不得违章作业。

⑤公路工程施工中所用的施工设备、起重机械具都应当经常检查,定期保养和维修,确保其运转正常、灵敏可靠。

(4)预防发生触电事故。随着施工机械化程度的提高,施工用电也越来越多,发生触电事故的概率也越来越高。所以预防发生触电事故,是施工安全管理中的一项重要任务。预防发生触电事故,主要应当注意以下几个方面:

①建立安全用电管理制度,制定电气设施的安装标准、运行管理、定期检查维修制度。

②按照编制的施工组织和施工方案,制订出具体用电计划,选择合适的变压器和输电线路。

③做好电气设备和用电设施的防护措施,施工中要采用安全电压。

④设置电气技术专业的安全监督检查员,经常检查施工现场和车间的电气设备和闸具,及时排除用电中的隐患。

⑤有计划、有组织地培训各类电工、电气设备操作工、电焊工和经常与电气设备接触的人员,学习安全用电知识和用电管理规程,严禁无证人员从事电气作业。

(5)预防发生职业性疾病。因公路工程施工具有露天作业多、使用材料复杂、施工条件恶劣等特点,若不注意很容易发生职业性疾病,这也是公路施工安全管理中十分突出的问题。所以在预防发生职业性疾病时,应注意以下几个方面:

①提高机械设备的精密度,并采取消声措施,以减少机械设备运转时的噪声。

②搅拌机应采取密封以及排尘、除尘等措施,以减少水泥粉尘的浓度,使其达到国家要求的标准。

③对从事混凝土搅拌、接近粉尘浓度较大、接近噪声源、受电焊光刺激、强烈日光照射等作业人员,应采取相应的保护措施,并配备相应的防护用品,减少作业人员在烈日下的作业时间,以减少或杜绝日射病、电光性眼炎及水泥尘肺等职业病。

(6)预防中毒、中暑事故。公路工程使用的材料,有些对于人身是有害的(如沥青、某些溶剂等);在炎热的气候条件下作业,也会发生中暑事故。所以预防出现中毒、中暑事故,也是施工安全管理中的内容之一。

对工程中所使用的有毒性材料,应当严格保管使用制度。对有毒材料要有专人管理,实行严格的限额领料和限量使用;对有毒性材料的施工,应培训有关人员,并做好防毒措施。

对从事高温和夏季露天作业人员,要采取降温、通风和其他有效措施。对于不适应高温、露天的作业人员应调离其工作岗位。对高温季节露天作业人员,其工作时间应进行适当调整,尽量将施工安排在早晨或晚上。

(7)雨季施工的安全措施。雨季施工是施工难度较大的时期,也给施工安全管理带来很大困难。这是施工安全管理中的重点,应当采取以下安全措施。

①在雨季到来之前,要组织电气设施管理人员,对施工现场所用的电气设备、线路及漏电保护装置,进行认真的检查维修。对发现的电气问题,应立即进行处理。

②尽量避免在雨季进行开挖基坑或管沟等地下作业,若必须在雨季开挖,要制订排水方案及防止坍塌的措施。

③凡露天使用的电气设备和电闸等,都要有可靠的防雨防潮措施;塔式起重机、钢管脚手架、龙门架等高大设施,应做好防雷保护。

④雨后应尽快排除积水、清扫现场,防止发生滑倒摔伤或坠落事故。

⑤雨后应立即检查塔式起重机、脚手架、井字架等设备的地基情况,看是否有下陷坍塌现象,若发现有下沉要立即进行处理。

4.2.2 公路工程项目安全生产责任制

4.2.2.1 项目有关人员安全生产职责

1. 项目经理部安全生产职责

项目经理部是安全生产的主要管理和领导机关,在工程实施过程中的安全生产职责主要包括:

(1)项目经理部是工程安全生产管理工作的载体,具体组织和实施项目的安全生产、文明施工和环境保护等工作,对所建项目工程的安全生产负全面责任。

(2)项目经理部应当贯彻落实各项安全生产的法律、法规、规章、制度和有关规定,组织实施各项安全管理工作,完成各项安全考核指标。

(3)建立并完善项目部安全生产责任制和安全生产考核评价体系,积极推广和开展各项安全活动,监督、控制分包施工队伍执行安全生产规定,履行应尽的安全职责。

(4)施工中发生伤亡事故及时上报,并保护好事故现场,积极组织人员进行抢救工作,认真配合调查组开展伤亡事故的调查和分析,按照"四不放过"(即事故原因没有查清不放过、事故责任者没有严肃处理不放过、广大职工没有受到教育不放过、防范措施没有落实不放过)原则,落实整改和防范措施,按照有关政策对责任人员进行处理。

2. 工程项目经理安全生产职责

项目经理是安全生产的主要领导者,也是安全管理工作的第一责任人,其在工程实施过程中的安全生产职责主要包括以下几方面:

(1)工程项目经理是项目工程的最高领导,不仅是工程施工经营过程中的指挥者,而且是工程安全生产的第一责任人,对工程整个实施过程负全面领导责任。

(2)工程项目经理必须经过专门的安全培训并经过考核,取得项目管理人员的安全生产资格证书,方可上岗。

(3)在组织工程施工、聘用专业人员时,要根据工程特点、施工人数、施工专业等情况,按规定配备一定数量和素质的专职安全员,确定安全管理体系,明确各级人员和分包单位的安全责任及考核指标,并制订相应的考核办法。

(4)建立和完善用工管理手续,录用外协施工队伍必须及时向人事劳动部门、安全部门申报,必须事先审核注册、持证等情况,对工人进行三级安全教育后,方准入场上岗。

(5)贯彻落实各项安全生产方面的规章制度,结合拟建工程项目特点及施工性质,制订有针对性的安全生产管理办法和实施细则,并在工作中落实实施。

(6)负责施工组织设计、施工方案、安全技术措施的组织落实工作,组织并督促工程项目安全技术交底制度、设施设备验收制度等的实施。

(7)领导、组织施工现场每10天进行一次安全生产检查,如在发现施工中的不安全问题,组织制定整改措施并及时解决;对上级提出的安全生产与管理方面的问题,要在限期内定时、定人、定措施予以解决;接到政府部门安全监察指令书和重大安全隐患通知单,应当立即停止施工,组织力量进行整改。隐患消除后,必须报请上级部门验收合格,才能恢复施工。

(8)在工程项目的施工过程中,采用新工艺、新技术、新设备、新材料、新结构,必须编制科学的施工方案、配备安全可靠的劳动保护装置和劳动保护用品,否则不准施工。

(9)在发生因工伤亡事故时,必须做好事故现场保护与伤员的抢救工作,按规定及时上报,不得隐瞒、虚报和故意拖延不报。积极组织配合事故的调查,认真制订并落实防范措施,吸取事故的教训,防止类似事故发生。

3. 工程项目生产副经理安全生产职责

工程项目生产副经理是安全生产的直接领导者,也是安全管理工作主要责任人,在工程实施过程中的安全生产职责主要包括以下几方面:

(1)对工程项目的安全生产负直接领导责任,协助工程项目经理认真贯彻执行国家安全生产方针、政策、法规,落实各项安全生产规范、标准和各项安全生产管理制度。

(2)组织领导工程项目安全生产的宣传教育工作,并制订工程项目安全生产培训实施办法,确定安全生产考核指标,制订实施措施和方案,并负责组织实施;同时,也负责外协施工队伍中各类人员的安全教育、培训和考核审查的组织领导工作。

(3)组织实施工程项目总体和施工各阶段安全生产规划以及负责各项安全技术措施、方案的组织实施工作,组织落实工程项目各级人员的安全生产责任制。

(4)配合工程项目经理定期组织进行安全生产检查,负责工程项目各种形式的安全生产检查的组织、督促工作,负责安全生产隐患整改"三落实"的实施工作,及时解决工程施工中的安全生产问题。

(5)当施工现场发生伤亡事故时,负责事故现场保护、职工教育、防范措施落实,并协助做好事故调查分析的具体组织工作。

(6)负责工程项目安全生产管理机构的领导工作,认真听取和采纳安全生产方面的合理化建议,支持安全生产管理人员的业务工作,保证工程项目安全生产体系的正常运转。

4. 工程项目总监安全生产职责

为了适应现代项目管理的需要,与国际惯例接轨,推动我国工程项目管理的全面发展,按照我国现行的法规规定,工程项目管理实行项目总监理负责制。这一规定既赋予了项目总监相应的权力,也加大了总监的责任,在工程实施过程中的安全生产职责主要包括以下几个方面。

(1)协助经理工作,对经理负责,当好安全生产的参谋,全方位地对公司安全生产和安全管理进行监督,发现问题及时处理或立即向经理报告,并根据经理意见,督促整改。

(2)宣传贯彻安全生产方针政策、规章制度,推动工程项目安全组织保证体系的正常运行。

(3)督促实施施工组织设计、安全技术措施,实现安全管理目标,对工程项目中各项安全生产规章制度的执行情况进行监督与具体指导。

(4)对工程项目存在的安全隐患要定时或不定时地进行检查,对存在的问题,提出整改建议或意见,一经决定,督促立即整改,确保不留安全隐患。

(5)组织分承包商安全专职或兼职人员学习安全生产方针政策、规章制度,开展安全监督与检查工作,并不断总结经验,改进工作。

(6)督促开展周一安全活动和项目安全生产评讲活动,负责办理与发放各级管理人员的安全资格证书和操作人员安全上岗证,参考事故的调查与处理。

(7)查处违章指挥、违章操作、违反劳动纪律的行为和人员,对重大事故隐患采取有效的控制措施,必要时可采取局部、甚至全部停产的非常措施。

5. 项目技术负责人安全生产职责

项目技术负责人负责具体领导本单位的安全生产技术工作,对本单位的安全生产负技术领导责任。在项目经理的领导下,对其分管工作范围内的安全生产工作负责。在工程实施过程中的安全生产职责主要包括:

(1)认真贯彻执行国家和上级有关劳动保护、安全生产方面的条例、规定、规范和技术标准,对本单位施工中的一切安全技术问题负全面的责任。

(2)组织编制或审批施工组织设计时,应包括安全技术措施或方案内容,并要做出具有针对性的技术和物质保证,落到实处并检查执行情况。

(3)在组织安全技术攻关和技术改造活动中,对使用的新工艺、新技术、新材料要进行安全可行性研究、分析,从技术上负责。

(4)要经常对职工及所主管的职能部门进行安全知识的教育与考核,把提高广大职工安全技术素质和预防事故的能力列为教育的内容和目的。

(5)对本单位存在的重大隐患和严重的职业危害问题列为重点研究项目,有步骤有计划地下达科研任务,组织力量攻克技术难关,彻底改善劳动条件和清除安全上的隐患。

(6)组织制订安全技术操作规程和单位、分部工程安全技术措施,并检查执行和实施情况,在组织施工技术鉴定时,必须把安全技术措施列为重要内容,同时审查鉴定。

(7)参加施工现场的安全检查,及时解决施工中的安全技术问题。

(8)参加重大伤亡事故、机械事故的调查,从技术上分析事故原因,提出鉴定意见和改进措施。

(9)对新进场的机械设备进行技术鉴定和吊重试验,组织有关技术人员鉴定、验收后,方可进行使用。

6. 工长和施工员安全生产职责

工长和施工员是施工生产的具体指挥者,对安全生产负有直接责任。他们对安全生产是否认真负责,不仅关系到工程的施工质量、进度和成本,且直接关系到操作人员的人身安全。在工程实施过程中的安全生产职责主要包括:

(1)工长、施工员是所管辖区域范围内安全生产的第一责任人,对所管辖范围内的安全生产负直接领导责任。

(2)认真贯彻落实上级有关安全生产的规定,监督执行安全技术措施和安全操作规程,针对生产任务的特点,对班组及分包单位进行书面安全技术交底,履行签字手续,并对规程、措施、交底要求的执行情况经常检查,随时制止违章作业。

(3)定期和不定期地组织所辖班组(包括外包队)学习安全操作规程,开展安全教育活动,接受安全部门或人员的安全监督检查,及时解决所提出的不安全问题。负责落实所管辖分包单位的各项安全活动。

(4)负责落实所管辖分包单位的三级安全教育、常规安全教育、季节性施工安全教育及根据工程项目特点进行的有针对性的安全教育,负责组织落实所管辖施工队伍特种作业人员的安全培训工作和持证上岗的管理工作。

(5)经常检查所辖班组(包括外包队)作业环境及各种设备、设施的安全状况,发现问题及时纠正解决。对重点、特殊部位的施工,必须检查作业人员及各种设备设施技术状况是否符合安全要求,严格执行安全技术交底,落实安全技术措施,并监督其执行,做到不违章指挥。

(6)对分管工程项目应用的新工艺、新技术、新材料严格执行申报、审批制度,若发现问题应及时停止使用,并上报有关部门或领导。

(7)发生因工伤亡及未遂事故要立即抢救,保护现场,及时上报,对重大事故隐患和重大未遂事故,必须查明事故发生的原因,落实整改措施,经上级有关部门验收合格后方可恢复施工,不得擅自撤除施工现场保护设施,强行恢复施工。

7. 外协施工负责人安全生产职责

外协施工队的负责人是本队直接领导者,不仅担负着施工技术指导、组织协调工作,而且还担负着本队施工人员的安全生产。其在工程实施过程中的安全生产职责主要包括:

(1)认真执行安全生产的各项法规、规定、规章制度及安全操作规程,合理安排组织施工班组人员上岗作业,对本队人员在施工过程中的安全和健康负责。

(2)严格履行各项劳动用工手续,做到证件齐全,特种作业人员须持证上岗。做好本队人员的岗位安全培训和教育工作,经常组织学习安全操作规程,监督本队人员遵守劳动安全纪律,做到不违章指挥,制止违章作业。

(3)外协施工队的负责人是本队安全生产的第一责任人,对本单位的安全生产负全面领导责任。

(4)必须保持本队人员的相对稳定,如人员变更时,应事先经用工单位有关部门批准,新进场人员必须按规定办理各种手续,并经入场和上岗安全教育后,方准上岗。

(5)组织本队人员开展各项安全生产活动,根据上级的交底向各班组进行详细的安全交底,针对当天施工任务、作业环境等情况,做好班前安全讲话,施工中及时解决发现的问题。

(6)定期和不定期组织检查本队施工作业现场安全生产状况,如发现不安全因素,及时整改,发现重大事故隐患应立即停止施工,并上报有关领导,严禁冒险蛮干。

(7)发生因工伤亡或重大未遂事故,组织保护好事故现场,做好伤者抢救工作和防范措施,并立即上报,不准隐瞒、拖延不报。

8. 工程项目班组长安全生产职责

班组是企业组织生产经营活动的基本单位,班组长是班组安全生产管理的直接指挥和组织者,也是企业中最基层的负责人,在工程实施过程中的安全生产职责主要包括:

(1)认真执行安全生产规章制度及安全操作规程,合理安排班组人员工作,对本班组人员在生产中的安全和健康负责。

(2)认真落实安全技术交底要求,做好班前安全讲话,严格执行安全防护标准,不违章指挥,不冒险蛮干。

(3)认真做好新工人的岗位教育。发生因公伤亡及未遂事故,保护好事故现场,并立即上报有关领导。

(4)经常检查班组作业现场安全生产状况和工人的安全意识、安全行为,发现问题及时解决,并上报有关领导。

(5)经常组织班组人员开展各项安全生产活动和学习安全操作规程,监督班组人员使用个人劳动保护用品和安全设施、设备,不断提高安全自保能力。

9. 工程项目工人的安全生产职责

工程项目的工人是工程的直接制造者,处于施工的第一线,安全生产不仅对于工程质量、进度和成本有直接关系,而且也直接关系到自己的人身安全和健康,其在工程实施过程中的安全生产职责主要包括:

(1)认真学习、严格执行安全操作规程,模范遵守安全生产规章制度;施工中精心操作,严格执行工艺要求,做好各项记录。交接班时必须交接安全情况。

(2)认真学习、严格遵守各项安全生产规章制度,执行安全技术操作规程,不违章作业和不违反劳动纪律。对本岗位的安全生产负直接责任。

(3)积极参加各项安全生产活动,认真执行安全生产技术交底要求,不违章作业,不违反劳动纪律,虚心服从安全生产管理人员的监督和指导。

(4)正确分析、判断和处理各种事故隐患。如发生事故,要正确处理,及时地如实向上级报告,保护现场,作好详细记录。

(5)发扬团结友爱精神,在安全生产方面做到互相帮助、互相监督,维护一切安全设施、设备,做到正确使用。不准随意拆改,对新工人有传、帮、带的责任。

(6)按照规定进行安全检查,发现事故隐患及时处理和报告。对于不安全的作业要求可以提出意见,有权拒绝违章指挥和阻止他人违章作业。

(7)积极参加各种安全培训活动,掌握必要的应急知识,会使用火灾报警电话和灭火器材。

(8)发生因公伤亡及未遂事故,保护好事故现场,并立即上报有关领导,如实反映事故的过程,协助领导把事故处理好。

4.2.2.2 项目有关部门安全生产职责

1. 项目安全部安全生产职责

(1)项目安全部是项目安全生产的责任部门,是项目安全生产领导小组的办公机构,行使项目安全生产工作的监督检查职权。

(2)协助项目经理或代表安全生产领导小组,组织开展各项安全生产业务活动,监督项目安全生产保证系统的正常运转。

(3)组织、指导、检查项目分包商的安全机构和安全管理员开展各项安全业务工作,定期进行安全性测评,对其安全生产工作提出意见。

(4)定期向项目安全生产领导小组汇报安全生产情况,通过施工安全信息,及时传达项目安全生产决策,并监督具体实施。

2. 工程管理部安全生产职责

(1)在编制项目总工期控制进度计划、年度、季节和月计划时,必须树立"安全第一"的思想,综合平衡各生产要素,保证安全生产与生产任务协调一致。

(2)文明生产是安全生产的重要标志,工程管理部应负责编制项目文明施工计划,并组织计划的具体实施,在实施过程中负责督促、检查和指导。

(3)对于改善劳动条件、预防伤亡事故的项目,要视为重要的生产项目优先安排;对于施工中重要的安全防护设施、设备的施工要纳入正式工序,并给予时间上的保证。

(4)工程管理部应当将工程技术和安全生产一起抓,在检查生产计划实施情况的同时,也应检查安全生产措施的执行情况,不要只抓生产技术,不抓安全生产。

(5)施工现场应达到环保标准,这是对现代公路建设提出的更高要求。工程管理部不仅负责施工现场的环境保护工作的组织,而且负责环境保护措施的具体落实。

(6)机械化施工是现代公路工程施工的重要特点之一,也是必须确保施工安全的重点。工程管理部担负着项目大、中、小型机械设备的日常维护、保养和安全管理。

3. 项目技术部安全生产职责

(1)安全设施和设备是否安全,是确保安全生产的基础。项目技术部要参加项目安全设施和设备的安全验收,从安全技术的角度进行把关。

(2)项目技术部是工程项目技术指导部门,同时也是安全技术的具体管理部门,主要负责编制项目施工组织设计中的安全技术措施,编制特殊、专项安全技术方案。

(3)在检查施工组织设计和施工方案实施情况的同时,还要检查安全技术措施的实施情况,对施工中涉及的安全技术问题,提出相应的解决办法。

(4)对项目采用的新技术、新工艺、新设备、新材料、新结构,制订相应的安全技术措施和安全操作规程,并负责对工人的安全技术教育。

4. 项目物资部安全生产职责

(1)重要劳动防护用品的采购和使用,必须符合国家现行标准和有关规定,执行本系统重要劳动防护用品使用管理规定。项目物资部要会同项目安全部参与这些物资的验收。

(2)项目物资部应负责施工全过程的物资供应,同时要负责施工现场材料堆放和物品储运的安全,还要特别注意危险品的运输和储备。

(3)加强对在用机具和防护用品的管理,对自有及自备的施工机具和防护用品,要定期进行检验、鉴定,对于不合格品要及时报废、更新,确保其使用安全。

5. 项目机电部安全生产职责

(1)如工程项目规模较大或比较复杂,在选择机电分承包方时,机电部要具体考核其安全资质和安全保证能力。

(2)在进行平衡施工进度、交叉作业时,因施工机具比较集中,不可避免地相互影响,项目机电部应到现场指导,确保各方施工安全。

(3)负责施工机具的安全使用、正常维修和保养,也负责机电安全技术培训和考核工作。

6. 项目合约部安全生产职责

(1)分包单位正式进场之前,项目合约部负责签订总分包安全管理合同或安全管理责任书。

(2)在工程经济合同中,项目合约部应负责分清总分包安全防护费用的划分范围。

(3)在工程实施过程中,负责在每月工程款结算单中扣除由于违章而被处罚的款项。

7. 项目设计部安全生产职责

(1)坚持安全生产"三同时"的原则,即工程项目的安全设施,必须与主体工程同时设计、同时施工、同时投入生产和使用,在项目设计中同时包括职业安全卫生的设备、设施。

(2)工程项目的设计不仅必须满足使用功能的要求,而且在施工详图设计中还要确保各个项目的安全可靠性。

8. 项目办公室安全生产职责

(1)项目办公室是项目施工中的综合机构,不仅要做好日常的行政事务工作、各部门的协调工作,还要负责全体人员安全教育培训的组织工作。

(2)项目办公室负责现场文明施工与各相关方的协调,还要负责项目安全责任目标考核。

(3)项目办公室应负责现场CI管理的组织和落实工作,CI管理是指企业整体形象,是一种企业形象策划、设计、传播和管理的战略、方案及手段。

4.2.2.3 工程项目责任追究制度

(1)对因安全责任不落实、安全组织制度不健全、安全管理混乱、安全措施经费不到位、安全防护失控、违章指挥、缺乏对分承包方安全控制力度等主要原因导致工伤亡事故发生,除对有关人员按照责任进行经济处罚外,对主要领导责任者给予警告、记过处分;对重要领导责任者给予警告处分。

(2)对因上述主要原因导致的重大伤亡事故发生,除对有关人员按照责任状进行经济处罚外,对主要领导责任者给予记过、记大过、降级、撤职处分;对重要领导责任者给予警告、记过、记大过处分。

(3)对于构成犯罪的,由司法机关依法追究刑事责任。

4.2.3 公路工程项目安全生产交底

公路工程项目安全技术交底是一项非常重要的安全管理工作,不仅是指导工人安全施工的技术措施,而且是对安全技术方案的具体落实。项目安全技术交底,是施工第一线工人的指令性文件,一般由技术管理人员根据分部分项工程的具体要求、特点和不安全因素编写。

为了使技术交底文件具有很强的可操作性,要求内容具体明确,措施要适用得当,针对性要强,不要用施工现场的劳动纪律、安全检查等制度代替。在进行工程技术交底的同时,应进行安全技术交底。安全技术交底与工程技术交底一样,实行以下分级交底制度。

(1)大型公路工程或技术复杂的工程,由公司总工程师组织有关部门向项目经理部和分包商进行安全技术交底。安全技术交底的内容包括:工程概况,工程特征,施工难度,施工组织,采用的新工艺、新材料、新技术,施工程序与方法,关键部位采取的安全技术措施等。

(2)通常公路工程由项目经理部的总(主任)工程师,会同现场经理向项目有关施工人员和分包商的行政、技术负责人进行安全技术交底,交底的内容与前款相同。

(3)在工程尚未正式开工之前,分包商(含公司内部的专业公司)技术负责人,对其管辖的施工人员要进行详细的交底。

(4)项目专业责任工程师,要对所管辖的分包商工长进行分部工程施工安全技术措施交底,对分包商工长向操作班组所进行的安全技术交底进行监督与检查。

(5)专业责任工程师要对劳务分承包方的操作班组进行分部、分项工程安全技术交底,并监督指导其安全操作。

(6)各级安全技术交底工作,均应按照有关规定程序实施书面交底的签字制度,并存档以备查用。

4.2.4 公路工程项目安全检查形式

公路工程项目安全生产检查的形式多种多样,在实际上常用的主要包括:上级检查、定期检查、专业性检查、经常性检查、季节性检查及自行检查等,各项检查内容见表4.4。

表4.4 公路工程项目安全检查形式

序号	检查形式	检查内容
1	上级检查	上级检查是指主管各级部门对下属单位进行的职业健康安全检查。这种检查形式,能发现本行业职业健康安全施工中存在的共性和主要问题,具有针对性和调查性,也具有指导性和批评性。同时通过检查总结,积累在工程安全生产方面的经验,对基层有较大的推动作用
2	定期检查	定期检查属于一种全面性和考核性的检查,公司定期的职业健康安全检查可每季节组织一次,工程处可每一个月或每半个月组织一次检查,施工队要每周检查一次。每次检查都要由主管职业健康安全生产的领导带队,会同安全、技术、动力设备、保卫、工会等部门,按照事先计划的检查方式和内容进行检查
3	专业性检查	专业性的职业健康安全检查,应由公司有关业务分管部门单独进行组织,有关人员针对职业健康安全工作存在的突出问题,对某项专业(如路基、路面、桥墩、桥面等)存在的普遍性职业健康安全问题进行单项检查。这类检查针对性很强,能做到有的放矢,对帮助提高某项专业职业健康安全技术水平具有很大的作用
4	经常性检查	经常性的职业健康安全检查,主要是要提高全体员工的职业健康安全意识,督促员工时刻牢记安全,在施工中按规定的规程进行安全操作,及时发现职业健康安全隐患,保证施工正常进行。经常性职业健康安全检查有:班组进行班前、班后岗位安全检查,各级安全员及安全值班人员日常巡回安全检查,各级管理人员在检查施工时同时检查安全工作等
5	季节性检查	包括季节性和节假日前后的职业健康安全检查。季节性的职业健康安全检查,是针对气候特点(如夏季、冬季、雨季、风季等)可能给施工职业健康安全和施工人员身体带来危害而组织的安全检查。节假日(如元旦、劳动节、国庆节)前后的职业健康安全检查,主要是防止施工人员在这一段时间思想放松,纪律松懈而容易发生事故。检查应由单位领导组织有关部门人员进行

续表4.4

序号	检查形式	检查内容
6	自行检查	施工人员在施工过程中还要经常进行自检、互检和交接检查。自检是施工人员工作前、后对自身所处的环境和工作程序进行职业健康安全检查,以便随时消除职业健康安全隐患。互检是指班组之间、员工之间开展的职业健康安全检查,以便互相帮助、共防事故。交接检查是指上道工序完毕,交给下道工序使用前,在工地负责人组织工长、安全员、班组及其他有关人员参加的情况下,由上道工序施工人员进行职业健康安全工作交底,并一起进行职业健康安全检查和验收,认为合格后,才能交给下道工序使用

4.3 公路工程施工安全技术措施

4.3.1 公路工程施工准备的安全

1. 施工测量的安全

(1)在密林草丛间进行施工测量时,应当严格遵守护林防火规定,特别应严禁烟火,并应预防有害动物、植物伤人。

(2)测量人员在高压线和变压器附近工作时,必须保持足够的安全距离。遇到雷雨天气时,不得在高压线和大树下停留。

(3)测量设置的钉桩要注意周围行人的安全,固定时不得在人的对面使锤。钢纤和其他工具不得随意抛掷,以防止伤人。

(4)在公路、街道、市场、交通繁忙的道路上测量时,必须设置专人警戒,防止出现交通阻塞和事故。

(5)在陡坡及危险地段测量时应系安全带,脚穿软底防滑轻便鞋。在桥墩上测量时,应有上下桥墩及防止人体坠落的安全措施。

(6)水文测量人员应穿救生衣。在陡峻的河岸测量时,应有简易便道和防护措施。在通航河流上,测量船应有信号设备。在河道中抛锚时应按照港航监督部门的规定设置信号,并有专人负责观察。夜间进行水文测量时,必须备有足够的照明设备。

(7)冬季在冰上测量时,首先应向当地有关部门了解冰封情况,确认无危险后,方可进行作业。遇有封冰不稳定的河段及春季融冰期间,不得在冰上进行测量。

2. 施工机械的安全

(1)施工机械操作人员必须按照机械说明书的规定,严格执行工作前的检查制度和工作中的注意观察制度及工作后的检查保养制度。

(2)施工机械操作人员在工作中不得擅离岗位,不得操作与上岗证不符的机械,不得将机械设备交给无该机械操作证的人员操作。

(3)施工机械的驾驶室或操作室内应保持整洁,严禁存放易燃、易爆和腐蚀性物品,严禁酒后操作施工机械,严禁机械带病运转或超负荷运转。

(4)机械设备在施工现场停放时,应当停放在安全可靠的地点,关闭好驾驶室或操作室,并要拉上主制动闸。在坡道上停车时,一定要用三角木或石块抵住车轮。夜间机械设备应有专人进行看管,防止出现偷盗和破坏机械设备的现象发生。

(5)放置电动机的地点必须保持干燥,在周围不得堆放杂物和易燃品。启动高压电开关及高压电机时,必须戴绝缘手套,穿上绝缘胶鞋。

(6)用手柄启动的施工机械,应注意手柄倒转伤人,向施工机械内加油时,在附近应当严禁烟火。

(7)柴油和汽油机的正常工作温度应保持在60~90 ℃之间,当温度在40 ℃以下时不得负荷工作。

(8)对于用水冷却的施工机械,当气温低于0 ℃时,机械停止工作后应及时放水,或采取其他防冻措施,以防止水冻结后胀裂机体。

4.3.2 公路路基工程施工安全

公路路基工程施工,一般分为土方施工、石方爆破施工、基槽开挖和砌筑,在这些工程施工中应分别注意如下安全问题。

1. 土方施工的安全问题

(1)人工挖掘土方时必须遵守以下规定:

①开挖土方的操作人员之间,必须保持足够的安全距离,横向间距不小于2 m,纵向间距不小于3 m。

②土方开挖必须按自上而下的顺序放坡进行,严禁采用挖空底脚的操作方法。

(2)高陡边坡处施工必须遵守以下规定:

①边坡开挖中如遇到地下水涌出,应当先排水,后开挖。

②开挖工作应与装运作业面相互错开,严禁上、下双重作业。

③弃土下方或滚石危及范围内的道路,应设立警示标志,作业时坡下严禁通行。

④坡面上的操作人员对松动的土、石块必须及时清除,严禁在危石下方作业、休息和存放机具。

(3)滑坡地段的土方开挖,应当从滑坡体两侧向中部自上而下进行,严禁全面拉槽开挖,弃土不得堆放在主滑坡区内。开挖挡墙基槽也应从滑坡体两侧向中部分段跳槽进行,并加强支撑,及时砌筑和回填墙背,施工中应当设专人观察,严格防止出现塌方。

(4)在落石与岩堆地段施工,应当先清理危石和设置拦截设施后再进行开挖。其开挖面的坡度应当按照设计进行,坡面上松动的石块应边挖边清除。

(5)岩溶地区施工,应当认真处理岩溶水的涌出,以免导致突发性的坍陷。泥沼地段施工,应当有必要的防范措施,避免出现人、机下陷。挖出的废土应堆置在合适的地方,防止汛期造成人为的泥土流。

(6)在采用机械开挖土方时,应当按照有关施工机械的有关规定进行。

2. 石方爆破的施工安全

(1)爆破工程的作业人员,必须经公安机关或公安机关指定的部门进行培训,考试合格后,持有县级以上公安机关核发的有效操作证件,才能参加爆破工程的施工。

(2)当采用石方爆破方法施工时,爆破施工方案必须报请当地公安机关批准后,才能正式组织实施。

(3)当爆破点距村庄太近时,必须采取防震措施:
①分散爆破点,每隔50 m左右设一个爆破点,依此循环进行。
②减少装药量。
③采用表层震动爆破法,减轻震动波。
(4)爆破点上空有高压架空线路横穿路基时,必须采取防护措施;在采取防护措施的同时,在爆破点上部用草袋、胶管帘和安全网三层覆盖,并用钢钎将网绳固定在石缝中,保证爆破碎石飞溅高度不超过1.0 m,以确保高压架空线路的安全运行。
(5)每次爆破作业结束之后,必须对施工现场进行认真的清理,防止产生瞎炮和爆炸物的丢失。

3. 基槽开挖和砌筑安全

(1)基槽开挖深度在1.5～6.0 m范围内,应根据土质情况放坡,最小放坡比可参考表4.5中的数值。深度超过6.0 m,或虽不超过6.0 m但不允许放坡时,应当编制单项施工方案。

表4.5 不同土质、不同槽深的最小放坡比

土质分类	砂土	亚砂土	亚黏土	黏土	黄土	风化石
槽深1.5～3.0 m	1:0.80	1:0.50	1:0.40	1:0.30	1:0.25	1:0.40
槽深3.0～6.0 m	1:1.00	1:0.70	1:0.50	1:0.40	1:0.40	1:0.12

(2)基槽边缘1.0 m范围内不准堆放土石和其他材料,基槽周围松动的石块应随时清除干净,防止坠落砸伤槽内施工人员。
(3)在构筑物砌筑时,每天砌筑高度不宜大于1.8 m,相邻两段砌筑体的高差不宜大于1.2 m,砌筑作业面应水平增长,以确保砌体的整体强度。
(4)当砌体高度超过1.5 m时,应搭设作业平台;当砌体高度超过2.0 m时,应当搭设垂直运输设施和脚手架,其他安全技术要求应符合有关规范标准。
(5)在石料装卸、运输过程中,防止超载和掉落,在搬运时,要量力而行,防止失手砸伤;正在砌筑的挡墙土上,石料堆放不超过两层;距挡墙边1.0 m范围内不准堆放石料。

4.3.3 公路路面工程施工安全

1. 公路基层施工过程中的安全

(1)公路基层所用的消解石灰,不得在浸水的同时边投料、边翻拌,在操作时,人员应尽量远离,以防止被热水烫伤。
(2)装卸、洒铺和翻动粉状材料时,操作人员应当站在上风一侧,要轻拌低翻以减少粉尘飞扬。散装粉状材料宜使用粉料运输车运输,否则车厢上应用篷布遮盖;装卸应尽量避免在大风天气中进行。
(3)当用碎石机进行作业时,应注意下列事项:
①操作人员不得从上方向碎石机口内窥视。
②进料要均匀,粒径不宜过大,严防金属混入。
③为防止出料飞溅伤人,在出料口上方应设置挡板。
④石料卡住进口,应用铁钩翻动,严禁用手搬动。

(4)当用稳定土拌和机作业时,应注意下列事项:
①应根据不同材料,选用合适的拌和齿。
②在拌和时,应先将转子提离地面空转,然后慢速降至拌和深度。
③拌和中不能急转弯或原地转向,严禁使用倒挡进行拌和作业。
④拌和与行驶必须保持低速和匀速,液压油的温度不得超过规定。
⑤在停车时,应拉上制动,将转子置于地面。

2. 沥青混凝土路面的施工安全

(1)沥青材料的操作人员均应进行身体检查。凡患有结膜炎、皮肤病及对沥青有过敏反应者,均不得从事沥青作业。

(2)从事沥青材料作业的人员,皮肤外露部分均应涂抹防护药膏,施工中工地上应配有医务人员。

(3)直接接触沥青材料的作业人员,应按照规定佩戴个人防护用品(例如工作服、过滤式呼吸器、防护眼镜、围裙、隔垫鞋);每天工作结束后,应对全身进行沐浴冲洗。

(4)人工熬制、喷洒沥青时,应当站在上风口作业,防止喷溅在皮肤上;用烙铁修补路面的人员,防止被烙铁烫伤,防止火源与沥青接触引起火灾。

3. 水泥混凝土路面的施工安全

(1)混凝土拌和与运送的安全问题。
①手推车或小型翻斗车装运混凝土,车辆之间应保持一定的安全距离。
②水泥混凝土运输车运送混凝土拌和物时,应遵守下列事项:
a. 液压泵、液压马达及各种阀件应紧固,并与管道连接牢固,密封应良好。各泵旋转时应无卡阻和异常声响。
b. 传动系统出现故障时,液压油输出中断而导致滚筒停止转动,并且一时无法修复时,要利用紧急排出系统快速排净筒内混凝土。
c. 在机械运转的过程中,严禁用手触摸旋转中的搅拌筒和随动轮。
③自卸汽车运送混凝土拌和物,不得超载和超速行驶。车停稳并对准卸料处以后方可顶升车厢卸料。车厢尚未放下时,操作人员不得上车厢内清理残料。

(2)机械摊铺混凝土的安全问题。
①采用轨模式水泥混凝土摊铺机摊铺时,应遵守下列事项:
a. 为防止机械和人员过于集中,布料机和振平机之间应保持5~8 m的安全距离。
b. 布料机传动钢丝的松紧要适度。不得将刮板置于运行方向的垂直位置,也不得借助整机的惯性冲击料堆。
c. 作业中严禁驾驶员擅自离开驾驶台。无关人员不得在驾驶台上停留或上下摊铺机。在弯道上进行作业时,要注意防止摊铺机出现脱轨。
②采用滑模式水泥混凝土摊铺机摊铺时,应遵守下列事项:
a. 停机处应平坦、坚实,并用牢固的木块垫起机体。履带垫离地面后方可进行调整和安装工作。
b. 在调整机器的高度时,工作踏板及扶梯等处不得站人。在作业期间严禁碰撞引导线。
c. 摊铺机不得牵引其他机械,其他机械牵引摊铺机时应用刚性拖杆。
d. 摊铺机应避免紧急转向,防止与预置钢筋、路缘石等碰撞。

e. 摊铺机停放在通车道路上时,周围必须设置明显的安全标志。夜间应以红灯警示,能见度不得小于 150 m。

③在采用真空水作业时,严禁操作人员在吸垫上行走或将物件置压在吸垫上。

④使用水泥混凝土抹平机时,应确保抹平机的叶片光洁平整,并处于同一水平面,其连接螺栓应紧固,并在无负荷的状态下启动。电缆要专人收放,确保不打结、不碾压。

(3)切缝的安全问题。

①切缝机在进行锯缝时,刀片夹板的螺母应紧固,各连接部位和安全防护罩应完好正常。切缝前应先打开冷却水,冷却水中断时必须停止切缝。

②切缝时刀片要缓慢切入,并时刻注意割切深度指示器。当遇有较大切割阻力时,应当立即升起刀片检查。停止切缝时应先将刀片提离板面后才可停止运转。

4.3.4 公路桥涵工程施工安全

(1)桩基施工。首先要做好河道内的防洪抢险工作。河道的主要任务是排涝防洪,特别是季节性的河流,在进行桩基施工时,必须从计划安排上避开汛期。如果因特殊情况部分基桩需要在汛期施工时,要与当地水利部门取得联系,并做好一切应急措施。当遇有险情时,施工设备和人员应能及时撤离到安全地带。

(2)围堰打桩。围堰设计要满足河道最高水位和有利于汛期施工要求,施工期间要设专人值班,现场必须备足抢险物资。

(3)墩台施工。当高度超过 2 m 时,四周应当设作业平台和防护栏杆;作业人员上下墩台时,应走专门设置的马道,禁止沿着脚手架爬行。

(4)大梁安装。当单片大梁安装就位后,禁止人员在上边行走和操作;在整跨梁全部安装完毕后,应当立即采取临边防护措施;在正式桥梁栏杆安装之前,临边防护设施不得拆除。

(5)在进行桥梁上部结构施工时,桥梁两端应设警示标志和围挡,防止非施工车辆和人员进入施工现场。

4.3.5 公路隧道工程施工安全

1. 隧道施工安全的一般规定

(1)在进洞施工前,首先应稳定好洞口的边坡和仰坡,做好天沟、边沟等排水措施,确保地表水不至于危及隧道的施工安全。

(2)为确保公路隧道施工安全,所有进入隧道施工的人员,必须备有安全防护用品,在施工中应遵守劳动纪律和操作规程,必须听从管理人员的指挥。

(3)当遇到不良地段施工时,应按照"先治水、短开挖、弱爆破、先护顶、强支护、早衬砌"的原则稳步进行,不能违背规律。

2. 开挖、凿孔及爆破安全问题

(1)在隧道正式开挖之前,应先检查支护、顶板和两侧是否牢固稳定,如有危险应先排除安全隐患,再开挖。

(2)在钻炮眼时,应当检查风钻(电钻)是否运转正常,严禁在残眼中继续钻眼。钻车行走时,应将钻架和机具都收拢到规定位置,就位时要刹住车轮,放下支柱,防止移动。

(3)隧道爆破作业除了执行前面所述的有关石方爆破作业的规定外,还要注意在隧道接

近贯通时,一端装药放炮时,另一端人员应撤离到安全的地方。

3. 支护和衬砌施工安全问题

(1)隧道内的支护宜随挖随进行,支护距开挖面的距离一般不得超过4 m,若石质破碎、风化严重或者是土质隧道时,应尽量缩小支护面。

(2)衬砌使用的脚手架、工作平台、跳板、梯子等均应安装牢固,不得有露头的钉子和凸出的尖角。在采用模板台车进行全断面衬砌时,台车距开挖面的距离不得小于200 mm,台车下的净空应能保证运输车辆顺利通行。在进行混凝土浇筑时,必须两侧对称进行。

4.3.6 公路专业工种施工安全

公路工程专业工种施工包括很多,而且都存在着一些不安全的因素。常见的主要包括:模板施工、木工机械使用、支架施工、脚手架施工、钢筋施工与焊接施工等。

1. 模板施工安全

(1)模板作业场地安全问题。

①模板作业场地的布置。木料、钢模板、模板半成品的堆放,废料堆积和场内道路的修建,应当做到统筹安排,合理布局。

②模板作业场地应搭设简易作业棚,并设有防火通道,配备必需的防火器具。四周应设置围栏,作业场内严禁烟火。

③钢模、木材等应堆放平稳,原木垛高不得超过3 m,垛距不得小于1.5 m;成材垛高一般不得超过4 m,每增加0.5 m应加设横木,垛距不得小于1 m。作业场地应避开高压线路。

④在下班前,应将木材加工产生的锯末、木屑、刨花等杂物清除干净,并要运出场地进行妥善处理。

(2)模板支立及拆除安全问题。

①在基坑或围堰内支模时,应检查基坑周围有无塌方现象,围堰是否坚固,经检查确认无误之后,才允许开始操作。

②向基坑内吊送材料和工具时,应设溜槽或绳索控制,不得任意进行抛掷。机械吊送时应有专人指挥。模板要捆绑牢靠,基坑内的操作人员要避开吊送的料具。

③用人工搬运、支立较大的模板时,应有专人指挥,所用的绳索要有足够的强度,确实绑扎牢固。支立模板时,底部固定后再进行支立,防止出现滑动倾覆。

④支立模板要按工序进行操作。当一块或几块模板单独竖立和竖立较大模板时,应当设立临时支撑,上下必须顶牢。在操作时,要搭设脚手架和工作平台。整体模板合拢后,应及时用斜撑拉杆固定牢靠,模板支撑不得钉在脚手架上。

⑤在用机械吊运模板时,首先应检查机械设备和吊具的安全性和可靠性,起吊后的下面不得站人或通行。当模板下落到距地面1 m时,作业人员才能靠近操作。

⑥高处作业时操作人员应将所需工具装在工具袋内,工具袋应非常结实;传递工具不得抛掷或将工具放在平台和木料上,更不能插在腰带上。

⑦在采用斧子和锤子等工具作业时,应照顾施工周围和上下的安全,防止滑手误伤他人。斧头等锐利工具刃口处,应当配上相应的刃口皮套。

⑧在拆除模板时,应制订安全技术措施,按一定顺序分段拆除,不得留有松动或悬挂的模板,严禁强力硬砸或用机械大面积拉拆方法。拆下来带钉的木料,应随时将钉子拔掉。

⑨在拆除模板时,不允许在同一垂直方向上下双层同时作业。在拆除 3 m 以上的模板时,应用绳索拉住或用起吊设备拉紧,以缓慢的速度送至地面,不得采用抛掷的方法。

2. 木工机械安全

(1)使用木工机械的一般规定。

①机械操作人员在工作时,要扣紧衣扣和袖口,整理好衣角,严禁戴手套作业;留长发的人员必须戴工作帽,长发不得外露。

②在机械的运转过程中,如果发现有不正常的声音或发生故障时,应先切断电源,然后再进行检修,千万不可带电检修。

③使用的木工机械在开机前必须先加好润滑油脂,再开机试运转,待各部机件运转正常后,方可开始正式工作。

④木工机械上的转动部分,要装设防护罩或防护板;工作中需要更换刨刀、锯片、钻头或刃具时,必须切断电源,并在停止转动后方可进行拆装。

⑤当使用铁夹钩吊运送木材时,一定要检查铁夹钩是否钩牢,吊运中要时刻注意观察,防止木材掉落伤人。

(2)使用带锯机的安全问题。

①在开动带锯之前,必须检查锯条有无裂纹、扭曲和锯条的牢固松紧程度。如锯条齿一侧的裂纹长度超过锯条宽度的 1/6、锯条接头超过 3 个、锯条中间及背后有裂纹、锯条接头处裂纹超过 10 mm 时,均不得再使用。锯条的松紧程度应根据锯条的厚薄、宽窄进行调整,经试运转正常后,方可开始工作。

②在原木进入带锯之前,应清除木头上的钉子和砂石等杂物。跑车上的原木要放置稳定牢固,进锯的速度要均匀。对于长度较短的木头,要用扒钉或拉杆固定后再加工。

③带锯不得加工超过其规定限度的特大原木。当加工较长或较粗的木材时,必须配备副手协助工作。

④不得用潮湿或带油的手指接触启动开关和其他电气设备,如发生电气设备故障或损坏时,不得擅自拆卸进行检查。

⑤带锯机的跑车开动后,在跑车的前后和锯条的两侧不得有人走动或停留。

⑥当使用平台式带锯时,上下手操作人员要互相配合一致,上手不得将手送进台面,下手应等木料端部出锯 20 cm 后,才能伸手接料。

⑦小平台的电气开关应当随用随开,用完后应当立即关闭。平台式带锯加工木料回料时,木料要离开锯条 2~5 cm,并要注意防止木料劈裂和木节撞击锯条而发生事故。

⑧在木料加工中如遇到停电,应当立即将电闸关闭,防止突然来电后机械自行转动而造成事故。

⑨带锯机的修理或拆放成捆的锯条,应踏紧锯条的端头,然后逐渐放松,以防止锯条回卷伤人。在锉锯条时,操作者要戴上防护眼镜。修磨带锯的砂轮应有防护罩,操作时应站在砂轮的侧面。

⑩在连接锯条时,必须使其接头严密,平滑均匀,厚薄一致,连接完毕后应当进行仔细的检查。

(3)使用圆盘锯的安全问题。

①圆盘锯的操作人员应当戴防护眼镜,一定要站在锯片一侧,禁止站在与锯片同一直线

上。锯片上方必须安装安全挡板和滴水冷却设施。锯片上不得有连续的断齿。

②待锯片运转正常后才能进行作业。木料端头出来锯片 15 cm 后才可接料,但不得用手硬拉。锯到接近木料端头时,应当由下手进行拉拽,上手不得再用手推进。

③在作业过程中不得将木料抬高或左右扳动,必须紧贴靠山处。送料力量要均匀,不得用力过猛,遇到木节应当适当减速。不得用木料挡刹锯片强制停车。调换锯片时,要等锯片停稳后方可进行。

④对于长度不足 50 cm 的短木料,不得用圆盘锯加工。半成品、边角料应当堆放整齐。

(4)使用平刨机的安全问题。

①在使用平刨机刨木料前,应当将所刨木料上的钉子、灰垢和冰雪等杂物清理后,再正式进行操作,防止将平刨机上的刀片损坏。

②应根据所刨木料的材质情况,调整刨料的推进速度,不得过快或过慢。

③刨木材的大面时,手应当按在木料的上面;刨木材的小面时,手可以放在木料的上半部。手指必须离开刨口 3 cm 以上,每次刨削量不得超过 1.5 mm。被刨材料的长度超过 2 m 时,必须由两个人操作。料头超过刨口 20 cm 后,下手操作者才能接料,但不得用力过猛。

④刀架夹板必须平整贴紧。合金刀片焊缝的高度不得超过刀头。固定刀片的螺丝应嵌入槽内,离刀背不得少于 10 mm。

⑤对于活动式的台面,在调整切削量时,必须切断电源停止转动后才能进行调整,防止台面与刨刀接触造成事故。

⑥当采用平面刨作业时,操作人员不得将手伸进安全挡板里侧的移动挡板,更不得拆除安全挡板进行刨削。

⑦当材料需要调头刨削时,必须双手持料再离开刨口,并注重周围的环境,防止将别人碰撞。

(5)使用压倒机的安全问题。

①在进行操作时,操作人员应站在压刨机的一侧,每次的刨削量不得超过 3 mm。

②送料必须平直,发现木料走横或卡位,应立即停机拨正;操作人员接送时,手指应离开滚筒 20 cm 以外,必须待料送出台面后接料。

③在使用压刨机加工木料时,要特别注意使用单项开关,不得使用倒顺开关。

④所刨削的材料不得短于前后压滚的距离;当厚度小于 1 cm 时,应当垫衬托板。

(6)使用手电钻的安全问题。

①在正式操作之前,首先应检查手电钻有无漏电现象,并应当戴好绝缘手套,穿上胶鞋或脚踏在木板上进行操作。

②钻头必须卡紧,大型手电钻应当用双手扶把,钻杆要垂直钻件;当钻孔接近完成时,应轻压电钻,防止出现卡钻或扭断钻头。

③由底部向上钻孔时,要用手或杠杆顶托钻把,不得用肩扛着顶托钻把;由上部向下钻孔时,不得用脚扶钻头,脚必须站在离钻头 20 cm 以外。

④在手电钻的操作过程当中,要用钻把调整并对准孔位,不得用手扶钻头对孔位。

⑤在操作过程中,如发现异常声音,应立即停止使用;工作后应切断电源,收好导线。

(7)使用台钻的安全问题。

①所钻的材料必须夹紧,较长的材料应使用托架。

②在进行材料调头时,应双手扶料并要注意周围的环境,不要碰到其他人和物品。

③在钻进的过程中如发生钻芯处被木屑挤塞,应抬起手柄用刷子等工具清除木屑,严禁用手进行清理。

④在拆装钻头时,必须等全部停钻后才能进行,新换的钻头必须检查是否牢固。

⑤不得用手触摸转动中的钻头,不得将工具或其他物品堆放在工作台上。

3. 支架施工安全

(1)支架的地基承载能力应符合设计标准,否则应采取加固措施,使其达到设计要求。

(2)根据施工的季节,支架工程应采取防止冲刷或防止冻胀等安全措施。

(3)支架所用的桩木、万能杆件应仔细地进行检查。不得使用腐朽、劈裂、大节疤的原木,也不得使用锈蚀、扭曲严重的万能杆件和钢管等。

(4)支立排架要按设计要求施工,应有足够的承载能力和稳定性,并要与支保桩连接牢固,防止不均匀沉降、失稳和变形。

(5)支立排架时应设立专人统一指挥。支立排架以整排竖立为宜,竖立后要用临时支撑撑牢,然后再竖立第二排。两排架间的水平撑和剪刀撑要用螺丝拧紧,形成一个整体。

(6)在用吊机竖立排架时,应用溜绳控制排架起吊时的摆动;排架立起之后,不得与便桥或脚手架相连,防止支架失稳而影响便桥或脚手架。

4. 脚手架施工安全

(1)公路工程施工一般宜用钢管脚手架,不宜选用木、竹脚手架。钢管脚手架的连接材料应用扣件,不得用铅丝和麻绳。接头应错开,螺栓要紧固,立杆底端应用立杆底座。

(2)脚手架的边缘处要设置栏杆。敷设的安全设施应经常检查,确保操作人员和小型施工机械安全通过。

(3)脚手板要满铺、绑牢,不得有探头板,并要牢固地固定在脚手架的支撑上。脚手架的任何部分均不得与模板相连。

(4)脚手架上的材料和工具要堆放整齐,积雪和杂物应当及时进行清除。有坡度的脚手板,要加设防滑横向木条。

(5)搭设钢管井架相邻的两立杆的接头应当错开,横杆和剪刀撑要同时安装。滑轨必须保持垂直,两轨的间距误差不得超过 10 mm。

(6)脚手架高度在 10~15 m 时,应当设置一组 4~6 根的缆风绳,每增高 10 m 应加设一组。缆风绳与地面夹角为 45°~60°。缆风绳的地锚应设围栏,防止碰撞破坏。

(7)在拆除脚手架时,周围应当设置护栏或警示标志,并应从上而下按顺序拆除,不得上下双层作业。拆除的杆件、脚手板和配件,应当用吊机进行吊送,不得随意抛掷。

5. 钢筋施工安全

(1)钢筋施工的场地应满足作业需要,所用的机械设备必须安装牢固、稳定,在正式作业之前,应对机械设备进行认真检查,使其处于完全正常运转的状态。

(2)钢筋进行调直及冷拉的作业场地,必须设置防护挡板,在作业时,非作业人员不得进入施工现场。

(3)钢筋切断机在正式作业之前,应先进行试运转,检查刃口是否松动,运转正常之后,方能进行切断作业。切断长钢筋时应有专人把扶,切断短钢筋时要用钳子或套管夹牢。

(4)采用人工锤击切断钢筋时,钢筋的直径不宜超过 20 mm,用锤人员和把扶钢筋、剪切工具人员,身位要错开,相互要提醒,并防止切断的短钢筋弹出伤人。

6. 焊接施工安全

(1)施工现场所用的电焊机,应当安设于干燥、通风良好的地方,周围严禁存放易燃、易爆物品。

(2)电焊机应设置单独的开关箱,在进行作业时,应穿戴防护用品,施焊完毕后,应立即拉闸上锁。遇到雨雪天气,应停止露天作业。

(3)在比较潮湿的地面上作业时,电焊机应置放在木板上,操作人员应站在绝缘胶板或干燥的木板上作业。

(4)储存过易燃、易爆、有毒物品的容器或管道,在焊接之前,必须清洗干净,将所有孔口打开,保持空气的流通。

(5)在更换作业场地、移动电焊机时,必须切断电源,检查现场,清除焊渣。

(6)在高空进行焊接时,必须系好安全带,焊接处的周围应备有消防设备。

(7)在模板中焊接钢筋和钢板时,施焊部位的下部应垫上石棉板或铁板。

4.3.7 公路特殊环境施工安全

1. 夜间施工的安全问题

(1)在夜间进行施工时,施工现场必须有符合夜间操作要求的照明设备,施工住地要设置路灯。

(2)在夜间施工的大型桥梁攀登扶梯处,应设有照明灯具。

(3)夜间施工中的小型桥涵两侧及穿越路基的管线等临时工程,应设置必要的围栏,并悬挂红灯警示标志。

(4)夜间作业船只或在通航江河上长期停置的锚船、码头等,应当按照港航监督部门的规定,配置齐全的夜航、停泊标志灯。船只停靠的码头应设照明灯。

2. 冬期施工的安全问题

(1)在冬期施工过程中,应当严格执行冬期施工的有关规定,做好保温、防冻等安全防护措施,特别要注意对操作者的防冻保护。

(2)冬期施工在江河冰面上通行时,事先一定要详细调查冰层的厚度及承载能力。冰面结冻不实的地段,严禁通行。结冻不实地段、可以通行地段都应当设立明显标志。在初冬及春融季节,应随时检查冰层变化情况,准确确定是否可以通行。

(3)江河水融化流冰前,应当制订出防止流冰的方案,并将停留在冰面上的车辆、船只、机械和物资提前撤离至安全地带。

(4)需要爆破流冰通道时,除了应当遵守国家现行标准《爆破安全规程》(GB 6722—2003)中的规定外,还应当在爆破前详细检查冰面具体情况后再进行作业。在进行爆破流冰时,操作人员应穿上救生衣,必要时应配备救护船。

3. 雨期施工的安全问题

(1)雨期及洪水期施工时,应当根据当地气象预报及施工所在地的具体情况,做好施工期间的防洪排涝工作。

(2)在雨期进行施工时,处于洪水可能淹没地带的机械设备、材料等应做好防范措施,施工人员要提前做好安全撤离的准备工作。施工期间,要派专人观察水位的变化。

(3)在雨期进行施工时,施工现场应及时排除积水,人行道的上、下坡应挖台步梯或铺砂。脚手板、斜道板、跳板上应采取防滑措施。加强对支架、脚手架和土方工程的检查,防止倾倒和坍塌。

(4)长时间在雨期中进行作业的工程,应根据具体条件搭设防雨棚。施工中如果遇到暴风雨,应当立即停止施工。

4. 高温施工的安全问题

高温季节的施工,应当按国家劳动保护的有关规定,采取有效措施做好防暑降温工作,根据工程进度适当调整作息时间,尽可能避开高温时间施工。有条件的工地宜搭设凉棚,在现场设立医疗站,并准备冷饮和防暑药品等。

4.4 公路工程安全隐患控制与事故处理

4.4.1 公路工程项目安全隐患控制

职业健康安全事故隐患是指可能导致职业健康安全事故的缺陷和问题,主要包括职业健康安全设施、过程与行为等方面的缺陷问题。因此,对于检查和检验中发现的事故隐患,应当采取必要的措施及时处理和化解,以确保不合格设施不使用、不合格过程不通过、不安全行为不放过,并通过事故隐患的适当处理,防止职业健康安全事故的发生。

1. 安全隐患的分类方法

(1)按危害程度分类 按照危害程度不同,公路工程安全隐患包括:

①一般安全隐患(危险性较低,事故影响或损失较小的安全隐患)。

②重大安全隐患(危险性较高,事故影响或损失较大的安全隐患)。

③特别重大安全隐患(危险性很高,事故影响或损失大的安全隐患)。

(2)按危害类型分类 按照危害类型不同,公路工程安全隐患包括:火灾隐患;爆炸隐患;坍塌倒塌隐患;滑坡隐患;交通隐患;中毒隐患、泄漏隐患等。

(3)按表现形式分类 按照表现形式不同,公路工程安全隐患包括:人为隐患(认识隐患和行为隐患等);机械状态隐患;环境隐患;管理隐患等。

2. 安全隐患的控制要求

(1)项目经理部对各类事故隐患,应确定相应的处理部门和人员,规定职责和权限,要求一般安全隐患当天解决,重大安全隐患限期解决。

(2)应对安全隐患采取相应的处理方式。例如对性质严重的安全隐患应当停止使用、封存;指定专人进行整改,以达到规定的要求;指令按规定进行返工,以达到规定的标准;对有不安全行为的人员先停止其作业,纠正违章行为,并进行批评教育,情节严重的给予必要的处罚。

(3)对不安全生产过程重新组织;对事故隐患的控制要按规定表式和内容填写并保存有关记录。

4.4.2 公路工程项目安全事故处理

公路施工企业的施工项目通常都是露天生产场,场内进行立体多工种交叉作业,拥有大量的临时设施,经常变化的工作面,除了"产品"固定外,人、机、物都是流动的,施工人员多、不安全因素多。所以若不重视安全管理,极易引发伤亡事故。对发生的伤亡事故如何正确处理,这是一个严肃的问题。

1. 公路施工项目伤亡事故的处理程序

公路施工生产场所发生伤亡事故之后,负伤人员或最早发现事故的人员,应立即报告工程项目的领导。项目安全管理人员根据事故的严重程度及现场情况,立即报告上级主管部门,及时填写伤亡事故表上报有关部门。特别是发生重大伤亡事故后,更应以最快的速度将事故概况(包括伤亡人数、发生事故的时间、地点、原因等),分别报告企业主管部门、行业安全管理部门、当地劳动部门、公安部门等。公路施工项目伤亡事故的处理程序如下。

(1)迅速抢救伤员,保护好事故现场。施工伤亡事故发生之后,现场人员一定要保持清醒的头脑,切不可惊慌失措,要立即组织起来,迅速抢救伤员和排除险情,制止事故进一步蔓延。

为了满足事故调查分析的需要,在抢救伤员的同时,应当采取措施保护好事故现场。若因抢救伤员和排除险情必须移动现场的构件时,应准确做好标记。在有条件时,最好拍下照片或录像,为事故调查提供可靠的事故现场原始资料。

(2)组织事故调查组。施工企业在接到伤亡事故报告后,首先立即派人赶赴事故现场组织抢救,然后迅速组织调查组开展事故调查。应当根据事故的程度确定事故调查组的组成人员。

①发生轻伤或重伤事故的,应当由企业负责人组织生产、技术、安全、劳资、工会等有关人员,组成事故调查组,负责对事故的调查处理。

②发生一般人员死亡事故的,由企业主管部门会同事故现场所在地区的劳动部门、公安部门、人民检察院、工会,组成事故调查组,负责对事故的调查处理。

③发生重大伤亡事故的,应当按企业的隶属关系,由省、自治区、直辖市企业主管部门或国务院有关部门牵头,由公安、检察、劳动、工会等部门,组成事故调查组,负责对事故的调查处理。组成事故调查组的成员,应当与发生的事故无直接利害关系,以使其在处理中做到公平、公正、无私。

(3)进行事故现场勘察。事故调查组成立之后,应当立即对事故现场进行勘察。事故现场勘察是一项技术性很强的工作,涉及广泛的科学技术知识和勘察实践经验,关系到事故定性的准确性、时效性和公正性。因此事故现场勘察必须及时、全面、细致、准确,能客观地反映原始面貌。事故现场勘察包括的主要内容如下。

①做好事故调查笔录。事故调查笔录是事故调查和处理的极其重要的资料,也是对事故责任划分的最有力证据。因此,调查组应当详细调查询问,认真做好事故调查笔录。事故调查笔录的内容主要包括:

  a. 发生事故的时间、地点、气象情况等。
  b. 事故现场勘察人员的姓名、单位、职务。
  c. 事故现场勘察的起止时间、勘察过程。
  d. 能量逸出所造成的破坏情况、状态、程度。
  e. 设施设备损坏或异常情况,事故发生前后的位置。
  f. 事故发生前的劳动组合,现场人员的具体位置和当时的行动。

g. 重要物证的特点、位置及检验情况等。

②事故现场的实物拍照。事故现场的实物拍照是极其重要的佐证材料,应尽量地详细拍摄。实物拍照主要包括:

a. 反映事故现场在周围环境中所处位置的方位拍照。
b. 反映事故现场各部位之间联系的全面拍照。
c. 反映事故现场中心情况的中心拍照。
d. 揭示事故直接原因的痕迹物、致害物等的拍照。
e. 反映伤亡者主要受伤和造成伤害部位的人体拍照。
f. 其他对事故调查有价值的相关拍照。

③事故现场绘图。在某种情况下,事故现场的实物拍照具有一定的局限性,不能全面反映事故现场的实际,认真绘制现场图,可以弥补拍照的这一缺陷。根据事故的类别和规模,以及调查工作的需要,主要应绘制出的示意图包括:建筑物平面图、剖面图;事故发生时人员位置及疏散(活动)图;破坏物立体或展开图;事故涉及范围图;设备或工、器具构造图等。

(4)分析调查事故原因,确定事故性质。在事故调查和取证的基础上,事故调查组可开始分析论证工作。事故调查分析的目的,是为了搞清事故的原因,分清事故的责任,便于从中吸取教训,采取相应的措施,防止类似事故的重复发生。事故分析的步骤和要求如下。

①查明事故经过。通过详细的调查,查明事故发生的经过。主要弄清产生事故的各种因素,如人、物、生产和技术管理、生产和社会环境、机械设备的状态等方面的问题,经过认真、客观、全面、细致、准确地分析,为确定事故的性质及责任打下基础。

②分析事故原因。在进行事故原因分析时,首先整理和仔细阅读调查材料,按照国家的有关规定和标准,对受伤部位、受伤性质、起因物、致害物、伤害方法、不安全行为和不安全状态等七项内容进行分析。

③查清事故责任者。在分析事故原因时,应当根据调查分析所确认的事实,从发生事故的直接原因入手,逐渐深入到间接原因。通过对事故原因的分析,确定出事故的直接责任者和领导责任者,根据在事故发生中的作用,找出事故的主要责任者。

④确定事故的性质。确定事故的性质,这是事故处理的关键,对此必须科学、慎重、准确、公正。施工现场发生伤亡事故的性质,一般可分为责任事故、非责任事故和破坏性事故三类。只要事故性质确定后,就可以采取不同的处理方法和手段。

⑤制订防止类似事故措施。通过对事故的调查、分析、处理,根据事故发生的各类原因,从中找出防止类似事故发生的具体措施,并责成企业定人、定时间、定标准,完成防止类似事故发生的措施的全部内容。

(5)写出事故调查报告。事故调查组在完成上述几项工作后,应当立即把事故发生的经过、各种原因、责任分析、处理意见,以及本次事故的教训、估算损失和实际损失、对发生事故单位提出的改进安全工作的意见和建议,以书面的形式写成文字报告,经事故调查组全体同志会签后报有关部门审批。

事故调查报告要内容全面、语言准确、符合要求、及时上报。如果调查组人员意见不统一,应进一步弄清事实,深入进行论证,对照政策和法规反复研究,尽量统一认识,但不可强求一致。对于不同意见,在事故调查报告中应写明情况,以便上级在必要时进行重点复查。

(6)事故的审理和结案。事故的审理和结案,是事故调查处理的最后一个环节,也是至关重要的安全管理工作。事故的审理和处理结案,同企业的隶属关系一致。通常情况下,县办企业及县以下企业,由县有关部门审批;地(市)办企业,由地(市)有关部门审批;省、直辖市企业发生的重大事故,由直属主管部门提出处理意见,征得劳动部门意见后,报主管委、办、厅批复。我国对事故的审理和结案包括以下几点要求:

①事故调查处理结论报出之后,须经当地有关有审批权限的机关审批后方能结案。并要求伤亡事故处理工作应在 90 天内结案,特殊情况也不得超过 180 天。

②对事故责任者的处理,应当根据事故的情节轻重、各种损失大小、责任轻重加以区别,予以严肃处理。

③清理调查资料,并专案存档。事故调查资料和处理资料,是用鲜血和沉痛教训换来的,是对企业职工进行安全教育的活教材,也是伤亡人员和受到处理人员的历史资料,因此对事故调查资料和处理资料,应当完整保存归档。

2. 工程施工伤亡事故的处理

对施工伤亡事故的处理,是一项严肃、政策性很强、要求很高的工作,它关系到严格执法、主持公道、稳定队伍、接受教训的大问题,各级领导必须认真对待。

(1)确定事故的性质与责任。在施工现场发生伤亡事故以后,项目领导以及上级赶赴事故现场的有关人员,应慎重地对事故现场进行初步调查,以便确定事故的性质。一旦认定为工伤事故,事故单位就应根据国家和所在地区的有关规定进行调查处理。在已查清工伤事故原因的基础上,分析每条原因应当由谁负责。按常规通常可分为:直接责任、主要责任、重要责任、领导责任,并根据责任的具体内容落实到人。

①直接责任者。直接责任者是指在事故发生的过程中有必须因果关系的人。例如安装电气线路,电工将零线与火线接错,造成他人触电身亡,则电工就是直接责任者。

②主要责任者。主要责任者是指在事故发生过程中属于主要地位和起主要作用的人。

③重要责任者。重要责任者是指在事故发生过程中负一定责任,起一定作用,但不起主要作用的人。

④领导责任者。领导责任者是指忽视安全生产,管理混乱,规章制度不健全,违章指挥,冒险蛮干,对工人不认真进行安全教育,不积极消除事故隐患,或者事故发生后仍不采取有力措施,致使同类事故重复发生的单位负责人。

(2)严肃处理事故责任者。对造成事故的责任者,要加强教育、严肃处理,使其真正认识到:凡违反规章制度,不服从管理或强令工人违章作业,由此而发生重大事故者,都是一种犯法行为,触犯了"劳动法"和"刑法",严重的要受到法律的制裁,情节较轻的也要受到党纪和行政处罚。有下列情况者,应给予必要的处分。

①不执行规章制度,对各级安全检查人员提出的整改意见,不认真执行或拒不服从,仍带头或指使违章作业,造成事故者。

②事先已发现明显的事故征兆,但不及时采取有力措施去消除隐患,以致发生工伤事故,造成人员伤亡和财产损失者。

③已发生类似事故,仍不接受教训,不采取、不执行预防措施,致使此类事故又重复发生者。

④不经有关人员批准,任意拆除安全设备和安全装置者。

⑤经常违反劳动纪律和操作规程,经教育仍不改正,以致引起事故,造成自己或他人受到

伤害或财产受到损失者。

⑥对工作不负责任或失职而造成事故者。

（3）稳定队伍情绪，妥善处理善后工作。工程实践证明，施工现场一旦发生伤亡事故，将严重影响正常的生产、工作和生活秩序。尤其表现出领导精神紧张，职工思想波动，队伍情绪低落，工程质量、施工进度、企业经济和社会效益，均受到不良影响，如果处理不好，还会影响企业内部和社会的安定团结，给企业和政府带来很大压力。所以稳定队伍情绪，妥善处理善后工作，是事关大局的事情，必须下大力气确实解决好。

①事故发生之后，企业领导和工地负责人应当立即赶赴事故现场，积极组织力量抢救伤员，并发出停工令，让大部分职工撤离事故现场，防止事故扩大而增加损失和难度。

②项目经理或主管领导应当冷静沉着、果断指挥，立即召开有关人员会议，成立事故调查处理小组和行政生产管理小组，以便有秩序地开展工作。

③待事故调查组基本搞清事故发生的经过、原因和责任后，事故单位应当在事故调查组的参与下，组织召开事故分析会议，从事故事实中找出教训和责任者，提出改进安全管理工作的措施，以此提高干部职工安全生产的意识。

④工伤事故发生之后，应当尽快通知伤亡人员的家属，切实搞好接待和安抚工作，如实地向其家属介绍事故的情况，以取得他们的谅解和协助。

⑤根据国家和地区有关处理伤亡事故的相关规定，做好医疗和抚恤工作。这是一件最难解决的问题，企业领导要引起足够的重视，要根据国家的有关政策，做好耐心细致的思想工作。

⑥在征得有关部门同意复工之后，企业领导一方面首先组织干部、专业人员和职工对施工现场进行全面的安全检查，及时处理发现的问题和隐患；另一方面，组织全体施工人员，认真学习安全生产技术知识、规章制度、标准与操作规程，尤其是为避免同类事故发生应宣布本工地所采取的措施，使全体职工受到深刻的教育，将安全管理工作提高到一个新的水平。

参考文献

[1] 国家标准.建设工程项目管理规范(GB/T 50326—2006)[S].北京:中国建筑工业出版社,2006.

[2] 行业标准.公路工程基本建设项目概算预算编制方法(JTG B06—2007)[S].北京:人民交通出版社,2007.

[3] 行业推荐性标准.公路工程概算定额(上册、下册)(JTG/T B06-01—2007)[S].北京:人民交通出版社,2008.

[4] 行业推荐性标准.公路工程预算定额(上册、下册)(JTG/T B06-02—2007)[S].北京:人民交通出版社,2008.

[5] 行业推荐性标准.公路工程机械台班费用定额(上册、下册)(JTG/T B06-03—2007)[S].北京:人民交通出版社,2008.

[6] 丛培经.工程项目管理[M].北京:中国建筑工业出版社,2006.

[7] 成虎,陈群.工程项目管理[M].北京:中国建筑工业出版社,2009.

[8] 许程洁,张淑华.工程项目管理[M].武汉:武汉理工大学出版社,2012.

[9] 赵玉霞.工程成本会计[M].北京:科学出版社,2009.

[10] 周宁,谢晓霞.项目成本管理[M].北京:机械工业出版社,2010.